Chronique
de l'année 2005

Editions Chronique

« Chronique de l'année 2005 »

Rédaction : Michel Marmin et Laurent Palet
avec la collaboration de Sandrine Bautista

et de Rodolphe Lachat, Bruno Larebière, Luana De Micco,
Pascal Meynadier, Charles Muller et Laurent Visentini

Direction technique et artistique : Audrey Tröndle
Iconographie : système « Online » (Sipa Press)
Fabrication : Claude Pedrono-CPE CONSEIL
Secrétariat de rédaction : Pierre-Henri Gras
Infographie : Olivier Barbut
Correction : Marie-Luce Nemo et Laurent del Monte
Index et documentation : Sandrine Stefanelli

Directeur département : Jean-Christophe Delpierre

ISBN : 2205-05863-0

Dépôt légal : 1er trimestre 2006

Achevé d'imprimer en janvier 2006
sur les presses de Stige, San Mauro (Italie)

Éditions Chronique
Dargaud s.a.
BP 34
24752 Trélissac cedex

Tél. : 05 53 35 91 21
Fax : 05 53 35 14 06
e-mail : chronic@easynet.fr
www.editions-chronique.com

Chronique de l'année 2005

Au nom du père... ou de la mère ?

France, samedi 1er
La nouvelle année voit bouleverser en France une pratique ancestrale : celle du patronyme « automatique ». Adoptée le 4 mars 2002, modifiée le 10 juin 2003, la loi sur la dévolution du nom de famille entre en vigueur. Désormais, les parents pourront donner à leur enfant soit le nom du père, soit celui de la mère, soit les deux noms dans l'ordre de leur choix. Cette réforme ne sera applicable qu'aux enfants nés à partir d'aujourd'hui. Cependant, pour les enfants nés auparavant, leurs parents pourront, jusqu'en juin 2006, demander que le deuxième nom soit accolé au premier, à condition que leur aîné ait eu moins de 13 ans le 1er septembre 2003. Le nom choisi sera alors donné à tous les enfants du couple. En cas de désaccord entre les parents, le nom patronymique continuera à primer. Les traditions ont la vie dure...

Florence Aubenas disparue à Bagdad

Paris, jeudi 6
Quinze jours seulement après la libération de Christian Chesnot et Georges Malbrunot, la presse française se trouve à nouveau plongée dans l'angoisse : le quotidien *Libération* annonce qu'il est sans nouvelles depuis hier de Florence Aubenas, grand reporter en Irak, et de Hussein Hanoun al-Saadi, son guide et interprète. Confirmée ce soir par le Quai d'Orsay, leur disparition est d'autant plus inquiétante que la journaliste ne laissait jamais vingt-quatre heures passer sans donner signe de vie à sa rédaction. Âgée de 43 ans, cette professionnelle n'est pas une « tête brûlée », aux dires de ses confrères. Accoutumée aux pays à risques, tels l'ex-Yougoslavie, le Rwanda ou l'Algérie, elle enquêtait en particulier sur les femmes candidates aux élections législatives et sur les rescapés de Fallouja, qui fut le théâtre, en novembre dernier, d'une sanglante bataille entre la résistance sunnite et les Américains. Hussein Hanoun n'est pas, non plus, un irresponsable. Cet ancien colonel de l'aviation irakienne, âgé de 44 ans et formé par les Français, s'était distingué comme pilote de chasse lors du conflit qui opposa son pays à l'Iran (1980-1988). Alliant une connaissance des différentes couches de la société irakienne à un sens aigu du terrain, il était la providence des envoyés spéciaux de *Libération*. Hier, en fin de matinée, il avait téléphoné à son épouse sans lui donner l'impression d'être particulièrement en danger. Selon la police irakienne, Florence Aubenas et Hussein Hanoun auraient disparu sur la route qui les menait de Bagdad à Tadji, au nord de la capitale. L'inquiétude que leur sort suscite, avivée par le silence de leurs éventuels ravisseurs, conduira dès demain Jacques Chirac, à l'occasion des vœux de la presse à l'Élysée, à « formellement déconseiller » aux journalistes français d'aller en Irak. (→ 1.3)

La torture fait débat aux États-Unis

D'origine hispanique, Alberto Gonzales, 49 ans, est issu de la classe ouvrière.

Washington, jeudi 6
Les sénateurs démocrates mènent la vie dure à Alberto Gonzales, que le président des États-Unis a promu au poste d'attorney général (soit ministre de la Justice). Sera-t-il adoubé par le Sénat, comme le veulent les institutions ? Ses adversaires reprochent à celui qui était jusqu'à aujourd'hui le conseiller juridique de George W. Bush d'avoir légitimé l'usage de la torture dans la lutte contre le terrorisme. Dans un mémorandum en date du 25 janvier 2002, il estimait « obsolètes les limites strictes aux interrogatoires de prisonniers ennemis fixées par les conventions de Genève ». Le 1er août suivant, Gonzales approuvait un rapport du département de la Justice selon lequel ne devraient être dorénavant qualifiés de torture que les sévices provoquant « des blessures physiques sérieuses, telles la défaillance d'organes ou la mort »... (→ 3.2)

Sorti en France le 5, *La Chute* d'Oliver Hirschbiegel raconte les derniers jours de la vie de Hitler dans son bunker. Avec cette grosse production, qui a attiré plus de 4 millions de spectateurs outre-Rhin, l'Allemagne aurait-elle enfin fait tomber un tabou ? Toujours est-il que le film partage la critique et soulève de vives polémiques, car il montre le visage humain du dictateur, interprété par Bruno Ganz, et manquerait de rigueur historique.

Lu	Ma	Me	Je	Ve	Sa	Di
					1	2
3	4	5	6	7	8	9
10	11	12	13	14	15	16
17	18	19	20	21	22	23
24	25	26	27	28	29	30
31						

Bruxelles, samedi 1er
Le Luxembourg prend pour six mois la présidence de l'UE.

Union européenne, samedi 1er
Un règlement européen rend désormais obligatoire la traçabilité des denrées alimentaires et des aliments pour animaux à toutes les étapes de la production, de la transformation et de la distribution.

Monde, samedi 1er
L'OMC (Organisation mondiale du commerce) abolit le système des quotas textiles en vigueur depuis 30 ans.

Irak, mardi 4
Le gouverneur de Bagdad, Ali al-Haidari, meurt dans une embuscade.

Los Boldos (Chili), mercredi 5
Augusto Pinochet est inculpé et assigné à résidence dans l'affaire du plan Condor, un plan concerté des dictatures latino-américaines pour éliminer leurs opposants. (→12)

Johannesbourg, jeudi 6
Nelson Mandela annonce que son fils est mort du sida, brisant le tabou qui entoure la maladie en Afrique du Sud.

Pékin, jeudi 6
Un petit garçon, né à 0 h 02, permet à la Chine de franchir le cap du

Le 8, un nouveau timbre-poste français d'usage courant a été émis. La Marianne due à Thierry Lamouche a été choisie par les Français parmi 50 000 dessins à l'issue d'un concours lancé par La Poste en décembre 2003. Gravée par Claude Jumelet, la *Marianne des Français* sera tirée à trois milliards d'exemplaires par an.

La paix revient au sud du Soudan

Nairobi, dimanche 9
C'est dans la capitale du Kenya, et sous l'égide de plusieurs chefs d'État africains, que le vice-président soudanais, Ali Osmane Taha, et le chef de la rébellion sudiste, John Garang, ont signé un accord de paix mettant fin à la guerre civile sanglante qui, depuis 21 ans, a mis aux prises le pouvoir islamique de Khartoum et les animistes et chrétiens du sud du pays. Une guerre qui a fait 1,5 million de morts et entraîné le déplacement d'une grande partie de la population. Aux termes de cet accord, John Garang prendra les fonctions de président du Sud-Soudan, auquel a été accordée une autonomie en attendant le référendum qui, dans six ans et demi, doit permettre aux sudistes de choisir entre l'indépendance et leur maintien dans l'État soudanais. Maintien que préconise John Garang, contrairement à nombre de ses « amis ». (→ 9.7)

Élection triomphale de Mahmoud Abbas

Palestine, dimanche 9
Les contrôles de l'armée israélienne en Cisjordanie, à Jérusalem-Est et à Gaza n'ont pas véritablement entravé, selon les observateurs de l'Union européenne conduits par Michel Rocard, l'élection de Mahmoud Abbas à la présidence de l'Autorité palestinienne. Le successeur de Yasser Arafat à la direction de l'OLP, partisan d'une négociation avec Israël visant à la création d'un État palestinien, a recueilli 62,3 % des suffrages de ses compatriotes. Son seul rival sérieux, Moustafa Barghouti, leader du mouvement Moubadara et champion d'une troisième voie entre l'OLP et les islamistes, affiche un score somme toute honorable avec 19,8 % des voix. Quant aux islamistes, ils n'ont pas perturbé le processus démocratique : le Hamas ne présentait pas de candidat et l'appel au boycott du Jihad islamique n'a guère eu d'écho dans l'électorat. (→ 8.2)

Mahmoud Abbas, 69 ans, est également connu sous le surnom d'Abou Mazen.

Tsunami : premier bilan

Une cérémonie, en Inde, à la mémoire des victimes du raz de marée.

Asie, janvier
Il faudra beaucoup de temps et d'efforts pour reconstruire les pays d'Asie dévastés par le tsunami du 26 décembre 2004, « la plus grande catastrophe naturelle à laquelle l'ONU a été confrontée », selon le secrétaire général des Nations unies Kofi Annan. Aucun chiffre précis ne pourra jamais être donné, mais les bilans officiels évoqueront environ 300 000 victimes, morts et disparus. Pays le plus touché, l'Indonésie annonce plus de 240 000 morts à elle seule. Ils seraient plus de 30 000 au Sri Lanka, de 12 000 en Inde et de 5 000 en Thaïlande. L'Europe aussi compte ses victimes : au moins 5 000 touristes européens auraient péri ou sont portés disparus. Parmi eux, 95 Français. Selon l'AFP, l'Asie, objet d'un immense élan de solidarité mondiale, aurait reçu plus de 12 milliards de dollars d'aides publiques et privées. Les villages sont pourtant encore en ruine et insalubres. Mais les touristes reviennent déjà et la vie reprend lentement son cours...

1,3 milliard d'habitants. La politique de l'enfant unique, qui a favorisé les naissances de garçons, a créé un déséquilibre des sexes : on estime qu'il manquera 40 millions de femmes dans le pays en 2020.

Sens, jeudi 6
Géraldine Giraud, fille de l'acteur Roland Giraud, et son amie Katia Lherbier, retrouvées mortes le 9 décembre dernier, auraient inhalé de la chloropicrine, un gaz utilisé en milieu agricole. (→ 2.3)

Paris, jeudi 6
Fronde des médecins traitants contre la réforme de l'assurance maladie, entrée en vigueur le 1er. Le syndicat MG France appelle au boycott des formulaires d'inscription des patients. (→ 12)

Strasbourg, vendredi 7
Le « pilleur de musées » Stéphane Breitwieser écope de 26 mois de prison ferme pour le vol de vingt-trois œuvres d'art entre 1999 et 2001.

Los Angeles, vendredi 7
Brad Pitt et Jennifer Aniston, le couple le plus « glamour » d'Hollywood, se séparent après quatre ans et demi de mariage.

DÉCÈS

Fort Lauderdale, lundi 3
Will Eisner (*6.3.1917), dessinateur de BD américain.

Paris, vendredi 7
Pierre Daninos (*26.5.1913), écrivain et humoriste français.

Neuilly, samedi 8
Jacqueline Joubert (*29.3.1921), speakerine de la télévision française.

Le bond en avant du port de Shanghai

Actuellement, Shanghai ne peut recevoir que des porte-conteneurs de moyen tonnage.

Paris, lundi 10
Le quotidien *Le Monde* annonce que Rotterdam a perdu sa position traditionnelle de premier port de marchandises du monde. En 2004, son activité a pourtant connu une croissance de 8 % avec 354 millions de tonnes de fret manutentionné. Mais le port néerlandais a été pour la première fois dépassé par Singapour (390 millions) et par Shanghai (380 millions). Le cas du port chinois est particulièrement intéressant dans la mesure où, en 2004, il a enregistré une croissance de 20 %, l'entrée de la Chine dans l'OMC en 2001 ayant fait faire un bond foudroyant à son commerce extérieur. À terme, Shanghai a l'ambition déclarée de ravir le premier rang à Singapour : la capitale économique de la Chine compte pour cela sur le nouveau port en eaux profondes de Yangshan, qui pourra accueillir des porte-conteneurs de fort tonnage et qui devrait être achevé en 2020.

Décédée le 15 janvier à Barcelone, sa ville natale (*1.11.1923), la soprano Victoria de Los Angeles (de son vrai nom Victoria López García) a brillé dans les répertoires lyriques espagnol (Manuel de Falla) et français (Massenet), ou dans Puccini (ici dans le rôle-titre de *Madame Butterfly*).

Marionnaud repris par un Chinois

Paris, vendredi 14
Li Ka-shing, milliardaire hongkongais à la tête de la société AS Watson, a pris le contrôle du groupe Marionnaud et devient ainsi le premier distributeur mondial de parfums et de cosmétiques. Âgé de 76 ans, ce magnat possède l'un des dix premiers empires financiers du monde : à travers quarante-deux pays, il est implanté dans des secteurs aussi divers que l'immobilier, l'édition, le cinéma, Internet et le pétrole. L'acquisition de 100 % du groupe Marionnaud concerne 1 300 magasins en France, en Espagne et en Italie, et renforce la présence déjà importante d'AS Watson en Europe. Un « mariage heureux pour tous », déclare Marcel Fridman, pdg de Marionnaud et ex-principal actionnaire avec le Crédit agricole, qui a accepté l'OPA et gardera les rênes de la société.

Titan dévoile ses secrets à la sonde européenne *Huygens*

Espace, vendredi 14
Envoyée très spéciale dans l'espace, la sonde *Huygens* a atterri sur Titan, une lune de Saturne située à 1,2 milliard de kilomètres de la Terre : un sans-faute pour l'Agence spatiale européenne (ESA), embarquée dans le projet depuis une vingtaine d'années. Pesant 320 kg, la sonde a coûté 360 millions d'euros. Elle a été larguée le 24 décembre 2004 par l'orbiteur américain *Cassini*, en orbite autour de Saturne depuis le mois de juillet. Elle explorera l'atmosphère de Titan, la plus proche connue à ce jour de celle de la Terre telle qu'elle était il y a 4 milliards d'années… Les toutes premières photographies ont révélé la surface encore inconnue du satellite : un sol aride et caillouteux sur un substrat mou, qui ressemble à une « crème brûlée » selon la formule imagée de Jean-Pierre Lebreton, le directeur de la mission *Huygens* à l'ESA.

Dessin d'artiste représentant la sonde Huygens *juste après son atterrissage sur Titan.*

Lu	Ma	Me	Je	Ve	Sa	Di
					1	2
3	4	5	6	7	8	9
10	11	12	13	14	15	16
17	18	19	20	21	22	23
24	25	26	27	28	29	30
31						

La Havane, lundi 10
Cuba reprend ses relations diplomatiques avec l'UE, rompues en 2003 après l'arrestation d'opposants.

Strasbourg, lundi 10
L'ENA (École nationale d'administration) quitte définitivement Paris pour Strasbourg, au terme d'un déménagement engagé en 1993.

Italie, lundi 10
Entrée en vigueur d'une loi interdisant de fumer dans les lieux publics clos. (→ 7.2)

Washington, mardi 11
George Bush nomme Michael Chertoff au poste de secrétaire d'État à la sécurité intérieure.

Mauritanie, mardi 11
Le motard italien Fabrizio Meoni meurt dans une chute lors de la 11e étape du rallye-raid Dakar. Il est le deuxième concurrent de l'épreuve à trouver la mort en deux jours, au lendemain du décès du motard amateur espagnol José Manuel Perez. (→ 16)

Santiago du Chili, mercredi 12
La cour d'appel accorde la liberté sous caution à Augusto Pinochet.

Le tortionnaire américain est jugé

Fort Hood (Californie), samedi 15
Le caporal Charles Graner était le premier militaire américain jugé pour les sévices infligés aux prisonniers d'Abou Ghraib, en Irak, dont la révélation avait scandalisé l'opinion mondiale en avril 2004. Graner a été condamné à dix ans de prison et radié de l'armée par la cour martiale de Fort Hood. A-t-il payé pour d'autres ? C'est ce que son avocat, Guy Womack, a tenté en vain de démontrer, en excipant du fait que son client n'aurait fait qu'obéir aux ordres, mais sans pouvoir en fournir la preuve matérielle. Les témoignages à charge, en revanche, étaient accablants. Aux témoins qui le décrivaient comme un « sadique », se délectant des humiliations sexuelles qu'il infligeait aux détenus irakiens, sa mère se bornait à rétorquer : « Mon fils n'est pas un monstre. » Et de marteler que « ce sont Bush et Rumsfeld qui ont déshonoré le pays ». (→ 19)

Don Quichotte a 400 ans aujourd'hui

Don Quichotte et Sancho Pança statufiés au cœur de Madrid, plaza de España.

Espagne, dimanche 16
C'était très exactement il y a 400 ans. Le 16 janvier 1605, le libraire madrilène Juan de la Cuesta mettait sur le marché la première partie d'un roman écrit par Miguel de Cervantes et intitulé *El ingenioso hidalgo Quijote de la Mancha*. Son succès fut tel qu'elle fut traduite dès 1612 en Angleterre sous le titre de *Don Quixote of the Mancha*, puis, deux ans plus tard, en France sous celui de *Don Quichotte de la Manche*. Flanqué de son fidèle valet Sancho Pança, le « chevalier à la Triste Figure », dont les aventures continuèrent dans une seconde partie parue en 1615, incarnait à jamais l'âme espagnole, nostalgique de l'âge d'or de la chevalerie. Inauguré officiellement aujourd'hui, le programme de cet anniversaire comprend en Espagne même plus de 2 000 manifestations, allant d'une série d'émissions scolaires sur TVE au balisage touristique des itinéraires empruntés par Don Quichotte au cours de ses expéditions…

Dimanche 16, Cyril Despres sur moto KTM remporte le Dakar, la victoire en auto revenant à Stéphane Peterhansel (Mitsubishi). Ce doublé français a toutefois été endeuillé par 4 accidents mortels.

Ce petit parallélépipède carré de 16,5 cm de côté et d'une épaisseur de 5 cm est le Mac Mini lancé par Steve Jobs à la Macworld Expo de San Francisco, mardi 11 janvier. Vendu sans écran, sans clavier et sans souris au prix de 499 dollars (avec processeur de 1,25 Ghz) et de 599 dollars (avec processeur de 1,42 Ghz), il intègre le système d'exploitation Panther et le programme iLife. Il sera mis sur le marché américain le 22 janvier et en Europe sept jours après.

Graves menaces sur le site de Babylone

Londres, samedi 15
L'archéologue britannique John Curtis, conservateur au British Museum, lance un cri d'alarme : « Les dégâts causés par le camp militaire sont un nouveau coup porté au patrimoine culturel irakien. » En décembre dernier, John Curtis a pu en effet visiter le camp installé en avril 2003 sur le site de Babylone et occupé successivement par des troupes américaines et polonaises. Les dommages ont été notamment provoqués par des travaux engagés pour accueillir des chars et des hélicoptères. La « voie processionnelle », l'une des principales artères de la ville, vieille de 2 600 ans, a ainsi été écrasée par les engins militaires, des tonnes de débris archéologiques étant par ailleurs concassés pour fournir du « gravier ». Lord Redescale, président de la commission parlementaire britannique d'archéologie, a qualifié le rapport de John Curtis de « terrifiant ».

Babylone, située au sud de Bagdad, avait été restaurée dans les années 1980.

Zoom sur

LE PEER-TO-PEER

Le principe du peer-to-peer (ou P2P, pair à pair en français) est de mettre directement en relation les ordinateurs de deux internautes, qui peuvent ainsi s'échanger des fichiers et, depuis peu, converser téléphoniquement. Le P2P étant surtout utilisé pour télécharger musiques, films ou logiciels sans les acheter, les industriels et les sociétés de droits d'auteur lésés engagent depuis quelques années des actions en justice pour interdire cette pratique et en punir les adeptes. En France, les premières condamnations d'internautes « pirates » remontent à la fin avril 2004, tandis qu'aux États-Unis le peer-to-peer sera déclaré hors la loi le 27 juin 2005.

Paris, mercredi 12
Trois syndicats de médecins libéraux et la Sécurité sociale signent la nouvelle convention médicale officialisant la création d'un « médecin traitant ».

Paris, mercredi 12
Le gouvernement saisit la justice après les propos de Jean-Marie Le Pen, selon qui « l'occupation allemande [en France] n'a pas été particulièrement inhumaine ».

France, jeudi 13
9 Télécom lance Wengo, son offre de téléphonie par Internet (P2P), qui permet de téléphoner moins cher.

Londres, jeudi 13
Indignation après la publication d'une photo du prince Harry déguisé en officier de l'Afrikakorps, à quelques jours de l'anniversaire de la libération du camp d'Auschwitz.

Manche, samedi 15
Début des travaux de terrassement pour rendre son insularité au Mont-Saint-Michel. Ils doivent durer cinq ans et coûter 220 millions d'euros.

Paris, dimanche 16
Yann Wehrling, 33 ans, succède à Gilles Lemaire à la tête des Verts.

DÉCÈS

Paris, lundi 10
Le professeur Choron (*Georges Bernier, 21.9.1929), ancien sous-officier en Indochine et fondateur des magazines satiriques *Hara-Kiri* et *Charlie Hebdo*.

Château de Fischbach, lundi 10
Joséphine-Charlotte (*11.10.1927), grande-duchesse du Luxembourg.

du 17 au 23 janvier 2005

Les Anglais aussi ont torturé en Irak

Londres, mercredi 19
« Chacun trouve ces photos choquantes et effroyables. Il n'y a pas d'autres mots pour les qualifier. » C'est en ces termes que le Premier ministre britannique, Tony Blair, a réagi aux Communes face à l'émotion suscitée par la publication dans la presse, ce matin, de photographies révélant les tortures et les traitements dégradants infligés en mai 2003 à des prisonniers irakiens par des militaires britanniques, près de Bassora. Mais à la différence de l'affaire d'Abou Ghraib, la justice militaire a communiqué elle-même ces photos à la presse : les auteurs présumés de ces sévices, les caporaux-chefs Darren Larkin et Mark Cooley et le caporal Daniel Kenyon, sont actuellement jugés en cour martiale à Osnabrück (Allemagne). Ils invoquent les ordres qui leur auraient été donnés par un officier du Royal Regiment of Fusiliers, le major Dan Taylor.

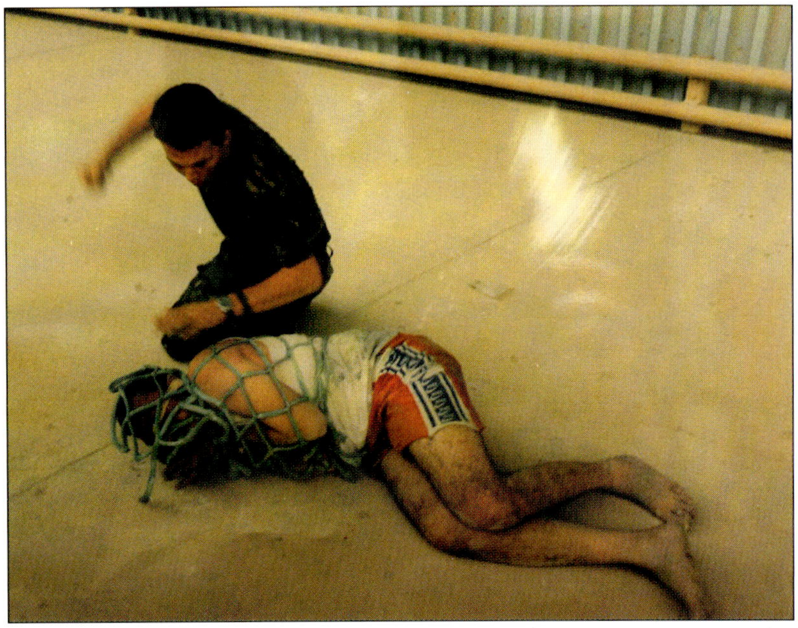

D'autres photographies, plus crues, montrent des humiliations à caractère sexuel.

Quand Rothschild investit dans *Libé*

Paris, jeudi 20
Par 196 voix contre 130, les salariés de *Libération* ont voté l'entrée d'Édouard de Rothschild dans le capital du journal fondé en 1973 par Jean-Paul Sartre et Serge July, son actuel pdg. L'héritier de la célèbre dynastie bancaire détiendra 37 % du capital, avec un apport chiffré à 20 millions d'euros. De quoi donner à *Libération*, paralysé par des comptes « plombés », les moyens de relancer un développement éditorial nécessaire à la reconquête d'un lectorat déclinant. Si les parts détenues par la société civile des personnels de *Libération* passent de 36,4 % à 19 %, la SCPL n'en conserve pas moins une minorité de blocage en droits de vote. Cette clause ne suffit pas à calmer les inquiétudes que soulève, notamment dans le personnel de fabrication, l'arrivée d'un Rothschild aux rênes de l'ancien brûlot maoïste.

Raffarin préconise la « positive attitude »

Le 23, Michel Drucker recevra le Premier ministre dans Vivement dimanche.

France, jeudi 20
Les agents de l'État étaient dans la rue, à Paris et dans les principales villes de province, pour exiger du gouvernement qu'il revoie à la hausse la revalorisation prévue de leurs salaires : 0,5 % au mois de février et 0,5 % en novembre, c'est tout simplement dérisoire, estiment les syndicats. Mais aux revendications des manifestants (328 000 pour les syndicats, 211 000 selon la police), Renaud Dutreil a opposé son *non possumus* : « Je n'ai pas d'argent à remettre sur la table », a dit le ministre de la Fonction publique sur la chaîne Public Sénat. Le conflit ne démoralise pas pour autant Jean-Pierre Raffarin. Ce même jeudi, il a d'ailleurs envoyé onze ministres aux quatre coins de la France pour rendre leur optimisme aux militants de l'UMP qui l'auraient perdu. Et le chef du gouvernement de déclarer, faisant allusion à une chanson de Lorie : « Nous devons adopter la "positive attitude". »

Viktor Iouchtchenko sacré en Ukraine

La cérémonie d'investiture du président ukrainien, devant le Parlement à Kiev.

Kiev, dimanche 23
Viktor Iouchtchenko recueille les fruits de la « révolution orange », qui l'a vu triompher le 29 décembre dernier de son rival prorusse Viktor Ianoukovitch au terme d'un processus électoral tumultueux. Investi à la présidence de l'Ukraine par le Parlement, le champion de toute une génération libérale et pro-européenne s'est adressé, après la cérémonie, à ses partisans, massés place de l'Indépendance. Il a réaffirmé la vocation de son pays à rejoindre l'Union européenne, tout en laissant entendre que le temps où la Russie faisait la loi à Kiev était bel et bien révolu. Autant d'intentions que, dès demain, il aura l'occasion de tester puisqu'il ira à Moscou pour y rencontrer Vladimir Poutine. Le test s'avérera d'autant plus intéressant que, avant de partir, il fera de Yulia Timochenko son Premier ministre. Or, la Russie a lancé un mandat d'arrêt international contre l'héroïne de la révolution… (→ 8.9)

Lu	Ma	Me	Je	Ve	Sa	Di
					1	2
3	4	5	6	7	8	9
10	11	12	13	14	15	16
17	18	19	20	21	22	23
24	25	26	27	28	29	30
31						

New York, lundi 17
George Bush n'exclut pas une action militaire contre l'Iran tant que Téhéran ne se montrera pas plus coopératif sur le contrôle de son programme nucléaire.

San Quentin (Californie), mercr. 19
Exécution du condamné à mort Donald Beardslee, la première signée du gouverneur Schwarzenegger.

Paris, jeudi 20
Adoption de la loi Chatel qui renforce l'information des consommateurs en matière de tacite reconduction des contrats et de crédit renouvelable.

Paris, vendredi 21
Le gouvernement se saisit du dossier des ventes d'appartements à la découpe pour protéger les locataires et éviter la spéculation immobilière.

DÉCÈS

Pékin, lundi 17
Zhao Ziyang (*17.10.1919), ancien n°1 du Parti communiste chinois.

Lille, jeudi 20
Christian Dubois (*22.11.1921), fondateur des magasins Castorama.

Mexico, samedi 22
Consuelito Velazquez (*21.8.1916), compositrice de *Besame mucho*.

Le devoir de mémoire

Le président Jacques Chirac et Simone Veil devant le mur du Mémorial de la Shoah à Paris portant les noms des 76 000 déportés juifs de France.

Hommage devant l'entrée du camp de la mort d'Auschwitz-Birkenau (Oswiecim selon son nom polonais).

Paris, mardi 25
Oswiecim, jeudi 27
Soixante ans après le drame de la Shoah, les cérémonies se succèdent. Le 25, Jacques Chirac, en présence de nombreux ministres et d'anciens déportés, a inauguré dans le Marais, à Paris, le Mémorial de la Shoah. Deux jours plus tard, dans un froid glacial et sous la neige qui rendaient plus suggestive encore l'évocation des atrocités commises en ce lieu, quarante chefs d'État et de gouvernement, ainsi que des personnalités telles que Jean-Marie Lustiger ou Simone Veil et 2 000 rescapés ont participé à une émouvante commémoration de la libération du camp d'extermination d'Auschwitz, en Pologne. Mis en place dès 1940, ce complexe était le plus important de tous ceux construits par les nazis : 1,1 million de personnes, dont 960 000 juifs, y ont trouvé la mort.

Des médicaments mis en accusation

Londres, mardi 25
La célèbre revue médicale britannique *The Lancet* publie en ligne une étude de David Graham, chercheur de la Food and Drug Administration américaine (FDA), selon laquelle le Vioxx aurait été responsable de 88 000 à 140 000 cas de problèmes coronariens. Rappelons que cet anti-inflammatoire a été retiré du marché le 30 octobre 2004 par le laboratoire Merck. Toujours selon Graham, le Vioxx offrirait 34 % de risques de plus que d'autres anti-inflammatoires de type Cox 2. D'autres médicaments ont été mis sur la sellette. Le 1er janvier dernier, le *British Medical Journal* avait mis ainsi en cause le Prozac, accusant Eli Lilly, le laboratoire américain produisant cet antidépresseur, de ne pas avoir informé la FDA d'études suggérant un lien entre sa consommation et des actes suicidaires ou criminels.

Le 26, sortie en France d'*Aviator*, déjà primé par trois Golden Globes. Le film, réalisé par Martin Scorsese, évoque le milliardaire texan Howard Hughes, pionnier de l'aviation et producteur de cinéma (Leonardo DiCaprio).

Un grand comique triste nous a quittés

Évreux, vendredi 28
« C'était l'un des plus doués de sa génération, capable de passer du drame à la comédie avec la même force. » Ainsi le réalisateur Francis Veber se souvient-il de Jacques Villeret, qui a succombé à une hémorragie interne, à 53 ans. Originaire de Tours, ce premier prix du Conservatoire a connu un grand succès populaire en incarnant à l'écran un « petit gros naïf » dans de nombreuses comédies, comme *La Soupe aux choux*, *Papy fait de la résistance* ou *Le Dîner de cons*, qui lui valut le César du meilleur acteur en 1999. Mais Jacques Villeret avait aussi dévoilé toute l'étendue d'un talent dramatique subtil en tournant notamment sous la direction de Claude Lelouch, Jacques Rozier ou Jean Becker. Au théâtre, il avait connu son premier triomphe en 1990 avec *La Contrebasse*, pièce de Patrick Süskind qu'il jouera, seul en scène face à son public, près de sept cents fois. (*6.2.1951)

Lu	Ma	Me	Je	Ve	Sa	Di
					1	2
3	4	5	6	7	8	9
10	11	12	13	14	15	16
17	18	19	20	21	22	23
24	25	26	27	28	29	30
31						

Paris, lundi 24
Michel Sardou arrive en tête du Top 10 des artistes français les mieux payés en 2004 avec 3,7 millions d'euros.

New York, mardi 25
Une cour d'appel américaine juge recevable la plainte de deux adolescents obèses contre la chaîne de restauration rapide McDonald's.

Paris, mardi 25
Démantèlement, dans le 19e arrondissement, d'une « filière irakienne » de jeunes Français partis combattre au côté de la rébellion.

France, mardi 25
74 % de la population est équipée en téléphone portable.

France, mercredi 26
La vague de froid qui frappe le pays fait trois victimes parmi les SDF et contraint Jacques Chirac à annuler son déplacement au Forum de Davos.

Calais, mercredi 26
Découverte du corps sans vie de Noémie, 15 ans, au pied du cap Blanc-Nez. La jeune fille aurait scellé un pacte suicidaire avec son amie Clémence, 14 ans, qui reste introuvable. (→ 23.9)

Zoom sur

LA BIODIVERSITÉ

Forgé à partir des mots « biologie » et « diversité », le terme « biodiversité » désigne la richesse biologique de l'ensemble des espèces vivantes, ainsi que les relations qu'entretiennent celles-ci avec les milieux dans lesquels elles vivent. Employé pour la première fois en 1986 par l'entomologiste américain Edward O. Wilson, dans un climat de prise de conscience de la disparition rapide de nombreuses espèces animales, ce néologisme est devenu d'usage courant depuis qu'une convention sur la biodiversité a été ouverte à l'occasion du Sommet de la Terre qui s'est tenu à Rio de Janeiro, en juin 1992. L'objectif de la convention, ratifiée par plus de 170 pays, était de ralentir à l'échelle mondiale la destruction des espèces biologiques, de leurs habitats et des écosystèmes.

Procter & Gamble s'offre Gillette

Cincinnati, vendredi 28
Alan George Lafley vient sans doute de réussir un coup de maître : le président de Procter & Gamble annonce le rachat de Gillette pour 57 milliards de dollars. Après avoir redressé les comptes de son groupe, plutôt mal en point lors de son arrivée en 2000, il en fait, avec ce rachat amical, le numéro 1 mondial des biens de consommation, devant Unilever. Il faut noter que Gillette, dont la création remonte à 1837 et qui détient 70 % du marché des lames et des rasoirs, est de son côté un groupe en très bonne santé, avec un résultat net de 1,39 milliard de dollars en 2003. Le mariage de Procter & Gamble et de Gillette devrait générer un chiffre d'affaires estimé à au moins 60 milliards de dollars (contre moins de 50 milliards pour Unilever). Mais il se traduira par des restructurations : 6 000 emplois seront supprimés sur les 140 000 que comptent actuellement les deux groupes dans près de 90 pays différents (110 000 pour Procter & Gamble et 30 000 pour la firme de Boston).

Le 26, à Paris, fin des défilés de haute couture (collections de printemps et d'été). Jean Paul Gaultier (à gauche) a trouvé son inspiration en Afrique, tandis que Christian Lacroix (à droite), dont la maison a été cédée il y a deux jours au groupe *duty free* américain Falic par LVMH, exalte son baroquisme.

Les Irakiens ont pu élire leurs députés

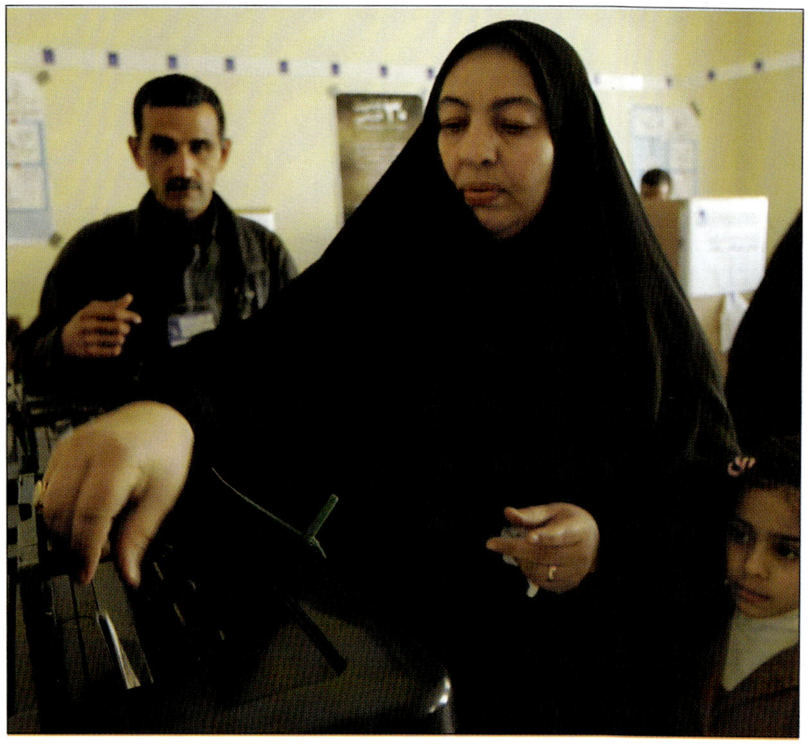

Les électeurs se sont déplacés, malgré la violence qui n'a pas connu de répit ce dimanche : au moins 44 morts, au terme d'une série d'attaques au mortier et d'attentats suicides.

Bagdad, dimanche 30
George W. Bush a-t-il gagné son pari, qui consistait à permettre aux Irakiens d'élire démocratiquement leurs représentants au Parlement, en dépit du chaos qui règne dans le pays, de la résistance sunnite à l'occupation et des menaces que les groupes armés ont fait peser sur le processus électoral ? À l'exception des régions sunnites, où le boycott des urnes a été largement suivi, le taux de participation semble bien lui donner raison. Certes, le chiffre de 72 % qui est annoncé ce soir relève de la simple propagande : lorsque seront annoncés les résultats définitifs, le 13 février, il sera ramené en effet à 59 %, à savoir un score dont bien des pays aux traditions démocratiques plus anciennes que l'Irak aimeraient se targuer ! Ce sont 111 listes qui étaient en course, mais, pour tous les observateurs, ces élections législatives devaient voir le triomphe des chiites réunis au sein de l'Alliance unifiée irakienne, patronnée par le grand ayatollah Ali al-Sistani. Ce fut incontestablement le cas, bien que la majorité absolue leur ait échappé : leur liste recueille 48,1 % des suffrages, soit 140 députés sur 275. Les Kurdes, dont les deux partis indépendantistes, l'UPK et le PDK, longtemps rivaux, avaient fait cause commune en créant l'Alliance du Kurdistan, ont fait en revanche le plein : avec 25,7 % des voix, ils sont arrivés en deuxième position (75 sièges), ce qui leur donne la possibilité de négocier dans de bonnes conditions avec les chiites pour participer au prochain gouvernement. Le grand perdant de la consultation est l'actuel Premier ministre, Iyad Allaoui. qui aura bien du mal à s'en remettre… Le soutien appuyé des Américains ne lui aura pas porté chance : avec seulement 13,8 % des suffrages, sa Liste irakienne (chiites laïques et modérés) n'aura que 40 sièges au nouveau Parlement.

Genève, mercredi 26
La Croix-Rouge et l'Unicef mettent fin à leur collecte de fonds pour les victimes du tsunami. Elles ont récolté 1,43 milliard d'euros.

Berlin, jeudi 27
L'Allemand Robert Hoyzer avoue avoir manipulé le résultat de matchs qu'il avait arbitrés et sur lesquels il avait pariés. Un scandale qui déstabilise le football allemand à moins de 500 jours de la Coupe du monde 2006.

Toulon, jeudi 27
Entrée en service de la première « autoroute maritime » française, qui assure le transport de poids lourds entre les ports de Toulon-La Seyne et Rome-Civitavecchia afin de lutter contre l'engorgement des routes.

Paris, vendredi 28
Fin de la Conférence internationale sur la biodiversité. Les scientifiques en appellent aux politiques et aux citoyens face à la dégradation accélérée des milieux naturels et des espèces animales et végétales.

Paris, vendredi 28
Christophe Hondelatte quitte brutalement la présentation du JT de 13 heures de France 2. Benoît Duquesne le remplace au pied levé. (→ 5.9)

Gaza, vendredi 28
Fin du déploiement des forces palestiniennes dans toute la bande de Gaza pour dissuader les extrémistes de commettre des attentats anti-israéliens. Israël ordonne l'arrêt des opérations offensives dans la région.

Sharon tient bon contre les colons

Jérusalem, dimanche 30
Par son ampleur, inattendue de l'aveu même des organisateurs, la manifestation avait les apparences d'un baroud d'honneur: 130 000 colons israéliens étaient dans Jérusalem pour protester contre l'évacuation des implantations de la bande de Gaza, programmée par le Premier ministre, Ariel Sharon, pour cet été. Mais son plan, soutenu par les États-Unis, aurait peu de chances d'être rejeté par l'électorat israélien si, comme le demandaient les manifestants massés devant la Knesset, un référendum était organisé à son sujet. De plus, les journalistes présents ont pu observer une certaine modération dans les slogans employés : à de rares exceptions près, il n'était plus question de comparer le retrait de Gaza à la Shoah, comme ce fut le cas lors de précédents rassemblements. Enfin, le réchauffement tangible des relations entre Israël et l'Autorité palestinienne devrait faciliter la tâche du pragmatique Ariel Sharon. (→ 8.2)

Le samedi 29, Georges Wolinski (à droite), succédant à Zep (à gauche) au palmarès, reçoit le grand prix du 32e Festival international de la bande dessinée d'Angoulême, qui se tient du 27 au 30 janvier. Comme le veut la tradition, Georges Wolinski (69 ans) présidera le 33e Festival en 2006.

À Pau, le suspect portait un sabre

Pau, lundi 31
Du nouveau dans l'affaire du meurtre de Lucette Gariod et Chantal Klimazewski, les deux infirmières retrouvées décapitées à l'hôpital psychiatrique de Pau le 18 décembre 2004: de forts soupçons pèsent en effet sur Romain Dupuy, un apprenti boucher de 21 ans, mis en examen pour « tentative d'homicide sur fonctionnaires de police » et transféré à l'hôpital psychiatrique de Cadillac. Le samedi 29 janvier, lors d'un contrôle de police, il a tenté de faire feu sur la patrouille. Par chance, les coups ne sont pas partis et l'homme n'a pas utilisé le sabre qu'il cachait sous son blouson. Outre cette arme insolite, de nombreux indices, dont des analyses ADN, semblent bien accuser Romain Dupuy qui, en 2003, avait effectué un séjour à l'hôpital où le drame a eu lieu. Après avoir nié froidement toutes les accusations, le suspect finira bientôt par avouer et sera mis en examen pour le double meurtre le 3 février.

Les pays riches se mobilisent à Davos

Vendredi, Sharon Stone a improvisé en cinq minutes une quête d'1 million de dollars pour acheter des moustiquaires pour les enfants menacés par le paludisme en Tanzanie.

Davos (Suisse), dimanche 30
Inauguré mercredi et présidé par Tony Blair, le 35e Forum économique mondial de Davos a pris fin dans un climat de mobilisation contre la pauvreté, en Afrique tout particulièrement. Paroles de riches dont on peut douter qu'elles soient suivies d'actes tangibles? Peut-être que oui, peut-être que non. Tony Blair et Bill Clinton, l'ancien président américain, ont même été alarmistes à ce sujet: si le fossé se creuse entre pays riches et pays pauvres, le monde court à sa perte. Ce cri d'alarme, auquel des vedettes comme Sharon Stone ou Bono se sont associées, a eu au moins un effet positif: permettre à des personnalités aussi opposées que le président brésilien Luiz Inácio Lula da Silva et le patron de Microsoft, Bill Gates, de dialoguer.

Vendredi 26, des portraits géants de Florence Aubenas et d'Hussein Hanoun, disparus en Irak depuis le 5 janvier, sont installés place de la République, à Paris, par *Libération* et Reporters sans frontières.

Turin, samedi 29
La Russe Irina Slutskaya remporte son 6e titre européen en patinage artistique, égalant le record de la légendaire Katarina Witt.

Pékin, samedi 29
La Chine et Taïwan instaurent pour trois semaines des liaisons aériennes directes entre les deux États, les premières depuis 1949.

Melbourne, dimanche 30
Le Russe Marat Safin bat l'Australien Lleyton Hewitt en finale de l'Open d'Australie de tennis. L'Américaine Serena Williams s'est imposée hier face à Lindsay Davenport.

Vincennes, dimanche 30
Le trotteur français Jag de Bellouet, drivé par Christophe Gallier, remporte le 84e Prix d'Amérique.

Vatican, lundi 31
Le nombre de catholiques dans le monde est passé de 1,071 milliard à 1,086 milliard entre 2002 et 2003. La moitié d'entre eux se trouvent sur le continent américain, un quart en Europe, et seulement 10 % en Asie.

Santa Maria (Californie), lundi 31
Le chanteur Michael Jackson plaide non coupable à l'ouverture de son procès pour agression sexuelle sur mineur. (→ 10.3)

DÉCÈS

Paris, jeudi 27
Aurélie Nemours (*Marcelle Baron, 29.10.1910), artiste peintre française.

Paris, lundi 31
André Essel (*4.9.1918), cofondateur en 1954 de la Fnac.

Le manga et la France :

Arrivées discrètement en France il y a vingt ans, les bandes dessinées japonaises – appelées mangas – occupent aujourd'hui une place prépondérante dans notre paysage culturel. Au point que certains n'hésitent pas à parler d'invasion. Mais si la déferlante manga a pu inquiéter à juste titre quand elle charriait uniquement sur nos rivages sexe et violence, les récentes traductions devraient rassurer les plus sceptiques et démontrer la vitalité et les atouts d'un genre aussi singulier que remarquable.

Les concours de cosplay voient s'affronter les fans pour remporter le prix du meilleur costume.

LES ORIGINES

Héritiers d'une longue tradition de l'image, les mangas – littéralement « images dérisoires » – doivent leur nom au peintre Katsushika Hokusai (1760-1849), fondateur de l'estampe de paysage, qui forgea ce terme en accolant deux caractères chinois pour nommer ses caricatures de personnages populaires. C'est ainsi que, par la suite, on va appeler les premières bandes dessinées qui apparaissent au début du XXe siècle. Il s'agit au départ d'histoires fortement inspirées des comics américains mais aussi marquées par les tensions politiques et sociales qui traversent l'archipel. Ainsi du très antimilitariste Norakuro qui narre les pérégrinations d'un chien orphelin engagé dans l'armée. C'est cependant après la Seconde Guerre mondiale que le genre trouvera sa forme définitive grâce à un artiste génial. Vénéré dans son pays comme le « dieu du manga », référence indépassable à l'instar d'un Hergé en Europe, Osamu Tezuka (1926-1989) en définit les codes et révolutionne la BD. Sous sa plume, les cases explosent pour exprimer le mouvement, les onomatopées surgissent pour dynamiser la narration, les têtes des personnages enflent pour transmettre les émotions... Passionné par l'animation, influencé par les travaux de Walt Disney, Tezuka est ainsi le premier à faire entrer dans l'univers de la bande dessinée les usages du cinéma. Révolution dans la forme mais aussi sur le fond car il va explorer toutes les facettes de ce médium, s'intéresser à tous les registres, de la fable enfantine au drame psychologique, pour nourrir une œuvre immense. Riche de 400 albums et 150 000 planches, celle-ci influencera des générations d'artistes. C'est enfin à lui que l'on doit l'exploitation systématique des droits dérivés que ce soit sous la forme des dessins animés ou d'objets manufacturés. Grâce à son travail, en l'espace de cinquante ans, le manga est devenu un incontournable de la culture et de la vie quotidienne japonaise.

UN MIROIR DE LA SOCIÉTÉ JAPONAISE

Produits de consommation de masse, les mangas sont aujourd'hui partout présents au Japon où ils représentent 40 % des livres achetés. On les trouve dans les salles d'attente, chez les médecins et les coiffeurs, on les vend en librairie, à l'épicerie du coin et même en libre-service dans des distributeurs automatiques. Proposant toutes sortes d'histoires et de thématiques, ce médium populaire s'adresse à tous, jeunes et vieux, hommes ou femmes, cadres ou ouvriers... et peut être considéré comme un véritable miroir de la société japonaise. Les différentes séries sont d'abord proposées au public dans des magazines bon marché de plus de 500 pages, à raison de 15 à 20 pages par numéro. Les plus importants d'entre eux, qui prépublient des titres aussi connus que *Dragon Ball* ou *Yu-Ghi-Oh !*, peuvent tirer jusqu'à 5 millions d'exemplaires. Ces revues, pour la plupart hebdomadaires, imposent aux mangaka – les dessinateurs de manga – une forte cadence de travail. Ceux-ci, en conséquence s'entourent d'assistants qui dans l'ombre du maître réalisent décors et éléments secondaires des planches. Une méthode qui n'est pas sans rappeler l'organisation des studios franco-belges, comme le célèbre studio Tintin, ou la stricte répartition des tâches opérée aux États-Unis entre dessinateur, encreur et coloriste. Si une série rencontre le succès, ses premiers épisodes sont regroupés dans de gros recueils, de 150 à 400 pages, dans un format poche vendu aux alentours de 2 euros. Enfin, ultime consécration, les histoires les plus populaires connaissent une adaptation en dessin animé, sous la forme de films pour le cinéma ou d'épisodes de 26 minutes pour la télévision.

1

Naruto, *l'un des titres les plus populaires du moment, ou les rocambolesques aventures d'un apprenti ninja.*

enquête sur un phénomène

GOLDORAK DÉBARQUE EN FRANCE

C'est par ce biais que la France fait connaissance avec le manga à la fin des années 70. Les chaînes piochent alors dans les programmes importés du Japon pour diversifier leurs émissions jeunesse. C'est ainsi que *Goldorak*, *Albator*, *Candy*, *Les Mystérieuses Cités d'or* et autres séries aujourd'hui cultes envahissent les écrans et enthousiasment des générations d'enfants. Véritable âge d'or de l'animation, les années 80 dites « gloubi-boulga » (du nom de la recette préférée de Casimir) voient s'imposer la production japonaise. TF1 et les deux nouvelles chaînes que sont Canal + et la 5 s'engouffrent dans ce marché avec l'espoir d'amplifier leur audience. *Les Chevaliers du Zodiaque*, *Nicky Larson*, *Juliette je t'aime* et autres *Dragon Ball* succèdent alors à leurs augustes aînés et remportent les mêmes suffrages. Mais cette effervescence entraîne la diffusion d'histoires dont le contenu peut choquer les plus jeunes. Parfois violents et sexuellement explicites, ces mangas malsains effraient les parents et éloignent les enfants. Pour endiguer la polémique, certains d'entre eux disparaissent du petit écran du jour au lendemain. C'est le cas de *Ken le survivant* ou du controversé *Très cher frère*, abordant les thèmes de l'homosexualité féminine et du suicide, pour lequel l'animatrice Dorothée doit présenter ses excuses au journal de 20 heures. C'est désormais l'ensemble des mangas qui est frappé de discrédit aux yeux de l'opinion française. Un à un, les dessins animés japonais sont condamnés à la disparition pour être remplacés par des émissions américaines beaucoup moins sulfureuses, dont *Bob l'éponge*, *Les Super-Nanas* ou *Teen Titans*.

UN MARCHÉ EN PLEINE EXPANSION

Cette disparition va paradoxalement profiter aux mangas papiers dont la percée en France restait jusqu'alors limitée. D'abord traduites dans des revues d'avant-garde et à ce titre confinées dans des cénacles d'érudits, les bandes dessinées japonaises connaissent une première reconnaissance en 1989 avec la publication de la série *Akira*. Ce premier succès grand public est suivi en 1993 par le plébiscite de *Dragon Ball*. Pourtant, malgré des ventes records pour ces deux titres, peu d'éditeurs osent creuser ce sillon : les traductions et, plus encore, la nécessité de conformer le sens de la lecture au système qui prévaut en Occident rendent les adaptions longues et coûteuses ; mais surtout personne ne croit vraiment à la réussite durable de ces recueils en noir en blanc dans un pays où l'album grand format, luxueux et coloré, est roi. Seules quelques petites maisons, souvent des librairies spécialisées, se lancent alors dans l'aventure. Leurs catalogues, qui n'évitent pas la caricature – on y trouve pléthore de mangas pornographiques ou de pâles copies des séries à la mode –, suscitent l'engouement des anciens téléspectateurs qui ne se consolent pas de l'arrêt de leur série préférée. Pour vivre leur passion, ces otakus s'organisent et se regroupent autour de fanzines, d'associations et de festivals. Leur action, conjuguée à celle d'éditeurs de plus en plus nombreux, va permettre au manga d'élargir son audience. Auprès des adolescents tout d'abord qui plébiscitent des séries comme *Gummn*, *Détective Conan* ou *Yu-Gi-Oh !*. Puis auprès du grand public conquis par des artistes tels que Hayao Miyazaki ou Jirô Taniguchi, un dessinateur par deux fois primé à Angoulême.

Après ces quinze années d'efforts de diffusion, le marché français représente assez bien la diversité de la production japonaise. Thriller politique, épopée sportive, romance sentimentale, politique fiction, pamphlet nihiliste, saga intergalactique, satire sociale... le manga s'adresse désormais à chacun d'entre nous.

Avec Quartier lointain *ou, ici,* Le Sommet des Dieux, *Jirô Taniguchi a conquis l'hexagone.*

Les Chevaliers du zodiaque, *figures iconiques d'une génération.*

Rodolphe Lachat

De 7 à 77 ans

Nulle part ailleurs qu'au Japon, cette expression ne fait autant sens. Afin de cibler les différentes couches de la société, les mangas sont divisés en de nombreuses catégories selon le genre de l'histoire mais aussi selon l'âge, le sexe et la profession du public visé. Trois prédominent : les Shônen pour les adolescents (ex. : *Dragon Ball*, *Naruto*, *Détective Conan*), les Shôjo pour les adolescentes (ex. : *Lady Oscar*, *Nana*) et les Seinen pour les jeunes hommes et les adultes (ex. : *Quartier lointain*, *Monster*).

Hospitalisation du pape à Rome

Vatican, mardi 1er
Dans le monde entier, les yeux se sont tournés vers Rome: Jean-Paul II a été hospitalisé d'urgence à la polyclinique Agostino-Gemelli pour une laryngo-trachéite aiguë et des crises de spasmes du larynx, suite à une mauvaise grippe. Ces problèmes viennent aggraver l'état de santé déjà précaire du souverain pontife, qui souffre depuis plus de dix ans de la maladie de Parkinson. Pourtant, dès ce premier jour d'hospitalisation, les bulletins de santé se veulent rassurants. Joaquin Navarro Valls, le porte-parole du Vatican, invite ainsi les fidèles à ne pas s'inquiéter: « Le Saint-Père a la grippe, dit-il, avec ses symptômes que des millions d'Italiens connaissent très bien. » Cependant, au Saint-Siège, l'hypothèse d'une éventuelle démission du pape recommence à se poser, bien que Jean-Paul II l'ait toujours rejetée: « Je ne saurais pas à qui la présenter », se plaît-il à dire en plaisantant… (→ 10)

La directive Bolkenstein controversée

Homme d'affaires, ex-dirigeant de Shell et ancien ministre, Frits Bolkenstein a été commissaire européen de 1999 à 2004.

Bruxelles, mercredi 2
José Manuel Barroso, le président de la Commission européenne, a fait marche arrière. Alors qu'il devait plaider pour l'« adoption rapide et harmonieuse » de la proposition de directive relative aux services dans le marché intérieur, il a seulement parlé d'une « discussion harmonieuse ». Cette proposition n'est pas nouvelle. Publiée le 13 janvier 2004 et due au Néerlandais Frits Bolkenstein, le commissaire chargé du marché extérieur de l'époque, elle stipule que tout service fourni par un prestataire d'un pays membre de l'UE à un autre pays membre « est soumis uniquement à la loi du pays dans lequel il est établi », soit aux conditions sociales et salariales du pays d'origine. Le tollé qu'a suscité en France cette directive qui, selon ses détracteurs, entraînerait un dumping social, le « plombier polonais prenant le travail du plombier français », avait ce matin même poussé Jacques Chirac, en Conseil des ministres, à exiger de la Commission sa « remise à plat ». D'où le recul de José Manuel Barroso.

Zoom sur

LE SALAFISME

Né au XIXe siècle, le salafisme est un courant fondamentaliste de l'islam sunnite, prônant le retour aux valeurs originelles de l'islam: le mot « salafisme » vient du mot arabe « salaf », désignant les pieux ancêtres, c'est-à-dire les compagnons de Mahomet. Le salafisme est parfois distingué de l'islamisme dans la mesure où, contrairement à celui-ci, il n'est pas prioritairement axé sur l'action politique et sociale. Toutefois, le soulèvement contre l'occupation soviétique en Afghanistan, dans les années 1980, a vu l'émergence d'un salafisme djihadiste, préconisant l'emploi de la violence contre les « infidèles ». Condamné par les salafistes dits « cheikhistes », le salafisme djihadiste s'est propagé en Algérie avec le FIS et le Groupe salafiste pour la prédication et le combat.

Giuliana Sgrena a été enlevée en Irak

Bagdad, vendredi 4
Nouvel enlèvement en Irak: un mois après la disparition de la journaliste française Florence Aubenas, c'est une Italienne, Giuliana Sgrena, envoyée spéciale du quotidien *Il Manifesto*, qui a disparu en plein jour à Bagdad. Ce matin, malgré les risques, elle s'était rendue près de l'université Al-Jadriya, où un millier de réfugiés venant de la ville de Falluja avaient été rassemblés. Ce soir même, un communiqué non authentifié, paru sur un site islamique, lance au président du Conseil italien Silvio Berlusconi un ultimatum exigeant le départ des troupes italiennes d'Irak dans les 72 heures. Spécialiste du Moyen-Orient, arabophone, membre du mouvement pacifiste « Les Femmes en noir », Giuliana Sgrena, 56 ans, était arrivée en Irak le 23 janvier. (→ 16)

Gnassingbé au fauteuil de Gnassingbé

Né le 6 juin 1966, Faure Gnassingbé a fait ses études en France et aux États-Unis.

Lomé, samedi 5
Ancien d'Indochine et d'Algérie dans la Légion étrangère, président du Togo depuis 1967, Gnassingbé Eyadéma est mort d'une crise cardiaque à 69 ans. La fin de ce long règne dictatorial, marqué par de sanglantes répressions et par des parodies d'élections, ouvrira-t-elle la voie à la démocratie? La communauté internationale s'en inquiète. En effet, à peine le vieux dictateur décédé, l'armée annonçait la nomination de son fils, Faure Gnassingbé, à la présidence, au terme d'une session extraordinaire du Parlement. Cela au mépris de la Constitution du pays, qui veut qu'un intérim de 60 jours soit assuré par le président du Parlement, en l'occurrence Natchaba Ouattara. Mais ce dernier a été destitué par les députés… Le coup d'État éclair paraît presque parfait! (→ 9)

Lu	Ma	Me	Je	Ve	Sa	Di
	1	2	3	4	5	6
7	8	9	10	11	12	13
14	15	16	17	18	19	20
21	22	23	24	25	26	27
28						

Ljubljana, mardi 1er
Le Parlement slovène ratifie la Constitution européenne. (→ 20)

Les Sables-d'Olonne, mercredi 2
Vincent Riou remporte le Vendée Globe, tour du monde à la voile en solitaire, sans escale et sans assistance, sur son monocoque *PRB*.

Pontoise, mercredi 2
Un internaute est condamné à 15 000 euros de dommages-intérêts pour avoir téléchargé dix mille chansons sur son disque dur. (→ 10.3)

Washington, jeudi 3
Le Sénat américain confirme Alberto Gonzales au poste de ministre de la Justice.

Paris, vendredi 4
Selon un rapport des RG, le salafisme progresse en France.

Jacksonville (Floride), dimanche 6
Les New England Patriots gagnent le 39e Super Bowl.

DÉCÈS

Hambourg, mercredi 2
Max Schmeling (*28.9.1905), ancien champion allemand de boxe.

Loury (Loiret), dimanche 6
Hubert Curien (*30.10.1924), ex-ministre français de la Recherche.

L'Espagne a choisi la régularisation

Madrid, lundi 7
« Lutter contre les mafias », « faire émerger l'économie souterraine », tels sont les objectifs que le Premier ministre José Luis Zapatero veut atteindre avec une vaste campagne de régularisation des immigrés clandestins en Espagne, dont 1,4 % de la population est formée d'étrangers extracommunautaires. Jusqu'au 7 mai, l'opération touchera des centaines de milliers de sans-papiers, leurs employeurs devant demander leur régularisation. Cette initiative soulève des polémiques au sein de l'Union européenne parce qu'elle met en relief les difficultés de Bruxelles à imposer une politique commune en la matière : vingt-six opérations de ce type ont déjà eu lieu à travers l'Europe, tandis qu'un projet de directive est demeuré bloqué depuis 2001. (→ 7.5)

Le lundi 7, un nouveau record du tour du monde à la voile en solitaire est établi : 71 jours, 14 heures, 18 minutes, 33 secondes. Le navigateur le plus rapide du monde est en fait une jeune navigatrice, l'Anglaise Ellen MacArthur, 28 ans. Partie le 28 novembre 2004 à bord du trimaran *Castorama*, elle a franchi la ligne d'arrivée, entre Ouessant et le cap Lizard, à 22 h 29 min 17 s, après un périple de 42 000 km sans escale. Deuxième au Vendée Globe 2000-2001, elle améliore de 1 jour, 8 heures, 35 minutes et 49 secondes le record détenu depuis un an par le Français Francis Joyon.

L'Arabie saoudite vote sans femmes

Riyad, jeudi 10
Les femmes étaient exclues du scrutin, de même que les militaires. C'est dire que l'ouverture de l'Arabie saoudite à la démocratie a été très prudente… Il s'agissait d'élire les conseillers municipaux de Riyad et de sa région (le reste du pays votant les 3 mars et 21 avril). Sur 470 000 hommes en âge de voter (21 ans minimum), 140 000 s'étaient inscrits sur les listes. En revanche, il y avait pléthore de candidats : 1 818 pour 127 sièges à pourvoir, signe d'un réel intérêt pour le débat politique. Mais les résultats ne sont pas tout à fait ceux que le pouvoir avait espérés : les sept sièges réservés à la capitale ont été remportés par des islamistes dits modérés, alors que les hommes d'affaires qui avaient investi des sommes considérables pour se faire élire ont été balayés. (→ 23.4)

Rebeyrolle se battait avec sa peinture

Paul Rebeyrolle photographié dans son atelier de Boudreville, en Bourgogne.

Boudreville (Côte-d'Or), lundi 7
C'était l'un des plus grands maîtres de la peinture figurative contemporaine. Décédé à 78 ans (*3.11.1926), il s'était imposé dès le début des années 1950 au sein de la Jeune Peinture, mouvement dont il fut la personnalité la plus forte avec Bernard Buffet et Jean Pollet. Pour Paul Rebeyrolle, la peinture se devait de témoigner et de combattre : d'où son engagement politique au côté du Parti communiste, d'où surtout sa volonté d'empoigner le réel dans sa manifestation la plus tragique, la plus brutale et la plus douloureuse. Son œuvre, qui se situe dans la lignée de Goya, de Géricault et de Courbet, se caractérise par un expressionnisme servi par un dessin d'une virtuosité stupéfiante et par un sens tout à fait original des couleurs et des matériaux bruts qu'il employait sur ses toiles. En 1995, un Espace Paul-Rebeyrolle, conçu par l'architecte Olivier Chaslin, fut inauguré dans sa ville natale d'Eymoutiers (Haute-Vienne).

L'espoir de paix naît à Charm el-Cheikh

Charm el-Cheikh (Égypte), mardi 8
Ce n'est certes pas encore la paix, mais c'est peut-être la fin de la guerre. Réunis par le président égyptien Hosni Moubarak et le roi Abdallah de Jordanie, le président de l'Autorité palestinienne et le Premier ministre israélien ont pris un engagement au terme de leur rencontre de Charm el-Cheikh : Mahmoud Abbas a annoncé l'arrêt des attaques contre les Israéliens, Ariel Sharon la cessation des activités militaires contre les Palestiniens. Le président palestinien, qui entérinait ainsi la trêve de fait qu'il avait obtenue des groupes armés dans les territoires occupés, a toutefois précisé qu'il n'était pas question, pour lui, de renoncer au retour aux frontières de 1967. Mais de son côté, Ariel Sharon a invité son interlocuteur à ne pas entretenir des « rêves irréalistes ». Les deux hommes doivent se rencontrer « régulièrement ».

Poignée de main furtive et symbolique entre Ariel Sharon et Mahmoud Abbas.

Lu	Ma	Me	Je	Ve	Sa	Di
	1	2	3	4	5	6
7	8	9	10	11	12	13
14	15	16	17	18	19	20
21	22	23	24	25	26	27
28						

Cuba, lundi 7
Entrée en vigueur de l'interdiction de fumer dans les lieux publics fermés, dans un pays réputé produire le meilleur tabac au monde. (→ 27)

Los Angeles, lundi 7
Herbert Lee Stivers avoue être l'homme qui a remis à Hermann Goering la capsule de cyanure qui a permis au second d'Adolf Hitler de se suicider à Nuremberg et d'échapper ainsi à l'échafaud.

Paris, mardi 8
Renault-Nissan est devenu en 2004 le 4e constructeur automobile mondial avec 5,8 millions de véhicules vendus. (→ 29.4)

Riyad, mardi 8
La Conférence internationale sur la lutte contre le terrorisme s'achève sur la publication d'une « déclaration de Riyad » qui condamne toute tentative d'associer le terrorisme à l'islam.

Londres, mardi 8
Ian Wilmut, créateur de la brebis clonée Dolly, obtient l'autorisation de cloner des embryons humains dans le cadre de ses recherches sur les maladies neurologiques, notamment la maladie de Charcot. (→ 20.5)

Le dernier témoin de l'Ancien Régime et de la Révolution est mort. Le chêne dont la tradition veut qu'il ait été particulièrement affectionné de la reine Marie-Antoinette a été arraché mercredi 9 dans le parc de Versailles. Âgé de 324 ans, haut de 35 m, le vieux chêne royal avait été gravement atteint par la tempête de décembre 1999 avant de recevoir le coup de grâce lors de la canicule de 2003. Mais sa vénérable dépouille devrait être conservée.

La Corée du Nord l'a-t-elle ou non ?

Pyongyang, jeudi 10
La Corée du Nord annonce qu'elle s'est dotée d'« armes nucléaires par mesure d'autodéfense », alors qu'elle se bornait jusqu'à présent à menacer de le faire. Le dernier État stalinien du monde, dans le même communiqué, déclare qu'il suspend sa participation aux négociations à six (avec la Chine, la Russie, les États-Unis, le Japon et la Corée du Sud) portant sur son programme nucléaire. La question est évidemment de savoir quelle est la part de bluff dans le jeu de Pyongyang. La Corée du Nord, qui s'est retirée du Traité de non-prolifération en janvier 2003, cherche peut-être à faire payer au prix fort par Washington son retour à la table des négociations et son éventuelle renonciation à l'arme atomique. Mais, selon la CIA, il serait risqué de ne pas prendre l'annonce au sérieux : la Corée du Nord pourrait déjà posséder huit bombes.

Monseigneur Lustiger

Né à Paris le 17 septembre 1926 dans la religion juive, Jean-Marie Lustiger se convertit au catholicisme en août 1940 à Orléans, où sa famille s'est réfugiée pour fuir les persécutions. En 1942, sa mère sera arrêtée et décédera à Auschwitz. Après des études de lettres à la Sorbonne, il entrera en 1946 au séminaire des carmes de l'Institut catholique de Paris et sera ordonné prêtre en 1954. Aumônier de la paroisse universitaire de Paris, puis curé de la paroisse Sainte-Jeanne-de-Chantal, il est évêque d'Orléans en 1979, avant d'être nommé archevêque de Paris en 1981. Deux ans plus tard, il est créé cardinal par le pape Jean-Paul II. Auteur de nombreux ouvrages, il est élu à l'Académie française en 1995, au fauteuil du cardinal Decourtray.

Arthur Miller était une star du théâtre

Roxbury (Connecticut), jeudi 10
Emporté par un cancer, Arthur Miller fut sans conteste le dramaturge américain le plus célèbre de son temps. Né le 17 octobre 1915 à New York, dans une famille juive d'origine polonaise, il fut mondialement reconnu avec *Mort d'un commis voyageur* (1949), démystification du « rêve américain » et dont Elia Kazan assura la création. Mais le succès se mua en scandale avec *Les Sorcières de Salem* (1953), parabole virulente sur le maccarthysme, qui fut jouée en France par Yves Montand et Simone Signoret. Cet intellectuel de gauche devint une vedette « people » lorsqu'il se maria en 1956 avec Marilyn Monroe, pour qui il écrivit le scénario des *Désaxés*, réalisé par John Huston (1961). Dans *Éden* du cinéaste israélien Amos Gitaï, adapté de son roman *Une fille quelconque* (1995), il jouait un rôle où l'on pouvait voir une manière d'autoportrait (2001).

Arthur Miller avait publié en 1987 une autobiographie intitulée Au fil du temps.

La réforme du bac est mise au rancart

Paris, jeudi 10
« Je ne ferai pas une réforme du bac tant que nous n'aurons pas levé les craintes qui se sont exprimées. » Le ministre de l'Éducation nationale, François Fillon, a cédé face à la mobilisation des lycéens, à la demande expresse du président de la République. Ils étaient aujourd'hui 100 000, à Paris et en province, à manifester contre le projet de loi réformant le baccalauréat, qui devait être examiné par les députés à partir du 15 février. Projet qui ramenait à six (au lieu d'une douzaine) le nombre d'épreuves et qui instaurait un contrôle continu, tout en réduisant les matières enseignées dans le « tronc commun ». Pour les Comités d'action lycéens (CAL), le principal animateur de la contestation, cette loi aurait instauré un baccalauréat à deux vitesses et réduit l'acquisition du savoir en faveur d'« une intégration rapide au marché du travail ». (→ 8.3)

Quelque 12 000 lycéens manifestaient à Lyon contre une loi jugée « inégalitaire ».

Calais, mercredi 9
Le trimaran *L'Hydroptère* traverse la Manche en 34 minutes et 24 secondes, plus vite que l'avion de Louis Blériot, qui, en 1909, avait survolé la distance Calais-Douvres en 37 minutes.

San Francisco, mercredi 9
Hewlett-Packard limoge sa pdg Carly Fiorina, architecte de la fusion controversée avec Compaq. (→ 29.3)

Lomé, mercredi 9
Faure Gnassingbé, officiellement investi il y a deux jours à la tête du Togo après une révision de la Constitution, annonce des élections « libres et transparentes ». (→ 25)

France, jeudi 10
Déclenchement du plan blanc hospitalier dans six régions (Alsace, Auvergne, Île-de-France, Nord-Pas-de-Calais, PACA et Rhône-Alpes) en raison de l'engorgement des urgences dû à une épidémie de grippe (1,1 million de personnes touchées en trois semaines) et de gastro-entérite (1,6 million).

Paris, jeudi 10
Selon l'Observatoire national de la délinquance, le nombre d'actes violents a augmenté de 70 % entre 1996 et 2003. Un délinquant sur cinq a moins de 18 ans.

Rome, jeudi 10
Le pape Jean-Paul II quitte la polyclinique Gemelli. (→ 24)

Bormio (Italie), jeudi 10
Le skieur autrichien Hermann Maier, qui a failli être amputé d'une jambe en 2001, devient champion du monde de slalom géant.

Un nouvel archevêque pour la capitale

Paris, vendredi 11
André Vingt-Trois, qui était archevêque de Tours depuis 1999, s'est vu attribuer par le pape Jean-Paul II l'archidiocèse de Paris. Mgr Vingt-Trois succède ainsi à Jean-Marie Lustiger qui, atteint par la limite d'âge, avait présenté sa démission. Né à Paris le 7 novembre 1942 et ordonné prêtre en 1969 par le cardinal Marty, le nouvel archevêque connaît bien son prédécesseur. Il fut son vicaire à Sainte-Jeanne-de-Chantal de 1969 à 1974, puis en 1981, quand Mgr Lustiger devint archevêque de Paris, son vicaire général, avant d'en être l'évêque auxiliaire en 1988. Connu pour son franc-parler et son rire, Mgr Vingt-Trois est aussi un homme de médias, qui s'est beaucoup investi dans le développement de Radio Notre-Dame à partir de 1981. Il a également enseigné la théologie des sacrements au séminaire de Saint-Sulpice, à Paris. Mgr Vingt-Trois est le 28e archevêque de Paris. (→ 5.3)

General Motors et Fiat se séparent

Turin, dimanche 13
Mariés depuis le 14 mars 2000, General Motors et Fiat se séparent. Le contrat unissant les deux géants de l'automobile prévoyait la possibilité, pour Fiat, de revendre Fiat Auto à GM à partir du 5 février 2005, sans que le constructeur américain puisse s'y opposer. Ce qui ne faisait pas son affaire, car Fiat Auto ne génère toujours pas de profits. Finalement, les deux se sont entendus sur une transaction à l'amiable : en échange de l'annulation de cette option de vente, GM versera à Fiat 1,55 milliard d'euros pour se retirer. La manne est bienvenue pour le groupe de Turin. Cette séparation entraîne toutefois la disparition de deux entreprises communes, la Fiat-GM Powertrain (FGP), spécialisée dans la fabrication d'arbres de transmission, et la société d'achats GM-Fiat Worldwide Purchasing, située en Allemagne.

Samedi 12, à Kourou, en Guyane, lancement réussi d'*Ariane 5* ECA, capable de mettre 10 t sur orbite. Ce succès enregistré par l'Agence spatiale européenne (ESA) efface l'échec du lancement du premier prototype, le 11 décembre 2002.

L'extrême droite défile dans Dresde

Dresde, dimanche 13
L'extrême droite allemande a réussi son OPA sur la commémoration du bombardement de Dresde. Ce sont en effet quelque 5 000 militants du NPD et de la DVU, fortement implantés en Saxe et dans le Brandebourg, qui ont défilé tout de noir vêtus, en signe de deuil, pour dénoncer ce qu'ils estiment être un « crime contre l'humanité » commis par les Alliés. Les 13 et 14 février 1945, la RAF avait déversé 7 000 tonnes de bombes sur la ville, la réduisant en cendres et causant des pertes considérables dans la population civile, grossie par un afflux de réfugiés. Les chiffres, évalués à 250 000 morts par les Soviétiques, ont été depuis révisés à la baisse, beaucoup d'historiens s'en tenant à 40 000 morts. La manifestation du NPD et de la DVU a entraîné une contre-manifestation de militants pacifistes. Sans incident.

La petite bergère de Fatima est morte

Coimbra (Portugal), dimanche 13
Alors même qu'à Rome l'état de santé de Jean-Paul II est préoccupant, sœur Lucie, de son vrai nom Lucia de Jesus dos Santos, s'est éteinte à 97 ans, bien après ses cousins Jacinta et Francisco Marto, disparus en 1919 et 1920. En 1917, les trois petits bergers portugais avaient affirmé avoir assisté, à Fatima, devenue depuis un haut lieu de pèlerinage, à des apparitions de la Vierge, qui leur aurait confié trois secrets. Les deux premiers évoquaient la guerre et l'athéisme en Russie, et le troisième, un « évêque vêtu de blanc » tombant sous les balles. S'étant reconnu dans ce message après l'attentat dont il fut victime en 1981, Jean-Paul II, grand promoteur du culte marial, s'était rendu en action de grâce dès 1982 à Fatima, où il avait rencontré sœur Lucie. Il l'avait revue en 1991, puis en 2000, à l'occasion de la béatification de Jacinta et Francisco.

Le dernier adieu à sœur Lucie d'un membre de sa famille, lors de ses obsèques, célébrées le 15 à Coimbra sous la présidence de l'archevêque de Gênes, Mgr Tarcisio Bertone.

Paris, samedi 12
Jacques Chirac remet, à huis clos, les insignes de chevalier de la Légion d'honneur à Nicolas Sarkozy.

Paris, samedi 12
Jean-Pierre Escalettes est élu président de la Fédération française de football, en remplacement de Claude Simonet qui ne briguait pas de nouveau mandat.

Kaboul, dimanche 13
La Turquie succède à l'Eurocorps à la tête de la Force internationale d'assistance pour la sécurité en Afghanistan (Isaf). (→ 4.8)

Papeete, dimanche 13
Égalité de sièges entre Gaston Flosse et Oscar Temaru à l'Assemblée de Polynésie, à l'issue de l'élection territoriale partielle dans les îles du Vent. Le parti ADN, avec trois élus, détient la clé de la majorité. (→ 18)

Paris, dimanche 13
Une forte explosion détruit les locaux du théâtre de l'Empire (17e arr.).

DÉCÈS

Paris, lundi 7
Madeleine Rebérioux (*8.9.1920), historienne française.

Bruxelles, mercredi 9
Marthe Wéry (*26.4.1930), artiste peintre belge.

Deauville, samedi 12
Alfred Sirven (*6.1.1927), ex-directeur général des affaires générales d'Elf.

Nîmes, dimanche 13
Maurice Trintignant (*30.10.1917), pilote français de formule 1.

Les Syriens ont-ils assassiné Hariri ?

Des centaines de milliers de Libanais ont participé aux funérailles de Rafic Hariri.

Beyrouth, mercredi 16
Jacques Chirac, ami personnel de Rafic Hariri, a fait le voyage à Beyrouth pour assister aux obsèques de l'ancien Premier ministre libanais. Rafic Hariri a été tué lundi dans un attentat suicide qui a fait quatorze victimes et des centaines de blessés. Hier, le Conseil de sécurité a demandé la constitution d'une commission d'enquête internationale. Les États-Unis ont implicitement mis en cause la Syrie : après avoir été l'homme lige des Syriens, Rafic Hariri, qui était devenu l'une des cent plus grosses fortunes du monde en s'investissant dans la reconstruction de Beyrouth, s'était démis en 2004 de son poste de Premier ministre pour passer dans l'opposition à la présence des troupes syriennes au Liban. À qui profite le crime ? Telle est la question que tout le monde se pose. Il n'est pas certain que la Syrie en retire avantage, à un moment où le régime de Bachar al-Assad est accusé de favoriser le terrorisme par Washington. Damas a condamné l'attentat. (→ 18)

Bachar al-Assad

Fils du président Hafez al-Assad, Bachar al-Assad est né en 1965 à Damas. Alors qu'il n'avait guère d'inclination pour la politique, cet ancien étudiant en médecine fut porté au pouvoir à la mort de son père, en 2000, par l'armée et par le parti Baas, maître du Parlement syrien. Le nouveau président de la République syrienne annonça des réformes politiques et économiques qui ne furent guère suivies d'effet. Bien que s'étant déclaré favorable à des négociations avec Israël et ayant en 2002 amorcé un retrait de ses troupes du Liban, Bachar al-Assad est régulièrement accusé par Washington et Tel-Aviv de soutenir le Hezbollah au Liban et d'aider la guérilla en Irak. Il n'est toutefois pas exclu que la réalité du pouvoir en Syrie soit largement détenue par les services secrets et par l'appareil du parti Baas.

Executive Life : la France paiera

Los Angeles, mercredi 16
Nouveau rebondissement dans l'affaire Executive Life, du nom de la compagnie d'assurances américaine rachetée illégalement par le Crédit lyonnais en 1991. La structure publique française responsable pour la banque (le consortium CDR) devra verser un dédommagement de 600 millions de dollars au commissariat des compagnies d'assurances de Californie, représenté par l'avocat Gary Fontana. Si l'accord met fin aux poursuites civiles à l'encontre de l'État français, les deux sociétés privées, la Maaf et Artemis, restent sur le banc des accusés. En 1991, la Maaf avait acheté l'assureur américain après un accord secret avec le Lyonnais, qui avait promis de le lui racheter plus tard et avait ensuite cédé son portefeuille à François Pinault, propriétaire de la holding Artemis. Accusé de complicité, ce dernier nie toute culpabilité dans cette affaire qui a éclaté en 1998. (→ 10.5)

Hervé Gaymard abandonnera son appartement de 600 m²

Paris, mercredi 16
C'est une véritable bombe que lance ce mercredi *Le Canard enchaîné* en révélant qu'Hervé Gaymard, le ministre de l'Économie, des Finances et de l'Industrie, occupe près des Champs-Élysées un appartement de 600 m² dont le loyer mensuel s'élève à 14 000 euros payés par l'État. Ceci après qu'il a renoncé à son logement de fonction de Bercy, trop éloigné selon lui de l'école de ses huit enfants, située dans le 8e arrondissement. La gauche a immédiatement crié au scandale. Pour endiguer cette polémique, le Premier ministre a décidé de limiter, pour les logements de fonction ministériels, la prise en charge par l'État à 80 m² de la surface, plus 20 m² par enfant. Un peu plus tard dans la journée, Hervé Gaymard, qui affirme avoir agi en toute légalité, a fait connaître son intention de déménager. (→ 28)

Hervé Gaymard, son épouse, sa belle-mère et ses huit enfants à l'occasion d'une visite rendue en août 2002 à la ministre danoise de l'Agriculture, Mariann Fischer Boel.

Kofi Annan plaide pour le Darfour

New York, mercredi 16
Le secrétaire général de l'ONU vient de transmettre officiellement au Conseil de sécurité le rapport que lui a remis le 31 janvier la Commission internationale d'enquête sur le Darfour. Tout en écartant l'hypothèse du génocide, ce rapport estime que les exactions commises dans cette région du Soudan par le gouvernement de Khartoum et par les milices « arabes » relèvent du crime de guerre et du crime contre l'humanité. Pour enrayer une répression qui, depuis 2003, aurait fait 70 000 morts, le rapport recommande le déférement de la question devant la Cour pénale internationale (CPI). Par ailleurs, Kofi Annan demande à l'Union européenne et à l'Otan d'envisager « sérieusement » une action au Darfour.

Lu	Ma	Me	Je	Ve	Sa	Di
	1	2	3	4	5	6
7	8	9	10	11	12	13
14	15	16	17	18	19	20
21	22	23	24	25	26	27
28						

Province de Liaoning, lundi 14
Un coup de grisou fait au moins 210 morts dans la mine chinoise de Sunjiawan.

France, mardi 15
Essor du commerce en ligne. En 2004, 10,6 millions de Français ont acheté *via* le Net. Le chiffre d'affaires des cybercommerçants a augmenté de 65 %.

Rome, mercredi 16
L'Italie prolonge jusqu'au 30 juin sa mission en Irak, malgré un message vidéo de l'otage Giuliana Sgrena demandant le retrait des troupes pour lui sauver la vie. (→ 4.3)

Monde, mercredi 16
Entrée en vigueur du protocole de Kyoto sur la réduction des gaz à effet de serre.

Belgique, jeudi 17
L'amnistie fiscale (dispositif facilitant le rapatriement de fonds placés à l'étranger) a rapporté 496 millions d'euros à l'État belge, qui tablait initialement sur 850 millions d'euros.

Paris, jeudi 17
Sortie en librairie du *Petit Décodeur* (Le Robert), qui traduit « en langage clair » les 3 000 mots et expressions

Zoom sur

LE PROTOCOLE DE KYOTO

Les cris d'alarme des scientifiques sur le réchauffement climatique de la Terre ont poussé les pays réunis par la Convention sur le climat, issue du sommet de Rio de Janeiro en 1992, à signer le 11 décembre 1997, dans la ville japonaise de Kyoto, un protocole visant à « préserver le système climatique pour les générations présentes et futures ». Ratifié par 141 nations à travers le monde, ce traité n'est coercitif que pour les 30 pays industrialisés signataires, qui se sont engagés à réduire de 5,2 % leurs émissions de gaz à effet de serre d'ici 2012. À noter que les États-Unis, qui à eux seuls produisent 46 % des émissions des pays riches, mais aussi l'Australie, ont refusé d'adhérer au protocole.

Du plutonium pour les terroristes ?

Washington, dimanche 20
S'appuyant sur un rapport de la CIA, le vice-président de la commission du renseignement du Sénat, le démocrate John Rockefeller, affirme que la moitié des matériaux nucléaires russes n'est pas répertoriée, de sorte que, selon lui, une partie pourrait avoir été récupérée par des organisations terroristes. Cette hypothèse est émise trois jours après que le quotidien britannique *The Times* a révélé que 30 kilos de plutonium ont disparu au cours de 2004 à la centrale de Sellafield, au nord de l'Angleterre. Une information que le British Nuclear Group, propriétaire de la centrale, s'est efforcé de minimiser en mettant cette perte sur le compte d'un écart normal « entre l'inventaire physique du matériel et celui des livres de comptes ». Mais le physicien Frank Barnaby, spécialiste reconnu du nucléaire militaire, n'exclut pas, lui, la réalité de cette disparition : elle serait alors « dramatique ».

Sorti sur les grands écrans mercredi 16, *Le Promeneur du Champs-de-Mars* de Robert Guédiguian est l'adaptation du livre *Le Dernier Mitterrand* du journaliste Georges-Marc Benamou, une chronique des mille derniers jours de l'ancien président, disparu en 1996. En optant pour une mise en scène simple, le réalisateur restitue la puissance du verbe et l'éloquence de François Mitterrand, interprété par un extraordinaire Michel Bouquet.

Les profits records de Total indignent

Paris, jeudi 17
Tous les grands groupes pétroliers ont bénéficié en 2004 de la hausse du prix du brut. À commencer par le Français Total qui annonce un profit net record de 9,04 milliards d'euros, dont 2,6 ont été redistribués aux actionnaires sous forme de dividendes. Une annonce qui indigne les représentants des régions sinistrées par la marée noire provoquée en 1999 par le naufrage de l'*Erika* : bien que battant pavillon maltais, le tanker transportait en effet des hydrocarbures pour Total, dont la responsabilité dans la catastrophe fait l'objet d'une âpre bataille judiciaire. Samedi, Philippe de Villiers, président du conseil régional de Vendée, déclarera que ces profits devraient être en partie affectés à l'indemnisation des victimes de l'*Erika*. (→ 21)

Dimanche 20, Vincent Vittoz est champion du monde de double poursuite à Oberstdorf (Allemagne). C'est la première médaille d'or du ski de fond français.

Le oui timide des Espagnols à l'Europe

Madrid, dimanche 20
Premier à voter des dix pays ayant opté pour le référendum, l'Espagne ratifie le traité constitutionnel européen. Le oui l'a emporté avec 76,73 % des suffrages (contre 17,24 % de non et 6,03 % de votes blancs), mais avec un taux d'abstention record de 57,68 %, le plus élevé depuis l'instauration de la démocratie en 1977. La ratification satisfait toutefois pleinement José Luis Zapatero, le Premier ministre, qui se félicite de cette « nette victoire », et les hommes politiques français favorables au projet de Constitution, tels Jacques Chirac, pour qui « le oui du peuple espagnol montre le chemin », ou le socialiste Jack Lang, qui a lancé un « bravo les Espagnols ». Les partisans du non soulignent pour leur part le « flop » d'une campagne qui « ne fait guère recette », selon les mots de Jean-Pierre Chevènement. (→ 6.4)

Le Premier ministre espagnol José Luis Zapatero devant l'urne, à l'heure du vote.

les plus fréquemment employés par les administrations.

France, jeudi 17
Fin, à minuit, de la reprise des pièces en francs par la Banque de France. Les billets sont repris jusqu'au 17 juillet 2012 inclus.

Washington, jeudi 17
George Bush nomme John Negroponte, actuel ambassadeur des États-Unis en Irak, au nouveau poste de directeur national du renseignement, qui supervise et coordonne une quinzaine d'agences, dont la CIA.

Grande-Bretagne, vendredi 18
Entrée en vigueur de l'abolition de la chasse à courre.

Beyrouth, vendredi 18
L'opposition antisyrienne appelle à une « Intifada pacifique » contre le régime de Damas. (→ 28)

Polynésie française, vendredi 18
Le président UMP Gaston Flosse et son gouvernement sont renversés par une motion de censure présentée par l'indépendantiste Oscar Temaru. Le parti ADN a voté pour. (→ 3.3)

Lisbonne, dimanche 20
L'opposition socialiste portugaise obtient la majorité absolue lors des législatives.

DÉCÈS

Suresnes, mardi 15
Pierre Bachelet (*25.5.1944), chanteur français.

Woody Creek (Colorado), dim. 20
Hunter S. Thompson (*18.7.1937), reporter et écrivain américain.

Le rouge est mis chez Leica

Solms (Allemagne), lundi 21
Leica Camera, dont le Français Hermès détient 31,5 % des parts, est dans une très mauvaise passe. Faute d'avoir pris à temps le grand virage de la photographie numérique, le célèbre fabricant allemand, dont le premier boîtier est apparu sur le marché en 1924, s'est mis dans le rouge : son exercice annuel clôturé fin mars devrait enregistrer une perte sèche de 10 millions d'euros, son chiffre d'affaires de 2004 ayant reculé de 17 %. Du coup, six banques lui ont aujourd'hui coupé une partie de leurs crédits. Pour la direction de Leica, il ne s'agit que d'une crise passagère, dont la solution passera par une augmentation du capital. Les principaux actionnaires n'en sont pas tous convaincus.

Le 28, à New York, l'œuvre monumentale de Christo et Jeanne-Claude, *Les Portes*, est démontée. En 15 jours seulement, elle a attiré 4 millions de visiteurs. L'installation, qui a mis pas moins de 25 ans à voir le jour, comptait 7 500 portails de toile safran, courant sur 37 km de sentiers de Central Park.

Césars à surprise pour *L'Esquive*

Paris, samedi 26
Victoire inattendue du cinéma indépendant à la 30e cérémonie des Césars : *L'Esquive* d'Abdellatif Kechiche a remporté à la surprise générale les quatre statuettes les plus prestigieuses, dont celles du meilleur film et du meilleur réalisateur. Avec 300 000 entrées seulement, ce film à « petit » budget devance les deux grandissimes favoris, *Un long dimanche de fiançailles* de Jean-Pierre Jeunet (qui obtient néanmoins cinq récompenses) et le film de Christophe Barratier, *Les Choristes*, le grand succès de 2004 avec 8,6 millions d'entrées. Un palmarès qui s'inscrit dans une nouvelle tendance des Césars, plus en phase avec l'actualité et cherchant à primer la qualité avant les résultats au box-office.

La colonisation est réhabilitée

Paris, mercredi 23
Les députés ont voté cet après-midi un projet de loi dont l'article 1 dit que « la nation exprime sa reconnaissance aux femmes et aux hommes qui ont participé à l'œuvre accomplie par la France dans les anciens départements français d'Algérie, au Maroc, en Tunisie et en Indochine, ainsi que dans les territoires placés antérieurement sous la souveraineté française ». Cette réhabilitation de la colonisation française est assortie d'une instruction : « Les programmes scolaires reconnaissent en particulier le rôle positif de la présence française outre-mer, notamment en Afrique du Nord, et accordent à l'histoire et aux sacrifices des combattants de l'armée française issus de ces territoires la place éminente à laquelle ils ont droit » (article 4). L'opposition de gauche n'a pas voté le projet. Non pour des raisons de fond, mais parce qu'elle jugeait insuffisantes les mesures prévues en faveur des harkis et des rapatriés. (→ 8.5)

Bush n'a pas convaincu les Européens

Les présidents américain et russe se sont affrontés sur la question de la démocratie et des droits de l'homme en Russie.

Bratislava, jeudi 24
Commencée le 21 à Bruxelles, la tournée européenne de George W. Bush a pris fin dans la capitale slovaque, avec une rencontre avec Vladimir Poutine. Dans l'intervalle, le président des États-Unis se sera entretenu avec Jacques Chirac, Tony Blair, Viktor Iouchtchenko, Silvio Berlusconi et Gerhard Schröder, ainsi qu'avec la Commission européenne. Le nom de José Luis Zapatero n'avait pas, en revanche, été couché sur son agenda, le Premier ministre espagnol, coupable d'avoir retiré ses troupes d'Irak, n'étant pas *persona grata*. Quant à la prestation attendue devant le Parlement européen, elle a été annulée, la Maison-Blanche craignant un accueil peu enthousiaste. Il est vrai que le 19, il avait déclaré au *Daily Telegraph* qu'il ne voyait pas la nécessité d'une Europe intégrée, « alors que nous partageons les mêmes valeurs et les mêmes buts ». Quant au bilan de son voyage, il paraît plutôt maigre, les Européens ayant décliné la plupart de ses demandes d'aide pour établir la paix et la démocratie en Irak.

Le réalisateur tunisien récompensé au Théâtre du Châtelet à Paris. L'Esquive *raconte l'histoire de lycéens des cités qui découvrent la langue de Marivaux.*

Lu	Ma	Me	Je	Ve	Sa	Di
	1	2	3	4	5	6
7	8	9	10	11	12	13
14	15	16	17	18	19	20
21	22	23	24	25	26	27
28						

Paris, lundi 21
La cour d'appel s'oppose à une nouvelle expertise du pétrolier *Erika*, ouvrant la voie à un procès qui devra déterminer les responsabilités dans le naufrage du navire.

Paris, lundi 21
Gérard Jugnot arrive en tête des acteurs français les mieux payés en 2004, avec 5,45 millions d'euros.

Jérusalem, lundi 21
Israël relâche 500 détenus palestiniens, conformément à des engagements pris lors du sommet de Charm el-Cheikh.

Iran, mardi 22
Un séisme de magnitude 6,4 secoue le sud-est du pays, faisant 530 morts autour de la ville de Zarand et détruisant une cinquantaine de villages.

Algérie, mardi 22
La réforme du Code de la famille de 1984 supprime le mariage par procuration mais maintient la présence du tuteur matrimonial, le plus souvent père ou frère, lors de la conclusion du contrat de mariage. Elle reconnaît le droit des femmes à obtenir la garde des enfants en cas de divorce et, dans cette situation, de conserver l'usage du domicile.

Thierry Breton

Né à Paris en 1955 et diplômé de l'École supérieure d'électricité et de l'Institut des Hautes Études de la Défense nationale, ce ministre au parcours atypique a créé une société d'ingénierie informatique à l'âge de 26 ans, enseigné les mathématiques à New York et écrit des romans de politique-fiction. Directeur général du Futuroscope de 1986 à 1990, il acquiert vite une réputation de « redresseur », entre dans les conseils d'administration ou de surveillance de sociétés telles que Bull ou Axa, dirige Thomson Multimédia de 1997 à 2002, avant de devenir au mois d'octobre 2002 le pdg de France Télécom.

Hervé Gaymard a donné sa démission

Paris, lundi 28
Douze jours après le début de l'affaire concernant son logement de fonction, Hervé Gaymard remet les clés de Bercy à Thierry Breton, qui a dû le remplacer au pied levé. Sa gestion calamiteuse du scandale né des révélations du *Canard enchaîné* l'avait contraint, vendredi 25, à démissionner. La veille, *Paris-Match* avait publié une interview, réalisée le 21, où ce « fils de cordonnier » disait ne pouvoir financièrement être propriétaire. Mais, vendredi matin, *Libération* avait versé la goutte de trop en révélant que, au contraire, le ministre possédait deux maisons et deux appartements en province, et qu'il était soumis à l'impôt sur la fortune. Jean-Pierre Raffarin a salué « un homme responsable qui a servi l'action gouvernementale ».

Il lègue à Thierry Breton (à g.) un chômage qui a passé la barre des 10 % le 25 février.

La Constitution est révisée

Versailles, lundi 28
Par 730 voix contre 66, le Congrès, qui réunissait à Versailles les députés et les sénateurs, a approuvé une révision de la Constitution française, pour la mettre en conformité avec le projet de Constitution européenne qui sera soumis à référendum. Sont affectés les articles 88-1 à 88-7 du titre XV. Il est notamment stipulé que, après l'entrée dans l'Union européenne de la Roumanie, de la Bulgarie et de la Croatie, toute nouvelle adhésion devra être ratifiée par référendum. Ce qui, à l'évidence, vise à rassurer les Français relativement à la candidature de la Turquie. Les élus communistes ont voté en bloc contre la révision, suivis par 11 UMP, 3 socialistes et 7 non-inscrits. Les abstentions sont significatives chez les socialistes : 82 des leurs se sont en effet abstenus, ce qui traduit bien la crise que connaît le parti dirigé par François Hollande, pourtant officiellement favorable à la Constitution européenne. (→ 29.5)

Le kamikaze irakien a fait un carnage

À Hilla (province de Babylone), après l'attentat : la voiture suicide, au volant de laquelle le kamikaze avait les mains attachées, était remplie d'explosifs et d'obus de mortier.

Hilla (Irak), lundi 28
Une foule d'anciens fonctionnaires du régime de Saddam Hussein patientait devant un centre médical d'Hilla pour y subir la visite médicale préalable à leur éventuelle réintégration. Autour d'eux, des petits commerçants, des passants, des badauds. Une scène tout ce qu'il y a de banal dans une ville elle-même banale, à 95 km au sud de Bagdad. Mais Hilla est une ville majoritairement chiite, et c'est pourquoi elle a été prise pour cible par le kamikaze qui a jeté sa voiture sur la file d'attente et l'a fait exploser. Alors ce fut l'horreur : on comptera au moins 115 morts et 148 blessés. Cet attentat, le plus meurtrier survenu depuis le début de l'occupation américaine, a été aussitôt attribué à une guérilla sunnite au sein de laquelle des anciens du parti Baas auraient fait alliance avec les islamistes. Il intervient au lendemain de la capture de Sabaoui Ibrahim al-Hassan, l'un des demi-frères de Saddam Hussein et l'un des 55 dignitaires les plus recherchés de l'ancien régime. Un hasard ? (→ 17.7)

Rome, jeudi 24
Jean-Paul II, réhospitalisé en urgence pour des problèmes respiratoires, subit avec succès une trachéotomie. (→ 27.3)

Togo, vendredi 25
Le président investi Faure Gnassingbé Eyadéma, candidat à la prochaine présidentielle, confie l'intérim à Abass Bonfoh. (→ 28.4)

Paris, dimanche 27
Didier Lombard remplace Thierry Breton à la tête de France Télécom.

Monde, dimanche 27
Entrée en vigueur du premier traité international antitabac, sous l'égide de l'OMS. 4,9 millions de personnes meurent chaque année des effets dévastateurs de la consommation de tabac ou de l'exposition à la fumée.

Beyrouth, lundi 28
Sous la pression de la rue et de l'opposition, le Premier ministre libanais prosyrien Omar Karamé démissionne. (→ 10.3)

DÉCÈS

Londres, lundi 21
Guillermo Cabrera Infante (*22.4.1929), écrivain cubain.

Tarbes, vendredi 25
Jean Prat (*1.8.1923), ex-capitaine et sélectionneur du XV de France.

Oxford, vendredi 25
Peter Benenson (*31.7.1921), fondateur d'Amnesty International.

Pacifica (Californie), samedi 26
Jef Raskin (*9.3.1943), concepteur de l'interface graphique du Macintosh d'Apple.

Sommes-nous seuls

L'hypothèse selon laquelle la vie pourrait être répandue dans le cosmos a été formulée pour la première fois par le philosophe grec Anaxagore, au Ve siècle avant notre ère. Mais cette très ancienne question est devenue un objet de recherche scientifique qui se développe aujourd'hui selon deux axes : la chimie prébiotique, ou étude de l'origine de la vie terrestre par des apports cosmiques, et l'astrobiologie, ou étude de la vie sur d'autres planètes que la Terre.

Il n'y a pratiquement pas d'atmosphère autour de Mars. Mais en a-t-il été toujours ainsi ?

MÉTÉORITES, COMÈTES...

L'un des problèmes de l'étude des météorites est le risque de contamination terrestre, qui n'était guère pris en compte jusqu'à une date relativement récente. Les météorites les plus primitives, comme les chondrites carbonées, sont en effet perméables à l'eau et captent facilement les acides aminés présents dans le sol. Des précautions de plus en plus minutieuses ont donc entouré leur collecte et leur analyse. Ce fut notamment le cas lors de la chute d'une très grosse météorite carbonée dans la région de Murchison, en Australie, le 28 septembre 1969. Il en va de même pour les nombreux corps célestes de plus petites dimensions (micrométéorites) régulièrement recueillis dans l'Antarctique. L'étude de ces matériaux a démontré la plausibilité d'une origine extra-terrestre des composants prébiotiques nécessaires à la vie.

Les météorites ne sont toutefois pas les seules sources potentielles de vie venue de l'espace. Dès 1961, John Oró, professeur de biochimie et biophysique à l'Université de Houston (Texas), avance l'hypothèse que les comètes ont pu déposer sur Terre les matériaux indispensables à l'évolution du vivant.

Au XVIIIe siècle, les savants furent intrigués par la nature des météorites, notamment les météorites carbonées. L'une d'entre elles tombée en 1806 sur Alès (alors Alais), dans le Gard, fut étudiée en 1834 par le chimiste suédois Jöns Berzelius (1779-1848). Ce dernier constata que la météorite contenait des substances proches de la matière organique terrestre, c'est-à-dire de la vie.

Cette hypothèse a depuis été largement confirmée par l'observation des comètes, depuis la Terre ou in situ. Les sondes Giotto et Vega, qui ont analysé la comète de Halley, ont pu détecter par spectrométrie de masse la présence de nombreuses molécules lourdes, dont l'adénine et les polymères du formaldéhyde, indispensables à la vie. Le phosphore, qui permet la synthèse des nucléotides, semble également présent en petite quantité dans les corps cométaires. Plusieurs expériences en laboratoire ont confirmé l'intérêt de cette hypothèse cométaire : des mélanges de glace de composition comparable à celle des comètes, soumis à des bombardements d'UV et de protons, produisent spontanément des matériaux organiques.

Outre les météorites et les comètes, les savants soupçonnent la présence d'éléments prébiotiques dans les nuages interstellaires qui parsèment l'univers. Cette hypothèse, connue sous le nom de « panspermie », a été lancée voici tout juste un siècle (1906) par le chimiste suédois Svante August Arrhenius. Pour ce dernier, la vie est présente partout dans le cosmos, mais sous la forme de minuscules spores bactériennes. Ces spores, de l'ordre du millième de millimètre, sont mues dans l'espace par la simple pression de la lumière, et leur taille minuscule leur permet d'être attirées « en douceur » par la force d'attraction des planètes, où elles se déposeraient pour donner naissance à la vie. Une version plus récente de cette hypothèse a été formulée par les astrophysiciens Fred Hoyle et Chandra Wickramasinghe, dans un livre qui parut en 1978 et eut alors un énorme retentissement, *Lifeclouds*.

De fait, l'observation des raies spectrales émises ou absorbées par les grains des nuages interstellaires a permis de conclure à la présence de nombreuses molécules entrant dans la composition du vivant terrestre : hydroxyle, ammoniac, eau, formaldéhyde, cyanogène, hydrogène, acide cyanhydrique, cyanocétylène, acide formique, monosulfure de carbone, acétonitrite, acétaldéhyde, etc. Que ces molécules aient pu « contaminer » des comètes et déposer sur des terres hospitalières les composants de la vie ne relève donc pas tout à fait de la science-fiction.

CHASSE AUX PLANÈTES TELLURIQUES

Les études des météorites, des comètes et des nuages de poussières interstellaires montrent l'abondance des composés organiques propre au vivant dans l'Univers. Mais, à ce jour, personne n'y a découvert de vie proprement dite. Si celle-ci ressemble à la vie terrestre, il lui faut une planète pour éclore. Aussi la science s'est-elle tournée vers cette piste de recherche. En commençant par la can-

dans l'Univers ?

didate la plus proche, Mars. Puis, depuis quelques années, en s'intéressant à des planètes plus lointaines.

En 1995, deux astrophysiciens de l'Observatoire de Genève ont ainsi identifié la première planète extrasolaire. Située à 40 années-lumière de la Terre, elle tourne en orbite autour de l'étoile 51 Pégase b. Depuis cette découverte inaugurale, 144 systèmes planétaires ont été découverts, abritant un total de 168 planètes (tournant autour de 18 étoiles). La plus proche se situe à 10,5 années-lumière, la plus éloignée à 17 000. La plus petite d'entre elles est évaluée à 0,023 Jupiter (7 fois la masse terrestre), la plus grosse à 17,4 Jupiter.

Les planètes les plus faciles à observer sont évidemment celles de plus grande dimension et elles sont en général des géantes gazeuses, comparables à notre Jupiter. Or, ce milieu est inhospitalier à la vie. Les efforts des prochaines années vont se concentrer sur la recherche de planètes telluriques comparables à la Terre, dont la taille est plus petite mais dont la probabilité est plus forte qu'elles abritent, ou aient jadis abrité, un monde vivant. La chasse est donc ouverte, et chacun y va de ses moyens. En juillet 2006, une fusée russe Soyouz doit lancer à Kourou la mission Corot (mise en œuvre par la Cnes), qui analysera simultanément 12 000 étoiles. Pour 2008, les Américains préparent pour 2008 le télescope spatial Kepler, qui devrait observer 100 000 étoiles. À plus long terme, les projets Darwin (Agence spatiale européenne) et SimPlanetQuest (Nasa) ont pour ambition d'embarquer de véritables « détecteurs de vie », capables de repérer sur de très longues distances les signaux chimiques d'une activité biotique.

Largué par parachute, le Mars Exploration Rover (MER) est équipé de deux caméras et de trois spectromètres. Il pèse 180 kg.

Charles Muller

À la recherche des Martiens...

Située entre 55 et 400 millions de km de la Terre selon son orbite, possédant un diamètre (6 794 km), un jour (24 h 37 min 23 s), une année (321,73 jours) et une température (-25°C / + 27 °C en moyenne) assez proches, Mars est une candidate idéale pour avoir abrité la vie. Contrairement à notre planète bleue, la planète rouge est presque totalement dépourvue d'atmosphère. Mais rien ne dit qu'il en fut toujours ainsi dans les quatre derniers milliards d'années. Les sondes américaines Viking furent les premières à se poser sur le sol martien en 1976, sans y déceler de matière organique. Mais depuis une dizaine d'années, les expéditions martiennes se sont multipliées (Mariner, Mars Odyssey, Mars Global Surveyor, Mars Express, Mars Exploration Rovers), sous forme de sondes en orbite ou de robots explorateurs. Elles ont confirmé la présence de glace hydrique sous le sol, ainsi que de vapeur d'eau et de méthane au-dessus de certaines régions équatoriales. S'il existe encore de l'eau liquide sous la glace, rien n'interdit donc, en principe, la présence de populations bactériennes, les bactéries ayant la capacité de prospérer dans les milieux extrêmes. Outre Mars, il faut enfin signaler qu'Europa, l'un des satellites naturels de Jupiter, est recouverte d'un océan qui pourrait bien, lui aussi, abriter des mondes microbiens.

Le télescope européen Corot, monté sur la plate-forme Proteus, sera lancé en 2006. C'est un instrument afocal doté d'une caméra champ large à quatre détecteurs CDD (vue d'artiste). Le Brésil est associé au projet.

SOS pathétique de Florence Aubenas

« S'il vous plaît, Monsieur Julia, aidez-moi, c'est urgent », a dit l'otage en anglais.

Irak, mardi 1er
Disparue le 5 janvier en Irak, Florence Aubenas est vivante. La journaliste est apparue sur un enregistrement vidéo remis par ses ravisseurs à l'agence Reuters, à Bagdad. Dans un message très court, elle témoigne de son mauvais état de santé physique et moral et lance un appel à Didier Julia, le député UMP qui, en septembre 2004, avait tenté, dans des circonstances controversées, d'obtenir la libération de Georges Malbrunot et Christian Chesnot. Cet appel laisse plus d'un observateur perplexe. Est-il lancé sous la dictée des ravisseurs, comme on peut le supposer ? Et qui sont ces ravisseurs ? Autant de questions qui restent pour le moment sans réponse. Quant à Didier Julia, son retour inattendu sur le devant de la scène embarrasse fort le gouvernement. Le ministre des Affaires étrangères, Michel Barnier, dit vouloir « explorer toutes les pistes ». (→ 3)

Jeudi 3, arrivée de Steve Fossett à Salina (Kansas). Avec *GlobalFlyer*, il a effectué un vol sans ravitaillement et sans escale autour de la Terre, en 67 h, 2 min et 13 s. Une première historique de l'aviation.

Chômage record en Allemagne

Berlin, mardi 1er
Pour la première fois depuis l'arrivée au pouvoir des nazis, en 1933, le nombre des chômeurs a franchi en Allemagne, en février, la barre des 5 millions, soit exactement 5,216 millions (12,6 % de la population active, avec une pointe de 20,7 % dans les Länder de l'Est). C'est évidemment une mauvaise nouvelle pour le chancelier Gerhard Schröder et pour les sociaux-démocrates : ils vont se trouver dans une position difficile le 22 mai prochain, lors du très important scrutin régional du Land de Rhénanie-du-Nord-Westphalie. Même si, comme l'a fait observer Wolfgang Clement, le ministre de l'Économie, cette hausse est partiellement due au fait que, suite à la réforme dite Hartz IV, les bénéficiaires de l'aide sociale aptes à travailler (équivalents des RMistes français) ont été mis dans la catégorie « chômeurs ».

L'étrange assassinat d'Édouard Stern

Genève, mardi 1er
Le banquier français Édouard Stern, 50 ans (*18.10.1954), a été retrouvé mort, atteint par trois balles et vêtu d'une combinaison de latex, dans son appartement situé juste au-dessus d'un commissariat de police. Les enquêteurs n'ont constaté aucune trace d'effraction… Réputé impitoyable en affaires, Édouard Stern avait repris à 25 ans la banque familiale et était devenu milliardaire, en bousculant parfois les traditions du monde bancaire. Considéré un temps comme le dauphin de son beau-père David-Weill, patron de la banque d'affaires Lazard, avec qui il avait fini par se brouiller en 1997, le banquier, dont la femme et les trois enfants demeurent à New York, gérait depuis 1998 le fonds d'investissement IRR. A-t-il été victime d'un règlement de comptes « déguisé » ? D'une pratique sadomasochiste ayant mal tourné ? Le mystère reste entier. (→ 16)

Portrait d'Édouard Stern en juin 1995.

Les pédophiles d'Angers accusés

Angers, jeudi 3
Tout a été fait pour éviter les erreurs et les dérapages qui ont discrédité l'année dernière le procès d'Outreau. C'est au terme de la minutieuse instruction du juge Virginie Parent que s'est ouvert à Angers, dans une structure aménagée dans la salle des pas perdus du palais de justice, le procès de la plus ahurissante affaire de pédophilie connue en France : 39 prévenus sont en effet accusés de viol sur mineurs de moins de 15 ans et de proxénétisme aggravé en bande, tandis que 27 autres sont poursuivis pour faits « connexes » et non-dénonciation. Pas moins de 49 enfants âgés de 6 mois à 12 ans ont été les victimes, entre 1999 et 2002, des agissements d'un réseau à caractère familial, ancré dans un milieu social particulièrement défavorisé. Un huis clos partiel a été ordonné : seule la presse spécialisée est admise. (→ 27.7)

Lu	Ma	Me	Je	Ve	Sa	Di
	1	2	3	4	5	6
7	8	9	10	11	12	13
14	15	16	17	18	19	20
21	22	23	24	25	26	27
28	29	30	31			

France, mardi 1er
Nouveau tarif postal et hausse du prix du timbre. Pour les envois en France, la Marianne rouge passe de 50 à 53 centimes. À destination de l'UE et de la Suisse, Marianne devient bleue et coûte 55 centimes.

Washington, mardi 1er
La Cour suprême abolit la peine de mort pour les criminels mineurs au moment des faits, ce qui annule *de facto* les peines capitales prononcées contre 72 détenus aux États-Unis.

Montevideo, mardi 1er
Entrée en fonctions de Tabaré Vasquez, premier président socialiste de l'histoire de l'Uruguay.

Sens, mercredi 2
Aucune charge n'est retenue contre Marie-Christine Van Kempen, libérée après 31 heures de garde à vue dans le cadre de l'enquête sur le meurtre de sa nièce, Géraldine Giraud. (→ 25.11)

Paris, jeudi 3
Jean-Pierre Raffarin écarte Didier Julia et demande aux ravisseurs de Florence Aubenas de s'adresser aux seuls services officiels français. (→ 8)

Jakarta, jeudi 3
Le chef religieux indonésien Abou

La Polynésie a retrouvé Oscar Temaru

Papeete, jeudi 3
Oscar Temaru tient sa revanche. Élu le 14 juin 2004 président de la Polynésie française par l'Assemblée de ce « pays d'outre-mer au sein de la République » (POM), puis renversé le 22 octobre au profit de son rival Gaston Flosse, suite à la « trahison » de l'un des élus de son parti (le scrutin se jouait à une voix), le chef indépendantiste de l'Union pour la démocratie (UPLD) n'avait jamais reconnu sa défaite, se jugeant victime d'un complot. Il campait depuis, avec ses partisans, dans le palais présidentiel. Mais l'élection partielle du 13 février, dans les Îles-du-Vent, lui avait permis de retrouver la majorité absolue au sein de l'Assemblée et de faire voter, le 18, une motion de censure contre Flosse. De ce fait, sa réélection, aujourd'hui, était certaine. Mais l'ancien douanier se veut consensuel. Tendant la main à son vieil adversaire, il assure : « L'indépendance n'est pas à l'ordre du jour. »

Boules de neige pour François Hollande

Guéret, samedi 5
Ils étaient plusieurs milliers (de 4 000 à 7 000 selon les sources) venus sous la neige manifester à Guéret, à l'appel du Collectif pour la défense et le développement des services publics. Autrement dit, contre les fermetures de bureaux de poste, d'écoles ou de perceptions dans les campagnes. Les principaux chefs de la gauche s'y étaient invités, tels Marie-George Buffet (PC), François Hollande (PS) ou Olivier Besancenot (LCR). Un voyage dont le premier secrétaire du PS se serait peut-être dispensé s'il avait su qu'il serait accueilli par des quolibets et des boules de neige… Les manifestants n'ont visiblement pas apprécié la venue d'un défenseur du oui à la Constitution européenne, alors que, pour eux, cette Constitution sonne le glas des services publics ! L'incident est significatif d'un climat qui se traduit dans les sondages par une montée du non dans les intentions de vote au référendum. (→ 18)

François Hollande a su rester stoïque !

Tragique libération de Giuliana Sgrena

La journaliste à son arrivée à Rome, le 5.

L'agent Nicola Calipari, 50 ans, est mort dans la fusillade en protégeant l'ex-otage.

Bagdad, vendredi 4
La bonne nouvelle est diffusée par la chaîne arabe Al-Jazira à 18 h 30 : Giuliana Sgrena est libre. Mais à l'émotion et à la joie suscitées par la libération de la journaliste du *Manifesto*, après un mois exact de captivité en Irak, suit le choc. Un peu plus tard, on apprend en effet que, lors du transfert en voiture vers l'aéroport de Bagdad, des balles tirées d'un barrage américain blessent légèrement la reporter et tuent le chef de l'équipe des services spéciaux italien en Irak, Nicola Calipari, qui l'a sauvée. Transportée à l'hôpital américain de Bagdad, Giuliana Sgrena y est opérée à l'épaule. Elle sera rapatriée le lendemain. Tandis que les Américains évoquent une « bavure tragique » et que la Maison-Blanche exprime sa solidarité, une enquête est ouverte à Rome afin de faire toute la lumière sur les conditions de la mort de l'agent secret. (→ 2.5)

Le 5, M, alias Mathieu Chedid, remporte quatre prix, dont celui de meilleur artiste masculin de l'année, à l'occasion de la 20e édition des Victoires de la musique.

Bakar Baashir est condamné à trente mois de prison pour sa responsabilité dans les attentats de Bali en 2002.

Bagdad, jeudi 3
1 500 soldats américains sont morts en Irak depuis le début de l'invasion du pays en mars 2003. (→ 25.10)

Bruxelles, vendredi 4
Exposition « La Belgique visionnaire. C'est arrivé près de chez vous » pour fêter les 175 ans de l'indépendance du pays. (→ 21.7)

France, vendredi 4
Face aux records de froid, EDF appelle ses clients à maîtriser leur consommation d'énergie. Les abonnés corses vivent au rythme des coupures tournantes.

Paris, vendredi 4
Jacques Chirac fixe au 29 mai la date du référendum sur la Constitution européenne. (→ 5)

Lyon, vendredi 4
Bruno Gollnisch, n° 2 du Front national, est exclu pour cinq ans de l'université Lyon-III après ses propos controversés sur les camps de concentration nazis.

Paris, samedi 5
Messe d'installation de Mgr André Vingt-Trois comme nouvel archevêque de Paris.

Melbourne, dimanche 6
L'Italien Fisichella (Renault) gagne le Grand Prix d'Australie de F1. (→ 20)

DÉCÈS

Ithaca (New York), dimanche 6
Hans Bethe (*2.7.1906), physicien américain. Prix Nobel 1967.

Les trois Français de Guantanamo

Évreux, lundi 7
Il n'y a plus de ressortissants français à la base de Guantanamo. Ridouane Khalid, 36 ans, Khaled Ben Mustapha, 33 ans, et Mustaq Ali Patel, 43 ans, sont arrivés par avion spécial à la BA 105 d'Évreux. Arrêtés en 2001 en Afghanistan par les Américains, ils étaient détenus depuis sans chef d'inculpation et sans bénéficier du statut de prisonnier de guerre. Leur retour en France, fruit de longues tractations entre Paris et Washington, ne les met pas automatiquement hors de cause. Tous les trois ont été en effet immédiatement placés en garde à vue, sur commission rogatoire des juges Jean-Louis Bruguière et Jean-François Ricard. Seul Mustaq Ali Patel sera mis hors de cause et libéré dès mercredi. Les deux autres seront mis en examen vendredi pour « participation à une association de malfaiteurs en relation avec une entreprise terroriste ».

Les Syriens acclamés dans Beyrouth

Beyrouth, mardi 8
Depuis les funérailles de Rafic Hariri et la grande manifestation antisyrienne à laquelle elles ont donné lieu, l'opinion internationale avait quelque peu oublié que le Hezbollah (« parti de Dieu » en arabe) restait la force politique principale du Liban. Auréolé de son combat contre l'occupation israélienne au sud du pays et de son action caritative dans les couches les plus pauvres de la population, le mouvement chiite a réussi à contrebalancer la vague antisyrienne en faisant descendre plusieurs centaines de milliers d'habitants dans Beyrouth. Devant une forêt de drapeaux libanais mêlés de portraits du président syrien Bachar al-Assad, le secrétaire général du Hezbollah, Hassan Nasrallah, a pris pour cible la résolution 1559 adoptée le 2 septembre dernier par le Conseil de sécurité, appelant au départ des troupes syriennes. Qui sont selon lui le rempart du Liban contre Israël. (→ 14)

La manifestation a montré la capacité de mobilisation du Hezbollah, grand vainqueur des élections municipales au Liban, en mai 2004, et représenté au Parlement.

Le 10, la campagne publicitaire des créateurs de mode M&F Girbaud est interdite par le tribunal de grande instance de Paris après qu'une association catholique, émanant de la Conférence des évêques de France, a crié au scandale. Jugée indécente et blasphématoire, l'image est incriminée car elle réinterprète la célèbre *Cène* de Léonard de Vinci, en remplaçant le Christ et ses disciples par des jeunes femmes « sexy » et un homme à demi nu.

Manifestations des lycéens

Paris, mardi 8
« Non à la loi Fillon sur l'éducation », crient dans les rues de la France entière quelque 165 000 lycéens manifestants, dont environ 20 000 à Toulouse contre 9 000 à Paris. Si la FIDL (Fédération indépendante et démocratique lycéenne) se réjouit de cette participation record – le 10 février dernier, ils n'avaient été que 100 000 dans les rues –, les cortèges n'ont pas brillé par leur organisation. Dans la capitale, tabassages, vols dans le métro et infiltrations de casseurs ont gâché un défilé déjà décevant. Débordements et interpellations également à Toulouse, Rouen et Lyon. Le soir même, François Fillon assure sur France 2 qu'il ne renoncera pas à son projet de loi, tandis que les lycéens promettent d'autres mobilisations, blocages d'établissements et sit-in. (→ 24)

Zoom sur

LA BASE DE GUANTANAMO

Après la conquête de Cuba par les États-Unis en 1898, le Congrès a voté en 1901 l'amendement Platt les autorisant à y établir des bases militaires permanentes. Puis, en 1903, cet amendement fut incorporé à la Constitution de Cuba, une indépendance formelle lui ayant été donnée en 1902. C'est en vertu de cette disposition que la base américaine de Guantanamo fut créée en 1903, à l'est de l'île, contre une redevance annuelle de 2 000 dollars or. Cette location à perpétuité fut contestée en droit par Fidel Castro qui, depuis 1959, n'encaisse plus les loyers de la base en signe de protestation.

Lu	Ma	Me	Je	Ve	Sa	Di
	1	2	3	4	5	6
7	8	9	10	11	12	13
14	15	16	17	18	19	20
21	22	23	24	25	26	27
28	29	30	31			

Tokyo, lundi 7
Le géant japonais de l'électronique Sony nomme à sa tête l'Américain Howard Stringer, premier pdg étranger du groupe.

Washington, lundi 7
George Bush propose le « faucon » John Bolton comme ambassadeur des États-Unis auprès de l'ONU. (→ 1.8)

New York, lundi 7
Le groupe Boeing limoge son président Harry Stonecipher pour avoir eu une liaison avec une cadre de l'entreprise. (→ 1.7)

Paris, mardi 8
Le député Didier Julia se met « en congé » du groupe UMP. (→ 12.6)

Beyrouth, mardi 8
Début du retrait des quelque 14 000 soldats syriens stationnés au Liban. (→ 17)

Paris, mercredi 9
Exposition « Sartre » à la BNF, à l'occasion du centenaire de la naissance de l'écrivain et philosophe français. (→ p. 57)

Montpellier, jeudi 10
Relaxe d'un internaute, jugé pour avoir téléchargé près de 500 films.

Les Russes ont tué le loup tchétchène

Tchétchénie, mardi 8
Complaisamment filmé par la chaîne de télévision russe NTV, le cadavre du chef indépendantiste tchétchène Aslan Maskhadov est exposé dans le village de Tolstoï-Iourt, au nord de Grozny. On ne sait pas en quelles circonstances exactes cet ancien colonel de l'Armée rouge, qui avait été élu président de la Tchétchénie en 1997, a été abattu par les forces spéciales russes. Mais il n'est pas sûr que cette disparition soit un coup dur porté à la cause indépendantiste. Considéré comme « modéré », même si les Russes le qualifiaient de « terroriste de premier plan », Maskhadov était très isolé face à la montée en puissance de son rival islamiste Chamil Bassaev, à qui l'avait uni une alliance éphémère en 1999, lors de l'offensive militaire lancée contre la République dissidente par les Russes. Il vivait depuis dans la clandestinité. Le porte-parole de Bassaev a déclaré que sa mort démontrait que la négociation était impossible avec Moscou.

Âgé de 54 ans, Aslan Maskhadov avait été surnommé le « loup de Tchétchénie ».

Le pédophile nazi est enfin arrêté

Buenos Aires, jeudi 10
Condamné par contumace pour pédophilie et recherché pour tortures sous le régime de Pinochet, au Chili, l'ancien caporal nazi Paul Schaefer, en cavale depuis 1996, est arrêté près de Buenos Aires. La police argentine était sur ses traces depuis six mois. Âgé aujourd'hui de 83 ans, Schaefer est un récidiviste. Les premières plaintes (une trentaine) pour viols d'enfants furent déposées en 1960 en Allemagne, où il avait fondé une communauté destinée à accueillir des orphelins de guerre. Après s'être enfui pour le Chili avec certains de ses disciples, il y a créé, en 1961, la société Dignité de bienfaisance et d'éducation, plus connue sous le nom de « Colonia Dignidad », une secte basée sur le travail physique et la séparation des sexes. Impliqué dans 27 cas d'abus sexuels sur enfants défavorisés, Paul Schaefer avait quitté le Chili en novembre 2004.

Samedi 12, au palais des Sports (Paris), Shahrivar Shermine, Miss Allemagne d'origine iranienne, est élue Miss Europe. La Turquie participait à cette compétition.

La commission du CIO vient évaluer la candidature de Paris

Paris, jeudi 10
Tout s'est finalement bien passé. Malgré les 150 000 personnes descendues dans la rue pour défendre le pouvoir d'achat, le deuxième jour de la visite de la commission d'évaluation du Comité international olympique, venue examiner, après celles de Madrid, Londres et New York, la candidature de Paris pour les JO de 2012, s'est passé sans encombre. Après que le cortège a découvert, dans le 17e arrondissement, le site du futur village olympique, il est arrivé au Stade de France, où de nombreux champions étaient présents. Guidée par le Comité Paris 2012 présidé par le maire de Paris Bertrand Delanoë, la visite a pris fin à Roland-Garros puis à l'hippodrome d'Auteuil. La délégation, qui dînera vendredi à l'Élysée, poursuivra son examen du dossier parisien jusqu'à ce samedi, avant de s'envoler pour la dernière ville candidate, Moscou. (→ 6.7)

Nawal El Moutawakel, présidente de la commission, accueillie à Roissy, le 8, par le ministre des Sports Jean-François Lamour et les membres du Comité Paris 2012.

Le disciple de Ben Laden en liberté

Londres, vendredi 11
Un paradoxe de l'Angleterre ? Ce même vendredi, le pays de l'*habeas corpus* a vu prises deux mesures contradictoires en apparence… D'un côté, la Chambre des lords a voté, non sans âpres débats, un projet de loi prévoyant une limitation des libertés pour les personnes que la police soupçonne de terrorisme. Sans jugement. De l'autre, la justice a remis en liberté Abou Qatada, arrêté au mois d'octobre 2002 et dont les médias ont fait le représentant de Ben Laden pour l'Europe et le chef du « Londonistan », comme les mêmes médias appellent le milieu islamiste radical de Londres. De son vrai nom Omar Mahmoud Mohamed Othman, ce Jordanien aurait été l'inspirateur du terroriste britannique Richard Reid. Il a toutefois été assigné à résidence et interdit de prêche.

Beyrouth, jeudi 10
Dix jours après sa démission, le prosyrien Omar Karamé est chargé de former un nouveau gouvernement libanais. (→ 15.4)

Cergy, jeudi 10
La compagnie aérienne américaine Continental Airlines est mise en examen en tant que personne morale dans l'enquête sur le crash du Concorde d'Air France, le 25 juillet 2000 à Gonesse. (→ 26.9)

Santa Maria (Californie), jeudi 10
Michael Jackson arrive en retard et en pyjama à son procès. Le chanteur risquait la prison s'il ne se présentait pas. (→ 13.6)

Linares (Espagne), jeudi 10
Garry Kasparov, n° 1 mondial des échecs depuis vingt ans, abandonne la compétition pour se consacrer à l'écriture et à la politique en Russie.

Stockholm, samedi 12
L'arbitre suédois Anders Frisk met un terme à sa carrière en raison des menaces de mort proférées par des supporters. (→ 22.4)

Neuilly-sur-Seine, dimanche 13
Le président de l'UMP Nicolas Sarkozy retrouve son siège de député, trois mois après son départ du gouvernement.

Nice, dimanche 13
L'Américain Bobby Julich remporte la course cycliste Paris-Nice. (→ 19)

Paris, dimanche 13
Selon le *JDD*, la tour Montparnasse, où travaillent 5 000 personnes, renferme de l'amiante, un matériau hautement cancérigène.

Jeudi 17, en pleine nuit, la statue équestre du général Franco érigée à Madrid en 1959, plaza San Juan de la Cruz, est déboulonnée, en application d'un vote des Cortes.

Pékin menace d'attaquer Taïwan

Pékin, lundi 14
L'Assemblée nationale populaire (ANP) de Chine a voté à l'unanimité (moins 2 abstentions sur 2 896 députés) une loi prévoyant l'utilisation de « moyens non pacifiques » dans le cas où Taïwan proclamerait son indépendance. Le chef de l'État, Hu Jintao, a même exhorté hier les militaires à « se préparer à un conflit armé ». Si, dans l'île sécessionniste, les réactions sont vives, la portée du texte doit être relativisée. Hu Jintao, qui est également le secrétaire général du Parti communiste et le chef de la Commission militaire centrale, avait précisé, en présentant cette loi, qu'il privilégiait le dialogue avec Taïwan pour une réunification pacifique des deux Chine, selon le principe « un pays, deux systèmes » appliqué à Hong Kong. (→ 31)

En réponse à la manifestation prosyrienne du 8 mars dernier, l'opposition hostile à Damas a fait au moins aussi bien à Beyrouth, lundi 14. En effet, des centaines de milliers de Libanais ont exigé la vérité sur l'assassinat de Rafic Hariri et demandé le départ des troupes syriennes de leur pays.

Orange II aussi rapide que le vent pour battre les records !

Brest, mercredi 16
Un tour du monde record plein d'émotions pour le Français Bruno Peyron et ses treize hommes d'équipage, à bord du maxi-catamaran *Orange II*. Franchissant à 3 h 23 la ligne d'arrivée du Trophée Jules-Verne au large de Brest après un périple de 50 jours, 16 heures, 20 minutes et 4 secondes, et au rythme de 5 à 600 milles par jour, le navigateur pulvérise le record absolu du tour du monde de l'Américain Steve Fossett qui, sur *Cheyenne*, avait mis sept jours de plus l'an dernier. Fort d'une carrière déjà riche, ce marin de 49 ans, qui se déclare « fier de son travail d'artisan », enlève du même coup le Trophée pour la troisième fois, en battant de 13 jours le record de cette épreuve établi en 2004 par Olivier de Kersauson. *Orange II*, cette « machine à fabriquer du vent » comme l'appelle son skipper, détient également, depuis 2004, le record de distance en 24 heures (706,2 milles) et celui de la traversée de la Méditerranée, en 17 h 56 min 13 s. Qui dit mieux ?

Un logo tout neuf pour la SNCF

Paris, jeudi 17
Le président de la SNCF, Louis Gallois, a annoncé deux grandes nouvelles. Il a confirmé d'abord que l'établissement public avait renoué avec les bénéfices en 2004. Il a aussi présenté un nouveau logo, créé par l'agence Carré Noir pour un coût de 67 000 euros. Les couleurs de fond de ce logo, qui vont du carmin au vermillon, ont déjà trouvé un nom : le « carmillon SNCF ». Le coût total du remplacement de l'ancien logo sur tous les supports serait de 4 millions d'euros. La SNCF s'est enfin dotée d'un slogan conforme à ses ambitions : « Donner au train des idées d'avance ».

Lu	Ma	Me	Je	Ve	Sa	Di
	1	2	3	4	5	6
7	8	9	10	11	12	13
14	15	16	17	18	19	20
21	22	23	24	25	26	27
28	29	30	31			

Paris, lundi 14
Le boxeur français Brahim Asloum conserve son titre de champion d'Europe des poids mouche face à l'Espagnol José Antonio Lopez Bueno.

Paris, mardi 15
L'islamiste franco-algérien Djamel Beghal est condamné à dix ans de prison pour avoir préparé en 2001 un attentat contre l'ambassade des États-Unis à Paris.

Tanzanie, mardi 15
Sous l'effet du réchauffement climatique, les neiges du Kilimandjaro, point culminant de l'Afrique, ont diminué de plus de 80 % en un siècle.

Bruxelles, mercredi 16
L'UE reporte *sine die* l'ouverture, prévue demain, des négociations d'adhésion avec la Croatie en raison de son manque de coopération avec le Tribunal pénal international pour l'ex-Yougoslavie.

Cisjordanie, mercredi 16
La ville de Jéricho passe sous le contrôle sécuritaire de l'Autorité palestinienne, dans le cadre des accords de Charm el-Cheikh. (→ 22)

René Girard élu à l'Académie française

Paris, jeudi 17
Élu à la quasi-unanimité au fauteuil du révérend père Carré (28 voix sur 32 se sont portées sur son nom), René Girard entre à l'Académie française précédé de la notoriété mondiale que lui a donnée une œuvre anthropologique formée à l'écart des courants philosophiques de son temps. Né le 25 décembre 1923 en Avignon, cet historien s'est fondé sur les Évangiles et sur les grands textes de la littérature mondiale pour mettre au jour les mécanismes de la violence (par le désir et le mimétisme), mais aussi de son exorcisme collectif (par le sacrifice d'une victime). René Girard, qui a fait toute sa carrière universitaire aux États-Unis, a notamment publié *La Violence et le Sacré* (1972), *Des choses cachées depuis la fondation du monde* (1978), *Le Bouc émissaire* (1982) ou *Celui par qui le scandale arrive* (2001).

L'écurie Renault enchaîne les victoires

Sepang, dimanche 20
Après Giancarlo Fisichella il y a quinze jours en Australie, c'est au tour de Fernando Alonso de permettre à Renault de monter sur la plus haute marche du podium à Sepang, en Malaisie, à l'issue du deuxième Grand Prix de F1 de la saison. Parti en pole position, le jeune prodige espagnol, en dépit des prévisions de certains spécialistes persuadés que les McLaren, et surtout les Ferrari, allaient rapidement reprendre le dessus, domina la course de main de maître, ne perdant que provisoirement sa place de leader au gré des ravitaillements. Déshydraté et exténué à la fin d'une course qui, dans la fournaise, aura vu Trulli sur Toyota et Heidfeld sur Williams prendre les deuxième et troisième places, Alonso, 23 ans, aura à n'en pas douter fait vibrer le cœur des aficionados espagnols dont il est déjà l'idole ! (→ 3.4)

Fernando Alonso et Renault remportent haut la main le Grand Prix de Malaisie.

Un sondage donne le non gagnant au référendum

Jeudi 17, à Paris, les divisions du PS sont au grand jour : Jean-Luc Mélenchon (à droite) fait meeting commun pour le non avec, de g. à d., Francine Bavay (Les Verts), Marie-George Buffet (PC), Claire Villier (Alternative citoyenne) et Christian Piquet (LCR).

France, vendredi 18
Un sondage réalisé mardi et mercredi par l'institut CSA pour le quotidien *Le Parisien* donne pour la première fois le non en tête dans les intentions de vote des Français au référendum du 29 mai sur la Constitution européenne, avec 51 % contre 49 % pour le oui. Certes, 53 % des personnes interrogées restent encore tentées par l'abstention ou par le vote blanc. Il n'empêche que, pour les défenseurs du traité constitutionnel, la publication de ces chiffres est un coup de semonce, surtout au Parti socialiste dont les sympathisants, toujours selon le sondage du CSA, seraient largement enclins à voter non : 59 %. Du baume au cœur de Laurent Fabius, de Jean-Luc Mélenchon et d'Henri Emmanuelli, les principaux hérauts du non au PS, mais une situation préoccupante pour son premier secrétaire, François Hollande, qui évoquait hier soir, sur la chaîne LCI, des sanctions contre ceux qui rendent « confuse la position du PS ». (→ 22)

Genève, mercredi 16
Cécile Brossard, une Française de 36 ans, est inculpée pour le meurtre de son amant, le banquier Édouard Stern. Le mobile du crime, sexuel ou financier, reste à éclaircir.

Washington, mercredi 16
Face à un baril de brut à 57 dollars, le Sénat américain donne son feu vert à un projet de forage pétrolier dans le grand parc naturel du nord de l'Alaska, un des derniers espaces sauvages de la planète.

Paris, mercredi 16
Les haras du prince Karim Agha Khan rachètent l'élevage de chevaux de course de la famille Lagardère.

Liban, jeudi 17
Fin de la première phase du repli syrien : entre 4 000 et 5 000 soldats ont évacué le pays, quelque 10 000 autres se trouvant désormais repliés dans la plaine orientale de la Bekaa. (→ 3.4)

Washington, jeudi 17
À l'occasion de la Saint-Patrick, George Bush reçoit les cinq sœurs de Robert McCartney, un catholique assassiné en Irlande du Nord fin janvier par des membres de l'IRA. Aucun représentant politique nord-irlandais n'a été invité. (→ 4.6)

Cardiff, samedi 19
Le pays de Galles remporte le Grand Chelem des Six-Nations de rugby après sa victoire sur l'Irlande (32-20). La France termine deuxième.

San Remo (Italie), samedi 19
L'Italien Alessandro Petacchi gagne la classique cycliste Milan-San Remo.

Collégien expulsé pour abus de blog

Chamalières, lundi 21
Un élève du collège Teilhard-de-Chardin, à Chamalières (Puy-de-Dôme), est renvoyé : un fait assez banal qui devient exceptionnel car le motif de l'expulsion est la publication sur Internet de photographies de professeurs, accompagnées de propos injurieux, tels « brochettes de poulets » ou « petits péteux »… Ce cas n'est toutefois pas unique, loin s'en faut, tant se multiplient depuis le début de cette année les sanctions pour « abus de blog » et les plaintes pour diffamation déposées par des professeurs. Principaux incriminés, les skyblogs, c'est-à-dire les très nombreux et fréquentés blogs de la station de radio Skyrock, au moins un adolescent sur deux y prenant part, selon la Délégation interministérielle aux usages de l'Internet.

Lundi 21, dans les salons du Fouquet's, à Paris, Cécile de France et Clovis Cornillac ont reçu les prix Romy-Schneider et Jean-Gabin récompensant les espoirs du cinéma français. Ces récompenses leur ont été remises par la fille de Romy Schneider, Sarah Biasini, et Florence Moncorgé, fille de Gabin.

On peut travailler jusqu'à 48 heures

Paris, mardi 22
Malgré les réticences du président de la République et du Premier ministre, le projet de loi réformant les 35 heures a été définitivement voté par les députés, après avoir été approuvé par le Sénat le 3 mars. Préparée par les députés UMP Patrick Ollier, Jean-Michel Dubernard, Pierre Morange et Hervé Novelli, cette loi, qui ne concerne que le secteur privé, élargit le contingent prévu des heures supplémentaires (les salariés pourront travailler 48 heures par semaine). Elle permet aussi aux cadres de renoncer à une partie de leurs congés en échange d'un supplément de rémunération. Par ailleurs, le régime dérogatoire pour les entreprises de moins de 20 salariés est prolongé jusqu'en 2008. Une réforme trop peu audacieuse selon l'UDF.

Faut-il maintenir Terri Schiavo en vie ?

Washington, lundi 21
Fait exceptionnel depuis son arrivée à la Maison-Blanche, George W. Bush a interrompu ses vacances pour rentrer d'urgence à Washington. Afin de faire voter par le Congrès une loi destinée à redonner une chance de survie à Terri Schiavo. Une affaire qui divise en deux l'Amérique. Depuis quinze ans, cette femme âgée de 41 ans était maintenue artificiellement en vie, à la suite d'un accident cardiaque qui l'avait réduite à un état végétatif. Pouvait-elle sortir un jour de son coma ? La probabilité étant quasiment nulle, un juge de Floride, où est hospitalisée la malheureuse, avait, vendredi, accédé à la demande de son mari, Michael Schiavo, de mettre fin à son agonie. Son cathéter fut débranché, ce qui lui laissait une quinzaine de jours de survie. C'est alors que les parents de Terri Schiavo, Robert et Mary Schindler, hostiles à cette décision, mobilisèrent les groupes de pression conservateurs et religieux. De privé, le drame devint public et politique, et les représentants et sénateurs ont voté hier soir une loi permettant de déférer l'affaire devant la cour fédérale de Tampa (Floride), qui aura la faculté d'annuler le jugement de vendredi. « La vie d'une femme est en jeu et M. Bush n'a pas voulu perdre un instant », a déclaré le porte-parole de la Maison-Blanche. Le président des États-Unis, qui aime à se coucher tôt, a signé la loi ce matin à 1 h 11. (→ 31)

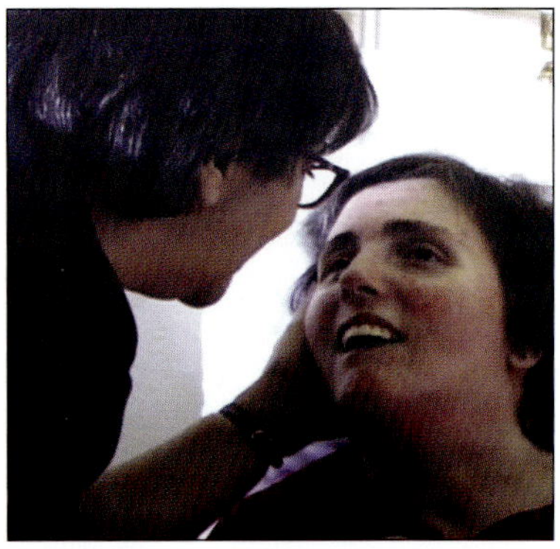

Terri Schiavo et sa mère. La date de cette photographie n'a pas été communiquée.

Zoom sur

LES BLOGS

Le weblog, ou plus simplement blog (ou encore « joueb »), est un journal diffusé sur Internet, le mot « log » désignant en anglais le journal de bord tenu par le capitaine d'un navire. Ces pages Web évolutives sont ouvertes aux internautes, qui peuvent s'y exprimer régulièrement et librement sur des sujets allant de la sphère intime à l'actualité. Les communautés de « blogueurs » occupent un espace virtuel dit « blogosphère ». Lieux de débat, d'échange et d'écriture devenus un véritable phénomène de société (on en compte plusieurs millions sur l'ensemble du Web et jusqu'à 2000 nouveaux par jour !), les blogs sont apparus au début des années 1990 aux États-Unis, avant de se développer en Europe, une dizaine d'années plus tard.

La Fondation pour l'islam de France

Paris, lundi 21
Le ministre de l'Intérieur, Dominique de Villepin, recevait aujourd'hui place Bauveau les signataires des statuts de la Fondation pour l'islam de France, soit les quatre principales composantes du Conseil français du culte musulman : la Fédération nationale des musulmans de France (FNMF, proche du Maroc), la Grande Mosquée de Paris (proche de l'Algérie), le Comité de coordination des musulmans turcs de France (CCMTF), et l'Union des organisations islamiques de France (UOIF, liée à la mouvance des Frères musulmans). La Fondation a pour objet principal de gérer les fonds privés destinés à la construction ou à l'entretien des mosquées, ainsi qu'à la formation des imams. Pour le ministre, c'est un pari sur la transparence : il y aura un représentant du gouvernement dans le conseil d'administration, mais à titre consultatif seulement. Le Conseil d'État doit valider les statuts.

Lu	Ma	Me	Je	Ve	Sa	Di
	1	2	3	4	5	6
7	8	9	10	11	12	13
14	15	16	17	18	19	20
21	22	23	24	25	26	27
28	29	30	31			

Minnesota, lundi 21
Jeff Weise, un adolescent de 15 ans, tue ses grands-parents puis ouvre le feu dans son lycée situé dans la réserve indienne de Red Lake, avant de se suicider. Bilan : 9 morts et 15 blessés.

Bruxelles, mardi 22
Réforme du Pacte européen de stabilité. Des « circonstances atténuantes » sont accordées aux pays dont le déficit dépasse temporairement les 3 % du PIB.

Paris, mardi 22
Le PS rappelle à l'ordre, mais ne sanctionne pas, Jean-Luc Mélenchon et Marc Dolez, partisans du non à la Constitution européenne.

Voiron (Isère), mardi 22
Le groupe américain d'équipement de sport Quicksilver rachète le Français Rossignol, premier fabricant mondial de skis. (→ 2.5)

Cisjordanie, mardi 22
Transfert du contrôle sécuritaire de Tulkarem aux Palestiniens.

Zurich, mardi 22
Moins d'un an après la fusion Air France-KLM, la compagnie aérienne allemande Lufthansa rachète la

Million Dollar Baby arrive en France

Le coach Clint Eastwood prodigue ses derniers conseils à son poulain, Hilary Swank.

France, mercredi 23
Un an et demi après *Mystic River,* Clint Eastwood, à la fois réalisateur, acteur, producteur et compositeur, revient sur les écrans français avec *Million Dollar Baby*. Dans ce film sur la boxe différent des autres, où les notes mélancoliques d'une guitare accompagnent les durs entraînements, la violence des combats cache des histoires de solitude et de profonds rapports humains. Le réalisateur y incarne le coach Frankie Dunn, seul jusqu'à l'arrivée d'une jeune femme (Hilary Swank) délaissée par sa famille et déterminée à réaliser son grand rêve : devenir une championne de boxe. *Million Dollar Baby*, tout comme, en 1992, un autre chef-d'œuvre du réalisateur, *Impitoyable*, s'est vu récompensé par quatre Oscars (meilleur film, meilleur réalisateur, meilleure actrice et meilleur second rôle masculin, attribué à un très touchant Morgan Freeman).

Clint Eastwood

Né le 30 septembre 1930 à San Francisco, Clint Eastwood débute sa carrière d'acteur en 1955 dans des films de série B, mais c'est à partir de 1964 que le monde le découvre, cow-boy solitaire dans une inoubliable trilogie de Sergio Leone. Devenu producteur, il crée en 1971 l'inspecteur Harry, héros controversé de cinq des 50 films environ tournés par l'acteur. La même année, *Un frisson dans la nuit* marque ses débuts à la réalisation. Suivront de nombreux films, 25 à ce jour, couverts de prix et aussi variés qu'*Un monde parfait* ou *Sur la route de Madison*, à travers lesquels Eastwood, compositeur des musiques de certains de ses films, s'est imposé comme un grand nom du cinéma mondial.

Bobby Fischer fait échec à Washington

Fischer à l'aéroport de Narita (Tokyo).

Helsinki, jeudi 24
Le vainqueur de Boris Spassky est resté fidèle à sa légende. Arrêté et incarcéré le 13 juillet 2004 au Japon, et menacé depuis d'une extradition vers les États-Unis, Bobby Fischer a eu le dernier mot dans le duel qui l'opposait à son pays d'origine. Poursuivi par la justice américaine pour viol de l'embargo contre la Yougoslavie et pour fraude fiscale, le maître incontesté des échecs a trouvé la parade : le 22 mars, il est devenu un simple citoyen finlandais à la suite de sa naturalisation, votée par le Parlement d'Helsinki. Les Américains sont furieux, mais la justice japonaise, évidemment très embarrassée, a été contrainte de le libérer. Ce personnage imprévisible, qui s'était « distingué » par ses déclarations antisémites malgré ses origines juives et qui s'était réjoui des attaques terroristes du 11 septembre 2001, a quitté le Japon aussitôt. Il est arrivé à Helsinki par avion quelques heures après.

Jules Verne est mort le 24 mars 1905 à Amiens. Ce jeudi 24, cent ans après, la France célèbre cet anniversaire. Jean Verne, arrière-petit-fils de l'auteur de *20 000 lieues sous les mers* (ci-dessus), a fait don à la ville de Nantes (où Jules Verne est né le 8 février 1828), d'objets relatifs à sa vie et à son œuvre.

compagnie helvétique Swiss pour 310 millions d'euros.

Pristina, mercredi 23
Bajram Kosumi est élu Premier ministre du Kosovo. Il remplace à ce poste Ramush Haradinaj qui, inculpé de crimes de guerre, a démissionné et s'est rendu au TPI.

France, jeudi 24
L'espérance de vie a augmenté de dix mois en deux ans et a dépassé l'an dernier les 80 ans, hommes et femmes confondus.

Paris, jeudi 24
Le Parlement adopte définitivement la loi Fillon sur l'avenir de l'école, délestée de la réforme du baccalauréat. (→ 11.4)

États-Unis, jeudi 24
Sortie américaine de la PSP, la console de jeux portable de Sony, venue concurrencer la DS (Dual Screen) de Nintendo.

Nagakute (Japon), jeudi 24
Inauguration de la première exposition universelle du XXIe siècle, Aïchi 2005, consacrée au développement durable. (→ p. 32)

Toulouse, vendredi 25
Non-lieu général dans le volet « viols et proxénétisme » de l'affaire Alègre. Le président du CSA Dominique Baudis, l'ancien substitut du procureur Marc Bourragué et l'ancien procureur Jean Volff sont donc lavés de tout soupçon.

Paris, vendredi 25
Nathalie Simon gagne la finale de *Première Compagnie*, l'émission de télé-réalité militaire de TF1.

Révolution des tulipes au Kirghizistan

La police n'a pas longtemps résisté à la « révolution des tulipes » (dite aussi révolution jaune). Et Vladimir Poutine n'a pas commenté la chute d'Askar Akaev.

Bichkek, vendredi 25
Le Parlement kirghize a mis à la tête du pays Kourmanbek Bakiev, un ancien Premier ministre passé dans l'opposition et devenu, depuis les législatives de février, entachées de fraudes, le chef de file de la contestation. Tout s'est passé très vite, hier, dans la capitale de cette petite république d'Asie centrale, créée par Staline, indépendante depuis 1991, mais étroitement liée à la Russie par des accords économiques. C'est d'ailleurs là tout le paradoxe du Kirghizistan que d'avoir sur son sol des bases militaires russes (depuis l'ère soviétique) et américaines (depuis 2001) : s'il ne compte que 5 millions d'habitants, cet État est convoité en raison de sa position stratégique, à la frontière de la Chine. Une foule de plusieurs milliers de personnes s'est emparée dans la journée d'hier des symboles du pouvoir, sous la conduite de la Coalition pour la démocratie et la société civile. Le président Askar Akaev, détesté pour son absolutisme et son népotisme, a fui au Kazakhstan. C'est la « révolution des tulipes ». (→ 3.4)

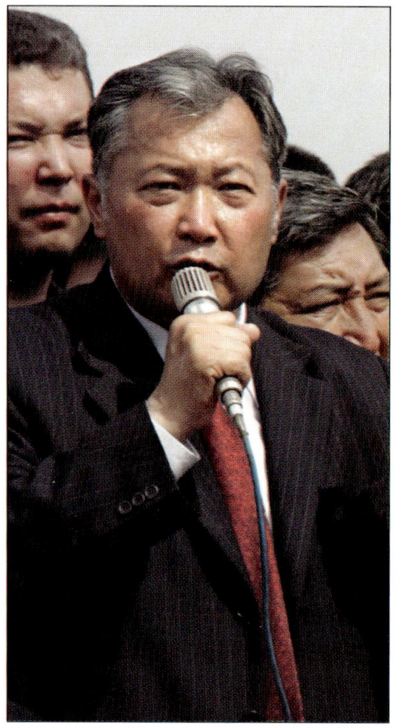

Kourmanbek Bakiev a promis à la foule une élection présidentielle en juin.

Zoom sur

LE DÉVELOPPEMENT DURABLE

L'idée de développement durable, lancée en 1992 au sommet de la Terre de Rio de Janeiro, fut définie en 1987 par le rapport Brundtland de l'ONU : c'est « un processus de changement par lequel l'exploitation des ressources, l'orientation des investissements, les changements techniques et institutionnels se trouvent en harmonie ». La définition se prête toutefois à deux interprétations différentes, voire opposées. La première privilégie la préservation des biotopes et des écosystèmes, et prône une « soutenabilité forte ». La seconde met l'accent sur la croissance et prend en compte les problèmes environnementaux pour mieux en assurer la perpétuation, par une « soutenabilité faible ». Cette interprétation est la plus conforme à l'esprit du rapport Brundtland.

Le 26, la Française Maud Fontenoy, âgée de 26 ans, atteint l'île de Hiva-Oa, en Polynésie française, 72 jours après avoir quitté Lima, au Pérou. Première femme à réussir la traversée du Pacifique Sud à la rame, elle aura parcouru 6 900 km à bord de son embarcation de 7,50 m sur 1,60 m, *Océor*.

Jean-Paul II bénit les fidèles en silence

Vatican, dimanche 27
Depuis sa sortie de l'hôpital, il y a exactement deux semaines, Jean-Paul II ne parle plus. Et pour la première fois en 26 ans de pontificat, il ne prononcera pas la traditionnelle bénédiction *urbi et orbi* en ce dimanche de Pâques. Fatigué, muet, le visage défiguré par la douleur, le pape, qui, depuis sa dernière opération, porte dans la trachée une canule l'aidant à respirer, n'a pas pour autant renoncé à bénir la foule des fidèles réunie sur la place Saint-Pierre. Vendredi, déjà, le souverain pontife n'avait pas été en mesure de participer à la célébration du chemin de croix, qui avait été confiée au cardinal Ratzinger. Jean-Paul II était quand même apparu, filmé de dos, regardant la cérémonie sur un écran de télévision. (→ 31)

Jean-Paul II face à la place Saint-Pierre.

Indonésie, lundi 28
Un séisme de magnitude 8,7, « frère » du tsunami meurtrier du 26 décembre 2004, frappe la côte ouest de Sumatra, semant la panique au sein de la population. On dénombre un millier de morts.

Bagdad, lundi 28
Enlèvement de trois journalistes roumains. (→ 22.5)

Paris, mardi 29
À deux mois du référendum français sur la Constitution européenne, le non s'installe en tête et recueille 54 % des intentions de vote. (→ 5.4)

Tours, mardi 29
Jean-Pierre Roux-Durraffourt est condamné à la réclusion criminelle à perpétuité, assortie d'une période de sûreté de 22 ans, pour la tuerie de Tours le 20 octobre 2001 (quatre passants tués et sept autres blessés).

San Francisco, mardi 29
Hewlett-Packard désigne Mark Hurd comme nouveau pdg du groupe informatique. (→ 12.9)

Paris, mercredi 30
Le Sénat adopte en première lecture le projet de loi contre la violence conjugale, qui relève l'âge légal du mariage des filles de 15 à 18 ans afin de lutter contre les mariages forcés.

Paris, mercredi 30
André Tarallo, l'ex-« Monsieur Afrique » du groupe pétrolier Elf, voit sa peine alourdie en appel : sept ans de prison ferme et une amende de 2 millions d'euros. Extinction de l'action publique contre Alfred Sirven, décédé le 12 février.

La Knesset dit oui au plan de Sharon

Jérusalem, mardi 29
Il n'y a plus aucun obstacle politique à la mise en œuvre du plan d'évacuation des colonies juives de la bande de Gaza et de quatre colonies de Cisjordanie : la Knesset a voté le budget de 2005. Dans le cas contraire, Ariel Sharon aurait dû démissionner, des élections anticipées auraient été organisées et le plan aurait été repoussé *sine die*. Cette défaite des colons et de la frange dure du Likoud, le parti du Premier ministre israélien, consacre la déconvenue qu'ils ont subie hier, toujours à la Knesset. Les députés avaient, en effet, largement rejeté une proposition de loi visant à organiser un référendum sur cette évacuation. Pour Yesha, le conseil des implantations de Judée et Samarie et de Gaza, il n'est dès lors d'autre solution que de résister par la force à ce que le député Arieh Eldad a qualifié de « condamnation à mort ». Yesha estime que le rejet par la Knesset du référendum peut entraîner le pays dans « une confrontation violente » et dans « une guerre civile ». (→ 15.7)

Les frères ennemis chinois réconciliés

Chiang Pin-kung à Pékin, sous le portrait de Sun Yat-sen, qui fut en 1911 le premier président de la République de Chine.

Pékin, jeudi 31
La diplomatie chinoise fournit un bel exemple de sa subtilité avec la visite que quelque trente élus, hommes d'affaires et intellectuels du Kuomintang rendent au grand frère communiste de Pékin… Commencée lundi, cette visite a pris un tour officiel aujourd'hui avec l'arrivée à Pékin de Chiang Pin-kung, chef de la délégation : il a en effet été reçu avec des égards généralement dus aux hommes d'État. Deux semaines après le vote de la loi « antisécession », le 14 mars, un tel accueil revêt une double signification. Le Kuomintang est le vieux parti nationaliste chinois de Tchang Kaï-chek qui, vaincu par les communistes en 1949, se réfugia à Taïwan. Mais il est aujourd'hui dans l'opposition et radicalement hostile aux velléités indépendantistes du président taïwanais Chen Shui-bian : il y a convergence de vues sur l'unité du pays entre communistes et nationalistes. En second lieu, ce voyage, que demain consacrera une invitation adressée par Pékin au leader du Kuomintang, Lien Chan, se veut un message de paix et de dialogue avec la « province » de Taïwan.

Zoom sur

LA BANQUE MONDIALE

Fondée en 1945 pour contribuer, sous forme de prêts, à la reconstruction de l'Europe et du Japon, puis au développement des pays du tiers-monde et, à date récente, des anciens pays communistes, la Banque mondiale comprend trois institutions distinctes : la Banque internationale pour la reconstruction et le développement (BIRD), l'Association internationale pour le développement (AID), tournée vers les pays les plus pauvres, et la Société financière internationale (SFI), qui aide au financement des entreprises privées. Elle ne retient en théorie que des considérations économiques dans ses prêts (à des taux préférentiels), à l'exclusion de toute préférence politique. Agence autonome de l'ONU, elle siège à Washington. Son président est élu pour un mandat de cinq ans.

Une sale affaire pour Kofi Annan ?

New York, mardi 29
Kofi Annan se considère « lavé de tout soupçon ». Pourtant, le secrétaire général de l'ONU voit sa position ébranlée par le rapport d'enquête sur le scandale « pétrole contre nourriture », mettant en cause son fils Kojo, un temps collaborateur de la société suisse Coctena qui avait bénéficié d'un juteux contrat dans le cadre du programme irakien. Appliqué entre 1996 et 2003, celui-ci autorisait Saddam Hussein à exporter du pétrole à condition d'utiliser l'argent récolté pour acheter des médicaments et de la nourriture. Les premières révélations sur des malversations affectant la gestion du programme remontent au mois de janvier 2004. (→ 28.4)

Paul Wolfowitz à la Banque mondiale

Washington, jeudi 31
Numéro 2 du Pentagone, chef de file du courant néoconservateur américain et « idéologue » de l'invasion de l'Irak, Paul Wolfowitz a été élu à l'unanimité président de la Banque mondiale par les 24 administrateurs de cette institution. Sa candidature avait soulevé beaucoup de réserves en Europe et dans le tiers-monde. Mais la tradition voulant que le président de la Banque mondiale soit américain et celui du Fonds monétaire international (FMI) européen, et Paul Wolfowitz étant le seul candidat, cette élection était assurée, bon gré mal gré. Âgé de 61 ans, Wolfowitz a voulu faire oublier son passé de « faucon » avec une déclaration rassurante : « Rien n'est plus gratifiant que de pouvoir aider les gens dans le besoin », a-t-il dit.

Il entrera en fonction le 1er juin prochain.

35 % des Français reçoivent la TNT

Paris, jeudi 31
Véritable révolution dans le panorama de l'audiovisuel français, comparable à l'avènement de la couleur, la télévision numérique terrestre (TNT) entre dans un bon tiers des foyers français, à 18 heures. À Paris et dans d'autres villes, il est maintenant possible de recevoir un bouquet de 14 chaînes gratuites en qualité DVD, soit les six grandes chaînes hertziennes, plus quatre nouvelles, trois autres déjà diffusées sur le câble ou par satellite et la chaîne parlementaire. Il suffit de brancher un décodeur au téléviseur, parce que la TNT, à la différence des chaînes du câble et du satellite, est captée par la traditionnelle antenne râteau installée sur le toit.

Monaco, jeudi 31
Au vu de la dégradation de l'état de santé du prince Rainier III, la régence de la principauté est confiée au prince héréditaire Albert. (→ 6.4)

France, jeudi 31
Nouvelle hausse du chômage en février. Le nombre de demandeurs d'emploi a augmenté de 0,5 %, soit 10,1 % de la population active. Les jeunes et les femmes sont les plus touchés. (→ 31.8)

Vatican, jeudi 31
Brutale aggravation de l'état de santé de Jean-Paul II. Le Saint-Siège annonce que le pape souffre d'une très forte fièvre, consécutive à une infection urinaire. (→ 8.4)

New York, jeudi 31
Le Conseil de sécurité des Nations unies adopte la résolution 1593 permettant de traduire les auteurs d'exactions au Darfour (ouest du Soudan) devant la Cour pénale internationale.

Pinellas Park (Floride), jeudi 31
Décès de Terri Schiavo, treize jours après le débranchement du cathéter d'alimentation qui la maintenait en vie. Le sort de cette femme de 41 ans a été au centre d'un débat national sans précédent sur l'euthanasie.

DÉCÈS

Tokyo, mardi 22
Kenzo Tange (*4.9.1913), architecte japonais.

Londres, samedi 26
James Callaghan (*27.3.1912), ancien Premier ministre britannique.

Quand les puits de pétrole

Un jour viendra où la dernière goutte de pétrole sortira du dernier puits encore en exploitation… Dans dix ans ou dans quarante ans, puisque les experts peinent à accorder leurs estimations, l'ère de la civilisation du pétrole ne sera plus qu'un souvenir. D'où la nécessité de prévoir d'ores et déjà « l'après-pétrole ».

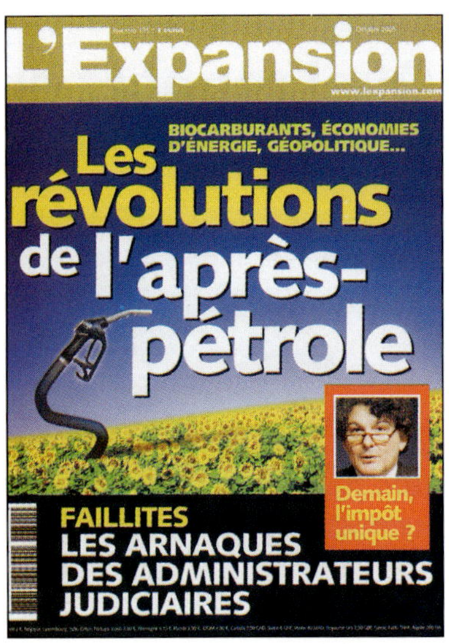

2005 est marquée par cette prise de conscience : l'après-pétrole est pour demain.

Depuis une trentaine d'années, depuis le premier choc pétrolier consécutif à la guerre du Kippour, les économies occidentales savent à quel point elles sont dépendantes d'une énergie dont elles ne contrôlent pas les ressources – hormis une part marginale, exploitée par exemple en mer du Nord ou dans le golfe du Mexique. En 1973, le prix du baril de pétrole brut, qui tournait depuis les années 1950 autour de 10 dollars – en dollars constants sur la base du cours actuel de la monnaie américaine –, monta brutalement à 40 dollars. D'où un surcoût considérable pour l'industrie et, en France, le début d'une « chasse au gaspi » destinée à réduire la facture énergétique. Le deuxième choc pétrolier, lié à la Révolution iranienne de 1979, vit ce même baril atteindre les 80 dollars, avant de redescendre progressivement jusqu'à la fin des années 1990 pour retrouver un cours proche de celui des années 1960.

Mais depuis le début du troisième millénaire, le prix du baril a repris son ascension, d'abord en raison de la crise financière asiatique, ensuite de façon concomitante à l'invasion de l'Irak, enfin lors de l'été 2005, sous l'effet conjugué des ravages cycloniques dans le golfe du Mexique et des besoins croissants de l'économie chinoise, atteignant près de 70 dollars, prix considéré par tous les experts comme une étape (1). La perspective de voir les cours atteindre à nouveau 80 dollars, voire 100 dollars, et, surtout, se maintenir à ce niveau très élevé, est l'hypothèse tenue pour la plus vraisemblable par une majorité d'analystes, pour qui le phénomène n'a, cette fois, plus rien de conjoncturel. Car le pétrole va bientôt manquer. Enfin, peut-être…

UNE CONSOMMATION QUI IRA CROISSANTE

Comme toute les énergies fossiles, tels le charbon et le gaz, le pétrole n'est pas inépuisable. Un jour viendra où les puits seront à sec. Dans quel délai ? Là est toute la question, qui divise les experts, incapables de s'accorder sur la date à laquelle interviendra le « peak oil », le point culminant de production à partir duquel nous nous engagerons irrémédiablement sur la voie de la raréfaction, pour atteindre l'assèchement. Si les prévisions divergent, c'est que les projections reposent à la fois sur des prévisions de consommation par nature aléatoires et sur des estimations de réserves pétrolières faussées par l'ensemble des protagonistes.

À l'heure actuelle, la consommation quotidienne planétaire est de 83,5 millions de barils/jour. Selon l'Agence internationale de l'énergie (AIE), les besoins devraient croître de près de 50 % d'ici à 2030, pour atteindre 121 millions de barils/jour, en raison essentiellement des besoins de la Chine, de l'Inde et des États-Unis d'Amérique – où la consommation de pétrole par habitant est le double de celle de la France –, ce qui fait dire à la compagnie américaine Chevron, parlant au nom de l'ensemble de l'humanité : « Nous avons mis 125 ans à exploiter le premier trillion de barils ; nous aurons consommé le prochain trillion dans trente ans. »

Il devient donc indispensable d'augmenter l'offre – en puisant dans les réserves –, ce qui explique que le gouvernement américain ne cesse d'exhorter l'Arabie Saoudite à accroître sa production, afin de passer, en vingt ans, de 9,6 millions de barils/jour à plus de 22 millions ! Or l'Arabie Saoudite, qui détient 20 à 25 % des « réserves prouvées » de la planète, s'y refuse. Pour plusieurs raisons. La première est que le royaume entend mener une « politique patrimoniale », c'est-à-dire préserver les intérêts de ses générations futures en gérant ses réserves avec parcimonie. La seconde raison est moins avouable…

LES ESTIMATIONS VARIENT DU SIMPLE AU DOUBLE

En début d'année 2005, un ouvrage intitulé *Crépuscule dans le désert* a semé un vent de panique dans les sphères financières et économiques et auprès de l'ensemble des dirigeants politiques des pays industrialisés. Selon son auteur, Matthew Simmons, un banquier d'affaires américain qui fut conseiller de George W. Bush, l'Arabie Saoudite ment sur l'état de ses réserves. Riyad, qui n'avait jamais laissé aucune géologue étranger venir contrôler ses dires, a confirmé que le champ pétrolier de Ghawar, qui fournit 50 % du brut saoudien, a en effet atteint son « peak oil ». Depuis une date non précisée, il a épuisé la moitié de sa richesse en or noir.

Le « peak oil » mondial est-il donc pour demain ? À cette question, les réponses divergent. La plus alarmiste émane de l'Aspo, Association pour l'étude du « peak oil », selon laquelle le pic de production sera atteint… en 2008 ! Insensé, répond le gouvernement américain, qui assure, par l'entremise de l'Energy Information Administration (EIA), que la date fatidique est 2037. Le problème est que l'EIA fonde sa prévision sur des réserves mondiales estimées à 2 275 milliards de barils quand l'Aspo n'en recense, elle, que 1 750 milliards. Et l'*Oil and Gas Journal*, la « bible » des milieux pétroliers, n'en compte que 1 266 milliards.

Pourquoi de telles différences ? Parce que l'état des réserves ne repose sur aucune étude scientifique mais seulement sur les données déclaratives fournies par les pays producteurs et les sociétés exploitantes. Or les uns et les autres ont tout intérêt à surévaluer les chiffres. Les premiers pour conforter leur poids politique, les secondes pour maintenir le cours de leurs actions. En 2004, la Shell a été contrainte d'avouer qu'elle avait surestimé, d'un tiers environ, ses réserves pétrolières : le sultanat d'Oman, où la Shell exploite le gisement le plus important du pays, a découvert que le « peak oil » de celui-ci avait été franchi depuis sept ans déjà sans que la compagnie anglo-néerlandaise ne l'en informe…

« RÉSERVES PROUVÉES » ET « RÉSERVES ESTIMÉES »

À la décharge des pays producteurs comme des sociétés d'exploitation, il faut dire qu'il est particulièrement malaisé de fournir des estimations fiables sur les réserves.

seront à sec...

Les techniques de prospection les plus modernes ne permettent pas d'évaluer de façon précise la taille des champs pétrolifères.

Mais les statistiques sont aussi faussées par un jeu subtil qui consiste à augmenter les « réserves prouvées » des « réserves estimées ». Afin de maintenir un niveau constant de réserves, nombre de pays de l'Opep – l'Organisation des pays producteurs de pétrole – compensent la baisse mécanique des « réserves prouvées », dont l'exploitation diminue le volume, par une hausse artificielle des « réserves estimées ». L'intérêt ? Maintenir un niveau constant de production, et donc de rentrées financières, puisque, depuis le milieu des années 1980, les pays de l'Opep se sont accordé pour indexer leur production sur leurs réserves... Que lesdites réserves s'effondrent, et les pays concernés seraient sommés de réduire aussitôt leur production... Or c'est bien le contraire qui s'est produit puisque, malgré l'absence de découverte de champs nouveaux – cela fait 25 ans que la planète consomme plus de pétrole qu'on ne découvre de nouveaux gisements –, l'Arabie Saoudite, l'Irak, Abou Dhabi ou l'Iran ont considérablement augmenté leurs « réserves prouvées » depuis deux décennies.

Face à tant d'incertitudes, l'augmentation du prix du pétrole présente toutefois un avantage. Des réserves – avérées – jusqu'alors trop coûteuses à exploiter vont devenir rentables, comme les sables bitumineux ou certaines réserves off-shore dans l'exploitation desquels nulle compagnie ne voulait se hasarder à investir il y a encore quelques temps. Le « peak oil » sera peut-être alors repoussé de quelques années ; mais rien ne l'empêchera d'intervenir, sauf à découvrir une nouvelle Mecque souterraine de l'or noir. Alors ?

SE PRÉPARER À L'APRÈS-PÉTROLE

Alors, face à cette menace de pénurie, la géopolitique s'emballe et le moindre pays recelant un peu de pétrole dans son sous-sol devient objet de convoitises. Avoir la mainmise sur les pays producteurs et contrôler les routes d'acheminement est devenu, plus encore qu'hier, une impérieuse nécessité, tant pour des raisons intérieures – notamment pour les États-Unis qui importent 60 % de leurs besoins – que pour des motifs stratégiques, comme celui, devenu central, de « l'encerclement énergétique » de la Chine, dont la croissance à deux chiffres dépendra de plus en plus de son approvisionnement pétrolier.

Ces grandes manœuvres, qui mettent aux prises les États-Unis, la Russie et la Chine, concernent, évidemment, le Moyen-Orient, où se situent plus de 60 % des réserves de la planète, en Arabie Saoudite, en Irak, au Koweït, etc. Elles touchent aussi l'Asie centrale, où les conflits qui agitent l'Afghanistan, la Tchétchénie et tout le Caucase ne peuvent être analysés seulement en termes de lutte contre le terrorisme ou d'aspirations nationalistes ou religieuses. Elles expliquent les rivalités qui opposent, en Afrique, Américains et Français.

Les tentatives de renverser le président vénézuélien Hugo Chavez relèvent du même enjeu : le Venezuela fournit 15 % de la consommation américaine de pétrole, qu'il vend au prix fort aux États-Unis, alors qu'en vertu d'un accord passé en 2005, l'Uruguay, Cuba, l'Argentine ou le Nicaragua bénéficient d'un tarif préférentiel... Quant à l'Iran, désigné comme l'un des pays de « l'axe du Mal », il dispose de 15 % des réserves mondiales.

Alors, aussi, il faut se préparer à « l'après-pétrole », selon l'expression utilisée par le Premier ministre français Dominique de Villepin, sans espoir de pouvoir se tourner vers le gaz puisque ses réserves devraient elles aussi être épuisées avant la fin du siècle. D'où l'empressement à relancer l'énergie nucléaire, et l'importance du projet Iter, car si la fusion nucléaire était réalisée, celle-ci serait source d'énergie éternelle, alors que les centrales actuelles exigent une consommation d'uranium dont la planète devrait commencer à manquer aux alentours de 2050.

D'où, aussi, l'urgence d'accélérer les recherches sur les autres sources d'énergie possibles, comme l'hydrogène biologique. Car si l'éolien, le solaire, la géothermie, les biocarburants sont utiles, ils ne pourront jamais couvrir la totalité des besoins de la planète, ni se substituer au pétrole, lequel n'est pas seulement nécessaire à l'industrie et à la circulation automobile, mais entre dans la composition de la plupart des produits manufacturés, de la moquette du salon jusqu'aux chewing-gums en passant par les CD...

C'est donc, avec « l'après-pétrole », une « quatrième révolution industrielle » qui nous attend. Et dont nous ignorons à peu près tout.

« Mettez des fleurs dans votre moteur » en roulant à l'huile de tournesol, un biocarburant d'avenir !

(1) En novembre 2005, le baril était redescendu sous les 60 dollars, baisse tenue par une majorité d'experts comme passagère.

Bruno Larebière

Grave revers pour Silvio Berlusconi

Rome, lundi 4
Romano Prodi, l'ancien président de la Commission européenne dont l'opposition de gauche fait son grand espoir, a marqué un point décisif. Les élections régionales qui se sont déroulées hier et aujourd'hui en Italie ont consacré une large défaite de la coalition de droite au pouvoir. Treize régions sur vingt étaient en jeu : la gauche en a conservé cinq, n'en a perdu aucune et en a gagné six, la droite ne se maintenant qu'en Lombardie et qu'en Vénétie. De plus, tous les sondages donnent encore la gauche gagnante au Basilicate, où les élections auront lieu les 17 et 18 avril. Ce revers enregistré par Silvio Berlusconi paraît très inquiétant pour le Cavaliere, à un an des législatives de mai 2006, d'autant que le taux de participation de 71,4 % exclut tout doute sur l'état de l'opinion. D'ailleurs, le vice-président du Conseil, Gianfranco Fini, a appelé ses amis à du « sérieux » et de l'« humilité ».

Côte d'Ivoire : un espoir de paix est né en Afrique du Sud

Au terme de quatre jours de négociations, un accord de paix a été signé à Pretoria, en Afrique du Sud. De gauche à droite : Laurent Gbagbo, Thabo Mbeki et Guillaume Soro.

Pretoria, mercredi 6
Il a fallu beaucoup de persévérance et de psychologie à Thabo Mbeki, le président d'Afrique du Sud, pour obtenir la signature des principaux acteurs de la crise ivoirienne sur un document qui déclare « la cessation immédiate et définitive des hostilités et la fin de la guerre sur toute l'étendue du territoire ». Ces signatures, ce sont effectivement celles du président Laurent Gbagbo, du chef des ex-rebelles Guillaume Soro, du chef de gouvernement intérimaire Seydou Diarra, de l'ex-président Henri Konan Bédié et d'Alassane Ouattara, figure de proue de l'opposition dont l'égibilité à la présidence de la Côte d'Ivoire est en suspens. Car l'accord reste flou sur deux points essentiels : si la Constitution, qui interdisait l'accès d'Alassane Ouattara à la candidature, a bien fait l'objet d'une modification à l'Assemblée ivoirienne, le président Gbagbo ne l'a toujours pas promulguée ; quant à la date de l'élection présidentielle, prévue en octobre, elle apparaît très théorique. (→ 24.8)

L'Assemblée irakienne a porté un Kurde à la tête de l'État

Ibrahim al-Jaafari (à droite) félicite Jalal Talabani après son élection à la présidence. Les deux hommes auront pour tâche de préparer une Constitution avant le 15 août.

Bagdad, mercredi 6
En élisant un Kurde à la présidence de la République, les députés irakiens ont envoyé un signal fort à un pays déchiré par les conflits ethniques et religieux : la présence de Jalal Talabani au sommet de l'État est une assurance symbolique contre le spectre de la partition, et aussi une manière de reconnaissance envers une ethnie brimée depuis la création de l'Irak en 1921. Mais la réalité du pouvoir sera détenue par un chiite, Ibrahim al-Jaafari, dont la nomination au poste de Premier ministre sera formalisée dès demain, en conséquence logique de la victoire de l'Alliance unifiée irakienne (coalition chiite) au scrutin du 30 janvier dernier. Originaire de Karbala, où il est né en 1947, le docteur al-Jaafari est l'une des figures clés du vieux parti chiite Dawa et un opposant de toujours à Saddam Hussein.

Vendredi 1er, Air France présente à Paris les nouvelles tenues de son personnel, confiées au crayon de Christian Lacroix. Elles entreront en service dès lundi prochain.

Lu	Ma	Me	Je	Ve	Sa	Di
				1	2	3
4	5	6	7	8	9	10
11	12	13	14	15	16	17
18	19	20	21	22	23	24
25	26	27	28	29	30	

Paris, vendredi 1er
Le grand maître du Grand Orient de France, Bernard Brandmeyer, démissionne suite à un vote de défiance. Gérard Pappalardo assure l'intérim. (→ 3.9)

Leipzig, vendredi 1er
Volkswagen présente la Fox, sa petite voiture à 8 950 euros, un modèle qui permet au constructeur allemand d'entrer sur le marché en plein essor des automobiles à bas prix. (→ 9.6)

Rennes, vendredi 1er
La cour d'assises d'appel d'Ille-et-Vilaine acquitte le docteur Daniel Fouchard, jugé pour viol et agressions sexuelles sur quatre patients.

Irak, vendredi 1er
Une explosion détruit le sommet du minaret hélicoïdal de la mosquée de Samarra, un des principaux monuments historiques d'Irak.

Loches (Indre-et-Loire), samedi 2
Réinhumation des ossements d'Agnès Sorel, favorite du roi Charles VII (XVe siècle). Les analyses scientifiques ont révélé que la « Dame de Beauté » est morte intoxiquée au mercure mais n'ont pu conclure au crime ou à l'accident.

Le monde entier assiste aux obsèques du pape

La place Saint-Pierre lors des funérailles de Jean-Paul II. La mort du souverain pontife a attiré à Rome plus de 4 millions de pèlerins venus du monde entier.

Vatican, vendredi 8
Des milliers de fidèles se sont réunis place Saint-Pierre, à Rome, pour faire leurs adieux à Jean-Paul II, qui s'est éteint dans ses appartements privés, samedi 2 à 21 h 37, après une longue agonie (*18.5.1920). Diffusées par les télévisions du monde entier, les funérailles ont commencé à 10 heures sur le parvis de la basilique. Près du cercueil, sur lequel était posé un évangile ouvert, avaient pris place les représentants de l'Église et 200 chefs d'État et de gouvernement. Étaient présents tous les dirigeants européens, ainsi que George W. Bush et des personnalités inattendues, telles que les présidents syrien, Bachar al-Assad, et iranien, Mohammad Khatami (qu'on aurait même vus serrant la main de leur homologue israélien, Moshe Katzav). Une véritable marée humaine recouvrait la place et ses environs, où des pancartes réclamant la canonisation immédiate de Karol Wojtyla (« Santo subito ») étaient même brandies. Pour permettre à tous de suivre la messe, des écrans géants avaient en outre été installés sur différentes places de la ville. Depuis une semaine, Rome avait vu converger les pèlerins du monde entier, dont au minimum un million de compatriotes du pape polonais. Les routes, les transports, ainsi que les lieux publics, avaient été littéralement envahis. Samedi soir, ils étaient des milliers sur la place Saint-Pierre à accueillir par des larmes et des applaudissements l'annonce, par le porte-parole du Vatican Joaquin Navarro Valls, du décès du pape. Depuis lundi, les pèlerins avaient défilé, au mépris des heures d'attente, dans la basilique restée ouverte même pendant la nuit, pour entrevoir la dépouille du souverain pontife exposée sous le célèbre baldaquin du Bernin. Quinze heures après le constat du décès, les autorités italiennes et la curie romaine avaient quant à elles déjà rendu hommage au pape défunt lors d'une cérémonie au sein du palais apostolique. (→ 9)

Le 4, le président communiste cubain Fidel Castro crée la surprise en signant à La Havane un livre de condoléances pour Jean-Paul II.

Trois présidents américains (George W. Bush, en exercice, ici avec sa femme Laura, George Bush père et Bill Clinton) et la secrétaire d'État Condoleezza Rice devant la dépouille du pape.

Worcester (Massachusetts), sam. 2
Le boxeur Jean-Marc Mormeck devient le premier Français à unifier les titres mondiaux des lourds-légers WBA et WBC en battant aux points le Guyanais Wayne Braithwaite.

Bagdad, dimanche 3
Le sunnite Hajem al-Hassani est élu premier président de l'Assemblée nationale de l'après-Saddam Hussein, avec l'accord des chiites et des Kurdes. (→ 6)

Bahreïn, dimanche 3
Triplé pour Renault, et nouvelle victoire d'Alonso, lors du Grand Prix de formule 1 de Bahreïn. (→ 24)

Moscou, dimanche 3
Le président kirghize Askar Akaev accepte de démissionner à l'issue de négociations avec une délégation parlementaire, dix jours après son renversement. (→ 10.7)

Damas, dimanche 3
La Syrie fixe au 30 avril, au plus tard, la fin du retrait de tous ses effectifs au Liban. (→ 27)

Paris, lundi 4
Le général Charles de Gaulle est désigné « plus grand Français de tous les temps » par les téléspectateurs de France 2, devant Louis Pasteur et l'abbé Pierre.

Monde, mardi 5
Entrée en vigueur des nouvelles règles de convention Marpol sur la sécurité maritime. Les 130 pays membres de l'Organisation maritime internationale doivent désormais mettre à la casse les pétroliers à simple coque de 25 ans et plus.

Sorti le 6, *Brice de Nice* de James Huth fait fureur. En une semaine, plus d'un million de spectateurs ont déjà vu Jean Dujardin dans le rôle du surfeur blond et branché.

Le Louvre expose *La Joconde* dans ses plus beaux atours

Paris, mercredi 6
La star de la peinture mondiale trouve aujourd'hui un logement digne de son rang au Louvre. Dans la salle des États totalement réaménagée par l'architecte péruvien Lorenzo Piqueras, *La Joconde* s'offre désormais à la vénération de ses sectateurs dans un caisson étanche qui en assure la préservation (la dame est fragile) et aussi la sécurité (Monna Lisa, très convoitée, a déjà été enlevée en 1911 et ne fut retrouvée qu'en 1913). Quant à l'immortel sourire de l'épouse de Francesco del Giocondo, plus rien ne pourra le voiler, grâce à un dispositif antireflet sophistiqué. Quatre années de travaux ont été nécessaires à la réfection de la salle des États, pour un coût de 4,81 millions d'euros. Dont la plus grande partie a été financée par le géant de l'audiovisuel japonais NTV (Nippon Television Network), basé à Tokyo.

Peinte entre 1503 et 1505, La Joconde *fut achetée à Léonard de Vinci par François I*er*.*

Adieu au prince Rainier III de Monaco

Tout Monaco pleure son prince, comme le montre cet hommage dans une vitrine.

Monaco, mercredi 6
Le prince Rainier III (*31.5.1923), sur le trône de la principauté de Monaco depuis 1949, est décédé à 6 h 35, à l'âge de 81 ans. Il était en réanimation depuis déjà près de deux semaines au Centre cardio-thoracique de la principauté, où il avait été hospitalisé le 7 mars à cause d'une infection broncho-pulmonaire. Depuis longtemps déjà, le prince souffrait de problèmes de santé. Rainier III, de son vrai nom Rainier Louis Henri Maxence Bertrand Grimaldi, avait subi un double pontage coronarien en 1994 et une ablation partielle du poumon en 2000. Sa dernière apparition en public remontait au 20 janvier, à l'occasion du traditionnel Festival du cirque de Monte-Carlo. En attendant les funérailles qui se dérouleront le 15, six mois de deuil commencent pour la famille Grimaldi. Sous le nom d'Albert II, c'est le prince Albert qui succède à son père, dont le règne de 55 ans est le plus long en Europe depuis Victoria. (→ 12.7)

Comment résister au textile chinois

Bruxelles, jeudi 7
Le Britannique Peter Mandelson est un libéral convaincu. Toutefois, en qualité de commissaire européen au commerce extérieur, il ne pouvait croiser les bras face à la déferlante des textiles chinois en Europe depuis le 1er janvier dernier, date à laquelle les quotas ont été levés par l'OMC. En effet, les importations de produits chinois ont fait en janvier et février un bond de 67 % en Europe (et de 87,4 % aux États-Unis), par rapport aux deux premiers mois de 2004. Aussi, Peter Mandelson a-t-il annoncé la mise en place d'un système d'alerte qui, le cas échéant, permettra à l'Union européenne de prendre les mesures de sauvegarde prévues par l'OMC : c'est, en effet, la survie du textile européen qui est en question. Pékin conteste les chiffres de la Commission et assure que ce système d'alerte est en contravention avec les réglementations établies pour l'entrée de la Chine à l'OMC. (→ 17.5)

Paris, mardi 5
Le oui au référendum sur la Constitution européenne remonte, à 48 % des intentions de vote. (→ 14)

Monaco, mardi 5
Le prince Ernst-August de Hanovre, époux de Caroline, est admis en réanimation au centre hospitalier Princesse-Grace pour une pancréatite aiguë. Il quittera l'hôpital le 18.

Paris, mercredi 6
Alexis Lemaire, un étudiant rémois en informatique, établit un nouveau record du monde de calcul mental en trouvant en 8 minutes 30 la racine treizième d'un nombre à 200 chiffres.

Berlin, mercredi 6
Jürgen Schrempp est reconduit à la présidence du directoire de DaimlerChrysler, malgré ses échecs (Mercedes, Smart, fusion avec Chrysler). En six ans, le groupe a quasiment perdu les deux tiers de sa valeur en Bourse. (→ 28.7)

Rome, mercredi 6
Le Parlement italien approuve la ratification de la Constitution européenne. (→ 19)

New York, jeudi 7
Le Conseil de sécurité de l'ONU adopte la résolution 1595 instituant une commission internationale indépendante pour enquêter sur l'assassinat de l'ancien Premier ministre libanais Rafic Hariri. (→ 30.8)

Le Caire, vendredi 8
Un groupe islamiste jusque-là inconnu, les « Brigades islamiques de la fierté en Égypte », revendique

Rainier III

Le 9 mai 1949, Rainier III, âgé de 26 ans, succède à son grand-père Louis II sur le trône de Monaco, sa mère, la princesse héritière Charlotte, épouse du prince Pierre de Polignac devenu Grimaldi en 1920, ayant renoncé cinq ans plus tôt à la couronne. Dès 1944, Rainier s'était distingué en s'engageant comme volontaire dans les rangs de l'armée française, après une seule année d'études à l'École libre des sciences politiques de Paris. Après des débuts difficiles, marqués par des scandales financiers, vient l'âge d'or du règne de Rainier III, qui retire le contrôle de la lucrative Société des bains de mer au milliardaire grec Aristote Onassis et épouse en 1956 l'actrice hollywoodienne Grace Kelly, qui lui donne trois enfants, Caroline, Albert et Stéphanie. Un mariage de conte de fées qui finit tragiquement, en 1982, avec la mort de Grace dans un accident de voiture. Au cours de son règne, Rainier III a réussi à assurer la prospérité de son État et de la dynastie des Grimaldi, la plus ancienne d'Europe.

Le microcrédit pour entreprendre

France, jeudi 7

Organisée par l'Adie (Association pour le droit à l'initiative économique), dans le cadre de l'Année du microcrédit dont l'ONU a fait pour 2005 l'un de ses chevaux de bataille, la Semaine du microcrédit s'est achevée en France. Grâce à des forums organisés dans tout le pays dans des gares, des grandes surfaces ou des centres commerciaux, le public a pu découvrir un système qui permet à tous ceux qui ne peuvent avoir accès à des crédits bancaires d'emprunter pour créer leur entreprise. Conçu à l'origine pour les pays les moins développés de l'hémisphère Sud, le microcrédit s'est répandu en France à partir de la fin des années 1980. Fondée et dirigée par Maria Nowak, l'Adie a permis de créer près de 25 000 entreprises représentant quelque 30 000 emplois, avec des prêts pouvant aller jusqu'à 10 000 euros. Un chiffre plus significatif encore atteste le succès du microcrédit : 94 % des prêts sont remboursés, soit nettement mieux que la moyenne nationale. C'est aussi à l'occasion de cette Semaine du microcrédit que le gouvernement, mardi, a lancé le Fonds de cohésion sociale, qui devrait « accroître considérablement les moyens de garantie du microcrédit ».

Jeudi 7, des autocars ont relié Srinagar, capitale d'été du Cachemire indien, et Muzaffarabad, capitale du Cachemire pakistanais. C'est la première fois depuis 1947 qu'une liaison est rétablie entre ces deux régions disputées.

Un vrai mariage d'amour

Le mariage de Charles et Camilla aurait dû avoir lieu hier, mais il a été repoussé de 24 heures pour permettre à Charles d'assister aux funérailles de Jean-Paul II, à Rome.

Windsor, samedi 9

Ses titres complets sont désormais Son Altesse Royale la princesse Charles, princesse de Galles et comtesse de Chester, duchesse de Cornouailles, duchesse de Rothesay, comtesse de Carrick, baronne de Renfrew, Lady of the Isles, princesse d'Écosse… Mais Camilla a choisi de ne porter que le titre de duchesse de Cornouailles, et elle a annoncé que lorsque son époux montera sur le trône, elle aura le titre de Son Altesse Royale la princesse consort, alors que rien, dans la tradition anglaise, ne s'opposerait à ce qu'elle soit reine. Peut-être a-t-elle voulu, par cette marque de modestie, améliorer l'image détestable qu'elle a dans la plus grande partie de l'opinion britannique, qui ne lui a pas pardonné d'avoir été la rivale de la princesse Diana. Toujours est-il que du statut de « vieille maîtresse » (elle et le prince Charles se sont rencontrés pour la première fois en 1970), elle est enfin passée à celui d'épouse : Camilla Parker-Bowles, 57 ans, a été unie à l'héritier de la couronne de Grande-Bretagne et d'Irlande du Nord. Le mariage civil, célébré en petit comité au Guildhall de Windsor, avait pour témoins le fils aîné de Charles, le prince William, et celui de Camilla, Tom Parker-Bowles. La reine Élisabeth, longtemps hostile à Camilla (mais elle n'aimait pas beaucoup, non plus, Diana), était radieuse à la cérémonie religieuse qui a suivi, en la chapelle du château de Windsor, devant 800 invités.

l'attentat à la bombe commis hier dans le souk du Khan el-Khalili, cœur touristique de la capitale égyptienne. L'attaque a tué, outre le kamikaze, deux Français et un Américain, et fait une vingtaine de blessés.

Paris, vendredi 8

Arnaud Lagardère nomme Jean-Pierre Elkabbach directeur d'Europe 1, en remplacement de Jérôme Bellay.

Vatican, samedi 9

Les 130 cardinaux, réunis en congrégation générale, approuvent à l'unanimité une consigne de silence absolu, une mesure sans précédent, à une semaine du conclave qui doit désigner le successeur de Jean-Paul II. (→ 19)

Roubaix, dimanche 10

Le Belge Tom Boonen, 24 ans, remporte la course cycliste Paris-Roubaix, une semaine après son triomphe dans le Tour des Flandres. Il est le 9e coureur de l'histoire à réaliser ce doublé.

Géorgie, dimanche 10

L'Américain Tiger Woods gagne les 69es Masters de golf d'Augusta.

DÉCÈS

Paris, vendredi 1er

André Truong Trong Thi (*1936 à Saigon), ingénieur français. Considéré au plan mondial comme le « père de la micro-informatique ».

Brookline (Massachusetts), mardi 5

Saul Bellow (*10.6.1915), écrivain juif américain. Prix Nobel de littérature 1976.

L'épopée des remorqueurs français, immortalisée au cinéma par *Remorques*, le film de Jean Grémillon avec Jean Gabin (1941), a tourné mercredi 13 une page de son histoire avec le baptême, à Brest, de l'*Abeille Bourbon* par Bernadette Chirac. Ce nouveau remorqueur de haute mer succède en effet à l'*Abeille Flandre* qui, depuis 1979, a secouru 214 navires et 7 200 marins.

Feu vert pour la carte biométrique

Paris, lundi 11

Coup d'envoi pour le projet de la carte d'identité nationale électronique et sécurisée (INES), c'est-à-dire une carte à puce contenant des données personnelles telles que les empreintes digitales et une photo numérisée. Le Premier ministre Jean-Pierre Raffarin, qui avait approuvé le programme, compte lancer le dispositif en septembre 2006 pour les passeports, début 2007 pour les cartes d'identité (obligatoires et payantes), et en 2008 pour les permis de conduire et les titres de séjour. Ce système qui, selon le ministère de l'Intérieur, permettra de lutter contre les fraudes d'identité, constitue en revanche une atteinte à la liberté et à la vie privée selon la Commission nationale de l'informatique et des libertés, qui conteste la création de fichiers informatisés de la population.

Zoom sur

LA BIOMÉTRIE

La biométrie (de l'anglais *biometry*, qui correspond en réalité au français « anthropométrie ») analyse les caractéristiques physiques ou biologiques infalsifiables et permanentes qui font de chaque personne un individu unique, telles la rétine, l'iris, les empreintes digitales, la géometrie de la main, la voix et la forme du visage. Transformées en données numériques et stockées sur une puce ou dans une base de données, ces informations peuvent être utilisées dans les situations où une identification irréfutable des individus est nécessaire, comme les contrôles de police ou la surveillance des accès aux lieux sensibles.

Jacques Chirac tente sur TF1 d'arrêter la progression du non

Paris, jeudi 14

Il y a le feu à la maison. Un nouveau sondage du CSA, publié dans *Le Parisien* ce matin, donnait le non à la Constitution européenne largement gagnant (55 %) si le référendum avait lieu dimanche, le oui ne recueillant que 45 % des intentions de vote. La tendance vers un rejet du traité se confirmait donc, mais avec une part d'incertitude: 48 % des électeurs interrogés par le CSA déclaraient en effet leur intention de s'abstenir, de voter blanc, ou de déposer un bulletin nul. Le président de la République pouvait-il inverser cette tendance, notamment en emportant la conviction des indécis? Tel est le pari qu'il a tenté ce soir, en affrontant en direct sur TF1 un échantillon de 83 jeunes de 18 à 30 ans, sélectionné par la Sofres. L'émission avait reçu l'approbation de François Hollande: « Je ne suis pas choqué que le chef de l'État intervienne dans le cadre d'un référendum qu'il a lui-même décidé à la demande de tous les partis politiques », a déclaré le premier secrétaire du PS. Organisé à l'Élysée, dans la salle des fêtes, le débat était conduit par Patrick Poivre d'Arvor (TF1), avec Jean-Luc Delarue (France 2), Marc-Olivier Fogiel (France 3) et Emmanuel Chain (M6) comme animateurs. La question est évidemment de savoir si Jacques Chirac a convaincu. Le président a eu beau dire et répéter que les inquiétudes sociales n'avaient pas de rapport direct avec la Constitution, et même que celle-ci était selon lui un rempart contre les dérives néolibérales, ce sont bien ces inquiétudes qui se sont principalement exprimées ce soir. Quant à savoir ce que le chef de l'État ferait en cas de victoire du non, il a clairement répondu qu'il ne démissionnerait pas. Malheureusement pour les tenants du oui, deux sondages inquiétants seront effectués dès demain par le CSA (pour *Le Parisien*) et par l'Ifop (pour *Paris-Match*): les deux créditeront le non de 56 %, soit un point de plus qu'à la veille du plaidoyer de Jacques Chirac. Le feu n'est pas éteint… (→ 16)

« N'ayez pas peur ! », a-t-il dit aux jeunes qu'inquiète la Constitution européenne.

L'Écureuil inaugure la rémunération

France, jeudi 14

Les Caisses d'épargne rémunéreront les comptes courants. L'Écureuil est donc le premier groupe bancaire à tirer parti de l'arrêté de Thierry Breton, ministre des Finances, mettant fin au régime du « ni facturation des chèques, ni rémunération des dépôts ». Cet arrêté, paru au *Journal officiel* du 16 mars dernier, étant lui-même la conséquence directe d'une décision de la Cour de justice des Communautés européennes (5 octobre 2004), condamnant l'interdiction de la rémunération des dépôts. Moyennant un forfait de services, l'Écureuil offre aux particuliers une rémunération de 0,5 % jusqu'à 2 500 euros et de 1 % au-delà, les comptes professionnels étant rémunérés à 1 % de 1 à 10 000 euros (le forfait étant alors plus élevé). Selon les Caisses d'épargne, ce produit devrait leur faire gagner 250 000 clients nouveaux dès la première année.

Lu	Ma	Me	Je	Ve	Sa	Di
				1	2	3
4	5	6	7	8	9	10
11	12	13	14	15	16	17
18	19	20	21	22	23	24
25	26	27	28	29	30	

Paris, lundi 11
Les CRS évacuent le lycée Montaigne (6e arr.), bloqué par des élèves hostiles à la loi Fillon. (→ 20)

Paris, lundi 11
La Commission de révision des condamnations pénales décide de transmettre le dossier Seznec à la Cour de révision, ouvrant la voie à une éventuelle annulation de la condamnation prononcée en 1924 contre Guillaume Seznec pour le meurtre de Pierre Quemeneur.

Paris, lundi 11
Échec de la médiation entre Bernard Tapie et l'État français dans l'affaire de la cession du groupe Adidas par le Crédit lyonnais. (→ 30.9)

Province d'Uige, mardi 12
L'épidémie de fièvre hémorragique de Marburg, proche d'Ebola, qui sévit depuis cinq mois dans le nord de l'Angola, a tué 210 personnes.

Paris, mardi 12
La cour d'appel déboute Johnny Hallyday qui réclamait à sa maison de disques Universal la restitution des bandes originales de ses chansons.

Ramousies (Nord), mercredi 13
Des militants CGT d'EDF coupent le

Des immigrés meurent dans l'incendie de leur hôtel à Paris

Paris, vendredi 15
22 morts, dont 10 enfants, et 53 blessés, dont 11 graves: tel est le dramatique bilan d'un incendie d'origine accidentelle qui a ravagé l'hôtel Paris-Opéra, situé rue de Provence dans le 9e arrondissement. Dans la nuit de jeudi à vendredi, le feu a pris au premier étage et s'est propagé par la cage d'escalier et la cage d'ascenseur, surprenant les locataires dans leur sommeil. N'ayant pas d'autre issue de secours, certains d'entre eux se sont jetés par la fenêtre pour fuir les flammes. Le modeste immeuble de six étages était principalement occupé par des sans-papiers et des familles d'immigrés maghrébins et d'Afrique noire en situation précaire et en attente d'un logement. L'hôtel avait été contrôlé par la préfecture de police un mois plus tôt. Pourtant, nombreux étaient ceux qui dénonçaient les conditions inhumaines dans lesquelles vivaient ces familles, entassées dans des chambres infestées de cafards et de puces, et ne disposant que d'un w-c par étage. (→ 19)

Un sapeur-pompier tente de secourir des personnes qui se sont réfugiées sur le toit.

Qui peut encore sauver MG Rover ?

Longbridge (G-B), vendredi 15
« C'est une nouvelle dévastatrice pour les employés, leur famille et l'ensemble de la région », a commenté la ministre du Commerce et de l'Industrie, Patricia Hewitt. Au terme de plusieurs mois de négociations, le groupe chinois SAIC (Shanghai Automotive Industry Corporation) a renoncé à la reprise de MG Rover. Sous administration judiciaire depuis le 8 avril, le constructeur automobile britannique semble se diriger tout droit vers la liquidation. La direction a annoncé le licenciement de près de 5 000 personnes sur 6 100, les autres assurant les productions en cours. Par ailleurs, 18 000 emplois chez les sous-traitants sont menacés. En pleine campagne électorale, Tony Blair a promis une aide de 150 millions de livres (soit 220 millions d'euros) pour financer les salaires et les indemnités du personnel, et son reclassement. MG Rover perdait 25 millions de livres par semaine.

Vendredi 15, obsèques du prince Rainier III, suivies par la famille princière, les Monégasques et de nombreuses personnalités. Son cercueil est porté à la cathédrale dans les rues de la principauté.

Le livre de classe japonais qui a mis les Chinois en colère

Pékin, dimanche 17
Si quelqu'un doit s'excuser, ce n'est pas la Chine, mais le Japon. C'est la réponse que Wu Dawei, le vice-ministre chinois des Affaires étrangères, a adressée à son homologue nippon Nobutaka Machimura qui, en visite à Pékin, réclamait au gouvernement chinois des excuses pour les violentes manifestations anti-japonaises dont plusieurs grandes villes sont le théâtre depuis le 9 avril et qui, aujourd'hui encore, ont jeté dans la rue des dizaines de milliers de personnes. La colère des Chinois a été provoquée par *l'imprimatur* donné le 5 par Tokyo à un manuel scolaire minimisant les crimes commis par l'armée japonaise pendant l'occupation de la Chine (1937-1945). Pékin y trouve son compte: discrédité, le Japon aura du mal à obtenir un siège permanent au Conseil de sécurité, ce à quoi la Chine est opposée. (→ 22)

À Shenzhen, les manifestants réclament la rupture des relations avec le Japon.

courant de la résidence secondaire de l'ex-commissaire européen Frits Bolkestein, qui s'était plaint d'avoir du mal à trouver un plombier ou un électricien dans le nord de la France.

Madrid, mercredi 13
L'Espagnol Fagor devient le 5e fabricant européen d'électroménager après le rachat de 90 % du capital du Français Brandt à l'Israélien Elco.

Washington, mercredi 13
Le Sénat américain confirme la nomination de Michael Griffin à la tête de la Nasa.

Beyrouth, vendredi 15
Nagib Mikati est désigné Premier ministre du Liban, 48 heures après le désistement d'Omar Karamé. (→ 27)

Rome, vendredi 15
Deux semaines après la débâcle des régionales, les centristes quittent le gouvernement Berlusconi. (→ 23)

Luxembourg, samedi 16
La Commission européenne affirme qu'il n'y a pas de « plan B », un scénario de substitution, en cas de rejet de la Constitution par l'électorat français. (→ 30)

Le Mans, dimanche 17
La Yamaha GMT 94 des Français William Costes, Sébastien Gimbert et de l'Espagnol David Checa remporte les 24 Heures du Mans moto devant la Suzuki numéro 1.

DÉCÈS

Besançon, lundi 11
Lucien Laurent (*10.12.1907), premier buteur de l'histoire de la Coupe du monde de football, en 1930 en Uruguay.

L'avocate France Moulin est arrêtée

Toulouse, mardi 19
Indignation chez les avocats au sujet de l'affaire qui implique leur consœur de Toulouse, France Moulin, 42 ans, mise en examen hier par deux juges d'instruction d'Orléans et écrouée pour « divulgation d'informations ». Prévu par le nouvel article 432-7-2 – appliqué pour la première fois – du Code pénal créé par la loi Perben 2 de 2004, ce délit est passible de cinq ans de réclusion et 75 000 euros d'amende. Les juges d'instruction, enquêtant sur un trafic de stupéfiants, reprochent à l'avocate d'avoir livré des informations à une personne autre que son client, mais « susceptible d'être inquiétée dans le cadre de la procédure ». Les avocats protestent, car le garde des Sceaux, lors du vote de la loi, avait assuré qu'elle ne s'appliquerait pas à eux. C'est pourquoi ils réclament la libération immédiate de France Moulin, innocente à leurs yeux. (→ 12.5)

Le nouveau successeur de saint Pierre s'appelle Benoît XVI

Joseph Ratzinger est le premier germanique élu pape depuis Adrien VI (1522-1523).

Vatican, mardi 19
Le traditionnel « *Habemus papam !* » est prononcé par le cardinal chilien Jorge Arturo Medina Estévez, depuis le balcon du palais épiscopal donnant sur une place Saint-Pierre où les fidèles et les curieux sont venus nombreux. Il est 17 h 51 quand la fumée blanche se lève de la cheminée de la chapelle Sixtine. Le nouveau pape, 265e successeur de saint Pierre, s'appelle Joseph Ratzinger. Donné pour favori depuis plusieurs jours, le cardinal allemand de 78 ans, préfet de la Congrégation pour la doctrine de la foi et proche du défunt Jean-Paul II, a été élu seulement après deux jours de conclave et quatre tours de scrutin. Une élection sans hésitations ni surprises, mais qui partage immédiatement l'opinion publique, Joseph Ratzinger étant connu pour son conservatisme et son inflexibilité. C'est sous le nom de Benoît XVI qu'il entrera dans l'histoire, en hommage à l'engagement de Benoît XV, pape de 1914 à 1922.

Dimanche 24, commémoration à Erevan (Arménie) des massacres commis par les Turcs il y a 90 ans, et qui auraient coûté la vie à plus de 1,5 million d'Arméniens. Un chiffre contesté par la Turquie.

Peut-on éviter les délocalisations ?

France, mardi 19
Alors que l'inquiétude suscitée par les vagues de délocalisation constitue l'une des raisons de la progression du non à la Constitution européenne dans tous les sondages, une étude réalisée pour le ministre de la Cohésion sociale, Jean-Louis Borloo, et révélée par *Le Monde*, la conforte. Selon le cabinet Altedia, les délocalisations sont en général, pour les entreprises, une condition de survie, face à une pression concurrentielle de plus en plus forte, due à la montée en puissance des pays émergents notamment. Un phénomène qui toucherait tous les secteurs et les entreprises de toutes les tailles. Est-ce une fatalité ? Une enquête du Plan, publiée ce mardi, se veut moins pessimiste. Elle expose les bonnes raisons qui ont poussé une trentaine de patrons à rester en France.

La retraite dorée du pdg de Carrefour

Paris, mercredi 20
Le 25 mars dernier, 6 000 employés de Carrefour s'étaient mis en grève pour la revalorisation de leurs salaires et la suppression du temps partiel imposé. Pour leur direction, cette revendication était « utopique et irréalisable ». Mais il n'en va pas de même pour Daniel Bernard, l'ancien pdg du groupe brutalement remercié le 2 février pour n'avoir pas su redresser son cours de Bourse. Devant l'assemblée générale des actionnaires, le président du conseil de surveillance de Carrefour, Luc Vandevelde, a annoncé que Daniel Bernard bénéficierait d'une indemnité de 9,8 millions d'euros, ainsi que d'un complément de retraite pouvant aller jusqu'à 29 millions d'euros. Des chiffres qui ont indigné nombre de petits porteurs, certains lançant dans la salle : « Remboursez ! » Président de la Confédération générale des PME, Jean-François Roubaud est « scandalisé ».

Ce mardi, Daniel Bernard accompagnait Jean-Pierre Raffarin en voyage en Chine.

Lu	Ma	Me	Je	Ve	Sa	Di
				1	2	3
4	5	6	7	8	9	10
11	12	13	14	15	16	17
18	19	20	21	22	23	24
25	26	27	28	29	30	

Paris, lundi 18
La Cour de cassation estime que le plaider coupable, mesure phare de la loi Perben sur la criminalité, n'est pas conforme au droit pénal. (→ 11.5)

Paris, mardi 19
La petite amie du veilleur de nuit est mise en examen et écrouée dans le cadre de l'enquête sur l'incendie de l'hôtel Paris-Opéra (24 morts). Le feu aurait pris accidentellement après une scène de ménage. (→ 29.8)

Bordeaux, mardi 19
La cour d'appel annule le premier mariage homosexuel français, célébré le 5 juin 2004 par le député maire Verts de Bègles Noël Mamère.

Madrid, mardi 19
Le tortionnaire argentin Adolfo Scilingo est condamné à 640 ans de prison pour « crimes contre l'humanité, détentions arbitraires et tortures » commis durant la dictature, de 1976 à 1983.

Athènes, mardi 19
Le Parlement grec ratifie la Constitution européenne. (→ 25.5)

Paris, mercredi 20
157 lycéens sont placés en garde à vue pour avoir occupé et dégradé une

Fabien Barthez écope d'une sanction jugée trop clémente

Hier, à Paris, le gardien de but de l'Olympique de Marseille est venu plaider sa cause.

Paris, vendredi 22
La sanction de la commission de discipline de la Fédération française de football est tombée : pour avoir craché sur l'arbitre lors de la rencontre opposant son club au Wydad Casablanca, le 12 février dernier, au Maroc, Fabien Barthez écope d'une suspension de six mois dont trois avec sursis, bien que la sanction minimum prévue pour ce type d'actes soit de six mois fermes. La clémence de cette décision, qui permettra à « Fabulous Fab » de jouer les fatidiques matchs des Bleus qualificatifs pour la Coupe du monde, cet automne, soulève un véritable tollé. Beaucoup estiment en effet qu'à l'heure où la violence sur les stades se propage et où les stars comme le gardien de but, qui ne s'est d'ailleurs pas excusé, doivent plus que jamais donner l'exemple, aucune bienveillance envers un tel acte ne saurait être tolérée. La FFF a décidé de faire appel de cette sanction. (→ 13.5)

Zoom sur

LE PLAIDER COUPABLE

La loi du 9 mars 2004 sur la grande criminalité, dite « Perben 2 », introduit la « comparution sur reconnaissance préalable de culpabilité ». Cette innovation, inspirée du *plea bargaining* américain (plaider coupable), consiste à proposer une peine allégée à quiconque encourt moins de cinq ans de prison, en échange de la reconnaissance des faits qui lui sont reprochés. Cette procédure qui, selon ses critiques, contreviendrait au droit français, se déroule en la seule présence du prévenu et de son avocat. L'accord, s'il est obtenu, est homologué en audience publique. Les défenseurs de la loi Perben font valoir qu'elle a pour avantage de désengorger les tribunaux (et les prisons).

Joseph Ratzinger

Né le 16 avril 1927 à Marktl-am-Inn, en Basse-Bavière, dans une famille catholique, Joseph Ratzinger, après avoir fait partie, ainsi que de nombreux jeunes Allemands, des Jeunesses hitlériennes, a été enrôlé en 1944 dans une batterie antiaérienne. La guerre terminée, il entra au séminaire et étudia la philosophie et la théologie. Il fut ordonné prêtre à Munich en 1951, puis il entreprit une carrière universitaire et soutint une thèse. De 1962 à 1965, il a participé comme expert au concile Vatican II, où il se lia d'amitié avec Karol Wojtyla. Nommé archevêque de Munich en 1977 et créé cardinal peu après, il fut appelé au Vatican en 1981 au poste de préfet de la Congrégation pour la doctrine de la foi.

Ne plus maintenir la vie à tout prix

Paris, samedi 23
Adoptée à l'unanimité par l'Assemblée nationale le 29 novembre 2004 et, plus difficilement, par le Sénat le 13 avril, la loi n° 2005-370 « relative aux droits des malades et à la fin de vie » est parue au *Journal officiel* après avoir été promulguée hier par le président de la République. Cette loi, qui modifie le Code de la santé publique, prévoit que les actes médicaux « ne doivent pas être poursuivis par une obstination déraisonnable. Lorsqu'ils apparaissent inutiles, disproportionnés ou n'ayant d'autre effet que le seul maintien artificiel de la vie, ils peuvent être suspendus ou ne pas être entrepris ». La décision ne peut être prise par le médecin que conformément à la volonté du malade ou, s'il est hors d'état de l'exprimer, après avoir consulté la personne de confiance visée par le code, la famille ou un proche.

La leçon de discipline de Lionel Jospin

Lionel Jospin est revenu au premier plan.

Paris, samedi 23
À la Bibliothèque nationale de France, un colloque était organisé pour célébrer le 100e anniversaire du Parti socialiste. Le 23 avril 1905, à Paris, le Parti socialiste de France (PSDF) de Jules Guesde (marxiste) et le Parti socialiste français (PSF) de Jean Jaurès (réformiste) mettaient fin à leurs rivalités en formant le Parti socialiste-SFIO (Section française de l'Internationale ouvrière). Un passé dont le souvenir tombe plutôt bien, à un moment où le PS est très divisé sur la Constitution européenne. D'ailleurs, le colloque a été fortement marqué par l'intervention de Lionel Jospin, qui est apparu comme un recours potentiel face au désarroi des militants. L'ancien Premier ministre s'est livré à un rappel à l'ordre, s'en prenant aux partisans du non et donnant une leçon de discipline à François Hollande. Il a aussi fustigé l'irresponsabilité politique de l'extrême gauche et des communistes.

annexe du ministère de l'Éducation nationale. (→ 1.6)

Dépt. de la Manche, vendredi 22
Inauguration de l'accès Internet haut débit *via* la technologie des courants porteurs de ligne, qui permet de raccorder les zones rurales à l'ADSL à partir du réseau électrique existant.

Jakarta (Indonésie), vendredi 22
À l'occasion du sommet afro-asiatique, le Premier ministre japonais Koizumi présente les excuses du Japon pour son passé impérialiste en Asie.

Alexandria (Virginie), vendredi 22
Le Français Zacharias Moussaoui plaide coupable des six chefs d'inculpation retenus contre lui pour les attentats du 11 septembre 2001.

Djeddah, samedi 23
Après Riyad en février et Damman en mars, les islamistes remportent le dernier scrutin municipal saoudien, organisé dans l'ouest du royaume.

Rome, samedi 23
Prestation de serment du nouveau gouvernement Berlusconi. Retour de l'ancien ministre Giulio Tremonti au poste de vice-président du Conseil.

Liège, dimanche 24
Le cycliste kazakh Alexandre Vinokourov remporte la classique Liège-Bastogne-Liège.

Imola, dimanche 24
Fernando Alonso (Renault) gagne le Grand Prix de Saint-Marin. (→ 8.5)

DÉCÈS

Césarée (Israël), dimanche 24
Ezer Weizman (*15.6.1924), président israélien de1993 à 2000.

Zoom sur

LE COMMERCE ÉQUITABLE

Élaboré au cours des années 1960 et basé sur des principes de transparence et de confiance, le commerce équitable vise à aider les petits producteurs des pays défavorisés à vendre leurs produits, de façon durable, à des prix stables et plus rémunérateurs que ceux du marché mondial, afin de leur permettre de répondre à des besoins élémentaires comme l'éducation, la santé ou le logement. Cherchant à établir des rapports commerciaux satisfaisants pour tous, le commerce équitable est également fondé sur les principes du respect des droits fondamentaux des personnes, ainsi que de la préservation de l'environnement, et tend à proposer aux consommateurs des produits de bonne qualité.

En Roumanie pour 110 euros par mois

Bas-Rhin, mercredi 27
Quitter la France pour aller travailler en Roumanie 40 heures par semaine et pour un salaire de 110 euros bruts. Telle est la proposition de reclassement faite le 4 avril dernier à 9 de ses salariées, en licenciement économique, par Michel White, pdg de la Sem Suhner, une usine de fournitures électriques de Schirmeck (Bas-Rhin). Unanimement jugée comme inacceptable, cette offre a pris une ampleur nationale et soulève d'une manière inédite en France le problème des délocalisations. Abasourdies, les ouvrières, qui comptent vingt-cinq ans de présence dans leur usine, avaient refusé. Au terme d'une réunion tenue avec le sous-préfet et le directeur départemental du travail, le pdg, qui avait affirmé que si « 110 euros en France, ce n'est pas assez, en Roumanie ça suffit », a reconnu avoir été maladroit et s'est déclaré disposé à essayer de reclasser les salariées dans la région.

Lundi 25, à l'hôtel Dassault (Paris), un tirage original du *Baiser de l'Hôtel de Ville* de Robert Doisneau, l'une des photographies les plus célèbres du monde, est adjugé à 155 000 euros. La propriétaire de ce tirage n'était autre que Françoise Bornet (ci-dessus) qui, en 1950, avait posé pour le photographe avec son ami d'alors, Jacques Carteaud (aujourd'hui disparu). Doisneau lui avait offert ce tirage quelques jours après la prise de vue.

Le Liban dans une ère nouvelle après le départ des Syriens

Beyrouth, mercredi 27
Une page est en train de se tourner au Liban. Hier, conformément à la résolution 1 559 du Conseil de sécurité et aux engagements de Bachar al-Assad, les derniers soldats syriens ont quitté le pays après une cérémonie organisée à la base aérienne de Rayak, à proximité de la frontière. Aujourd'hui, le Parlement libanais a accordé sa confiance à Nagib Mikati, le Premier ministre, à la quasi-unanimité : sur 113 députés présents (sur 128), 109 ont en effet émis un vote positif, contre trois abstentions et un seul vote négatif. On observe que, pour la première fois depuis son entrée au Parlement en 1996, le Hezbollah a apporté son soutien à une équipe gouvernementale. Ami de Bachar al-Assad, mais pro syrien « modéré », Mikati aura pour tâche de préparer pour le 29 mai des élections législatives. (→ 29.5)

De jeunes Syriens pavoisent un convoi militaire qui vient de repasser la frontière.

Le Togo au bord de la guerre civile

Lomé, jeudi 28
Après deux jours d'affrontements et un bilan provisoire de 22 morts, la capitale du Togo retrouve un calme précaire. Le déchaînement de violences, avec son lot de pillages et de répression policière, a été déclenché par l'annonce, mardi, de la victoire à l'élection présidentielle de Faure Gnassingbé. Le fils du dictateur défunt était crédité d'un score plus que confortable avec 60,22 % des suffrages, contre 38,19 % au candidat de l'opposition, Emmanuel Bob Akitani. Celui-ci, qui dénonçait des fraudes massives, s'est d'ailleurs hier déclaré élu, appelant à « résister jusqu'à la victoire finale ». Face à ces troubles, Faure Gnassingbé maintient sa proposition, faite pendant la campagne, de constituer un gouvernement d'union nationale. (→ 4.5)

Lu	Ma	Me	Je	Ve	Sa	Di
				1	2	3
4	5	6	7	8	9	10
11	12	13	14	15	16	17
18	19	20	21	22	23	24
25	26	27	28	29	30	

Éthiopie, lundi 25
Arrivée du 3e et dernier tronçon de l'obélisque d'Axoum, volé par les troupes mussoliniennes en 1937 et installé à Rome. L'Italie différait son rapatriement depuis 1947.

Amagasaki (Japon), lundi 25
Un déraillement de train fait au moins 106 morts et 450 blessés en pleine heure de pointe. Un des wagons s'est écrasé contre les étages inférieurs d'un immeuble résidentiel.

Luxembourg, lundi 25
La Roumanie et la Bulgarie signent leur traité d'adhésion à l'Union européenne qu'elles intégreront le 1er janvier 2007.

Rome, mardi 26
Le cycliste italien Mario Cipollini met un terme à sa carrière professionnelle.

Bobigny, mardi 26
Expérience pilote au tribunal : un terminal de paiement par carte bancaire, relié à la Trésorerie générale, permet de régler une amende aussitôt après une condamnation.

Paris, mercredi 27
Miss France 2004 (Laetitia Bléger) est suspendue de son titre pendant six mois pour avoir posé dans *Playboy*.

Un tueur de coûts à la tête de Renault

Carlos Ghosn (à g.) et Louis Schweitzer. Ghosn, 51 ans, est un polytechnicien.

Paris, vendredi 29
Le passage du témoin a eu lieu lors de l'assemblée générale de Renault: Louis Schweitzer, pdg de la firme française depuis 1992, a cédé la place à celui dont il avait préparé l'avènement, le Libanais Carlos Ghosn. Car c'est bien Schweitzer qui a découvert son futur successeur en le faisant entrer chez Renault en 1996, puis en lui confiant une mission quasi impossible en 1999: redresser le Japonais Nissan, en totale déconfiture mais auquel Renault, par un pari fou, venait de s'allier. Grâce à un management de choc, Carlos Ghosn a réussi au-delà des pronostics les plus optimistes: marge brute de 8 % du chiffre d'affaires, dette ramenée à zéro, 1 million de véhicules supplémentaires vendus en trois ans. Le « tueur de coûts », comme on l'appelle, gardera la présidence de Nissan tout en prenant celle de Renault. L'entreprise se porte très bien: elle ne risque guère de s'endormir avec Carlos Ghosn!

Jeudi 28, commercialisation de la Peugeot 1007. Pour ce minispace aux portes coulissantes électriques, le constructeur a inauguré une numérotation à quatre chiffres, au lieu des trois chiffres en usage depuis 1929. La 1007, dessinée par Pininfarina, est essentiellement une citadine (avec quatre places). Trois motorisations sont proposées: moteur Diesel de 1,4 l (70 ch), moteur à essence de 1,4 l (75 ch) et moteur à essence de 1,6 l (110 ch).

L'Airbus A380 vole!

Claude Lelaie et Jacques Rosay étaient aux commandes du deux-ponts.

Toulouse, mercredi 27
Il est 10 h 29 lorsque les 4 moteurs Rolls-Royce Trent 900 de l'A380 arrachent le géant d'Airbus pour un vol inaugural de 4 heures. Un vol sous haute surveillance: un avion-radar Awacs est dans le ciel pour repérer toute intrusion intempestive, deux Mirage 2000 sont prêts à décoller en cas d'alerte. Tout se passera dans les meilleures conditions possibles pour le grand espoir de l'industrie aéronautique européenne. L'Airbus A380 ambitionne de détrôner Boeing sur le marché des gros porteurs, l'avionneur de Seattle n'ayant toujours pas donné un successeur à son 747. Or, la capacité de remplissage de l'A380 est très supérieure à celle du 747, soit 853 passagers maximum contre 555 pour le Jumbo! Le marché répondra-t-il au défi d'Airbus Industrie? À ce jour, le consortium européen affiche un carnet de 144 commandes fermes et de 10 intentions d'achat, mais les prévisions sont de plus d'un millier de commandes dans les vingt années à venir. Un pari où Airbus Industrie joue son avenir et celui de son principal actionnaire, EADS (80 %), celui de Bae System (20 %) étant beaucoup moins exposé. Lancée en décembre 2000, la construction de l'A380 aura nécessité un investissement chiffré à 10,7 milliards d'euros et la mobilisation de 50 000 salariés sur 26 sites différents. La voilure est construite au Royaume-Uni, l'avant et le centre du fuselage en France, l'arrière en Allemagne, l'empennage et les dérives en Espagne, le tout étant assemblé sur le site de Toulouse-Blagnac. Les études de l'A380 ont été faites en concertation avec une soixantaine de grands aéroports internationaux, pour tenir compte de leurs capacités d'accueil. L'envergure de l'appareil (79,8 m) les obligera cependant à aménager les accotements des pistes et des terminaux: pour Roissy Charles-de-Gaulle par exemple, la facture des travaux s'élèvera à 100 millions d'euros.

Paris, jeudi 28
Mise en examen de Bernard Guillet, ancien conseiller de Charles Pasqua, dans l'enquête française sur le programme onusien « Pétrole contre nourriture » en Irak. (→ 8.8)

Paris, jeudi 28
Jean-René Fourtou cède à Jean-Bernard Lévy la présidence du groupe Vivendi Universal.

Marseille, vendredi 29
Le boxeur français Mahyar Monshipour conserve son titre mondial WBA des super-coqs face au Japonais Shigeru Nakazato.

Versailles, vendredi 29
Li Li Whuang, une jeune Chinoise en stage chez l'équipementier automobile Valeo, est soupçonnée de vol de données informatiques.

Paris, vendredi 29
La chanteuse Alizée donne naissance à son premier enfant, une petite fille prénommée Anny-Lee.

France, samedi 30
Selon un sondage Sofres, le oui au traité européen repasse en tête, avec 52 % des intentions de vote. (→ 10.5)

France, samedi 30
Début de la Ve Quinzaine du commerce équitable. Ces produits ont vu leurs ventes tripler en deux ans.

DÉCÈS

Carinthie, mardi 26
Maria Schell (*15.1.1926), actrice autrichienne de cinéma et de théâtre.

Southampton (New York), jeudi 28
Percy Heath (*30.4.1923), contrebassiste de jazz américain.

Jean-Paul II, un pape

Il y a le Jean-Paul II politique, ou tenu comme tel, qui, par la force de sa foi et son pouvoir d'entraînement, a fait chuter le communisme, a failli en mourir, a combattu toutes les dictatures et n'a eu de cesse de dénoncer toute forme de matérialisme et d'oppression. Mais quel bilan religieux, du point de vue de l'Église catholique, tirer de ses vingt-six années de pontificat ?

De même que Jean-Paul II avait accéléré le processus de béatification de mère Teresa, Benoît XVI a accordé sa dispense afin que « la cause de béatification et de canonisation » de son prédécesseur soit engagée.

« Santo subito ! Santo subito ! » En ce vendredi 8 avril 2005, les obsèques de Jean-Paul II s'achèvent lorsqu'un cri s'élève de la foule, estimée à près de trois millions de personnes, qui se presse sur la place Saint-Pierre de Rome et aux alentours : « Santo subito ! » « Qu'il soit fait saint, tout de suite ! » Le cardinal Joseph Ratzinger, l'un des plus proches collaborateurs du pape défunt qui l'avait nommé, en 1981, préfet de la Congrégation pour la doctrine de la foi, et qui célèbre la messe de funérailles, en reste bouche bée. Interloqué. Celui qui ne sait pas encore qu'il va être élu au trône de saint Pierre onze jours plus tard, prenant le nom de Benoît XVI, est comme statufié. La requête est si prématurée, et si impérative…

Normalement – car rien n'est plus codifié que les règles de l'Église romaine –, aucune procédure de béatification, passage obligé avant toute canonisation, ne peut être entreprise avant un délai de cinq ans après la mort de l'intéressé. Jean-Paul II s'était affranchi de cette règle à l'égard de mère Teresa, permettant que son procès en béatification soit ouvert moins deux ans après le décès de la fondatrice des Missionnaires de la Charité. Benoît XVI va faire de même en faveur de son prédécesseur.

Le 9 mai 2005, le saint-père « a accordé une dispense de la période de cinq ans d'attente après la mort du Serviteur de Dieu Jean-Paul II (Karol Wojtyla), Souverain Pontife, de façon à ce que la cause de béatification et de canonisation du Serviteur de Dieu puisse commencer immédiatement ». Le procès en béatification s'est ouvert le 28 juin 2005. La durée de l'instruction n'est pas connue. L'issue non plus, évidemment. Même s'il paraît probable que celui qui fut ordonné prêtre le 1er novembre 1946, jour de la fête de tous les saints, en rejoindra la cohorte.

« FRÈRES ET SŒURS, N'AYEZ PAS PEUR ! »

Du long pontificat de Jean-Paul II, que retenir ? D'abord, peut-être, la visibilité qu'il a redonnée à l'Église catholique, utilisant avec maestria les médias pour diffuser sur toute la planète, et pas seulement auprès du milliard de catholiques recensés dans le monde (1), les images de sa bonté rayonnante et combative. Avec Jean-Paul II, l'Église catholique et romaine n'oublia jamais qu'elle est aussi apostolique, c'est-à-dire, perpétuant le mandat que Jésus donna à ses apôtres, qu'elle a mission de propager sa Vérité : « Allez donc, de toutes les nations faites des disciples » (Matthieu, 28,19).

Les foules immenses que Jean-Paul II rassembla au cours de ses 104 voyages, la ferveur qu'elles manifestèrent, témoignent que le message qu'il avait lancé le 22 octobre 1978 place Saint-Pierre, lors de la messe célébrée pour son intronisation, fut entendu : « Frères et sœurs, n'ayez pas peur ! N'ayez pas peur d'accueillir le Christ, d'accepter son pouvoir ! » En ce sens, Jean-Paul II fut bien, ainsi que l'écrivit André Frossard, non pas « un pape traditionaliste, ni même un pape traditionnel, mais un pape d'avant la Tradition, de la lignée des apôtres, surgissant avec sa Croix au milieu des mêmes empires païens qu'autrefois, tout aussi prompts à se diviniser eux-mêmes et à se gaver d'adorations indues ».

La portée de ce qui s'apparente, par certains aspects, à une reconquête des esprits et des cœurs, eut toutefois ses limites. Jean-Paul II n'est pas parvenu à enrayer la crise des vocations. Les 420 972 prêtres diocésains recensés à son élection n'étaient plus que 405 450 fin 2003 (2), malgré un quasi-doublement du nombre de séminaristes dans la même période (112 273 contre 63 882). Et certains pays sont plus affectés que d'autres, telle la France, où le nombre d'ordinations (un peu plus d'une centaine par an) ne compense pas, et de loin, les départs à la retraite : l'Église de France a perdu plus de deux mille prêtres depuis le début du troisième millénaire, et les deux tiers des prêtres sont âgés de plus de soixante ans.

En 1978, plus de 80 % des Français se déclaraient catholiques. Ils n'étaient plus que 65 % à la fin de son règne, et de moins en moins pratiquants : seuls 10 % d'entre eux disent se rendre à la messe dominicale, sur laquelle pourtant, pour les catholiques, « rien n'a priorité ». Le taux de baptisés a également chuté, en un demi-siècle, de 90 % à 60 %. L'adresse lancée par Jean-Paul II au Bourget, en 1980 : « France, fille aînée de l'Église, es-tu fidèle aux promesses de ton baptême ? », n'a rien perdu de son acuité.

« NOUS AVONS BESOIN [...] D'UNE ÉGLISE PLUS DIVINE »

Le 24 mars 2005, conduisant la méditation du chemin de croix à Rome en lieu et place de Jean-Paul II, à l'agonie, le cardinal Ratzinger lançait, non sans provoquer une certaine stupéfaction : « Seigneur, ton Église nous semble une Église prête à couler, une barque qui prend eau de toute part. Et dans ton champ, nous voyons plus d'ivraie que de bon grain. Les vêtements et le visage si sales de ton Église nous effraient. Mais c'est nous-mêmes qui les salissons. »

Cette apostrophe, apparemment tragique, fut analysée comme un constat d'échec du règne de Jean-Paul II. Il n'en était évidemment rien. Le futur Benoît XVI sait pertinemment que Jean-Paul II a fait tout ce qui était en son pouvoir pour propager la parole de Dieu, et que, si échec il y a, c'est quand il n'a pas été suivi, et parfois par ceux-là même qui, au sein de l'Église, auraient dû être ses premiers relais. Ainsi sur les questions dites sociétales, qui n'ont cessé de provoquer des polémiques tout au long de son pontificat. Il y eut celles internes à l'organisation de l'Église, comme le célibat des prêtres ou l'ordination des

de la lignée des apôtres

femmes, sur lesquelles d'aucuns auraient voulu qu'il évoluât, c'est-à-dire qu'il cédât, comme si l'Église catholique avait vocation à suivre des évolutions présentées comme inéluctables et à trouver des remèdes à un mal qui l'affecte en reniant ses propres valeurs.

Il y eut, aussi et surtout, le combat que Jean-Paul II mena inlassablement contre la « culture de mort », dénonçant, dans l'encyclique *Evangelium vitae* (1985), une « conjuration contre la vie », formules terribles mais qui n'en reposaient pas moins sur la nécessaire observance, du point de vue catholique, du cinquième commandement : « Tu ne tueras point. » Refuser l'avortement, pour quelque raison que ce soit, c'est affirmer, comme l'explique le saint-père, qu'« il n'y a pas, pour l'homme, de droit plus fondamental que le droit à la vie. Or le droit à la vie implique d'abord le droit de naître ».

Le malentendu culmina sur la question de la contraception, mise en parallèle avec le sida, les interdits lancés par le pape contre l'utilisation du préservatif étant accusés d'avoir favorisé la propagation du second. Or d'interdit, il n'y eut pas. Simplement, d'où Jean-Paul II parlait, la question ne se posait pas, puisque le choix qui s'offre au catholique est entre l'abstinence et la fidélité dans les liens du mariage.

Jean-Paul II se serait-il montré moins humaniste qu'il aurait peut-être été mieux compris. En s'écriant, alors qu'il était encore évêque de Cracovie : « Écoutez le cri de l'homme et vous entendrez la voix de Dieu », il a pu laisser croire qu'il plaçait l'homme, et non pas Dieu, au centre de l'Église. D'où la porte ouverte à de très libres interprétations de l'enseignement de l'Église et de sa mission, qu'il prit pourtant soin de réaffirmer à de très nombreuses reprises, comme à Rimini en 1990 : « Ce n'est pas d'une Église plus humaine dont nous avons besoin, mais d'une Église plus divine au contraire. »

« L'AMOUR CONVERTIT LES CŒURS ET DONNE LA PAIX »

Cette sentence induisait que soit menée une réflexion sur le bilan du concile Vatican II, et notamment sur la réforme liturgique qu'il opéra et qui constitue l'un des principaux points de désaccord avec les catholiques dits traditionalistes, tenus par Rome pour schismatiques depuis que Mgr Marcel Lefebvre, fondateur de la Fraternité sacerdotale saint Pie X, sacra quatre évêques en 1988.

Sur le fond, le désaccord dépasse, et de loin, la simple question de la messe en latin : la position du célébrant, face à l'assistance, selon la messe de Paul VI, ou face à l'autel, selon celle de saint Pie V (tridentine), détermine le rapport à Dieu. Depuis 2000, à l'initiative de Jean-Paul II, des discussions se sont engagées à ce sujet entre le Vatican et la Fraternité saint Pie X. Le 24 mai 2003, fait inédit depuis Vatican II, le cardinal Castrillon Hoyos, préfet de la Congrégation pour le clergé, a célébré une messe selon le rite tridentin dans une basilique romaine et pas des moindres : Sainte-Marie-Majeure. Les conversations ont été poursuivies par Benoît XVI qui, le 29 août 2005, a reçu le supérieur de la Fraternité saint Pie X, Mgr Fellay.

De Vatican II, justement, Jean-Paul II s'est fait l'ardent propagateur, plaçant son pontificat sous le signe de l'œcuménisme, c'est-à-dire œuvrant sans relâche à la réconciliation avec les protestants issus de la Réforme du XVIe siècle et avec les orthodoxes, séparés depuis le schisme de Constantinople (1054), afin de recoudre « la tunique déchirée du Christ ». Les relations au sein de la Chrétienté se sont apaisées sans parvenir à la « pleine communion » et les réticences les plus fortes sont venues de l'Église orthodoxe, qui ne lui a pas permis de se rendre en Russie (de même que, pour d'autres raisons, Jean-Paul II n'est jamais allé en Chine), tandis que les protestants, et singulièrement les pentecôtistes, croissaient fortement, particulièrement en Amérique latine et en Afrique.

Élargissant le dialogue avec l'ensemble des religions, Jean-Paul II restera aussi comme le premier pape à être entré dans une synagogue (à Rome, en 1986) et dans une mosquée (à Damas, Syrie, en 2001) et à avoir réuni (à Assise, en 1986), lors d'une Journée mondiale de prière pour la paix, les représentants de douze grandes religions représentant trois milliards de croyants. À tous ceux que l'Église catholique a pu faire souffrir au cours des siècles, Jean-Paul II a également demandé pardon en mars 2000 en un acte de repentance jamais vu dans toute l'histoire de la Chrétienté. Car, ainsi qu'il l'affirma dans son dernier message, lu au lendemain de sa mort : seul « l'amour convertit les cœurs et donne la paix ».

Le 13 avril 1986 à Rome, Jean-Paul II est le premier pape à entrer dans une synagogue. Reçu par le rabbin Elio Toaff, il lance aux juifs : « Vous êtes nos frères préférés, et, en ce sens, nos frères aînés. »

Bruno Larebière

(1) *L'Annuaire pontifical 2005* recense 1 milliard 86 millions de catholiques : 49,8 % sur le continent américain, 25,8 % en Europe, 13,2 % en Afrique, 10,4 % en Asie et 0,8 % en Océanie.
(2) Derniers chiffres connus, cités dans *L'Annuaire pontifical 2005.*

pour en savoir plus
Chronique de Jean-Paul II, Éd. Chronique, 2005.

Des millions de livres sur Internet

Paris, lundi 2
Une bibliothèque virtuelle européenne mettant gratuitement en ligne sur Internet plusieurs millions d'ouvrages du patrimoine du continent: l'initiative est lancée à l'Élysée par Jacques Chirac lors de son discours d'ouverture des Rencontres pour l'Europe de la culture. Selon le président, il s'agit d'« un enjeu essentiel pour que l'Europe occupe toute sa place dans la future géographie de la connaissance ». Défendu par le président de la Bibliothèque nationale de France, Jean-Noël Jeanneney, et par Renaud Donnedieu de Vabres, ministre de la Culture, le projet bénéficie déjà du soutien de 19 grandes bibliothèques européennes. Il constituera une alternative à celui du géant américain Google, le premier moteur de recherche du monde, qui a annoncé fin 2004 son intention de mettre en ligne 15 millions de volumes libres de droits. (→ 3.11)

Achevée en 1755 par l'architecte Emmanuel Heré pour Stanislas Leszczynski, ancien roi de Pologne et duc de Lorraine, la place Stanislas retrouve à Nancy tout son éclat vendredi 6. Après moins d'un an de travaux de restauration sous la direction de Pierre-Yves Caillault, architecte en chef des Monuments historiques, cet ensemble inscrit au patrimoine mondial de l'humanité par l'Unesco a été rendu aux piétons. Le 19 mai, il sera officiellement inauguré par Jacques Chirac, lors d'un sommet France-Allemagne-Pologne.

Rome publie son « rapport Calipari »

Rome, lundi 2
Rendu public aujourd'hui, le rapport de l'enquête italienne sur la fusillade qui coûta la vie au chef des services secrets Nicola Calipari lors de la libération de Giuliana Sgrena, le 4 mars à Bagdad, conteste fortement celui des Américains, publié il y a deux jours. Si Washington exclut toute responsabilité de ses soldats, qui n'auraient pas eu connaissance de la mission, le gouvernement italien, se basant sur les témoignages de la journaliste et du major Andrea Carpani, au volant du véhicule visé, affirme que les services américains avaient été informés, et que les tirs étaient d'autant moins justifiés que la voiture ne roulait pas à une vitesse élevée comme le soutiennent les Américains. Le rapport accuse en outre ceux-ci de n'avoir pas signalé leur barrage et d'avoir immédiatement effacé les preuves sur le lieu du drame.

Jeudi 5, à Mérignac, le Falcon 7X effectue son premier vol, piloté par Yves Kerhervé. Le dernier-né de Dassault Aviation est un avion d'affaires capable de transporter 19 passagers sur 10 500 km.

Emplois supprimés par IBM en France

Armonk (États-Unis), mercredi 4
La nouvelle n'a pas tout à fait surpris, et son contenu est à peu près conforme à ce que la direction d'IBM avait laissé prévoir depuis un bon mois: 10 000 à 13 000 emplois vont être supprimés sur les 319 000 que la firme américaine fait vivre dans le monde. Ces coupes claires affecteront surtout l'Allemagne, l'Italie, la Grande-Bretagne et la France où un millier de salariés seraient touchés. Le groupe informatique veut restructurer et développer le secteur des services, le plus rentable, pour faire bonne figure face à la concurrence très agressive de l'Américain Dell ou des Indiens Wipro, Infosys et Tata Consulting. IBM aurait l'intention de réorienter son implantation en privilégiant les pays émergents d'Asie, ainsi que les nouveaux membres de l'Union européenne.

Une victoire plus courte pour Tony Blair

Au 10 Downing Street, Tony Blair et son épouse Cherie, avec leurs quatre enfants, Nicky, Evan, Leo et Kathryn (de g. à d.).

Londres, jeudi 5
Avec une troisième victoire consécutive aux législatives, Tony Blair a fait aussi bien que Margaret Thatcher. Pourtant, les électeurs britanniques ont donné un coup de semonce au Premier ministre. Bien que favorisés par un scrutin uninominal à un tour et par un découpage adéquat, les travaillistes ne recueillent que 35,2 % des voix (contre 42 % dans l'assemblée sortante) et ne remportent que 356 sièges (contre 408), ce qui leur assure néanmoins la majorité absolue. Le New Labour a payé l'engagement de Tony Blair en Irak, mais la bonne santé de l'économie (le chômage est réduit à 4,8 %) l'a sauvé. Cette érosion a profité aux libéraux-démocrates, qui passent de 54 à 62 sièges (22 % des voix). Quant aux conservateurs, ils progressent très timidement: 32,3 % des voix contre 31,7 % en 2001, soit moins d'un point, mais 198 élus (contre 160). (→ 7.7)

Lu	Ma	Me	Je	Ve	Sa	Di
						1
2	3	4	5	6	7	8
9	10	11	12	13	14	15
16	17	18	19	20	21	22
23	24	25	26	27	28	29
30	31					

Bagdad, dimanche 1er
Douglas Wood, un ressortissant australien de 63 ans, devient le 200e otage étranger en Irak. (→ 15.6)

Paris, lundi 2
Le président du PSG, Francis Graille, est limogé et remplacé par Pierre Blayau, trésorier de la LFP.

Shadan Baba, lundi 2
Les autorités pakistanaises arrêtent le Libyen Abou Faraj al-Libi, considéré comme le n° 3 d'Al-Qaida.

Paris, lundi 2
L'Allemand Adidas vend sa filiale française Salomon au Finlandais Amer Sports, donnant naissance au n° 1 mondial du matériel de sport, hors textile et chaussures. (→ 3.8)

Santiago du Chili, lundi 2
Le juge chilien Juan Guzman Tapia, qui a inculpé à deux reprises l'ex-dictateur Pinochet, prend sa retraite.

Paris, mardi 3
Démission du responsable de la sécurité du groupe Canal +, Gilles Kaehlin, accusé d'avoir fait écouter et surveiller Bruno Gaccio et d'autres salariés de la chaîne cryptée.

Paris, mardi 3
Recrudescence de la tuberculose dans

Zoom sur

LA STATION CONCORDIA

Créée par l'Institut polaire français Paul-Émile-Victor (IPEV) et par le Programma nazionale di ricerche in Antartide (PNRA) italien, cette station permanente « en dur » est opérationnelle depuis décembre 1997. Construite en Antarctique sur la calotte polaire (75° 06' S et 123° 21' E), à 3 233 m d'altitude, elle est formée de trois bâtiments à structure aérienne : deux pour l'habitation et le travail, un pour la centrale électrique, la chaufferie et le traitement des eaux. Elle est reliée par voie terrestre (trains de tracteurs) pour le matériel lourd et par avion pour le personnel. Les scientifiques y étudient l'histoire des changements climatiques.

L'Olympique lyonnais une nouvelle fois champion de France

Lyon, dimanche 8
En l'emportant 2-1 contre Ajaccio ce soir à domicile, l'Olympique lyonnais est d'ores et déjà certain, à 3 journées de la fin du Championnat de France de football, de remporter le titre pour la 4e année consécutive. Un exploit que seuls Saint-Étienne (de 1967 à 1970) et Marseille (de 1989 à 1992) ont réalisé par le passé. Leader depuis la 10e journée, l'OL peut en outre se vanter de posséder à la fois la meilleure défense et la meilleure attaque du championnat. Une écrasante supériorité que le président Jean-Michel Aulas attribue avant tout à la sérénité et à la stabilité du club dont il a repris la direction en 1987 et qui n'a connu depuis lors que six entraîneurs. Il en connaîtra toutefois bientôt un septième puisque, dès demain, Paul Le Guen, son entraîneur actuel, annoncera qu'il quittera l'OL à la fin de la saison 2004-2005.

À l'issue du match, les Lyonnais fêtent dans la joie leur quatrième titre consécutif.

Diffusion sur France 2, lundi 2 et mardi 3, des deux parties de *Dalida*, téléfilm de Joyce Buñuel avec l'actrice italienne Sabrina Ferilli dans le rôle-titre. Un grand succès d'audience pour cette évocation de la vie glorieuse et tragique de la chanteuse (1933-1987). L'actrice est ici photographiée avec Orlando, frère cadet de Dalida et producteur important dans le monde des variétés.

L'Algérie française en accusation

Algérie, dimanche 8
L'Algérie commémore les massacres de Sétif du 8 mai 1945, où entre 15 000 et 45 000 Algériens ont trouvé la mort, en représailles d'une émeute nationaliste durant laquelle 102 Français avaient été tués. Le président Abdelaziz Bouteflika a donné le ton hier en faisant lire à Sétif, à l'université Ferhat-Abbas, un discours où, évoquant les fours à chaux utilisés par l'armée française pour faire disparaître les cadavres, il affirme que « ces fours étaient identiques aux fours crématoires des nazis ». En estimant que les Français avaient adopté « la voie de l'extermination et du génocide » durant leur « règne funeste », le chef de l'État algérien a sans doute voulu répondre à la loi votée le 23 février par les députés français, loi reconnaissant les bienfaits de la colonisation en Afrique du Nord. Il a invité la France à faire « un geste qui libérerait sa conscience ».

Paul Le Guen

Né le 1er mars 1964 à Pencran (Finistère), Paul Le Guen signe son premier contrat de footballeur professionnel en 1984, au Stade brestois où il reste jusqu'à la fin de la saison 1988-1989. Puis il joue pendant deux saisons au FC Nantes. En 1991, il est appelé au Paris-Saint-Germain. Au cours des sept saisons qu'il y passe, il remporte un Championnat de France (1994), trois Coupes de France (1993, 1995, 1998), deux Coupes de la Ligue (1995, 1998) et une Coupe des Coupes (1996). Il sera également sélectionné 17 fois en équipe de France. Ayant mis fin à sa carrière, il entraîne Rennes de 1998 à 2001, avant de devenir l'entraîneur de l'Olympique lyonnais, club avec lequel il remporte le Championnat de France trois fois de suite.

la population étrangère (+8 %), alors que la maladie régresse de 6 % par ans depuis 1997 dans la population française.

Lomé, mercredi 4
Faure Gnassingbé prête serment comme président du Togo. (→ 8.6)

Monaco, mercredi 4
Nicole Coste, une hôtesse de l'air d'origine togolaise de 33 ans, révèle dans *Paris-Match* avoir eu une liaison avec le prince Albert dont elle aurait eu un enfant, Alexandre, aujourd'hui âgé de 20 mois. (→ 12.7)

Pôle Sud, jeudi 5
Premier hivernage scientifique pour la station antarctique Concordia.

Espagne, samedi 7
Fin du processus de régularisation des immigrés illégaux. 565 000 sans-papiers, dont la moitié de Latino-Américains, ont déposé un dossier.

Paris, samedi 7
Au lendemain de son 3e anniversaire à Matignon, Jean-Pierre Raffarin subit l'ablation de la vésicule biliaire.

Beyrouth, samedi 7
Retour au Liban du général chrétien Michel Aoun, après 15 années d'exil forcé en France. (→ 19.6)

Barcelone, dimanche 8
Kimi Raikkonen (McLaren-Mercedes) gagne le GP d'Espagne de F1. (→ 22)

DÉCÈS

Clamart, lundi 2
Renée Faure (*14.9.1919), sociétaire de la Comédie-Française.

Nîmes, dimanche 8
Jean Carrière (*6.8.1928), écrivain.

L'île Seguin n'accueillera finalement pas la Fondation Pinault

François Pinault et l'architecte Tadao Ando devant la maquette du projet abandonné.

Paris, mardi 10
Le propriétaire du groupe Pinault-Printemps-La Redoute, le milliardaire François Pinault, n'installera pas son musée d'art contemporain à l'emplacement de la cité industrielle Renault sur l'île Seguin, située sur la Seine, à Boulogne. Dans *Le Monde* d'aujourd'hui, l'homme d'affaires déclare qu'il renonce à son projet et se dit « découragé » par les lenteurs de l'administration française. Comprenant quelque 300 photos de Sherman, des tableaux de Koons, Mondrian ou Rothko, sa collection trouvera finalement place à Venise, au Palazzo Grassi, qu'il a acheté fin avril. Ayant fait part au printemps 2000 de son intention de créer une fondation, Pinault avait choisi en octobre 2001, parmi six projets, celui de l'architecte japonais Tadao Ando. Rebaptisée « île des deux cultures », l'île Seguin aurait dû accueillir, d'ici 2007, un pôle scientifique et un pôle culturel.

Le 10, présentation du visage de Toutankhamon reconstitué en silicone, au Caire. Le pharaon est décédé à 19 ans, après avoir régné vers 1354 - 1343 avant J.-C.

La Russie commémore la fin de la Seconde Guerre mondiale

Moscou, lundi 9
Les Occidentaux célèbrent la défaite de l'Allemagne nazie le 8 mai, les Russes le 9 (date à laquelle Staline a proclamé la fin des combats). Quelque 60 chefs d'État et de gouvernement avaient été invités par Vladimir Poutine pour participer aux cérémonies du 60e anniversaire. Si George W. Bush et Jacques Chirac ne se sont pas dérobés à l'invitation, le président français insistant en outre sur la nécessité d'une alliance étroite entre la Russie et l'UE, la fête fut un peu gâchée par l'absence ostentatoire de l'Estonie et de la Lituanie, qui estiment que le 9 mai 1945 est aussi la date où elles sont tombées sous le joug soviétique. Le président polonais Aleksander Kwasniewski, lui, est venu après avoir hésité… D'autant que parmi les invités figurait le général Jaruzelski, l'ex-chef d'État polonais qui réprima Solidarnosc, en tant qu'« ancien combattant polonais le plus haut gradé ».

En présence de Poutine, Jacques Chirac a inauguré une statue du général de Gaulle.

Le dossier dioxine reste à Albertville

Paris, mercredi 11
La Cour de cassation a tranché : la juge d'instruction Hélène Lastera ne sera pas dessaisie du dossier de l'incinérateur de Gilly-sur-Isère (Savoie). Elle recherchait les responsables de la fuite de dioxine découverte en 2001, qui avait entraîné alors la fermeture de l'usine. Au cours de l'instruction, cinq personnes ont été mises en examen pour « mise en danger délibérée d'autrui », dont Albert Gibello, maire UMP d'Albertville et président depuis 1995 du syndicat intercommunal propriétaire de l'incinérateur. Or, le 22 mars dernier, Henri-Michel Perret, le procureur de la République d'Albertville, avait demandé le dépaysement à Marseille de ce dossier où le ministre Michel Barnier, ex-président du conseil général de Savoie, risquait d'être impliqué. La juge ayant refusé, le procureur avait saisi la Cour de cassation.

Lu	Ma	Me	Je	Ve	Sa	Di
						1
2	3	4	5	6	7	8
9	10	11	12	13	14	15
16	17	18	19	20	21	22
23	24	25	26	27	28	29
30	31					

Irak, lundi 9
75 rebelles, dont des non-Irakiens, ont été tués à la frontière avec la Syrie, lors de l'offensive américaine « Matador » lancée il y a deux jours contre les insurgés qui se cacheraient dans l'ouest du pays.

Paris, mardi 10
En 2004, le nombre de tués sur les routes françaises a diminué de 8,7 % : 5 232 morts, soit une chute de 50 % en trois ans.

Paris, mardi 10
À 19 jours du référendum européen, oui et non sont à égalité. (→ 29)

Ille-et-Vilaine, mardi 10
Julien Dauphin bat le record européen de vol de distance en parapente sans moteur : 305 km entre Jeufosse (Yvelines) et Redon en 6 h 40 min.

France, mardi 10
Selon une étude nationale, on compte chaque année plus de 500 000 cas de complications graves dues à des soins médicaux. 40 % seraient évitables.

Los Angeles, mardi 10
Un jury fédéral blanchit l'homme d'affaires François Pinault dans l'affaire du rachat d'Executive Life par la holding Artémis. (→ 21.7)

La Poste ouverte à la concurrence

Paris, jeudi 12
Pour mettre le droit français en conformité avec les directives européennes, le Parlement a adopté aujourd'hui le projet de loi de régulation postale posant de nouvelles limites au monopole de La Poste. De fait, dès janvier 2006, le poids minimum des envois que les concurrents de La Poste pourront distribuer passera de 100 g (depuis 2003) à 50 g. Par ailleurs, pour permettre à La Poste d'affronter la concurrence qui touchera toute son activité à partir de 2009, la loi prévoit la création d'une Banque postale. Inquiètes, les banques françaises, représentées par la Fédération bancaire française, dénoncent dans un livre blanc les ambiguïtés et les incohérences du projet et annoncent leur intention de déposer des recours en cas de non-respect des critères de transparence et de concurrence loyale.

Monsieur Microsillon quitte le show-biz

En 1979, Barclay, atteint d'un cancer de la gorge, a vendu son label à Polygram.

Paris, vendredi 13
Fou de musique, de cigares et de belles femmes, Eddie Barclay (*26.1.1921), considéré comme l'un des plus grands producteurs et éditeurs de disques en France, est décédé cette nuit à 84 ans. Homme d'affaires adroit, incorrigible séducteur (il s'est marié 8 fois !), roi du show-business de Saint-Tropez, Barclay fut le découvreur de grands noms de la chanson française, comme Brel, Dalida, Mathieu, Ferré, Aznavour… Lui-même musicien, il commence à la veille de la guerre à jouer du piano dans les clubs de Saint-Germain-des-Prés, où il se lie d'amitié avec les jeunes Boris Vian et Django Reinhardt. Ayant américanisé son véritable nom, Édouard Ruault, il ouvre bientôt un café dans le quartier, le Barclay's Club. En 1949, il crée le label Blue Star, puis part pour les États-Unis d'où il rapporte le microsillon, révolutionnant le monde de la chanson française. Dès lors, sa carrière s'envole.

La profanation qui enflamme l'islam

Kaboul, vendredi 13
Depuis le début de la semaine, la colère ne cesse d'enfler dans le monde musulman contre ce que Mohammed Sayed Tantaoui, le grand imam d'Al-Azhar, au Caire, a qualifié de « très grand crime ». Dans son édition de lundi, l'hebdomadaire américain *Newsweek* faisait état d'une enquête de la justice militaire sur des profanations du Coran perpétrées sur la base de Guantanamo. « Dans au moins un cas », un exemplaire du livre saint aurait été jeté dans une cuvette de w-c pendant des interrogatoires. Des manifestations de protestation se sont déroulées de l'Égypte à l'Indonésie, et surtout en Afghanistan où des émeutes ont éclaté dans plusieurs villes, dont la capitale. Huit personnes ont été tuées aujourd'hui lors d'affrontements avec la police afghane, ce qui porte à quinze le nombre des victimes. (→ 16)

Zoom sur

LES RÉPUBLIQUES D'ASIE CENTRALE

Marches asiatiques de l'Union soviétique jusqu'en 1991, date à laquelle ils ont accédé à l'indépendance au sein de la CEI, le Kazakhstan, le Kirghizistan, l'Ouzbékistan, le Turkménistan et le Tadjikistan ont été créés entre 1920 et 1926. Ils correspondent à l'ancien Turkestan russe dont la conquête fut achevée à la fin du XIXe siècle. Avant son démantèlement, le Turkestan avait été érigé en 1918 en république autonome.

L'armée ouzbèke a tiré à l'arme lourde

Andijan, dimanche 15
L'armée ouzbèke tient Andijan sous le talon de fer de la loi martiale, après trois jours d'insurrection qui, selon certains témoins, auraient fait plus de 500 victimes dans la population civile. Dans la nuit de jeudi à vendredi, des islamistes ont pris d'assaut les centres névralgiques de la ville, la troisième de l'Ouzbékistan, et libéré des prisonniers. Vendredi, une foule de 4 000 personnes s'est réunie sur la place principale, en soutien aux insurgés et pour manifester leur rejet du régime du président Islam Karimov, au pouvoir depuis 1990 et dont la gestion dictatoriale est directement héritée de l'ère soviétique. C'est alors que l'armée est intervenue, tirant à l'arme lourde et contraignant des centaines d'Ouzbeks à fuir vers le Kirghizistan tout proche, qui a fait sa « révolution des tulipes » il y a moins de deux mois. Washington, allié militairement à l'Ouzbékistan, n'a pas émis de protestation.

Le pouvoir est resté muet sur le nombre de victimes de la répression militaire.

Berlin, mardi 10
Inauguration du mémorial de la Shoah. 2 711 stèles de béton gris symbolisent la culpabilité allemande.

Paris, mercredi 11
La vente aux enchères de la garde-robe de Denise Poiret, épouse du couturier avant-gardiste Paul Poiret (1879-1944), totalise 1,888 million d'euros en deux jours.

Bourges, jeudi 12
Libération, sous contrôle judiciaire, de l'avocate toulousaine France Moulin.

Paris, jeudi 12
Myriam devient la première fille à remporter *La Nouvelle Star* sur M6.

Paris, vendredi 13
Fabien Barthez est suspendu en appel jusqu'au 31 décembre pour avoir craché sur un arbitre. La sanction sera levée le 15 octobre après qu'il aura accompli dix travaux d'intérêt général en faveur du foot amateur.

Saint-Nazaire, vendredi 13
Les Chantiers de l'Atlantique et son sous-traitant Endel sont mis en examen, deux ans après l'accident de la passerelle du *Queen Mary 2*.

Vatican, vendredi 13
Benoît XVI annonce l'ouverture du procès en béatification de son prédécesseur, Jean-Paul II. (→ 28.6)

Montfort-l'Amaury, samedi 14
Le musicien Jean-Michel Jarre épouse l'actrice Anne Parillaud.

Rio de Janeiro, dimanche 15
L'équipe de France de *beach soccer*, entraînée par Éric Cantona, gagne le premier championnat du monde de football de plage organisé par la Fifa.

On ne chôme plus à la Pentecôte

France, lundi 16
Tirant les leçons de la canicule de l'été 2003, la loi du 30 juin 2004 prévoyait que, le lundi de Pentecôte, les salariés travailleraient sans augmentation, par solidarité avec les personnes âgées ou handicapées, les employeurs publics et privés étant tenus de verser une quote-part de 0,3 % sur la même assiette que les cotisations d'assurance maladie. À quoi s'ajoute un prélèvement de 0,3 % sur les revenus du capital. La première journée de solidarité, qui doit rapporter 2 milliards d'euros, a eu lieu ce lundi de Pentecôte. La plupart des syndicats ont critiqué la loi, les salariés étant toujours, selon eux, les premiers à être mis à contribution. Leurs appels à la grève ont toutefois été inégalement suivis, et bien des salariés du secteur public ont préféré « poser » une journée de RTT.

Dimanche 22, à Nantes, ville natale de Jules Verne, troisième et dernier jour de la grande parade de rue offerte par la troupe Royal de Luxe pour célébrer le centenaire de la mort de l'écrivain. Le titre de ce spectacle féerique : « La visite du sultan des Indes sur son éléphant à voyager dans le temps »...

Luttes pour le gaz naturel en Bolivie

La Paz, mardi 17
Le Parlement bolivien a voté une loi qui doit rapporter 650 millions de dollars aux finances publiques : les compagnies étrangères qui exploitent les gisements de gaz devront payer 18 % de royalties et 32 % d'impôts sur les hydrocarbures à la sortie du puits. Sont visés Petrobras (Brésil), Repsol (Espagne), ExxonMobil (États-Unis) et Total (France). Depuis des mois, les mouvements ouvriers et paysans entretenaient une vive contestation dans le pays pour exiger du président Carlos Mesa la nationalisation de la principale richesse nationale. Hier, plusieurs milliers de paysans pauvres conduits par Evo Morales, le leader du Mouvement vers le socialisme, avaient marché sur la capitale. La nouvelle loi, à laquelle Mesa ne s'est pas opposé, est pour eux une demi-mesure. (→ 6.6)

La mystérieuse histoire de Piano Man

Piano Man à l'hôpital de Gillingham.

Londres, mercredi 18
C'est le dessin d'un piano à queue, réalisé en silence, qui a valu au « pianiste muet » le surnom de Piano Man. Mais l'identité de cet homme de 20-30 ans, aux cheveux blonds et au regard perdu, habillé d'un costume noir, reste encore un mystère qui fascine depuis plusieurs semaines la presse britannique. Venu de nulle part, il est apparu le 7 avril dernier à Sheerness, sur l'île de Sheppey, dans le Kent. Personne n'a réussi à lui arracher un mot. À l'évidence traumatisé, le jeune homme a été accueilli à l'hôpital psychiatrique de Gillingham. Le personnel de la clinique lui ayant présenté un crayon et un papier pour qu'il leur écrive son nom, c'est alors qu'il a dessiné le fameux instrument. Conduit au piano de la chapelle de l'hôpital, l'homme s'est mis à jouer avec virtuosité. Un avis de recherche a été lancé lundi. L'Europe s'interroge, tandis que Hollywood pense déjà à tirer un film de cette histoire. (→ 20.8)

Recherches sur le clonage humain

Londres, vendredi 20
Le quotidien britannique *The Times* a annoncé que des scientifiques de l'université de Newcastle ont réussi à créer par clonage un embryon humain, d'où il sera possible de prélever des cellules souches à des fins thérapeutiques (pour soigner notamment la maladie de Parkinson et le diabète). Mais, de leur côté, les biologistes de l'université de Séoul ont franchi une étape plus importante, comme l'a révélé, hier, le site de la revue américaine *Science*. L'équipe dirigée par le professeur Hwang Woo-suk est en effet parvenue à maîtriser la chaîne de production de onze lignées de cellules souches humaines après transfert, dans des ovocytes énucléés, de noyaux de cellules somatiques. La Grande-Bretagne et la Corée du Sud sont aujourd'hui les seuls pays qui autorisent les recherches sur le clonage thérapeutique.

Les frères Dardenne

Originaires de la banlieue industrielle de Liège, en Belgique, Jean-Pierre et Luc Dardenne (nés respectivement le 21 avril 1951 et le 10 mars 1954) découvrent très tôt le cinéma social et engagé. Alors qu'il étudie à Bruxelles l'art dramatique, l'aîné devient l'assistant du metteur en scène de théâtre Armand Gatti avec son frère, étudiant en philosophie. À partir de 1978, ils réalisent des vidéos militantes et des documentaires dans les cités ouvrières. En 1987, leur premier film *Falsch* est tiré d'une pièce de René Kalisky. En 1992 sort *Je pense à vous*, mais ils se font surtout remarquer en 1996 grâce à *La Promesse*, présenté à la Quinzaine des réalisateurs, à Cannes. *Rosetta*, palme d'or en 1999, leur apporte la reconnaissance internationale.

Lu	Ma	Me	Je	Ve	Sa	Di
						1
2	3	4	5	6	7	8
9	10	11	12	13	14	15
16	17	18	19	20	21	22
23	24	25	26	27	28	29
30	31					

New York, lundi 16
Sous la pression du gouvernement américain, l'hebdomadaire *Newsweek* renie son article sur des profanations présumées du Coran à Guantanamo. (→ 3.6)

Bruxelles, mardi 17
Face à l'afflux de textiles chinois, l'UE lance une procédure d'urgence sur les tee-shirts et les fils de lin, désormais placés sous la menace de clauses de sauvegarde. (→ 10.6)

Paris, mardi 17
Après les impôts, l'administration inaugure la déclaration sur Internet du changement d'adresse.

Paris, mardi 17
Lancement d'Alternext, nouveau marché boursier réservé aux petites et moyennes entreprises.

Californie, mardi 17
Le démocrate Antonio Villaraigosa est élu maire de Los Angeles. D'origine mexicaine modeste, il est le premier maire latino de la plus grande ville de la côte ouest depuis 133 ans.

Paris, mercredi 18
Le Conseil des ministres prononce la dissolution du groupuscule néonazi alsacien Elsass Korps.

Dimanche 22, la finale de la Coupe d'Europe de rugby était franco-française sur la pelouse de Murrayfield, à Édimbourg. Pour la troisième fois de son histoire, le Stade Toulousain l'a emporté, en battant le Stade Français par 18-12. Un match difficile et peu spectaculaire, où aucun essai n'a été marqué. La joie des joueurs entraînés par Guy Novès n'en est pas moins visible !

« Un climat de peur et de soumission »

Paris, vendredi 20
Dix ans de prison pour le nationaliste corse Charles Pieri, le chef présumé du FLNC-Union des combattants. Quant à ses « lieutenants », Charles-Philippe Paoli et Jacques Mosconi, ils écopent de sept et quatre ans. Les seize autres prévenus, dont l'épouse et la fille de Pieri, sont condamnés à des peines allant de six mois de prison avec sursis à deux ans fermes. Le tribunal correctionnel de Paris, en revanche, a relaxé Jean-Guy Talamoni, leader des élus nationalistes à l'Assemblée territoriale de Corse. Le procès avait ceci de nouveau, dans les affaires corses, que les accusés n'étaient pas poursuivis pour des actes de terrorisme, mais pour des malversations « en vue de commettre des actes de terrorisme ». Le tribunal a été extrêmement sévère pour Charles Pieri qui, selon lui, faisait régner en Corse un « climat de peur et de soumission ». Le condamné a décidé d'interjeter appel.

Jean-Guy Talamoni est sorti libre, après un procès qui a commencé le 10 mars.

Nouvelle palme d'or pour les Dardenne

Les frères Dardenne ont dédié leur palme d'or à la journaliste Florence Aubenas et à Hussein Hanoun, otages en Irak.

Cannes, samedi 21
À la veille de la clôture du 58e Festival de Cannes présidé par Emir Kusturica, Jean-Pierre et Luc Dardenne se voient décerner la palme d'or pour *L'Enfant*. Un choix bien accueilli sur la Croisette, même si de nombreux pronostics donnaient vainqueur le film français de Michael Haneke, *Caché* (prix de la mise en scène). Rejoignant au palmarès Kusturica, Coppola, Imamura et Bille August, c'est la deuxième fois que les deux frères remportent la palme, après celle obtenue pour *Rosetta* en 1999. Adeptes d'un cinéma « social », les réalisateurs belges situent *L'Enfant* dans un monde sombre où survit un peuple de démunis. Bruno (Jérémie Renier), un petit délinquant, et Sonia (Déborah François), une jeune mère prématurément adulte, vivent joyeusement en dépit de leur extrême dénuement. Jusqu'au jour où Bruno vend leur bébé, comme un quelconque objet…

Jeudi 19, Vélo'v est lancé à Lyon : 2 000 vélos sont en libre-service dans 200 stations. La première demi-heure est gratuite, l'heure suivante coûtant de 0,50 à 1 euro, payable avec une carte bancaire.

La liberté pour les otages roumains

Bagdad, dimanche 22
« Je vous assure que la Roumanie n'a ni négocié sa politique étrangère présente et future, ni payé de rançon. » C'est ce que le président roumain Traian Basescu a affirmé à la presse, après la libération des journalistes Marie-Jeanne Ion et Eduard Ohanesian, de l'opérateur Sorin Miscoci et de leur guide, Mohammed Munaf. Tous avaient été pris en otages à Bagdad le 28 mars, et leurs ravisseurs avaient menacé de les mettre à mort si la Roumanie ne retirait pas ses troupes (860 hommes) d'Irak avant le 27 avril. Cette affaire ne laisse pas au demeurant d'être obscure… Mohammed Munaf serait lié à Omar Hayssam, un homme d'affaires installé à Bucarest et auquel s'intéresse de près la justice roumaine. Auraient-ils tout manigancé pour faire chanter la justice et la contraindre ainsi à « enterrer » leur dossier ? (→ 23)

Paris, mercredi 18
Philippe Douste-Blazy (Santé) relève le numerus clausus pour 2006 afin de lutter contre la désertification médicale, notamment dans les zones rurales.

France, mercredi 18
Sortie de *Star Wars III : la revanche des Sith*, ultime épisode de la saga de George Lucas. Le film attirera 3 millions de spectateurs en une semaine.

Lisbonne, mercredi 18
Le CSKA Moscou bat le Sporting Portugal 3-1 en finale de la Coupe de l'UEFA.

Paris, mercredi 18
Alliance électorale entre les opposants ivoiriens Alassane Ouattara et Henri Konan Bédié en vue de gagner la présidentielle du 30 octobre et de gouverner ensemble la Côte d'Ivoire.

Kiev (Ukraine), samedi 21
La Grèce remporte le 50e Concours Eurovision de la chanson. La France termine avant-dernière.

La Havane, samedi 21
Fin du congrès des dissidents cubains (une première sous le régime de Castro) par l'adoption d'une résolution réclamant la libération immédiate de tous les prisonniers politiques.

Monte-Carlo, dimanche 22
Le Finlandais Kimi Raikkonen gagne le GP de F1 de Monaco. (→ 29)

DÉCÈS

Lagnieu (Ain), mardi 17
Claude-Marie Boucaud (*12.8.1895), un des dix derniers poilus de 14-18.

Châtenay-Malabry, vendredi 20
Paul Ricœur (*27.2.1913), philosophe.

Lundi 23, arrivée à Bucarest des trois otages roumains, accueillis par le président Traian Basescu. Leur guide, lui, a été arrêté dès sa libération à Bagdad par les forces de sécurité de la coalition…

Deux communautés s'opposent en plein cœur de Perpignan

Perpignan, lundi 23
Un tragique fait divers a rapidement tourné à l'affrontement entre les communautés maghrébine et gitane. Hier en effet, Mohamed Ben Bachir (28 ans) a été frappé à mort à coups de barres de fer par un groupe de jeunes gitans, à la suite d'une simple dispute concernant une place de stationnement ou un vol d'autoradio. Un drame qui a eu lieu au centre-ville, dans le quartier Saint-Jacques, et en pleine journée. Depuis, la tension ne cesse de monter. Une cinquantaine de jeunes d'origine maghrébine se sont rassemblés aujourd'hui devant le commissariat pour crier vengeance, avant de se précipiter dans les ruelles du quartier Saint-Jacques, où la communauté gitane vit majoritairement. Des vitrines ont été cassées tandis que des coups de feu ont été entendus vers 22 heures. Malgré les appels au calme de la mairie, la situation ne semble pas près de s'apaiser. (→ 3.6)

Le 29, l'annonce d'un nouveau décès entraînera un regain de tension à Perpignan.

Le pétrole de la Caspienne ne passera plus par la Russie

L'inauguration avec, de gauche à droite, les présidents Ahmet Necdet Sezer (Turquie) et Mikhaïl Saakachvili (Géorgie), le secrétaire américain à l'Énergie Samuel Bodman, le président Ilham Aliev (Azerbaïdjan) et Lord John Browne, directeur général de BP.

Sangachal, mercredi 25
Terminal pétrolier situé à 50 km au sud de Bakou, en Azerbaïdjan, Sangachal est un peu aujourd'hui le centre du monde. Les présidents azéri, géorgien et turc y ont inauguré un oléoduc qui permet de transporter le pétrole de la Caspienne directement sur la Méditerranée, sans transiter par la Russie. En effet, long de 1 765 km, l'oléoduc part de Sangachal pour remonter vers Tbilissi en Géorgie, puis redescendre vers le terminal turc de Ceyhan, d'où son appellation de BTC (Bakou-Tbilissi-Ceyhan). Piloté par la British Petroleum (BP), le projet a été financé à 70 % par la Banque mondiale, la Banque européenne pour la reconstruction et le développement (Berd), et les États-Unis. Le secrétaire américain à l'Énergie, Samuel Bodman, était venu à Sangachal lire un message de George W. Bush, disant que le BTC renforcera « la sécurité énergétique mondiale ». La Russie, qui contrôlait l'approvisionnement de l'Occident en pétrole extrait de la Caspienne, perd incontestablement une bataille géostratégique importante. Elle risque d'en perdre une autre car, hier, le président kazakh Noursoultan Nazarbaev, qui était également présent à Sangachal, a annoncé que son pays, très riche en pétrole, s'associera au BTC. L'oléoduc serait alors prolongé à l'est jusqu'à Aktaou, au Kazakhstan.

Le couple Sarkozy attise les rumeurs

Paris, jeudi 26
Le président de l'UMP a admis ce soir sur France 3 connaître, « comme des millions de familles », des problèmes de couple, que la sienne était toutefois en train de surmonter. Cet aveu public fait suite aux rumeurs qui vont bon train depuis que, dimanche, Nicolas Sarkozy avait renoncé à apparaître au journal télévisé de 20 heures de TF1 en raison d'un « coup de fatigue ». Des rumeurs contre lesquelles il s'est insurgé ce soir, en déclarant que « malheureusement, nous vivons dans un monde où tous les coups peuvent être donnés […], pour abattre quelqu'un, on utilise tous les procédés ». Couple très médiatisé, Cécilia et Nicolas Sarkozy, qui sont mariés depuis 1996, travaillent aussi ensemble, Cécilia, très active dans la communication de son mari, étant également sa chef de cabinet à l'UMP. (→ 22.6)

Lu	Ma	Me	Je	Ve	Sa	Di
						1
2	3	4	5	6	7	8
9	10	11	12	13	14	15
16	17	18	19	20	21	22
23	24	25	26	27	28	29
30	31					

Bangui, mardi 24
Le président centrafricain sortant, François Bozizé, est proclamé vainqueur de la présidentielle du 8 mai, avec 64,6 % des voix.

Paris, mardi 24
Nicolas Hulot lance le « Défi pour la Terre ». Dix gestes quotidiens simples pour protéger l'environnement et sauver la planète.

Amsterdam, mardi 24
La France, les Pays-Bas, la Suisse et l'Allemagne autorisent la compagnie turque Onur Air à reprendre ses vols, interdits dans ces pays depuis le 12 mai pour des raisons de sécurité.

Le Caire, mercredi 25
82,86 % des Égyptiens approuvent le référendum sur la réforme constitutionnelle qui instaure le multipartisme lors du scrutin présidentiel. (→ 7.9)

Vienne, mercredi 25
Le Parlement autrichien ratifie la Constitution européenne. (→ 27)

Paris, mercredi 25
Succès de l'expédition Vanikoro 2005 sur les traces de l'explorateur La Pérouse, disparu en mer avec ses hommes en 1788. Elle a permis de

La France dit non à la Constitution européenne

France, dimanche 29
Les sondages n'avaient pas menti. Mais le choc n'en a pas moins été brutal, à 22 heures, lorsque, à l'ouverture de la soirée spéciale « référendum » sur les grandes chaînes de télévision, tous les instituts de sondage ont donné le non largement gagnant : TNS-Sofres pour TF1, Ipsos pour France 2, le CSA pour France 3. La question posée était celle-ci : « Approuvez-vous le projet de loi qui autorise la ratification du traité établissant une Constitution pour l'Europe ? » La réponse fut la suivante : 54,68 % des électeurs français ont dit non, contre 45,32 % pour le oui. Avec un taux de participation de 69,34 %. Jeudi, le président de la République avait lancé à la télévision un appel de la dernière chance : « Nous ne devons pas nous tromper de question. [...] Il ne s'agit pas de dire oui ou non au gouvernement. Il s'agit de votre avenir et de celui de vos enfants, de l'avenir de la France et de l'Europe. » Ce soir, Jacques Chirac a pris acte du refus des Français et, s'adressant à eux, en a tiré déjà les conclusions : « Au cours de ce débat, vous avez également exprimé vos inquiétudes et vos attentes. J'entends y répondre en donnant une impulsion nouvelle et forte à l'action gouvernementale. » En effet, ce sont ces inquiétudes et ces attentes qui ont fait échouer le référendum. Un sondage réalisé après la fermeture des bureaux de vote par TNS-Sofres pour TF1, RTL et *Le Monde* a clairement montré que la majorité des électeurs qui ont voté non l'ont fait parce qu'ils estimaient que « le traité va aggraver le chômage en France », le « ras-le-bol vis-à-vis de la situation générale » venant immédiatement après dans les motivations. Le non à la Constitution aura à l'évidence des conséquences sur la vie politique française, en particulier à gauche. Les électeurs du Parti socialiste ont voté non à 59 %, alors que, lors d'un référendum interne organisé le 1er décembre 2004, les militants s'étaient prononcés à 58 % pour le oui. Laurent Fabius, qui fut le premier, au PS, à faire campagne en faveur du non, apparaît donc comme le grand vainqueur de la soirée. Mais l'ancien Premier ministre ne dira mot ce soir. Il attendra demain, au journal de TF1, pour se déclarer « disponible pour préparer l'alternance » et adjurer ses amis socialistes de « ne pas se couper du peuple ». D'ores et déjà la crise est ouverte au PS, les positions diamétralement opposées prises par Laurent Fabius, Jean-Luc Mélenchon et Henri Emmanuelli, d'une part, et le premier secrétaire François Hollande, d'autre part, paraissant difficilement conciliables. François Hollande sort fragilisé de la consultation, au sein d'un parti dont Jean-Luc Mélenchon n'hésite pas à dire qu'« il s'est trompé sur tout ». La situation est encore moins brillante chez les Verts, dont les électeurs ont désavoué la direction en votant non à 64 %, suivant en cela les consignes de José Bové de préférence à celles du parti écologiste, malgré un engagement médiatique appuyé de Daniel Cohn-Bendit pour le oui. En revanche, les communistes et l'extrême gauche bénéficient d'une coïncidence parfaite entre leur campagne et le vote de leurs électeurs : pratiquement aucun non ne leur a manqué. Et à droite ? À droite, les dommages collatéraux paraissent nettement moins profonds, même si Jacques Chirac et le gouvernement de Jean-Pierre Raffarin sont affaiblis par le vote des Français. Le oui est en effet resté majoritaire chez les électeurs de l'UMP et d'une UDF très européiste. Toutefois, la sensibilité souverainiste d'une partie de l'opinion de droite s'est exprimée dans le non des sympathisants de Philippe de Villiers et de Jean-Marie Le Pen : la crainte d'une entrée de la Turquie dans l'Union européenne s'est ajoutée aux angoisses sociales du non de gauche. Mais la question qui se pose ce soir est de savoir qui sera le successeur de Jean-Pierre Raffarin, dont la démission est attendue pour demain. Les noms de Dominique de Villepin et de Nicolas Sarkozy sont sur toutes les lèvres. Nicolas Sarkozy, dont l'engagement pour le oui aura été plus que prudent, s'est posé pratiquement en recours dès l'annonce des résultats. Critiquant « immobilismes » et « frilosités », il s'est prononcé pour un programme « innovant, courageux et ambitieux » et a prôné « un tournant majeur dans nos politiques économique et sociale ». Le non des Français peut-il freiner la construction de l'Europe ? Pour José Manuel Barroso, le président de la Commission, il est exclu d'interrompre le processus de ratification du traité. Le prochain acte se jouera dans trois jours aux Pays-Bas, par référendum. Le 21 mai, l'institut de sondages NSS-Interview y donnait le non gagnant à 63 %. (→ 1.6)

Jacques Chirac : « Vous avez exprimé vos inquiétudes et vos attentes. »

NON NON NON NON NON NON NON NON NON NON N

Laurent Fabius
Parti socialiste

Marie-George Buffet
Parti communiste

Philippe de Villiers
MPF

OUI OUI OUI OUI OUI OUI OUI OUI OUI OUI OUI OUI OU

Dominique Strauss-Kahn
Parti socialiste

Dominique Voynet
Les Verts

Philippe Douste-Blazy
UMP

localiser les épaves de *La Boussole* et de *L'Astrolabe* dans l'archipel des îles Salomon (Pacifique Sud).

Londres, mercredi 25
Amnesty International accuse les États-Unis de « duplicité » en cherchant à contourner l'interdiction de la torture. L'ONG estime que la base de Guantanamo est devenue « le goulag de notre époque ».

Istanbul (Turquie), mercredi 25
Liverpool bat le Milan AC (3-3, 3 tirs au but à 2) en finale de la Ligue des champions.

Los Angeles, mercredi 25
L'actrice Angelina Jolie dément avoir une relation avec Brad Pitt, qui aurait quitté Jennifer Aniston pour elle.

Nanterre, jeudi 26
Le procureur s'oppose au mariage d'un transsexuel devenu femme avec un travesti homme, estimant qu'il s'agit d'une union militante, sans projet matrimonial.

Berlin, vendredi 27
Le Parlement allemand ratifie le traité constitutionnel européen. (→ 29)

Rennes, samedi 28
La cour d'assises spéciale acquitte 7 des 11 marins du *Winner*, un cargo arraisonné en 2002 par la Marine française pour trafic de drogue, et condamne les quatre autres à des peines allant de 3 à 20 ans de prison.

Saint-Denis, samedi 28
Présentation, au Stade de France, d'une production monumentale de l'opéra *Turandot* de Puccini, avec le Chinois Zhang Yimou à la mise en scène et 450 artistes.

Le 31, à Bangkok, en Thaïlande, le 54e concours de Miss Univers est remporté par la Canadienne Natalie Glebova, âgée de 23 ans.

Pascal Lamy élu à la tête de l'OMC

Genève, jeudi 26
Succédant au Thaïlandais Supachai Panitchpakdi, Pascal Lamy, 58 ans, a été désigné comme nouveau directeur général de l'OMC, le cinquième depuis la création de l'institution, mais son mandat de quatre ans ne prendra effet qu'à partir du 1er septembre 2005. Les ambassadeurs des pays membres de l'OMC étaient chargés depuis lundi de choisir entre le candidat français et l'Uruguayen Carlos Pérez del Castillo. Socialiste libéral, ancien commissaire européen au Commerce (1999-2004), Pascal Lamy aura comme première mission de boucler le cycle de négociations de Doha pour la libéralisation des échanges commerciaux dans le monde, lancé en novembre 2001 au Qatar et qui devait se conclure fin 2004.

Dominique de Villepin Premier ministre

Dominique Galouzeau de Villepin.

Paris, mardi 31
Dominique de Villepin voulait depuis longtemps un changement de cap, et Nicolas Sarkozy une rupture. Entre les deux, le président de la République a choisi le ministre de l'Intérieur, qui a sur le président de l'UMP l'avantage à ses yeux d'être… chiraquien. Personne n'ignore, et Jacques Chirac moins que quiconque, que les deux hommes ne sont pas les meilleurs amis du monde. Il leur faudra cependant cohabiter. Ce soir, à la télévision, Jacques Chirac a non seulement annoncé la nomination de Dominique de Villepin à Matignon, mais aussi celle de Nicolas Sarkozy en tant que ministre d'État. Le président de l'UDF, François Bayrou, qui a refusé la participation de sa formation au prochain gouvernement, dit de cette association qu'elle relève d'une « ambiance d'opéra-bouffe ». (→ 2.6)

« Gorge profonde » révèle son identité

Washington, mardi 31
Lumière est enfin faite sur l'un des plus grands scandales politiques de l'histoire, le Watergate, qui a éclaté il y a plus de trente ans aux États-Unis. W. Mark Felt, ancien directeur adjoint du FBI, a avoué être le mystérieux « Gorge profonde » (*Deep Throat*, en anglais), la source secrète des deux journalistes du *Washington Post*, Carl Bernstein et Bob Woodward, qui ont révélé l'existence d'un dispositif d'espionnage mis en place par le président Richard Nixon et son entourage lors de la campagne électorale de 1972. Des révélations qui ont fini par entraîner la démission du président américain, en 1974. Le scoop émane du magazine *Vanity Fair*, qui a publié un communiqué de la famille de Felt, en prélude au récit complet de son avocat à paraître dans sa prochaine édition. Traître ou héros? « Gorge profonde », âgé aujourd'hui de 91 ans, ne sera pas poursuivi pour avoir livré des informations privées à la presse: c'est ce qu'assure la justice américaine.

Son surnom reprend le titre d'un célèbre film pornographique américain (1972).

La justice passe sur Khodorkovski

Moscou, mardi 31
« Ma condamnation a été décidée au Kremlin. » C'est en ces termes que, par la bouche de l'un de ses avocats, Anton Drel, Mikhaïl Khodorkovski a accueilli la sentence prononcée par le tribunal Mechtchanski de Moscou, en épilogue d'un procès de onze mois: 9 années de prison pour l'ancien patron du groupe pétrolier Ioukos et autant pour Platon Lebedev, son associé, plus une amende de 17 milliards 395 millions de roubles. Que Vladimir Poutine ait ardemment souhaité sa condamnation, cela ne fait aucun doute, le président russe étant décidé à mener jusqu'au bout la guerre qu'il a déclarée aux « oligarques » qui, sous l'ère Eltsine, ont bâti des fortunes colossales en s'appropriant les richesses du pays. L'accusation de « fraude fiscale à grande échelle », sous laquelle le plus audacieux et le plus riche d'entre eux est tombé, était sans doute un prétexte. Khodorkovski fera appel.

Zoom sur

L'OMC

Créée le 1er janvier 1995 dans le cadre des négociations du cycle d'Uruguay (1986-1994), l'Organisation mondiale du commerce, dont le siège est à Genève (Suisse), est une organisation internationale réglant les échanges commerciaux entre les pays, afin d'en garantir la liberté, l'équité et la transparence. L'OMC, qui compte 148 membres, est fondée sur les accords négociés et signés à Marrakech, et énonçant les droits et les obligations des pays membres. Des dispositions spéciales à l'égard des pays en voie de développement ont également été prévues. Ces accords révisent le texte original de l'Accord général sur les tarifs douaniers et le commerce (GATT), créé au lendemain de la Seconde Guerre mondiale.

Lyon, dimanche 29
Gérard Houllier succède à Paul Le Guen comme entraîneur de l'OL.

Londres, dimanche 29
Pour la première fois, une sonnerie de téléphone portable, *Crazy Frog*, se classe no 1 au hit-parade anglais.

Nürburgring, dimanche 29
Fernando Alonso remporte le GP d'Europe de formule 1. (→ 12.6)

Beyrouth, dimanche 29
Victoire des listes de Saad Hariri, fils de l'ex-Premier ministre assassiné, lors de la première phase des législatives libanaises. (→ 19.6)

Milan, dimanche 29
L'Italien Paolo Savoldelli gagne le 88e Tour d'Italie cycliste.

Berlin, lundi 30
Angela Merkel est candidate de la CDU-CSU à la chancellerie allemande pour les législatives anticipées. (→ 18.9)

Genève, mardi 31
Les États-Unis demandent l'arbitrage de l'OMC dans la crise avec l'UE à propos des aides publiques à Airbus.

Nanterre, mardi 31
Non-lieu dans l'enquête sur les pressions exercées sur les trois magistrats ayant condamné Alain Juppé en première instance dans l'affaire des emplois fictifs du RPR.

DÉCÈS

Venise, mercredi 25
Zoran Music (*12.2.1909), peintre italo-slovène.

Paris, jeudi 26
Jean-Marc Varaut (*18.2.1933), avocat pénaliste parisien.

Le legs de Jean-Paul Sartre

Le 21 juin 2005, Jean-Paul Sartre aurait fêté ses cent ans. Qu'on le déplore ou qu'on s'en réjouisse, celui qui voulait devenir « à la fois Stendhal et Spinoza » aura sans nul doute été l'un de ces intellectuels qui auront traversé le XXᵉ siècle sans laisser personne indifférent.

Vingt-cinq ans après sa mort (le 15 avril 1980), l'œuvre et la vie de cet homme de pensée et d'action nous interrogent encore et continuent d'occuper la scène médiatique. En témoignent, en ce centenaire, tous les colloques, expositions et commémorations organisés en France comme à l'étranger. Sans parler des nombreux livres récents et de tous les articles et autres dossiers parus dans la presse. Écrivains, chercheurs, journalistes, philosophes, nombreux sont en effet ceux qui ont voulu se souvenir de l'ami, célébrer l'intellectuel ou, à l'inverse, mettre en lumière les limites de celui qui, tour à tour romancier ou philosophe, dramaturge ou journaliste, a laissé une œuvre à ce point multiforme qu'elle a fini par être insaisissable dans sa totalité.

L'ÉCRIVAIN ET LE PHILOSOPHE

Pour certains, Sartre est avant tout un romancier. Avec *La Nausée*, qui manque de peu le prix Goncourt en 1938, le jeune agrégé du Havre entre pleinement en littérature et n'en sortira plus, en dépit même de la cécité qui, vers la fin de sa vie, l'empêchera d'écrire. C'est précisément ce romancier que la monumentale exposition de la Bibliothèque nationale de France (mars-août 2005) a mis en avant, mais aussi l'auteur dramatique dont les pièces, comme *Les Mouches* (1943) ou *Huis clos* (1944), aujourd'hui quelque peu négligées en France, trouvent souvent preneurs chez les metteurs en scène étrangers. Mais, parallèlement à l'œuvre de Sartre écrivain, il y a celle de Sartre philosophe, les deux univers ne se rencontrant que très rarement. Si bien que d'aucuns évoquent Sartre plutôt comme le père de l'existentialisme et le philosophe de la liberté. Une liberté angoissante, car menacée par le regard d'autrui et vécue comme une lourde charge – « L'homme, étant condamné à être libre porte le poids du monde entier sur ses épaules », lit-on dans *L'Être et le Néant* (1943) –, dont il avait fait une règle pour sa vie, aussi bien publique que privée. D'autres, enfin, comme Philippe Petit dans *La Cause de Sartre* (2000), qui le définit comme le « dernier grand penseur français de l'action historique », préfèrent se souvenir du « vrai » intellectuel qui a eu le courage de s'engager dans tous les combats politiques, de la guerre froide à la guerre d'Algérie, qui s'est montré intransigeant en refusant le prix Nobel en 1964, selon le principe « qu'aucun homme ne mérite d'être consacré de son vivant ».

PENSEUR DÉMODÉ OU RÉFÉRENCE OBLIGÉE ?

Léguant de grands classiques à la littérature et à la philosophie, Sartre semble toujours déranger. Et sans doute les contradictions de ses actes et de sa pensée n'y sont-elles pas pour rien. « Qu'il se soit trompé, personne ne le nie, écrit Paul Desalmand dans *Sartre s'est-il toujours trompé ?* (2005). [...] Sur l'Union soviétique de 1952 à 1956 et même après, à propos de Cuba dans ses articles de 1960, quand il fantasme sur la Chine de Mao après 1968, il déconne. » Le monde littéraire et universitaire n'a jamais cessé de lui reprocher certains de ses choix politiques et culturels. En France, tout du moins, car comme le constate Annie Cohen-Solal, auteur de la biographie *Sartre 1905-1980* (1999), s'il est « frappé d'anathème chez nous », s'il est considéré comme « mauvais maître, penseur démodé ou encore imposteur », Sartre est aussi « référence obligée ailleurs ».

Le 28 février 1972, à Boulogne-Billancourt, Sartre participe à une manifestation devant les usines Renault pour protester contre la mort du militant maoïste Pierre Overney, abattu le 25 par un vigile de la Régie.

CHARME ET FASCINATION

Il n'en reste pas moins que l'homme a exercé et exerce encore une indéniable fascination. Ceux qui ont connu le dernier des humanistes, selon les termes de Claude Lévi-Strauss, saluent le charme émanant de sa personne, sa dialectique, sa générosité et son esprit joyeux. « Ce regard de l'œil unique m'a semblé une amitié offerte. Il était certes tout sauf beau, de plus très mal vêtu [...] et ce fut d'emblée un élan de confiance », écrit Dominique Desanti dans un témoignage publié dans *Libération*, qui, en mars 2005, a consacré un supplément à son cofondateur (en 1973). Quant à tous ceux qui ne l'ont pas côtoyé, l'image qui leur restera de Sartre sera peut-être celle d'un petit homme aux lunettes rondes et à l'œil droit vagabond, travaillant aux côtés de Simone de Beauvoir, son « amour nécessaire » (par opposition aux « amours contingentes »), à une table d'un des cafés – qualifiés, justement, d'« existentialistes » – de Saint-Germain-des-Prés.

Sa célèbre cigarette a été censurée sur l'affiche de l'exposition de la BNF...

Luana De Micco

Les Néerlandais aussi ont dit non

La Haye, mercredi 1er
61,6 % des Néerlandais ont dit *nee* (non) à la Constitution européenne, soit encore plus massivement que les Français. Et toutes les analyses du vote démontrent que les mêmes causes ont provoqué les mêmes effets: la hantise d'une dégradation du modèle social et la peur de l'entrée éventuelle de la Turquie dans l'UE sont les raisons majeures du rejet. Le Premier ministre du Luxembourg et président en exercice de l'Union, Jean-Claude Juncker, a reconnu qu'il y avait une crise de confiance entre les peuples et le projet européen. Tous les dirigeants de l'UE estiment cependant que le processus de ratification ne devrait pas être interrompu. Tous les yeux se tournent vers Tony Blair, qui a laissé dire que le référendum prévu en Grande-Bretagne pourrait être annulé… (→ 6)

Le 8, le Solex revient en France sous le nom de Black'n Roll. Doté d'un pot catalytique et fabriqué en grande partie en Chine, il est assemblé par la société Mopex à Courrières, dans le Pas-de-Calais.

Une peine démesurée pour le lycéen ?

Paris, mercredi 1er
Samuel Morville, l'un des leaders des contestations des lycéens contre la loi Fillon, a été condamné par le tribunal correctionnel à 5 mois de prison avec sursis et 500 euros de dommages et intérêts. Âgé de 18 ans et élève dans le 4e arrondissement de Paris, il avait été interpellé le 31 mars lors d'une manifestation et, pour avoir insulté et craché sur un commissaire de police, poursuivi pour outrage à agent. N'ayant cessé de nier, Samuel Morville a décidé de faire appel, tandis que son avocate souligne la « démesure » de la peine (dépassant largement les demandes du parquet, qui avait requis le paiement d'une amende) et la nullité de la procédure, les témoins de la défense n'ayant pas été entendus. Scandalisés, les lycéens, les syndicats et la gauche réclament l'abandon total des poursuites. Mais d'autres élèves seront jugés dans les jours à venir. (→ 2.9)

Samuel Morville après sa condamnation.

Guy Roux va quitter le banc auxerrois

Si sa première retraite ne dura qu'un an (2000-2001), celle-ci semble définitive.

France, dimanche 5
« Je voulais partir avant le déclin plutôt qu'après et je pense que cette fois le moment est bien choisi. » Au lendemain de la finale de la Coupe de France remportée par son club contre Sedan (2-1), Guy Roux, 66 ans, quitte le banc de l'AJ Auxerre où il sévit depuis 44 ans presque sans interruption. Il signe en 1952 sa première licence de joueur au club bourguignon dont il deviendra l'emblème et dont il prend en 1961 les rênes de l'équipe première, qui évolue alors en division d'honneur. Promu en D2 en 1974, l'AJA échoue en finale de la Coupe de France en 1979 et accède à la D1 l'année suivante. Sous la houlette d'un Guy Roux connu pour son franc-parler, son sens aigu de l'économie et sa science du football, qui l'ont conduit à devenir aussi commentateur sportif et… vedette de la publicité, Auxerre gagnera au total quatre fois la Coupe de France (1994, 1996, 2003 et 2005) et une fois le Championnat (1996). (→ 7)

Samedi 4, 170 membres de la minorité hmong, des femmes en haillons, des enfants affamés et quelques jeunes gens blessés, sortent de leurs maquis et se rendent aux autorités laotiennes. Enrôlés contre les communistes par les Français pendant la guerre d'Indochine et par les Américains pendant celle du Vietnam, les Hmong sont depuis pourchassés par l'armée du Laos.

Lu	Ma	Me	Je	Ve	Sa	Di
		1	2	3	4	5
6	7	8	9	10	11	12
13	14	15	16	17	18	19
20	21	22	23	24	25	26
27	28	29	30			

Paris, mercredi 1er
Ouverture d'une instruction sur la détention des Français de Guantanamo. Des familles ont porté plainte contre X pour « arrestation illégale et détention arbitraire ».

Jérusalem, mercredi 1er
Le général Dan Halutz devient le premier officier issu de l'armée de l'air à être nommé chef d'état-major de Tsahal, l'armée d'Israël. Il succède au général Moshe Yaalon.

Tokyo, mercredi 1er
Début de « Cool Biz », un programme qui invite les salariés japonais à « tomber » le costume en été afin d'économiser l'énergie. (→ 9.9)

Bordeaux, jeudi 2
Le préfet de Gironde autorise de nouveau la vente des huîtres du bassin d'Arcachon, interdite depuis le 29 avril en raison de la présence de micro-algues toxiques.

Riga, jeudi 2
Le Parlement letton ratifie le traité constitutionnel européen. (→ 6)

Paris, vendredi 3
Parution du *Chevalier de Sainte-Hermine* (Phébus), un roman inédit et inachevé d'Alexandre Dumas père.

Le gouvernement Villepin sur le pied de guerre

Selon un sondage Ipsos réalisé hier pour le journal Le Monde, *57 % des Français (et 49 % des sympathisants de l'UMP) ne croient pas au rétablissement de la confiance.*

Paris, jeudi 2

Hier, s'exprimant devant les sénateurs de la majorité, Dominique de Villepin se donnait « cent jours pour rendre la confiance aux Français ». Les mauvais plaisants n'ont pas manqué d'observer que l'engagement du nouveau Premier ministre avait quelque chose d'un peu inquiétant : Dominique de Villepin est en effet l'auteur d'une étude historique intitulée *Les Cent-Jours ou l'esprit de sacrifice* (2001), et tous les écoliers de France savent que les Cent-Jours se sont terminés à Waterloo… Toujours est-il qu'il n'a pas voulu perdre un seul de ces cent jours et que le gouvernement a été formé plus tôt que prévu. Orienté vers la lutte prioritaire contre le chômage, le cabinet est caractérisé par un effectif resserré par rapport au précédent : 31 ministres et ministres délégués au lieu de 40. Comme Jacques Chirac l'avait annoncé, Dominique de Villepin sera « secondé » par Nicolas Sarkozy, qui retrouve le ministère de l'Intérieur avec rang de ministre d'État. Trois « poids lourds » conservent leur portefeuille : Thierry Breton à Bercy, Jean-Louis Borloo à l'Emploi, Michèle Alliot-Marie (dont le nom fut parfois évoqué pour Matignon) à la Défense. Les deux principales victimes de cette nouvelle donne sont François Fillon et Michel Barnier, qui n'ont d'ailleurs pas caché leur ressentiment. Michel Barnier cède la place à Philippe Douste-Blazy aux Affaires étrangères, François Fillon à Gilles de Robien à l'Éducation. En acceptant d'entrer dans le gouvernement Villepin, Gilles de Robien s'est placé en position de dissident au sein de son parti, l'UDF, qui s'est prononcé contre la participation de ses membres au gouvernement. (→ 14)

Autour de Jacques Chirac, le nouveau gouvernement

Dominique de Villepin : *Premier ministre* (5) • **Nicolas Sarkozy :** *ministre d'État, ministre de l'Intérieur et de l'Aménagement du territoire* (6) • **Michèle Alliot-Marie :** *ministre de la Défense* (4) • **Philippe Douste-Blazy :** *ministre des Affaires étrangères* (7) • **Jean-Louis Borloo :** *ministre de l'Emploi, de la Cohésion sociale et du Logement* (3) • **Thierry Breton :** *ministre de l'Économie, des Finances et de l'Industrie* (8) • **Gilles de Robien :** *ministre de l'Éducation nationale, de l'Enseignement supérieur et de la Recherche* (2) • **Pascal Clément :** *garde des Sceaux, ministre de la Justice* (9) • **Dominique Perben :** *ministre des Transports, de l'Équipement, du Tourisme et de la Mer* (1) • **Xavier Bertrand :** *ministre de la Santé et des Solidarités* (10) • **Dominique Bussereau :** *ministre de l'Agriculture et de la Pêche* (16) • **Christian Jacob :** *ministre de la Fonction publique* (15) • **Renaud Donnedieu de Vabres :** *ministre de la Culture et de la Communication* (17) • **Nelly Olin :** *ministre de l'Écologie et du Développement durable* (14) • **François Baroin :** *ministre de l'Outre-mer* (18) • **Renaud Dutreil :** *ministre des Petites et Moyennes Entreprises, du Commerce, de l'Artisanat et des Professions libérales* (13) • **Jean-François Lamour :** *ministre de la Jeunesse, des Sports et de la Vie associative* (19) • **Henri Cuq :** *ministre délégué aux Relations avec le Parlement* (12) • **Azouz Begag :** *ministre délégué à la Promotion de l'égalité des chances* (20) • **Jean-François Copé :** *ministre délégué au Budget et à la Réforme de l'État, porte-parole du gouvernement* (11) • **Gérard Larcher :** *ministre délégué à l'Emploi, au Travail et à l'Insertion professionnelle des jeunes* (21) • **Catherine Vautrin :** *ministre déléguée à la Cohésion sociale et à la Parité* (27) • **Brigitte Girardin :** *ministre déléguée à la Coopération, au Développement et à la Francophonie* (28) • **Brice Hortefeux :** *ministre délégué aux Collectivités territoriales* (26) • **Catherine Colonna :** *ministre déléguée aux Affaires européennes* (29) • **François Goulard :** *ministre délégué à l'Enseignement supérieur et à la Recherche* (25) • **Léon Bertrand :** *ministre délégué au Tourisme* (30) • **Philippe Bas :** *ministre délégué à la Sécurité sociale, aux Personnes âgées, aux Personnes handicapées et à la Famille* (24) • **François Loos :** *ministre délégué à l'Industrie* (31) • **Christine Lagarde :** *ministre déléguée au Commerce extérieur* (23) • **Hamlaoui Mékachéra :** *ministre délégué aux Anciens Combattants* (32) • **Christian Estrosi :** *ministre délégué à l'Aménagement du territoire* (22).

Perpignan, vendredi 3
Retour au calme après une semaine de tensions entre les communautés gitane et maghrébine. 37 personnes ont été placées en garde à vue.

Washington, vendredi 3
Le Pentagone confirme pour la première fois des profanations du Coran à Guantanamo, mais évoque des « incidents isolés ».

Paris, vendredi 3
200e épisode de *Plus belle la vie*, la série à succès de France 3 (4 millions de téléspectateurs chaque soir).

Paris, samedi 4
Laurent Fabius est écarté de la direction du PS pour cause de campagne référendaire dissidente.

Belfast, samedi 4
Terry Davidson est inculpé du meurtre du catholique Robert McCartney, tué fin janvier par des membres de l'IRA.

Lyon/Turin, samedi 4
Fermeture du tunnel du Fréjus à la circulation après l'incendie d'un camion qui a coûté la vie à deux chauffeurs routiers slovènes. (→ 23.8)

Paris, dimanche 5
L'Espagnol Rafael Nadal, 19 ans, remporte le tournoi de tennis de Roland-Garros. Hier, la Belge Justine Henin s'est imposée chez les dames.

DÉCÈS

Bexleyheath, jeudi 2
Melita Norwood (*25.3.1912), espionne britannique pour le KGB.

Paris, vendredi 3
Raymond Moretti (*25.7.1931), peintre, sculpteur et affichiste.

Carlos Mesa a renoncé à la présidence

Le 9, Eduardo Rodriguez, président par intérim, salue Carlos Mesa sur le départ.

La Paz, lundi 6
L'interminable « guerre du gaz », qui déstabilise depuis des mois la vie politique, économique et sociale de la Bolivie, l'un des pays les plus pauvres que compte l'Amérique du Sud, a fini par entraîner la démission du président Carlos Mesa. Celui-ci a fait part dans la soirée de sa décision irrévocable de quitter le pouvoir (sa première démission, le 7 mars, lui avait été refusée) après une nouvelle journée de très forte mobilisation dans la capitale, La Paz, et surtout dans sa banlieue pauvre d'El Alto, où plus de 100 000 personnes sont descendues dans les rues. Journaliste, historien, intellectuel indépendant et jouissant d'une bonne image dans le pays, Carlos Mesa, 51 ans, avait succédé en octobre 2003 à Gonzalo Sánchez de Lozada, obligé lui aussi à démissionner et même à quitter la Bolivie à la suite de violents affrontements.

Drames ethniques en Côte d'Ivoire

New York, mardi 7
Le Conseil de sécurité condamne avec « la plus grande fermeté » les massacres commis en Côte d'Ivoire, dans la région de Duékoué, et qui mettent en péril le processus de désarmement des milices gouvernementales et des forces rebelles, prévu par les accords de paix signés le 6 avril à Pretoria. À la suite du meurtre de quatre Dioula (ethnie musulmane originaire du nord du pays ou des pays voisins) par des Guéré (ethnie proche du président Gbagbo), des représailles sanglantes avaient eu lieu dans la nuit du 31 mai au 1er juin, puis lors des jours suivants. Les victimes, tuées au fusil de chasse ou à l'arme blanche, seraient au nombre de 70. La présidence et la rébellion se renvoient la responsabilité de ce drame, né d'une rivalité pour le contrôle des terres cultivables.

Accueil triomphal, le 12, pour le retour au pays du Biarritz Olympique, qui a battu la veille le Stade Français en finale du Championnat de France de rugby (37-34).

Les Européens et les Chinois ont signé la paix sur le textile

Shanghai, vendredi 10
Commissaire européen au Commerce, Peter Mandelson voulait éviter à tout prix de faire jouer les clauses de sauvegarde prévues à l'accord d'adhésion de la Chine à l'OMC. Ce qui, en pratique, reviendrait à rétablir des quotas dans le textile (supprimés depuis le 1er janvier), et à générer une situation dangereuse : Pékin pourrait en effet être alors tenté de « punir » les Européens en limitant l'accès à son marché… Le bras de fer se jouait tout en finesse, et tout le monde pousse un soupir de soulagement : les Européens et les Chinois sont parvenus à Shanghai à un accord qui, selon Peter Mandelson, est « une bouffée d'oxygène aux industries textiles d'Europe et des pays en développement » (dont beaucoup, fournisseurs habituels du marché européen, ont été pareillement touchés par la « déferlante » chinoise). L'accord prévoit une limitation de la croissance des exportations textiles chinoises à 8 à 12 % par an selon les produits. (→ 14.9)

Le lendemain, lors d'une conférence de presse commune, le ministre du Commerce extérieur chinois, Bo Xilai, offre à Peter Mandelson un polo… « made in China » !

Le G8 au secours des pays pauvres

Londres, samedi 11
Dix-huit des pays les plus pauvres du monde (dont quinze africains) bénéficieront bientôt d'une annulation de 100 % de leur dette multilatérale envers la Banque mondiale, la Banque africaine de développement et le Fonds monétaire international, soit 40 milliards de dollars. Telle est la décision du G8 Finance, qui s'est tenu depuis hier en présence des ministres des Finances des huit pays les plus riches du globe, qui s'engagent ainsi à rembourser les banques internationales, tandis que le FMI fera appel à ses propres ressources. Dans les mois à venir, assure le G8, 11 autres pays seront aussi concernés, pour un total de 55 milliards de dollars. Une annulation « historique » à relativiser, car elle ne concerne qu'une partie de la dette réelle, les intérêts annuels à payer par les 62 pays les plus pauvres s'élevant à 39 milliards de dollars.

Lu	Ma	Me	Je	Ve	Sa	Di
		1	2	3	4	5
6	7	8	9	10	11	12
13	14	15	16	17	18	19
20	21	22	23	24	25	26
27	28	29	30			

Paris, lundi 6
Selon un rapport du Muséum d'histoire naturelle, 50 % à 75 % des eaux françaises sont dégradées, ce qui rend l'objectif européen d'un « bon état » écologique et chimique de l'eau d'ici à 2015 impossible à atteindre.

Londres, lundi 6
Après les « non » français et hollandais à la Constitution européenne, gel du référendum britannique prévu en 2006. (→ 18)

Santiago du Chili, mardi 7
Augusto Pinochet voit son immunité levée afin qu'il soit jugé pour fraude fiscale mais obtient un non-lieu concernant son inculpation dans l'affaire du plan Condor. (→ 24.11)

Auxerre, mardi 7
Jacques Santini, ex-sélectionneur des Bleus, succède à Guy Roux comme nouvel entraîneur de l'AJ Auxerre.

Lyon, mardi 7
Départ de la marche pour la décroissance. Les militants prônent une société où il y aurait « moins de biens et plus de liens ».

Lomé, mercredi 8
Le président togolais Faure Gnassingbé nomme un représentant

La reine de la pluie n'avait que 27 ans

Makobo VI le jour de son couronnement.

Afrique du Sud, dimanche 12
La tribu sud-africaine des Balobedu est en deuil : la reine Makobo Modjadji VI (*1978), plus connue sous le nom de reine de la pluie du fait de son pouvoir d'invoquer les cieux, est décédée d'une manière inexplicable et inattendue. Ce décès bouleverse d'autant plus la tribu que la reine, qui n'avait que 27 ans, était montée sur le trône il y a deux ans seulement, succédant à Mokope, sa grand-mère, qui avait régné jusqu'à 64 ans. En outre, la descendance de la reine est loin d'être assurée, sa fille, qui n'a que quelques mois, étant le fruit d'une union non conforme aux règles de la dynastie. Première reine diplômée, passionnée d'informatique et engagée socialement, Makobo avait été la première à rompre la tradition qui voulait que la matriarche reste enfermée dans son palais.

La télévision se penche sur les drames liés à la fin de la guerre d'Algérie. Mardi 7, Canal + diffuse *Nuit noire, 17 octobre 1961*, réalisation d'Alain Tasma évoquant la terrible répression d'une manifestation d'Algériens à Paris (à gauche). Jeudi 9, TF1 propose *Ils voulaient tuer de Gaulle* de Jean-Teddy Filippe, qui retrace l'attentat du Petit-Clamart contre de Gaulle, organisé par Jean-Marie Bastien-Thiry (Jean-Pierre Michael, à droite).

Zoom sur

LA DÉCROISSANCE

La notion de décroissance part du principe qu'il ne peut y avoir de croissance infinie dans un espace fini, et que l'exploitation inconsidérée des ressources naturelles de la planète conduit nécessairement à la catastrophe. Les premières critiques de la croissance se sont fait jour en 1972 à Stockholm, lors de la Conférence des Nations unies sur l'environnement. C'est aussi en 1972 qu'a été publié le fameux rapport du Club de Rome sur les « limites de la croissance », qui souleva alors de vives polémiques. La mise en cause de la croissance va bien sûr de pair avec celle du développement, concept typiquement occidental dont l'économiste et sociologue Serge Latouche n'a pas hésité à dire qu'il est en réalité la continuation de la colonisation par d'autres moyens.

Florence Aubenas est enfin en France

La journaliste de Libération *est accueillie à Villacoublay par Jacques Chirac.*

Villacoublay, dimanche 12
Il est 19 h 10 lorsque le Falcon 900 de l'armée de l'air se pose à Villacoublay, dans les Yvelines. Dès que la portière est ouverte, la silhouette volontaire et, pour ainsi dire, radieuse de Florence Aubenas apparaît. Avec une décontraction souriante qui ferait presque oublier qu'elle a passé 157 jours au fond d'une cave en Irak, dans des conditions physiques et psychologiques extrêmement dures. La volonté faite femme, c'est elle ! La journaliste de *Libération* a retrouvé hier la liberté, à Bagdad, de même que Hussein Hanoun al-Saadi, son « fixeur », comme on appelle les guides des journalistes en Irak. Par qui Florence et Hussein ont-ils été enlevés ? Par des sunnites salafistes, selon leur témoignage, ce qui n'est pas une surprise. On n'en saura d'ailleurs pas plus, de même que sur les conditions de leur libération. Le gouvernement français nie avoir versé aux ravisseurs une rançon, mais des fuites contradictoires émanent à ce sujet du Quai d'Orsay. Le député UMP Didier Julia a-t-il joué un rôle ? Il semble bien que non, quoique le chef des ravisseurs, « Hadji », ait avoué à Florence Aubenas avoir eu des contacts téléphoniques avec lui. Plus sérieuse est l'hypothèse d'une collaboration étroite entre les services secrets roumains et les services français. Car, hier, il y a eu une sorte de coup de théâtre. La journaliste roumaine Marie-Jeanne Ion, ex-otage libérée le 22 mai avec deux compatriotes également journalistes, a révélé qu'ils étaient enfermés dans la même geôle que Florence Aubenas et Hussein Hanoun. Et qu'elle n'a jamais douté que la libération de la journaliste française suivrait de très près la leur. À sa descente d'avion toutefois, Florence Aubenas nie, après un temps d'hésitation, cette version des faits et maintient qu'elle était seule dans la cave avec son « fixeur ». Mardi 14, dans une conférence de presse, elle sera plus évasive… Elle évoquera une « situation ridicule », comme si on lui avait donné de bonnes raisons de rester discrète. La question serait alors de savoir pourquoi. Et là encore, mystère… (→ 16)

de l'opposition modérée, Edem Kodjo, au poste de Premier ministre.

France, jeudi 9
Commercialisation de la Logan, la voiture à bas prix de Renault fabriquée en Roumanie. Victime de son succès, la berline à 7 500 euros sera en rupture de stock au bout d'une semaine.

Paris, jeudi 9
Orange, filiale de France Télécom, lance son offre haut débit mobile pour tous, qui permet de regarder la télévision en direct et d'envoyer des e-mails depuis son portable.

Paris, jeudi 9
Vincent Bolloré entre en force au conseil d'administration du groupe publicitaire Havas. (→ 21)

Venise, vendredi 10
La Biennale d'art contemporain décerne son Lion d'or au pavillon français. L'installation, signée Annette Messager et baptisée *Casino*, s'inspire librement du personnage de Pinocchio.

Paris, vendredi 10
Dominique de Villepin installe le Comité interministériel de contrôle de l'immigration. Le Premier ministre veut parvenir, en accord avec Nicolas Sarkozy, à « une immigration choisie ».

Montréal, dimanche 12
Kimi Raikkonen (McLaren) remporte le GP F1 du Canada. (→ 19)

Chantilly, dimanche 12
La pouliche française Divines Proportions gagne le Prix de Diane.

DÉCÈS

New York, lundi 6
Anne Bancroft (*17.9.1931), actrice.

Le premier train de fret privé est bloqué par les cheminots

Dugny-sur-Meuse (Meuse), lundi 13
Parti de Dugny vers 13 heures, le premier train de fret privé autorisé à circuler sur le réseau français depuis l'ouverture en 2003 à la concurrence du trafic international de marchandises a été bloqué peu après par 300 cheminots environ. Venus à l'appel de plusieurs syndicats, ceux-ci entendaient défendre le service public et lutter contre la libéralisation qui pourrait tirer à la baisse les salaires et les conditions de sécurité. Le train Connex devrait être suivi de nombreux autres, la société ayant signé un contrat portant sur le transport de 200 000 tonnes de chaux par an à un tarif d'environ 20 % inférieur à celui de la SNCF. Après l'intervention des gardes mobiles, qui ont tiré des gaz lacrymogènes, le train, escorté par un hélicoptère de la gendarmerie, a pu repartir vers 17 h 30, en direction des aciéries allemandes de Dillingen et Völklingen, situées à une distance de 180 km.

Les protestations de Dugny se sont accompagnées d'actions à travers toute la France.

Nelly Crémel, tuée pour vingt euros

Meaux (Seine-et-Marne), mardi 14
Les deux hommes placés en garde à vue dimanche soir ont craqué. Après Serge Mathey, 26 ans, passé aux aveux hier, Patrick Gateau, 48 ans, a aujourd'hui reconnu sa culpabilité dans le meurtre de Nelly Crémel. Disparue le 2 juin, cette mère de famille de 39 ans, mariée à un commandant de l'armée de terre, avait été retrouvée morte le 10, dans un bois situé près de la Ferté-sous-Jouarre, où elle faisait son jogging quotidien. Pour lui voler son argent (elle n'avait en fait que 20 euros), les deux hommes l'auraient kidnappée, puis, par crainte d'être reconnus, lui auraient tiré deux balles de fusil avant de la frapper à la tête à coups de rondin. Patrick Gateau, condamné à la prison à perpétuité en 1990 pour assassinat, était depuis deux ans en liberté conditionnelle. Le débat sur la récidive est donc relancé.

Poursuivi pour abus sexuels sur mineur, Michael Jackson a été acquitté lundi 13 faute de preuves, au terme d'un procès de 4 mois à Santa Maria, en Californie. Il risquait jusqu'à 18 ans de prison.

Les Italiens ne se sont pas déplacés

Rome, lundi 13
Abstention massive en Italie pour le référendum concernant l'abrogation partielle de la loi restrictive sur la procréation médicalement assistée. Seuls 25,9 % des Italiens se sont exprimés, hier et aujourd'hui, sur les quatre questions relatives au statut de l'embryon, à la fécondation hétérologue et au développement de la recherche dans ce secteur. Le oui l'a largement emporté avec des scores allant de 77 % à 89 %, un résultat finalement sans conséquence, le quorum pour valider le vote étant fixé à 50 % + 1. Réclamé par les radicaux et par la gauche, le référendum avait fait l'objet d'une large campagne en faveur de l'abstention menée par une grande partie de la droite et soutenue par les évêques et le pape Benoît XVI, qui était intervenu plusieurs fois pour affirmer le « caractère sacré de la vie humaine ».

Au revoir la Samaritaine

Paris, mercredi 15
L'un des plus anciens grands magasins de Paris, la Samaritaine, ferme ses portes à 19 heures pour une durée encore indéterminée. Les 750 salariés (1 450 en comptant les employés détachés des concessionnaires), qui n'ont été informés que jeudi 7, manifestent depuis leur inquiétude et s'opposent à la décision du propriétaire, le groupe de luxe LVMH. Le bel immeuble souffre de défaillances de son système de sécurité, constatées en février dernier lors d'un contrôle de la commission de sécurité de la préfecture de police. Des travaux de mise aux normes anti-incendie se révèlent urgents. Dans les prochains jours, LVMH fera savoir si la fermeture sera totale ou partielle, c'est-à-dire si les travaux seront effectués en une seule fois ou par tranches. De son côté, le pdg Philippe de Beauvoir assure qu'il n'y aura aucun licenciement. (→ 19.7)

Lu	Ma	Me	Je	Ve	Sa	Di
		1	2	3	4	5
6	7	8	9	10	11	12
13	14	15	16	17	18	19
20	21	22	23	24	25	26
27	28	29	30			

Vienne, lundi 13
L'Égyptien Mohamed el-Baradei est réélu pour un 3e mandat de 4 ans à la tête de l'Agence internationale de l'énergie atomique (AIEA). (→ p.103)

Annecy, lundi 13
L'entraîneur et le starter de Régine Cavagnoud, Xavier Fournier et David Fine, sont condamnés chacun à trois mois de prison avec sursis pour la mort de la skieuse française en octobre 2001 en Autriche.

France, lundi 13
Premier numéro de *Closer* (groupe Emap France), un hebdomadaire féminin people qui comprend également les programmes télé.

Buenos Aires, mardi 14
La Cour suprême argentine déclare inconstitutionnelles les lois d'amnistie qui rendaient impossible le jugement des crimes commis durant la dictature (1976-1983).

Athènes, mardi 14
Le Jamaïquain Asafa Powell bat, en 9" 77, le record du monde du 100 m.

Erbil, mardi 14
L'ancien rebelle Massoud Barzani devient le premier président de la région autonome du Kurdistan irakien.

Jeudi 16, élection d'Assia Djebar à l'Académie française. Essayiste, romancière et cinéaste, cette Algérienne née en 1936 est le premier écrivain du Maghreb à devenir « immortel ». Elle enseigne actuellement à la New York University.

L'Europe tombe en panne

Bruxelles, samedi 18
Après le rejet de la Constitution européenne par la France et les Pays-Bas, il ne pouvait rien arriver de pire. Peu après minuit, ce matin, les chefs d'État et de gouvernement des 25 pays membres de l'Union européenne se sont séparés sur un constat d'échec. Il est vrai que jeudi, lorsqu'a été ouvert le Conseil européen, le climat n'était pas à l'optimisme, cela en dépit des efforts considérables faits par le président en exercice, le Premier ministre luxembourgeois Jean-Claude Juncker, pour concilier l'inconciliable. Comme on le redoutait, le sommet s'est brisé sur le budget européen de la période 2007-2013 et sur l'opposition frontale entre la Grande-Bretagne et la France. Tony Blair n'a pas voulu renoncer d'un euro au rabais sur la contribution qui fut accordé aux Britanniques en 1984, rabais justifié à l'époque par le fait qu'ils ne bénéficiaient que fort peu de la PAC (politique agricole commune), celle-ci représentant 42,6 % du budget communautaire en 2005. Jean-Claude Juncker avait bien tenté de plafonner ce rabais à 4,6 milliards d'euros, son niveau actuel, mais en vain. Le Premier ministre britannique est resté intraitable, refusant même, hier, un plafonnement relevé à 5,5 milliards d'euros. Pour Tony Blair, suivi par les Néerlandais et les Suédois, c'est en fait toute la politique budgétaire de l'Union qui doit être revue de fond en comble et réorientée dans un sens libéral, ce qui implique une remise en cause de la PAC dont la France reste la grande bénéficiaire et à laquelle Jacques Chirac ne voulait évidemment pas, lui non plus, renoncer. D'où affrontement et blocage total. Jean-Claude Juncker a dit aujourd'hui avoir eu « honte » quand les dix nouveaux pays membres, « tous plus pauvres les uns que les autres », ont proposé, pour débloquer la situation, de réduire leurs exigences financières. Le budget 2007-2013 est donc gelé, comme l'est aussi le processus de ratification de la Constitution : dès jeudi, les 25 avaient repoussé *sine die* la date butoir fixée au départ au 1er novembre 2006. (→ 21)

Zoom sur

LA SAMARITAINE

En 1869, Ernest Cognacq ouvre une petite boutique sur la rue du Pont-Neuf, qui doit son nom à un bas-relief du pont représentant la rencontre de Jésus et de la Samaritaine. De 1904 à 1910, Cognacq fait construire par Frantz Jourdain un nouvel édifice, situé rue de la Monnaie, dans le style Arts déco. Le magasin est agrandi côté Seine par Jourdain et Henri Sauvage de 1925 à 1928. L'enseigne devient bientôt la référence pour une clientèle familiale, car à la Samaritaine « on trouve tout », ainsi que le clamaient les publicités des années 1970, où l'on voyait Raymond Poulidor y dénicher son maillot jaune ou encore King Kong en sortir satisfait. Rachetée en 2001 par le groupe LVMH, la Samaritaine, de populaire, se transforme alors en magasin de luxe.

Des élections pour le culte musulman

France, dimanche 19
Les 5 200 délégués de 1 300 mosquées ont élu les 152 membres de l'assemblée générale du Conseil français du culte musulman (CFCM) et les 41 membres de son conseil d'administration, ainsi que ceux des conseils régionaux. La présidence du CFCM devrait revenir dimanche prochain à Dalil Boubakeur, recteur de la Mosquée de Paris, même si sa liste (d'obédience algérienne) n'a eu que 10 sièges au conseil d'administration. Mais elle progresse de 4 sièges par rapport à 2003 et fait jeu égal avec l'Union des organisations islamiques de France, proche des Frères musulmans. Quant aux Marocains de la Fédération nationale des musulmans de France, ils triomphent avec 19 sièges.

Jeudi 16, à Orly, Hussein Hanoun arrive à Paris accompagné de son épouse Souha et de son plus jeune fils, Ali, âgé de 3 ans. Florence Aubenas était bien sûr venue pour l'accueillir. Pris en charge par *Libération*, le compagnon de captivité de la journaliste a l'intention de s'installer ensuite en Jordanie.

Nouvelle donne politique au Liban

Beyrouth, dimanche 19
Conduite par Saad Hariri, le fils de Rafic Hariri, et le Druze Walid Joumblatt, la liste de la coalition antisyrienne obtient la majorité absolue au Parlement libanais (72 sièges sur 128), au terme de la quatrième et dernière phase d'un processus électoral commencé le 29 mai. En fait, Saad Hariri, que ses adversaires accusent d'avoir « acheté » son succès, espérait mieux. Il avait sous-estimé les capacités du général chrétien Michel Aoun qui, après 14 ans d'exil en France, a remporté 21 sièges avec une liste que d'aucuns ont jugé contre nature, car comprenant des proches de la Syrie… Quant aux chiites traditionnellement prosyriens du Hezbollah et de Amal, ils obtiennent 35 sièges. (→ 19.7)

Paris, mardi 14
L'UDF suspend Gilles de Robien de ses responsabilités au sein du parti pour sa participation au gouvernement.

Bagdad, mercredi 15
L'otage australien Douglas Wood, détenu depuis 47 jours, est libéré par les soldats irakiens.

Hereford, mercredi 15
Décès de Percy Arrowsmith, 105 ans, détenteur avec sa femme Florence, 100 ans, du record du monde du mariage le plus long. Le couple avait fêté ses 80 ans d'union le 1er juin.

Brasília, jeudi 16
José Dirceu quitte le gouvernement du président Lula après des accusations de corruption. (→ 21.8)

Marnes-la-Coquette, samedi 18
Baptême de Jade, fille adoptive de Johnny et Laetitia Hallyday.

Le Mans, dimanche 19
Le Danois Tom Kristensen (Audi) remporte pour la septième fois les 24 h du Mans auto, surpassant le Belge Jacky Ickx et ses six succès.

Le Bourget, dimanche 19
Fin du Salon aéronautique : près de 500 000 visiteurs et 400 commandes pour Airbus et Boeing.

Indianapolis, dimanche 19
Michael Schumacher (Ferrari) gagne le GP des États-Unis. Seuls six monoplaces ont pris le départ, après le retrait des écuries équipées de pneus Michelin, à la demande du manufacturier. (→ 3.7)

DÉCÈS

Paris, mercredi 15
Suzanne Flon (*28.1.1918), comédienne de théâtre et de cinéma.

Nicolas Sarkozy promet de nettoyer les 4000 au Kärcher

La Ligue des droits de l'homme a jugé « inquiétant » le langage de Nicolas Sarkozy.

La Courneuve, lundi 20
L'émotion est vive à la Cité des 4000, après la mort hier d'un enfant de onze ans. Pris dans une rixe alors qu'il venait de nettoyer la voiture de son père, le jeune Sidi Ahmed Hammache, touché à l'aorte par une balle perdue, a succombé dans la soirée. Un vaste dispositif policier avait aussitôt été mis en place pour éviter tout débordement. Cet après-midi, en présence de nombreux journalistes, Nicolas Sarkozy est venu rendre visite aux parents de la jeune victime. Interpellé par la foule, le ministre de l'Intérieur a répondu qu'il ferait tout le nécessaire pour « faire disparaître les voyous ». Un peu plus tôt, il avait promis à la famille de nettoyer tout le quartier « au Kärcher ». Des propos qui provoquent l'indignation, notamment de la gauche, des associations antiracistes et même de l'Union syndicale des magistrats. (→ 31.10)

Zoom sur

LE CFCM

C'est en 2003 qu'est né, à l'initiative de Nicolas Sarkozy, ministre de l'Intérieur, le Conseil français du culte musulman (CFCM), par l'accord des principales organisations musulmanes françaises. Le CFCM est élu par une assemblée générale, elle-même formée des représentants élus des mosquées. Prenant acte du fait qu'il y a entre 4 et 5 millions de musulmans en France, mais que, contrairement aux autres religions, il n'existait pas d'organisation nationale les fédérant et les représentant officiellement, le ministre y a remédié pour favoriser l'intégration, ceci dans le cadre de la loi de 1905 sur la séparation des Églises et de l'État.

Gaz de France est mis sur le marché

Paris, jeudi 23
Le train des privatisations a franchi une étape importante, aujourd'hui, avec la mise sur le marché, jusqu'au 6 juillet prochain, de 20 à 22 % du capital de Gaz de France. Pour les investisseurs institutionnels, le prix de l'action a été fixé entre 20,70 et 24 euros, les particuliers bénéficiant d'une offre spéciale : une action gratuite pour dix achetées, à condition de ne pas revendre avant 18 mois. Quant aux salariés (et anciens salariés) de GDF, 15 % du capital mis en vente leur sont réservés, à un prix préférentiel de 16,40 à 19,04 euros. Cette opération devrait rapporter à l'État de 1,4 à 1,8 milliard d'euros, l'entreprise publique récupérant de son côté plus de 2,5 milliards d'euros. De quoi faciliter l'ambitieux programme d'investissement de GDF aux plans national et international. La première cotation est prévue le 7 juillet. (→ 7.7)

Kodak réduit ses effectifs en France

Chalon-sur-Saône, jeudi 23
La révolution de la photo numérique a été si rapide qu'elle a pris de court les fabricants de boîtiers traditionnels et de films argentiques. Eastman Kodak, le géant américain, est touché de plein fouet : entre 2000 et 2005, ses effectifs dans le monde sont passés de 80000 à moins de 60000. Cette fois, c'est l'usine Kodak de Chalon-sur-Saône qui fait les frais d'un redéploiement des activités de la vieille enseigne. Déjà, à Chalon-sur-Saône, la production ne concernait plus que l'imagerie médicale et les films pour l'industrie du cinéma. Mais Kodak a décidé de ne garder que l'imagerie, la fabrication de films devant être rapatriée aux États-Unis, à Rochester (siège historique de la maison mère). Résultat, sur les 1700 emplois actuels du site de Chalon-sur-Saône, 340 seront supprimés. Et Kodak annonce la suppression de 1000 autres en France.

Mercredi 22, décès à Montpellier de l'écrivain et dramaturge Max Rouquette (*8.12.1908). Il était considéré comme l'un des grands auteurs français de langue d'oc.

Les 35 heures à la loupe de l'INSEE

Paris, jeudi 23
Quel a été l'impact des lois sur la réduction du temps de travail ? Selon une étude de la revue trimestrielle de l'Insee *Économie et statistique*, sur les quelque 2 millions d'emplois créés entre 1998 et 2002, 350000 l'ont été grâce aux RTT, alors que les prévisions oscillaient entre 600000 et 700000. Un écart expliqué notamment par le recours à des astuces, « comme celle qui a consisté à intégrer des jours de congés existants dans les RTT ». En outre, ces lois ont entraîné des réorganisations du travail dans les entreprises, qui se sont soldées par des gains de productivité pouvant atteindre 50 % ! L'étude révèle aussi que si 46 % des personnes interrogées n'ont constaté aucun changement de leur situation, un quart des salariés (des cadres, surtout) ont vu une amélioration, un autre quart (majoritairement ouvrier) déplorant plutôt une dégradation.

Lu	Ma	Me	Je	Ve	Sa	Di
		1	2	3	4	5
6	7	8	9	10	11	12
13	14	15	16	17	18	19
20	21	22	23	24	25	26
27	28	29	30			

Koweït, lundi 20
La première femme ministre du pays, Maasouma Moubarak, prête serment devant le Parlement.

Londres, lundi 20
La vente aux enchères de trois peintures du chimpanzé Congo atteint plus de 20000 euros.

Istanbul, lundi 20
L'islamiste Metin Kaplan, surnommé « le calife de Cologne », est condamné à la prison à vie pour avoir voulu renverser le régime turc.

Paris, mardi 21
Le nouveau conseil d'administration d'Havas met fin aux fonctions du pdg du groupe publicitaire français, Alain de Pouzilhac. (→ 12.7)

Dinant (Belgique), mardi 21
Les justices française et belge choisissent la cour d'assises de Charleville-Mézières (France) pour juger en 2006 le tueur en série présumé Michel Fourniret.

Beyrouth, mardi 21
Un attentat à la voiture piégée tue l'ancien chef du Parti communiste libanais George Haoui, proche de l'opposition antisyrienne, trois semaines après l'assassinat dans les

L'assassin du Ku Klux Klan condamné

Philadelphia (États-Unis), jeudi 23
Edgar Ray Killen, 80 ans, est condamné à trois fois 20 ans de prison par un tribunal du Mississippi, pour sa responsabilité dans l'assassinat par le Ku Klux Klan de James Chaney, Andrew Goodman et Michael Schwerner, militants des droits civiques pour les Noirs. Les faits remontent au 21 juin 1964, mais, à l'époque, Killen avait été acquitté en sa qualité de pasteur baptiste… Quant à ses complices, ils n'avaient écopé que de peines légères. En 1988, cette affaire avait été retracée au cinéma par Alan Parker dans *Mississippi Burning*, avec Gene Hackman et Willem Dafoe. C'est la publication, par un journal local, de la déposition de l'un des complices de Killen, Sam Bowers, qui, en 1999, avait amené la justice du Mississippi à rouvrir le dossier. Sam Bowers désignait le pasteur du Ku Klux Klan comme l'instigateur du triple meurtre. L'avocat de Killen a déclaré qu'il ferait appel.

Edgar Ray Killen amené au tribunal.

Le père Lefort a été reconnu coupable

Nanterre, vendredi 24
L'avocat général avait requis de treize à quinze ans de réclusion. À l'issue d'un procès très médiatisé, où il comparaissait libre, le père Lefort a été condamné par la cour d'assises des Hauts-de-Seine à huit ans de prison pour viols et agressions sexuelles sur mineurs, survenus dans un foyer près de Dakar (Sénégal) et à son domicile de Neuilly, entre 1994 et 1995. Cinq des six victimes, des Sénégalais âgés alors de 11 à 15 ans, étaient présentes. Prêtre, médecin et figure de l'humanitaire, François Lefort, 59 ans, avait fondé en 1985 une association de lutte contre la prostitution des mineurs. Lors de sa mise en examen, en 1995, des revues pédophiles avaient été trouvées à son domicile. Depuis quelques années curé de campagne en Saône-et-Loire, le père Lefort n'avait cessé de clamer son innocence et de bénéficier du soutien d'un comité comptant de nombreuses personnalités dans ses rangs.

François Lefort arrivant en cour d'assises.

Le 22, sortie en France du nouveau dessin animé produit par Dreamworks, *Madagascar*, d'Eric Darnell et Tom McGrath. Le film, passé il y a peu en tête du box-office américain, raconte les folles aventures d'une girafe, d'un lion, d'un zèbre, d'un hippopotame et de pingouins psychotiques quittant leur zoo new-yorkais pour la forêt malgache. Les voix françaises sont celles de Jean-Paul Rouve, José Garcia, Anthony Kavanagh et Marina Foïs.

Libres pour cause de vice de forme

Lyon, vendredi 24
Les quatre derniers « caïds » présumés encore incarcérés à la suite du coup de filet réalisé en décembre dernier dans le milieu grenoblois, après une enquête de quatre ans, ont été libérés. En effet, la chambre de l'instruction de la cour d'appel de Lyon a annulé la procédure pour « vice de forme », estimant que le juge d'instruction avait outrepassé les limites de l'enquête. Ouverte en 2000 pour une tentative d'extorsion de fonds, celle-ci, suite à une commission rogatoire, avait bientôt porté sur toutes les activités du « clan Mandera » et entraîné l'arrestation de 47 personnes, 15 d'entre elles étant alors incarcérées pour des charges allant du blanchiment d'argent au proxénétisme en bande organisée. Le parquet général de Lyon s'est pourvu en cassation contre cette décision qui suscite émotion et indignation.

Pour racheter des permis de polluer

Paris, vendredi 24
Le problème est le suivant : d'ici à 2007, l'Europe devra limiter ses émissions de dioxyde de carbone (CO^2) à 2 milliards de tonnes par an. Conséquence, chaque industriel reçoit un quota de « permis » d'émission, dont il peut rétrocéder une partie à tout autre industriel qui aurait atteint son quota. D'où l'idée de créer des Bourses d'échange entre les détenteurs de « permis ». Trois grandes places européennes se disputent déjà, depuis le début de l'année, ce marché : EXX à Leipzig, ECX à Amsterdam, Nord Pool à Lysaker (Norvège). Elles sont aujourd'hui rejointes par Powernext Carbon, une Bourse française créée par Powernext, la Bourse française de l'électricité. Mais les industriels sont très inquiets : le cours du « permis » (1 tonne de CO^2) est en effet passé en quelques semaines de 10 à plus de 22 euros !

mêmes conditions du journaliste Samir Kassir.

Varsovie, mardi 21
La Pologne reporte son référendum sur la Constitution européenne, prévu en octobre. (→ 30)

Moscou, mardi 21
Échec du lancement de *Cosmos 1*, un projet russo-américain qui devait être le premier vaisseau spatial entièrement propulsé grâce à la seule lumière du Soleil.

Paris, mercredi 22
Nicolas Sarkozy déclare que le juge qui a libéré l'un des meurtriers présumés de Nelly Crémel devra « payer pour sa faute », provoquant la colère des syndicats de magistrats.

Le Cap, mercredi 22
Le président sud-africain Mbeki nomme Mme Phumzile Mlambo-Ngcuka au poste de vice-présidente, en remplacement de Jacob Zuma, limogé après des allégations de corruption.

Paris, mercredi 22
Feu vert du Conseil des ministres au projet de loi autorisant le gouvernement à légiférer par ordonnances afin d'adopter des mesures d'urgence pour l'emploi. (→ 2.8)

Paris, mercredi 22
Le conseil d'administration de la SNCF adopte un avenant assurant, en cas de grève, un « service garanti » sur la base de 33 % du trafic sur son réseau d'Île-de-France, sous peine de pénalités financières.

Paris, mercredi 22
Cécilia Sarkozy quitte ses fonctions de chef de cabinet à l'UMP. (→ 25.8)

Le Parti socialiste gagne en Bulgarie

Sergueï Stanichev aux portes du pouvoir.

Sofia, samedi 25
Pro-européen et opposé à la guerre en Irak, le Parti socialiste bulgare, héritier de l'ancien PC, remporte les élections législatives, mais avec 31 % des voix seulement. Son leader, Sergueï Stanichev, 39 ans, qui a promis de relancer l'emploi et de retirer le contingent bulgare d'Irak, devra donc former une coalition pour atteindre la majorité. L'enjeu est de taille, car le nouveau gouvernement conduira l'entrée historique de la Bulgarie dans l'UE le 1er janvier 2007. Le Mouvement national Siméon II, parti de centre droit au pouvoir, est le principal perdant de ces élections (20 % des voix), le Premier ministre Siméon de Saxe-Cobourg-Gotha n'étant pas parvenu à tenir sa promesse, faite lors de la formation de son gouvernement en 2001, d'élever le niveau de vie des Bulgares. Le Mouvement pour les droits et les libertés, parti de la minorité turque, a recueilli 12 % des suffrages, tandis que le parti extrémiste et xénophobe Ataka a connu une spectaculaire ascension et recueilli 8 % des voix. (→ 16.8)

Le balayeur des rues triomphe en Iran

Téhéran, samedi 25
La publication des résultats de l'élection d'hier ne laisse pas d'inquiéter : les Iraniens ont bel et bien porté Mahmoud Ahmadinejad, le maire de Téhéran, à la présidence de la République. Né dans le nord du pays le 28 octobre 1956, cet ingénieur de mœurs austères annonçait un retour aux principes les plus purs de la révolution islamique, la lutte contre la corruption et une redistribution des richesses en faveur des plus pauvres. Ce discours a été entendu par 61,69 % des votants, alors que son rival à ce second tour, l'ancien président réformiste Ali Akbar Hachemi Rafsandjani, pourtant arrivé en tête au premier tour et donné favori, ne recueille que 35,9 % des suffrages. Il a pâti du découragement de ceux qui, ne croyant plus aux réformes, sont restés chez eux. Le « balayeur des rues de la nation », comme Ahmadinejad se présente, en a profité. (→ 3.8)

Il avait le soutien du « guide suprême de la République », l'ayatollah Ali Khamenei.

La présidence est bicéphale pour le groupe européen EADS

Ex-président d'Airbus, Noël Forgeard en présidera le comité des actionnaires.

Thomas Enders dirigeait auparavant le secteur « systèmes de défense et de sécurité ».

Paris, samedi 25
Le gouvernement français approuve la réorganisation de la direction d'EADS, dont le capital est détenu principalement par l'Allemand DaimlerChrysler (30 %), l'État français (15 %) et Lagardère (15 %). Au terme de négociations difficiles, les Français et les Allemands se sont finalement entendus pour créer un directoire composé de deux coprésidents exécutifs, l'Allemand Thomas Enders et le Français Noël Forgeard, et deux directeurs généraux, Hans Peter Ring pour l'Allemagne et Jean-Paul Gut pour la France. Selon ce dispositif, les activités spatiales et le secteur aéronautique d'EADS sont confiés à la France, les activités « systèmes de défense et de sécurité » revenant à l'Allemagne, ainsi qu'Airbus (sur lequel, cependant, Noël Forgeard conserve un droit de regard). Le secteur « avions de transport militaire » est revenu aux Espagnols, détenteurs à 5,54 % du capital du groupe.

New York, jeudi 23
Le chinois Cnooc lance une OPA hostile sur la compagnie pétrolière américaine Unocal, qui s'apprête à fusionner avec Chevron. (→ 10.8)

Paris, jeudi 23
Installation de la Haute Autorité de lutte contre les discriminations et pour l'égalité (Halde), présidée par l'ex-pdg de Renault Louis Schweitzer

St. Andrews (Écosse), jeudi 23
Le prince William et son amie Kate Middleton reçoivent leur diplôme universitaire.

San Antonio, jeudi 23
Les Spurs de Tony Parker battent les Detroit Pistons 81-74 en finale du Championnat de basket NBA.

Washington, jeudi 23
Feu vert à la mise sur le marché du premier médicament « ethnique », le BiDil, destiné aux Noirs américains.

New York, vendredi 24
Le pétrole franchit la barre des 60 dollars le baril, soit une hausse de 14 dollars en un mois. (→ 29.8)

La Courneuve, samedi 25
Trois suspects sont mis en examen et écroués dans l'enquête sur la fusillade qui a coûté la vie au petit Sidi Ahmed.

Bagnolet, dimanche 26
Dalil Boubakeur est réélu pour deux ans à la présidence du CFCM.

DÉCÈS

Fréjus, lundi 20
Larry Collins (*14.9.1929), écrivain et journaliste américain.

Dallas, lundi 20
Jack Kilby (*8.11.1923), physicien.

Hugo Chávez

Né le 28 juillet 1954, Hugo Rafael Chávez Frías a fondé en 1983 le Movimiento bolivariano revolucionario 200 (MBR-200), le jour du 200e anniversaire de la naissance de Simón Bolívar. Colonel de l'armée vénézuélienne, il tenta plusieurs coups d'État avant d'être élu en 1998 président de la République sur un programme axé sur l'indépendance du pays, la redistribution des richesses, la nationalisation des terres non cultivées, la démocratisation de la politique et la solidarité latino-américaine. Grâce aux revenus du pétrole de son pays (5e exportateur mondial), il put financer ses projets, malgré l'hostilité des possédants et d'une partie de la classe moyenne envers la « révolution bolivarienne ». En 2004, l'opposition espéra le faire destituer par référendum : ce fut en fait un plébiscite pour Chávez.

Le réacteur de fusion nucléaire sera construit à Cadarache

Moscou, mardi 28

L'Union européenne, le Japon, la Russie, les États-Unis, la Chine et la Corée du Sud, partenaires du projet ITER (International Thermonuclear Experimental Reactor), ont fait part de leur décision : c'est le site de Cadarache (Bouches-du-Rhône) qui accueillera le réacteur expérimental de fusion nucléaire. Après plusieurs mois de débats opposant l'UE et le Japon, Cadarache a donc été préféré au site japonais de Rokkasho-Mura, dans le nord du pays. Anticipant cette décision, les Japonais avaient d'ailleurs accepté de signer à Genève, le 5 mai, un accord technique consacrant leur pays comme un partenaire privilégié du projet dans le cas d'une victoire française. Le programme, estimé à 10 milliards d'euros sur 30 ans, et qui permettra « la création de 4 000 emplois en France et dans l'Union », selon le Premier ministre Dominique de Villepin, vise à créer une nouvelle source d'énergie comparable à l'énergie solaire, à savoir propre, économique et inépuisable, qui utilisera l'eau de mer comme combustible.

À Vinon-sur-Verdon, près de Cadarache, la bonne nouvelle fait sauter les bouchons.

Mardi 28, 167 navires de 36 pays sont passés en revue par Élisabeth II à Portsmouth, pour inaugurer les festivités du 200e anniversaire de la bataille de Trafalgar (21 octobre 1805), où la flotte française fut battue par la Royal Navy. Pas rancunière, la Marine nationale était de la fête : ici, *The Grand Turk*, réplique d'une frégate anglaise de l'époque, croise le *Charles de Gaulle*.

Le pétrole moins cher aux Caraïbes

Puerto La Cruz, mercredi 29

C'est dans le plus grand secret que Fidel Castro est venu au sommet Petrocaribe organisé à Puerto La Cruz, port situé à l'est du Venezuela. Préparée par le président vénézuélien Hugo Chávez, cette rencontre a réuni 15 pays de la région des Caraïbes et permis de finaliser une alliance aux termes de laquelle le Venezuela fournira à des prix préférentiels du pétrole aux pays signataires, dont Cuba. Seules, parmi les participants, la Barbade et Trinité-et-Tobago n'ont pas paraphé l'accord. L'alliance Petrocaribe devrait déboucher sur la création d'une compagnie régionale sous l'égide de la compagnie nationale vénézuélienne, et permettre à Hugo Chávez de diversifier ses exportations de pétrole.

Les homosexuels pourront dire *sí*

Madrid, jeudi 30

Après la Belgique (2003), les Pays-Bas (2001) et le Canada (il y a deux jours), l'Espagne est le quatrième pays au monde à légaliser le mariage des couples homosexuels et à leur permettre d'adopter des enfants. Approuvée avec 187 voix contre 147, la réforme du Code civil, fêtée par des dizaines de personnes agitant le drapeau arc-en-ciel devant les Cortes, entrera en vigueur dès lundi. Soutenue par le Premier ministre José Luis Zapatero, qui en avait fait un pilier de son programme électoral, la réforme est contestée par le Parti populaire et par l'épiscopat espagnol (ainsi que par l'Église de Rome), dont les partisans ont été des milliers à manifester dans les rues de Madrid le 19 juin dernier.

Lu	Ma	Me	Je	Ve	Sa	Di
		1	2	3	4	5
6	7	8	9	10	11	12
13	14	15	16	17	18	19
20	21	22	23	24	25	26
27	28	29	30			

Paris, lundi 27
Un rapport consacré à « la sécurité des collections » révèle que trente mille ouvrages ont disparu de la BNF lors du déménagement du site Richelieu vers Tolbiac.

Rome, lundi 27
Mandat d'arrêt européen contre 13 agents de la CIA qui auraient enlevé en Italie un imam égyptien soupçonné de terrorisme pour le livrer à la police de son pays.

Vatican, mardi 28
Ouverture du procès en béatification du pape Jean-Paul II, décédé le 2 avril.

Saint-Brieuc, mardi 28
Francisco Arce Montes est condamné en appel à 30 ans de prison pour le meurtre et le viol de la jeune Britannique Caroline Dickinson.

Visan, mardi 28
L'ex-enfant chanteur Jordy, 17 ans, gagne la finale de *La Ferme Célébrités 2*.

Nicosie, jeudi 30
La République de Chypre ratifie la Constitution européenne. (→ 6.7)

Bourges, jeudi 30
Renault et son régulateur de vitesse sont mis hors de cause dans l'affaire de « la Vel Satis folle ».

La Chine à la conquête

Quarante ans après la reconnaissance de la Chine par la France, les présidents Hu Jintao et Jacques Chirac se retrouvaient à Paris, le 27 janvier 2004.

La déferlante chinoise était annoncée. « Ce qui est sûr, c'est qu'un jour, peut-être plus proche qu'on ne croit, la Chine sera une grande réalité politique, économique et même militaire. La Chine est le plus grand pays au monde. Un jour, elle pourrait bien devenir le premier », avait confié dès 1963 le général de Gaulle à son ministre Alain Peyrefitte. Quarante ans plus tard, la Chine post-maoïste, dernière arrivée sur le terrain de la mondialisation, est un acteur incontournable de l'économie mondiale. Et les pays occidentaux, fascinés et inquiets, ne sont pas indifférents, loin s'en faut, à ce « miracle » chinois…

L'ATELIER DU MONDE

Premier producteur mondial de charbon et d'acier, deuxième consommateur de pétrole au monde (et deuxième émetteur de gaz à effet de serre après les États-Unis), la Chine collectionne les records. Son surnom d'« atelier du monde » convient à merveille à cette gigantesque usine marchant à plein régime grâce à une réserve inépuisable de main-d'œuvre, très bon marché et non syndiquée, qui permet de proposer des prix de vente défiant toute concurrence. Avec un rythme de croissance sans précédent de + 9 % par an, plus proche même de 10 % dans certains centres comme Shanghai, la Chine est devenue le troisième pays vendeur au monde. Et, de fait, le « made in China » envahit l'Occident depuis des années, avec des produits en tout genre, bas de gamme ou considérés comme tels, issus d'une industrie manufacturière florissante. C'est le règne de la mono-industrie. Villes et régions entières se spécialisent dans un produit unique, exporté ensuite en millions d'exemplaires à travers le monde. Quelques chiffres étonnants : un tiers des chaussettes circulant dans le monde est produit en Chine (soit 8 à 9 milliards par an), mais aussi 80 % des stylos-billes, 90 % des briquets, 75 % des jouets… De gros fabricants d'électronique, comme Intel, Motorola, Mitsubishi, Alcatel, y ont désormais pris racine. En 2004, le rachat par Lenovo d'une partie d'IBM fait de ce géant chinois le troisième constructeur mondial d'ordinateurs, juste derrière les sociétés américaines Dell et Hewlett-Packard. Un milliard de souris d'ordinateurs quittent la Chine tous les ans. Tout comme 35 % de la production mondiale des téléviseurs, 80 % des montres, 50 % des appareils photo, 20 % des réfrigérateurs…

Les fabricants et les grossistes européens crient à la crise. La « saga du textile » qui a éclaté au printemps dernier, par exemple, a mis en lumière les énormes possibilités d'une industrie dynamique qui emploie quelque 19 millions de personnes. Certes, tandis que 80 millions de produits chinois étaient bloqués à nos frontières, Bruxelles et Pékin ont signé, le 10 juin 2005, l'accord de Shanghai limitant les ventes chinoises annuelles vers l'Europe pour certaines catégories de textiles. Les inquiétudes des Européens s'en sont trouvées apaisées. Mais pour combien de temps ? L'Europe a-t-elle « le moindre droit de s'opposer à la croissance de la Chine », selon les termes mêmes du commissaire européen au Commerce, le libéral Peter Mandelson ?

UNE OUVERTURE AU MONDE RÉCENTE

Le miracle chinois s'est fait en un quart de siècle et l'homme du changement s'appelle Deng Xiaoping. Arrivé au pouvoir après la mort de Mao Zedong, c'est lui qui donne en 1978 le coup d'envoi à une inédite « économie socialiste de marché ». Une stratégie favorable aux échanges extérieurs et aux investissements étrangers remplace alors la politique de restriction et le principe de l'indépendance économique, de mise depuis 1950. Devenue membre de la Banque mondiale en 1980 et de l'Organisme de coopération économique en Asie-Pacifique (APEC) en 1991, la Chine baisse dès 1995 ses tarifs douaniers en envisageant son entrée dans l'Organisation mondiale du commerce (OMC), officialisée le 11 décembre 2001. Plus récemment, cette ouverture a également porté sur les secteurs des banques et des assurances, intensifiant encore l'arrivée des capitaux étrangers. Si bien que, malgré le souvenir du massacre de la place Tienanmen, en juin 1989, l'empire du Milieu est devenu en quelques années un véritable partenaire pour de nombreux États.

Huitième fournisseur mondial de la Chine et deuxième en Europe, après l'Allemagne, la France est l'un de ces par-

Le nouveau visage de Shenzhen, ville industrielle de près d'un million d'habitants, située près de Hong Kong.

du marché mondial

tenaires privilégiés de la République populaire. BNP Paribas est la première banque européenne en Asie. Le milliardaire hongkongais Li Ka-shing, propriétaire de AS Watson, a agrandi son empire européen en rachetant le groupe Marionnaud en janvier 2005. De son côté, la compagnie China Southern Airlines multiplie ses commandes à Airbus : l'A380 décollera aussi de Chine en 2006… La visite historique à Paris, en janvier 2004, de l'actuel président chinois, Hu Jintao, à l'occasion du 40e anniversaire de la reconnaissance de la République populaire de Chine par le général de Gaulle, a donné une nouvelle impulsion à la coopération diplomatique sino-française, engagée depuis le 27 janvier 1964. Ce dialogue est aussi à l'origine des « années croisées » sino-françaises, qui se sont achevées en septembre 2005 et qui ont mobilisé artistes et savants, autorités et institutions des deux pays.

LE PAYS DES CONTRADICTIONS

Malgré son expansion, l'empire du Milieu reste encore aujourd'hui un pays mystérieux et impénétrable. Entre tradition et innovation, le nouveau capitalisme et le style de vie à l'occidentale cohabitent avec une culture plusieurs fois millénaire. Peu à peu, touchée par la modernité et les cultures extérieures, l'identité du pays semble toutefois s'effacer. Une folle spéculation bouleverse le paysage traditionnel, auquel se substituent des mégapoles futuristes à l'image de Shanghai, véritable poumon économique du pays. Les villes accueillent des millions de paysans venant y tenter leur chance… Le fossé économique entre villes et campagnes se creuse. L'ancestrale spiritualité chinoise semble elle aussi mise à mal par tant de bouleversements. Voici bien longtemps déjà que les textes quasi sacrés de la tradition confucéenne ont disparu des écoles. Et pourtant, le nouveau capitalisme « à la chinoise » semble se nourrir de cette même spiritualité : Confucius n'apprend-il pas le respect inconditionnel de la hiérarchie sociale, du pouvoir légitime et des conventions ?

Les produits textiles fabriqués en Chine (ici, une manufacture à Pékin) ont inondé les marchés européen et américain en 2005.

Si la Chine étonne pour toutes ses contradictions, elle est aussi un sujet d'indignation pour son mépris des droits de l'homme. Dans ce pays, le plus peuplé du monde avec plus d'1,3 milliard d'habitants (un quart de la population mondiale), les familles sont encore soumises à la loi de l'enfant unique et aux campagnes d'avortement et de stérilisation dans les provinces pauvres. Dans les grandes entreprises, encore pour une bonne part étatiques, les ouvriers travaillent dans des conditions et avec des horaires souvent inhumains. Avec son système de censure organisé et 27 journalistes détenus en 2004 (sur les 107 emprisonnés dans le monde), la Chine est, souligne Reporters sans frontières, la « plus grande prison » pour les professionnels de l'information. Sans compter que, avec 5 000 exécutions par an, elle est le pays au monde qui applique la peine de mort avec le plus d'ardeur.

UNE CHINE DE PLUS EN PLUS PRÉSENTE

Le XXIe siècle sera-t-il « le siècle de la Chine », pour reprendre les termes de l'historien britannique Arnold Toynbee ? Il semble, en effet, que l'avenir parle chinois. L'empire du Milieu a déjà donné rendez-vous au monde entier en août 2008 pour les 29e Jeux olympiques, les premiers en Chine. Un budget initial de 2 milliards d'euros a été alloué pour « relooker » Pékin à cette occasion. L'énorme chantier a déjà commencé. De nouvelles lignes de métro, de grands hôtels, des gratte-ciel en verre et en acier, des autoroutes et, naturellement, des équipements sportifs remplaceront les quartiers traditionnels. L'image de la ville, siège de la dynastie Ming et de la Cité Interdite, semble donc bien destinée à changer… Shanghai n'est pas en reste, qui organisera l'Exposition universelle de 2010, la première dans un pays en voie de développement. Autant d'événements qui permettront aux Chinois de renforcer leur présence au premier plan sur la scène internationale. N'en doutons pas, la Chine, qui après la récente réussite des missions Shenzhou V et Shenzhou VI est également devenue l'un des protagonistes de la conquête spatiale, fera tout le nécessaire pour gagner ses prochains paris.

Luana
De Micco

Deux images des rues de Pékin : boutiques de luxe dans les beaux quartiers, simples échoppes dans les quartiers populaires. C'est ça, la nouvelle Chine !

Chirac, Poutine et Schröder se sont retrouvés à Kaliningrad

Les trois hommes d'État à Svetlogorsk, station balnéaire de Kaliningrad sur la Baltique.

Kaliningrad, dimanche 3
Hier, la Russie célébrait le 750e anniversaire de la fondation de Königsberg par les chevaliers Teutoniques. Longtemps terre allemande, désignée Prusse-Orientale en 1818, cette patrie du philosophe Emmanuel Kant devint russe en 1945 et fut rebaptisée Kaliningrad. Avec la région qui l'entoure, elle constitue une enclave de la Russie en Union européenne, puisqu'elle est bordée par la Pologne et la Lituanie. Sans conteste, Vladimir Poutine ne pouvait choisir un lieu plus symbolique pour resserrer les liens de la Russie avec l'UE en général et avec ces partenaires privilégiés que sont l'Allemagne et la France en particulier. D'où, ce dimanche, un sommet entre lui, Gerhard Schröder et Jacques Chirac, qui réactive l'axe Paris-Berlin-Moscou, formé en 2003 en réaction à l'invasion de l'Irak. Chirac y a lancé des piques contre Tony Blair : « On ne peut pas faire confiance à des gens qui ont une cuisine aussi mauvaise. » (→ 6)

Geneviève Beney, âgée de 56 ans, est le 2, à Lyon, la première femme à être (symboliquement) ordonnée prêtre en France. L'Église de Rome, qui s'oppose à la prêtrise des femmes, l'a excommuniée.

La mise à jour du droit sur la filiation

Paris, lundi 4
À l'heure où 46 % des enfants français naissent hors mariage, le droit civil sur la filiation se modernise. Dès le 1er juillet 2006, la distinction entre enfants légitimes et naturels, héritée du Code Napoléon de 1804, n'aura plus cours. Selon l'ordonnance adoptée par le Conseil des ministres et prise sur le fondement de la loi du 9 décembre 2004 de simplification du droit, la mère célibataire n'aura plus à reconnaître son enfant : la filiation maternelle sera établie dans l'acte de naissance du bébé. En revanche, le père non marié devra continuer à procéder à la reconnaissance, tandis que la présomption de paternité du mari sera maintenue. Le délai de prescription pour établir en justice la maternité ou la paternité est ramené à 10 ans après la naissance, contre 30 ans jusque-là.

Deep Impact à la conquête de Tempel 1

Pasadena (Californie), lundi 4
La fête nationale américaine a connu à 7 h 52 (heure de Paris) le plus beau feu d'artifice de son histoire : au terme d'un voyage de 431 millions de kilomètres, la sonde *Deep Impact*, lancée le 12 janvier dernier par la Nasa, a largué sur la comète Tempel 1 son « impacteur », un engin de 372 kilos, à 37 000 km/h. Une sorte de missile dont l'impact a réveillé la comète et permis aux rayons solaires de l'éclairer dans des conditions qui, à Pasadena, ont enthousiasmé les astrophysiciens de la Nasa. Tempel 1 est un trésor : on pense qu'elle est restée dans l'état où se trouvait le système solaire lors de sa formation. Formée de roches et de glaces, elle pourrait, grâce à ce que découvrira l'« impacteur » au fond du cratère qu'il a creusé, fournir des renseignements précieux sur les origines de notre planète et peut-être même sur l'apparition de la vie.

L'impact photographié à une distance de 500 km par la sonde mère Deep Impact.

Crise du logement endémique à Paris

Paris, mardi 5
Pas facile d'acquérir un appartement à Paris avec des revenus modestes. Selon la chambre des notaires de Paris, dont les estimations ont été corroborées par la Fédération nationale de l'immobilier (FNAIM), le m² dans l'ancien se négocie en moyenne à 5 000 euros, soit le double de son prix en 1998. Dans les arrondissements les plus huppés, le m² frôle les 20 000 euros ! Une hausse constante de 14,5 % par an qui touche aussi la petite couronne et la grande couronne, où elle atteint 16,2 et 17,3 %, en raison d'une demande de plus en plus forte : même pour les ménages fortunés, Paris intra muros devient inabordable. La raison : un fossé entre l'offre et la demande. Si une légère décrue des prix est annoncée, les notaires rappellent qu'il manque à Paris 50 000 logements neufs par an.

Lu	Ma	Me	Je	Ve	Sa	Di
				1	2	3
4	5	6	7	8	9	10
11	12	13	14	15	16	17
18	19	20	21	22	23	24
25	26	27	28	29	30	31

Bruxelles, vendredi 1er
La Grande-Bretagne prend la présidence semestrielle de l'UE.

France, vendredi 1er
Entrée en vigueur du dispositif du médecin traitant. (→ p. 72)

Arras, vendredi 1er
Le tribunal d'application des peines refuse la demande de libération conditionnelle de l'ancienne militante d'Action directe Nathalie Ménigon.

New York, vendredi 1er
James McNerney succède à Harry Stonecipher à la tête de Boeing.

Bobigny, vendredi 1er
Ouverture des archives (1921-1994) du Parti communiste français.

Savoie, samedi 2
Suite à l'abattage d'un loup dans le massif des Bauges, le nombre de ces animaux autorisés à être prélevés jusqu'à cet hiver est ramené de 6 à 5.

Monde, samedi 2
1,5 million de spectateurs assistent aux concerts du Live 8 contre la pauvreté en Afrique, organisés par Bob Geldof pour faire pression sur le G8. (→ 8)

Wimbledon, dimanche 3
Victoire du Suisse Roger Federer et de

Laurence Parisot patronne des patrons

Paris, mardi 5
Laurence Parisot a annoncé la couleur dans son discours inaugural : l'économie ne peut être autre que l'« économie de marché », « l'Europe sociale ne peut se faire que dans l'Europe libérale », le Code du travail doit être « modernisé ». Élue par les représentants des patrons à une large majorité, Laurence Parisot succède à Ernest-Antoine Seillières à la présidence du Mouvement des entreprises de France (Medef). Soutenue par des figures de premier plan du monde patronal telles que Michel Pébereau ou François Pinault, conseillée par la très influente Anne Meaux (de la société de communication Image 7), proche aussi du couple Chirac, elle n'a laissé aucune chance à ses deux concurrents, Hugues-Arnaud Mayer et Yvon Jacob. D'autres candidats s'étaient auparavant retirés de la compétition, ainsi, le 15 juin, du tandem formé par l'ancien ministre de l'Économie Francis Mer et Guillaume Sarkozy, le frère de Nicolas.

Ernest-Antoine Seillières, qui a écourté son mandat, avec la nouvelle présidente.

L'Europe est pour les logiciels libres

Strasbourg, mercredi 6
Objet de houleux débats dès sa présentation par la Commission européenne en février 2002, le projet d'une directive commune pour « la brevetabilité des inventions mises en œuvre par ordinateur » a été définitivement rejeté par la quasi-unanimité des europarlementaires (648 voix contre 14 et 18 abstentions). La proposition, soutenue par les États membres, ne concernait que les logiciels incorporés dans des produits industriels comme les téléphones portables, les lecteurs DVD ou le système de freinage ABS. Les logiciels informatiques des ordinateurs en étaient exclus : assimilés aux « œuvres de l'esprit », ils sont déjà protégés par le droit d'auteur. Redouté, car synonyme de frais, par les petites entreprises et les particuliers, le brevet, qui existe aux États-Unis (où il est contesté) et au Japon, était espéré par les géants de la technologie.

Laurence Parisot

Issue d'une dynastie d'industriels du mobilier, Laurence Parisot est née le 31 août 1959 à Luxeuil-les-Bains (Haute-Saône). Formée à l'Institut d'études politiques (IEP) de Paris et titulaire d'une maîtrise de droit public, elle est entrée en 1985 à l'institut de sondages Louis Harris, dont elle prendra la direction l'année suivante. En 1990, elle devient pdg de l'Ifop, dont elle détient 75 % du capital. En 2002, à la mort de son père, elle a aussi repris la direction de l'entreprise Optimum (Agen), spécialisée dans la fabrication de portes de placard coulissantes. Laurence Parisot est entrée en 2003 au conseil exécutif et au bureau du Medef. Célibataire, chevalier de l'ordre national du Mérite, elle est selon *Le Monde* « une libérale marquée à droite ».

Londres bat Paris dans la course aux JO de 2012

La déception du comité français à Singapour. De g. à d. : Jean-Paul Huchon, président de la Région Île-de-France, Bertrand Delanoë, maire de Paris, Jean-François Lamour, ministre de la Jeunesse, des Sports et de la Vie associative, et Arnaud Lagardère.

La joie de la double championne olympique Kelly Holmes à Trafalgar Square.

Singapour, mercredi 6
Paris faisait figure de favori, mais c'est finalement Londres, l'outsider, qui a été désigné par le CIO, au dernier tour de scrutin, pour organiser les Jeux olympiques en 2012. Le passage de Jacques Chirac à Singapour et la présence de champions français n'auront donc pas suffi. Côté britannique, Tony Blair et le médiatique David Beckham avaient aussi fait le déplacement. À Paris et dans sa région, où de grands rassemblements avaient été organisés pour attendre le résultat, la nouvelle a suscité une très grande déception. Sévère camouflet pour le président de Paris 2012, Bertrand Delanoë, qui se plaindra de certains agissements, jugés peu sportifs, du comité anglais, cet échec inattendu frappe aussi durement Jacques Chirac, déjà très affaibli par les résultats du référendum du 29 mai.

l'Américaine Venus Williams (le 2) aux Internationaux de tennis.

Magny-Cours, dimanche 3
Fernando Alonso (Renault) remporte le GP de France de formule 1. (→ 10)

Évian, mardi 5
Accord du G5 (France, Allemagne, Italie, Grande-Bretagne, Espagne) sur la mise en place de vols charters communs pour expulser les immigrés clandestins à grande échelle. (→ 27)

Paris, mercredi 6
Le CSA élit le journaliste Patrick de Carolis à la présidence de la holding publique France Télévision. Il prendra ses fonctions le 22 août.

Cap Lizard, mercredi 6
À bord de son trimaran *Idec*, Francis Joyon bat le record de la traversée de l'Atlantique (6 j, 4 h, 1 min 37 s) et de la distance en 24 heures (543 milles).

La Valette, mercredi 6
Le Parlement maltais ratifie la Constitution européenne. (→ 10)

Washington, mercredi 6
La journaliste du *New York Times* Judith Miller est incarcérée pour avoir refusé de dévoiler ses sources dans l'enquête sur la fuite médiatique ayant révélé l'identité de l'agent de la CIA Valerie Plame. (→ 29.9)

Bagdad, jeudi 7
Le groupe Zarqaoui exécute le diplomate égyptien Ihab al-Chérif.

Paris, jeudi 7
Succès populaire de l'ouverture du capital de Gaz de France. L'opération a séduit 3,2 millions de Français et a rapporté 2,5 milliards d'euros à l'État.

La terreur s'est abattue sur Londres

Ce qui reste du wagon « explosé » dans le tunnel du métro, entre les stations Russell Square et King's Cross, au centre de Londres. Vingt-sept passagers y ont trouvé la mort.

L'impériale de l'autobus de Tavistock Square a été complètement détruite. Cette image provient d'une vidéo enregistrée par un amateur peu après l'arrivée des secours.

Londres, jeudi 7
Après New York le 11 septembre 2001, après Madrid le 11 mars 2004, Londres est frappée à son tour par le terrorisme. Pour les services de renseignement, les quatre attentats perpétrés ce matin ont une signature claire : celle d'Al-Qaida. C'est d'ailleurs la thèse qu'a reprise cet après-midi Tony Blair à la télévision, en pointant des « gens agissant au nom de l'islam ». Les terroristes avaient choisi leur date pour donner le maximum de retentissement à leur acte, c'est-à-dire le jour même où s'ouvrait à Gleneagles (Écosse) le G8. Les quatre explosions se sont produites en moins d'une heure. La première, à 8 h 51, a eu lieu dans une rame du métro, à l'approche de la station Aldgate. Cinq minutes après, une deuxième bombe sautait sur une autre ligne, entre les stations Russell Square et King's Cross. La troisième explosion, à 9 h 17, éventrait un wagon de la Circle Line, à la station Edgware Road. Enfin, à 9 h 47, à Tavistock Square, un bus à impériale était littéralement soufflé. Le bilan sera très lourd : 56 morts, quelque 700 blessés. Mais, dès 10 h 53, Charles Clarke, ministre de l'Intérieur, pouvait déclarer : « La police contrôle la situation en vertu d'un plan arrêté depuis longtemps. » Pendant que des mesures de sécurité étaient prises un peu partout dans Londres et que les secours étaient à l'œuvre, paralysant la capitale, le G8 se poursuivait en Écosse, sous la direction d'un Tony Blair informé minute après minute des événements. Dans l'après-midi, il quittait Gleneagles pour assister, au 10 Downing Street, à une réunion de la cellule de crise « Cobra ». Ce soir, la police n'a pu encore déterminer si les attentats ont été commis par des kamikazes ou par des poseurs de bombes. La rapidité des secours, en revanche, a fait l'admiration de tous. Mais il y a à cela une explication : au moment des faits, la société de sécurité Visor Consultants animait un exercice antiterroriste avec la participation des pompiers, à proximité des lieux du drame. (→ 14)

Zoom sur

LE MÉDECIN TRAITANT

La réforme du médecin traitant, comme l'augmentation de la CSG et le versement de 1 euro non remboursé par consultation (depuis le 1er janvier 2005), vise à réduire le déficit de la Sécurité sociale. Désigné par un document rempli par l'assuré et visé par lui-même, le médecin traitant centralise les informations médicales de son patient et décide de l'opportunité d'une consultation chez un spécialiste. L'assuré n'ayant pas rempli le fameux document, ou qui s'est adressé directement à un spécialiste, risque de se voir moins bien remboursé. Sont exclus de ce « parcours de soins », qui a suscité bien des polémiques, les ophtalmologues, gynécologues, psychiatres, pédiatres et dentistes.

Vendredi 8, au Festival d'Aix-en-Provence, représentation de *Julie*, superbe opéra contemporain de Philippe Boesmans, d'après une pièce d'August Strindberg, avec la mezzo Malena Ernman (photo).

Gleneagles (Écosse), vendredi 8
Le sommet du G8 s'engage à doubler l'aide publique au développement : 50 milliards de dollars par an, dont la moitié pour l'Afrique.

Nantes, vendredi 8
Inauguration du fichier judiciaire national automatisé des auteurs d'infractions sexuelles qui recense déjà 20 220 personnes.

Khartoum, samedi 9
Six mois après l'accord de paix de Nairobi, l'ex-rebelle sudiste John Garang devient premier vice-président du Soudan. (→ 1.8)

Bichkek, dimanche 10
Kourmanbek Bakiev, chef de l'État par intérim depuis la « révolution des tulipes » de mars, est élu président du Kirghizistan avec 88,9 % des voix.

Saint-Denis, dimanche 10
Le groupe irlandais U2 donne son 2e et dernier concert parisien du « Vertigo Tour » dans un Stade de France bondé.

Luxembourg, dimanche 10
56,52 % des Luxembourgeois approuvent le référendum sur la Constitution européenne. (→ 21.9)

Silverstone, dimanche 10
Juan Pablo Montoya (McLaren) gagne le GP de F1 de Grande-Bretagne, maintenu malgré les attentats de Londres. (→ 24)

DÉCÈS

Paris, mercredi 6
Claude Simon (*10.10.1913), écrivain français. Prix Nobel de littérature 1985.

Atlantic Beach (Floride), mercredi 6
Louis Patrick Gray III (*18.7.1916), chef du FBI pendant l'affaire du Watergate.

Albert II monte sur le trône de Monaco

Une cérémonie de couronnement plus protocolaire aura lieu le 19 novembre.

Monaco, mardi 12
Quelques jours après la fin du deuil consécutif au décès de Rainier III, son fils, le prince Albert Alexandre Louis Pierre, 47 ans, devient officiellement SAS Albert II, le 31e Grimaldi à accéder au trône de Monaco. Entouré de sa famille et de plus de 7 000 Monégasques invités à la cérémonie de l'avènement, Albert II a reçu ce matin dans la cathédrale du Rocher, où sont enterrés ses parents, la bénédiction de l'archevêque Mgr Bernard Barsi. Comme le veut la tradition, dans la soirée, il s'est vu confier symboliquement par le maire de Monaco les clés de la ville. Le nouveau souverain, qui vient de reconnaître le petit Alexandre né en août 2003 de sa liaison avec une hôtesse de l'air, entend rompre avec l'autocratisme de son père et promet une gestion du pays « ouverte au dialogue, moderne et soucieuse d'éthique ». Il s'engage aussi à lutter contre le blanchiment d'argent, qui ternit l'image du Rocher.

David Moncoutié remporte, le jeudi 14, la 12e étape du 92e Tour de France, qui reliait Briançon et Digne-les-Bains. En ce jour de fête nationale, il signe la première victoire française de l'épreuve.

Les kamizazes ont été identifiés

Londres, jeudi 14
L'enquête sur les attentats de Londres a progressé à une vitesse surprenante. Les quatre kamikazes, car c'étaient bien des kamikazes, ont été identifiés. Hier, la police avait donné les noms de trois jeunes musulmans d'origine pakistanaise, Mohammed Sidique Khan, Hasib Mir Hussain et Shehzad Tanweer. Ils étaient venus de Leeds, dans le nord de l'Angleterre, et ils avaient été rejoints le matin du 7 par un quatrième homme dont l'identité a été révélée ce jeudi : il s'appelle Lindsay Germaine, et c'est un sujet britannique d'origine jamaïcaine. C'est ce qui inquiète le plus l'opinion : il a suffi à Al-Qaida de puiser dans le vivier que constitue le milieu islamiste britannique pour trouver et former des volontaires. Qui était derrière eux ? Qui leur a fourni leurs explosifs, de fabrication artisanale ? L'enquête s'est orientée vers l'Égypte et le Pakistan. (→ 15)

Israël en proie à des affrontements

Gaza-Cisjordanie, vendredi 15
Le retrait des colonies israéliennes de la bande de Gaza ne se prépare pas dans le calme et la sécurité, comme le voudrait le Premier ministre Ariel Sharon : le Hamas poursuit ses attaques contre les colonies installées aux frontières du territoire palestinien. Après l'attentat suicide de Netanya, qui, mardi, a fait cinq morts (dont le kamikaze) et une cinquantaine de blessés, le sud d'Israël connaît de violents affrontements. Des tirs de roquettes y ont causé hier la mort d'une jeune Israélienne. Aujourd'hui, les hélicoptères israéliens ont abattu trois militants du Hamas en Cisjordanie et quatre à Gaza, où Mahmoud Abbas a proclamé l'état d'urgence. Au nord, les Israéliens ont tué un chef local du Jihad islamique, qui a revendiqué l'attentat meurtrier de mardi. (→ 11.8)

Guerre de religion au quotidien en Irak

Le spectacle de désolation offert ce matin à Moussayeb après l'attentat d'hier soir.

Bagdad, dimanche 17
Une minute de silence sera respectée le mercredi 20 juillet dans tout le pays et par toutes les communautés. Ainsi en a décidé aujourd'hui l'Assemblée provisoire irakienne, à l'unanimité. Il faut dire que les attentats suicides, qui font de la vie quotidienne un enfer, ont atteint ces derniers jours un pic effrayant, les chiites étant régulièrement la cible des kamikazes sunnites. Mercredi dernier, à Bagdad, une voiture piégée avait fait 32 victimes, des enfants et des adolescents à qui les soldats américains distribuaient des sucreries. Hier, c'est au sud de la capitale, à Moussayeb, qu'un camion-citerne rempli de gaz a explosé, tuant 71 chiites et faisant 156 blessés. Une escalade qui inquiète d'autant plus les Américains qu'ils ne semblent pas en mesure de l'enrayer, à un mois de la date à laquelle (15 août) doit être prêt le projet de Constitution. (→ 28.8)

Lors du défilé sur les Champs-Élysées, le 14, la police nationale a étrenné ses nouvelles tenues. Griffées Balenciaga, elles donneront aux agents une image plus moderne et plus dynamique.

Lu	Ma	Me	Je	Ve	Sa	Di
				1	2	3
4	5	6	7	8	9	10
11	12	13	14	15	16	17
18	19	20	21	22	23	24
25	26	27	28	29	30	31

Paris, lundi 11
Mazarine Pingeot, fille de François Mitterrand, donne naissance à un petit garçon prénommé Ascot.

Paris, mardi 12
Vincent Bolloré prend la présidence non exécutive du groupe Havas.

New York, mercredi 13
Bernard Ebbers, ex-pdg de WorldCom, est condamné à 25 ans de prison pour la faillite frauduleuse de l'opérateur télécom américain.

Le Caire (Égypte), jeudi 14
Arrestation du biochimiste Magdi el-Nashar, présenté comme l'artificier des attentats de Londres. (→ 19)

Washington, vendredi 15
Selon le Pentagone, plus de 5 000 soldats ont été poursuivis pour désertion depuis le début de la guerre en Irak. En permission, certains n'hésitent pas à se mutiler pour ne pas repartir.

Durban (Afr. du Sud), vendredi 15
L'Unesco inscrit le centre-ville du Havre au Patrimoine de l'humanité.

DÉCÈS

Salisbury, dimanche 17
Edward Heath (*9.7.1916), Premier ministre britannique de 1970 à 1974.

Mardi 19, à Toulon, décès d'Alain Bombard (*27.10.1924). En 1952, il traversa l'Atlantique seul sur un Zodiac, en 65 jours, prouvant les possibilités de survie en mer. En 1981, il fut un éphémère secrétaire d'État à l'Environnement. Il est ici avec son épouse, en 1957, après avoir reçu la croix de chevalier de la Légion d'honneur.

Les autoroutes seront privatisées

Paris, lundi 18
Thierry Breton et Dominique Perben, respectivement ministres de l'Économie et des Transports, ont annoncé que les sociétés concessionnaires des autoroutes françaises seraient privatisées, les propositions de rachat devant parvenir à Bercy au plus tard le 22 août. Ce sont la Société des autoroutes du nord et de l'est de la France (Sanef), les Autoroutes du sud de la France (ASF) et les Autoroutes Paris-Rhin-Rhône (APRR), que l'État contrôle actuellement à hauteur de 75,7 %, 50,4 % et 70,2 %. Les repreneurs éventuels (français ou étrangers) auront pour obligation de ne diminuer ni augmenter leurs parts pendant au moins deux ans et de proposer à l'État un « projet industriel et social précis et structuré ». Très bien cotées en Bourse, la Sanef, les ASF et les APRR intéressent Bouygues, Elffage et Vinci (déjà actionnaire à 23 % des ASF).

Tintin héros de la fête nationale belge

Même le palais de Justice, au centre des activités, a été habillé pour l'occasion.

Bruxelles, mercredi 20
Le premier Festival Tintin au monde s'ouvre aujourd'hui dans la ville natale du père du célébrissime petit reporter à la houppe. Un nouveau rendez-vous pour tous les tintinophiles, qui pourrait devenir biennal. Organisée par les édiles de la ville, siège du Centre belge de la bande dessinée, et la Fondation Hergé, associés aux Éditions Moulinsart, la manifestation, coïncide avec le début des festivités de la fête nationale du 21 juillet, en cette année où sont célébrés les 175 ans de la naissance de la Belgique et les 25 ans du fédéralisme belge. Jusqu'à samedi sont prévus des expositions, des colloques, des jeux, un bal costumé et des projections de films d'animation tirés des albums d'Hergé. Une fresque adaptée de *L'Affaire Tournesol*, mettant en scène Tintin, Milou et le capitaine Haddock, a été inaugurée aujourd'hui rue de l'Étuve, à deux pas d'un autre Bruxellois aussi célèbre que le petit reporter : le Manneken Pis.

Nouvelle attaque terroriste à Londres

Londres, jeudi 21
Le scénario était le même que pour les attentats du 7 juillet : quatre hommes, quatre bombes, trois stations de métro et un autobus. Mais le cauchemar, cette fois, ne s'est pas réalisé. Les explosifs, de type artisanal également, ont fait long feu. Les usagers des transports londoniens en ont été quittes pour une peur rétrospective. Ces attentats manqués se sont produits à l'heure du déjeuner, aux stations Shepherd's Bush, Oval et Warren Street, puis dans un bus à Hackney Road. Un « travail d'amateur », selon la police britannique. Mais cette fois, les enquêteurs espèrent bien mettre rapidement la main sur ces « amateurs ». Ils se sont enfuis en laissant d'innombrables indices et, surtout, il y a les enregistrements de la vidéosurveillance du métro et des bus. Dès demain, la police rendra ainsi publiques quatre images : celles des quatre suspects. (→ 23)

Cet homme serait celui qui a opéré à la station de métro Shepherd's Bush.

Le yuan réévalué par les Chinois

Pékin, jeudi 21
Voici longtemps que les États-Unis, le Japon et l'Union européenne accusaient la Chine de sous-évaluer sa monnaie, le yuan, afin de doper ses exportations. Mais voici longtemps, aussi, que Pékin répondait à cette accusation par de très vagues promesses. Le gouverneur de la Banque du peuple, Zhou Xiaochuan, a donc créé la surprise en annonçant que le yuan sera réévalué de + 2,1 %. C'est un pas de fait vers la convertibilité de la monnaie chinoise, seule condition de son acceptation pleine et entière dans le jeu économique et financier international. La Chine se réserve toutefois une certaine marge de manœuvre : le yuan ne sera plus arrimé sur le seul dollar, mais sur un « panier » de devises qui comprendra notamment l'euro, le yen et, bien sûr, le dollar américain.

Zoom sur

LA DÉMOGRAPHIE MONDIALE

Selon les démographes, la population mondiale, estimée aujourd'hui à 6,5 milliards d'individus, passera à plus de 9 milliards en 2050 (et non 15 milliards, comme on le pensait il y a un demi-siècle). Elle est aussi destinée à vieillir (en 2040, 21 % des humains auront plus de 60 ans contre 10 % actuellement). Dans 45 ans, l'Inde sera plus peuplée que la Chine, et la population de l'Afrique aura doublé : elle comptera 1,6 milliard de personnes. L'Europe, dont le taux de natalité est faible (1,3 enfant par femme), perdrait 14,8 millions de ses habitants d'ici 2030 sans les apports annuels de l'immigration.

Lu	Ma	Me	Je	Ve	Sa	Di
				1	2	3
4	5	6	7	8	9	10
11	12	13	14	15	16	17
18	19	20	21	22	23	24
25	26	27	28	29	30	31

France, lundi 18
Dernier épisode de *Dolmen*, la saga estivale de TF1, qui a réuni une moyenne record de 12 millions de téléspectateurs pendant six semaines.

Islamabad, lundi 18
Trois des terroristes de Londres ont voyagé au Pakistan en 2004. Ils auraient suivi une préparation dans les madrasas (écoles coraniques). (→ 29)

Paris, mardi 19
La direction de la Samaritaine annonce la fermeture totale du grand magasin pendant six ans pour réaliser des travaux de mise en conformité.

Beyrouth, mardi 19
Le Premier ministre libanais Fouad Siniora, nommé le 30 juin, forme un gouvernement de 24 ministres incluant pour la première fois le mouvement chiite Hezbollah.

Le Caire, mardi 19
Magdi el-Nashar est blanchi de toute implication dans les attentats de Londres.

Washington, mardi 19
Nomination du juge conservateur John Roberts à la Cour suprême, en remplacement de Sandra Day O'Connor, démissionnaire. (→ 29.9)

Los Angeles, jeudi 21
La société Artemis est condamnée à

Le Brésilien abattu par la police britannique était innocent

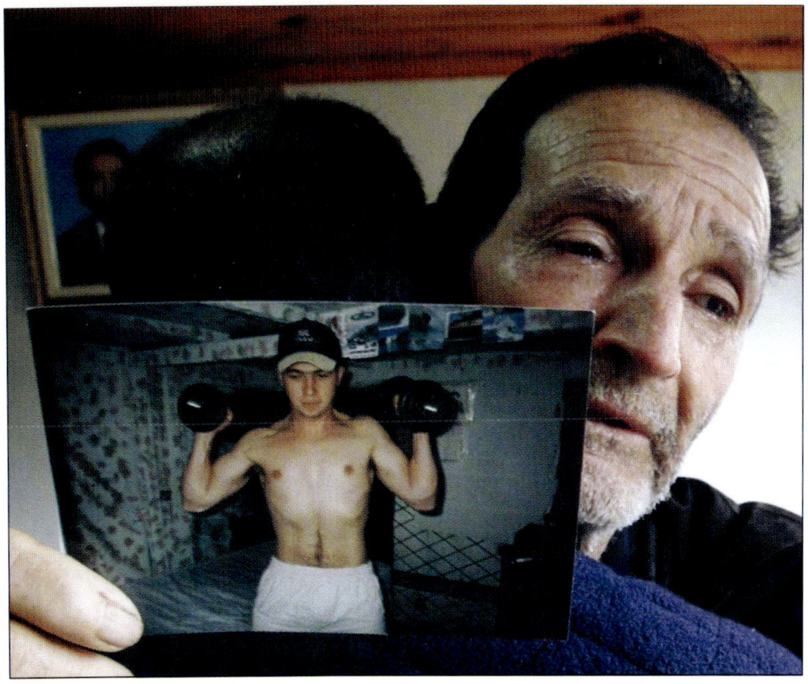

Près de Gonzaga (Brésil), Matuzinho Otone brandit la photo de son fils Jean-Charles.

Londres, samedi 23
Le patron de la police britannique, Ian Blair, l'a reconnu aujourd'hui : Jean-Charles de Menezes, l'électricien brésilien de 27 ans abattu hier à la station de métro Stockwell par la police britannique, qui le soupçonnait d'être un kamikaze, n'avait en fait rien à voir avec les attentats des 7 et 20 juillet. Le jeune homme, qui vivait à Londres depuis trois ans en toute légalité, avait été suivi par la police après être sorti d'une maison placée sous surveillance. À l'issue d'une poursuite dans le métro, il avait été abattu de huit balles, dont sept à la tête, alors qu'il était tombé à terre dans un wagon, devant de très nombreux passagers. Au lendemain du drame, la famille de la victime, soutenue par une opinion publique sous le choc, accuse les autorités britanniques d'« irresponsabilité ». Malgré cette bavure, Scotland Yard continue de justifier le protocole « tirer pour tuer », adopté face aux risques d'attentats suicides. (→ 29)

L'Égypte est aussi prise pour cible

Charm el-Cheikh, samedi 23
Il n'y a probablement pas de lien direct entre les attentats de Londres et ceux qui, vers 1 heure du matin, ont frappé cette nuit la grande station touristique égyptienne de Charm el-Cheikh, sur la mer Rouge, à la pointe du Sinaï. Sept attaques de kamikazes ont été perpétrées simultanément, dont deux avec des pick-up Suzuki dont l'enquête établira qu'ils provenaient d'un village de Bédouins. La plus violente a eu lieu à l'hôtel Ghazala Gardens, où le pick-up a forcé le hall d'entrée avant d'exploser. Au total, il y aurait 88 morts et plus de 200 blessés, presque tous égyptiens. Le choix de Charm el-Cheikh par les terroristes indique une volonté de déstabiliser le régime d'Hosni Moubarak, la méthode rappelant celle employée en Irak. Les services secrets égyptiens n'en ont pas été surpris : ils savaient que des attentats se préparaient.

Armstrong endosse son dernier maillot

Les supporters américains d'Armstrong attendaient leur champion à l'arrivée.

Paris, dimanche 24
C'est la fin d'un chapitre de l'histoire du Tour de France. Pour la septième fois consécutive, Lance Armstrong repart au Texas avec son maillot jaune sur les épaules : sept victoires, le record n'est pas prêt d'être battu ! Au terme d'une course contrôlée – comme d'habitude, est-on tenté de dire – par l'Américain, ses rivaux (qui ne l'ont jamais vraiment inquiété) ont une seule satisfaction : ils ne le reverront pas l'année prochaine. Le champion raccroche son vélo pour roucouler auprès de la chanteuse américaine Sheryl Crow, sa fiancée. Parmi ses opposants, il y en a quand même un qui aura forcé l'admiration : le Kazakh Alexandre Vinokourov, un pur guerrier qui n'a jamais capitulé et qui s'est offert de belle manière la victoire d'étape sur les Champs-Élysées. Quant à l'Italien Ivan Basso (2e au classement général), il tient la cote pour 2006. (→ 23.8)

Après s'être mariés le jeudi 21 à la mairie de Rueil-Malmaison (Hauts-de-Seine) « dans la plus stricte intimité » (mais *Paris-Match* a quand même publié des photos), le ministre de l'Emploi et de la Cohésion sociale, Jean-Louis Borloo, et Béatrice Schonberg, présentatrice vedette du journal de 20 heures de France 2, ont choisi la Toscane, en Italie, pour leur lune de miel.

payer 700 millions de dollars de dommages et intérêts en règlement de l'affaire Executive Life.

Paris, vendredi 22
Le fonds américain Starwood Capital rachète le groupe de luxe Taittinger pour 2,8 milliards d'euros. Le même jour, les Belges Philippe Lhomme et Yannick Kalantarian s'emparent du cabaret mythique du Crazy Horse.

Londres, vendredi 22
L'athlète russe Yelena Isinbayeva devient la première femme à franchir la barre des 5 m au saut à la perche.

Londres, vendredi 22
Le petit constructeur chinois Nanjing Automobile reprend MG Rover, mis en faillite il y a deux mois.

Tours, samedi 23
Fin du Congrès mondial de la population.

Hockenheim, dimanche 24
Fernando Alonso (Renault) remporte le GP de F1 d'Allemagne. (→ 31)

Venezuela, dimanche 24
Le président Hugo Chávez lance la chaîne de télévision latino-américaine Telesur pour contrer « l'hégémonie médiatique » des chaînes internationales.

Téhéran, dimanche 24
Le système judiciaire iranien reconnaît des violations des droits de l'homme dans ses prisons, y compris l'usage de la torture.

DÉCÈS

Charleston, lundi 18
William Westmoreland (*26.3.1914), général américain.

Burbank (Californie), mardi 19
Edward Bunker (*31.12.1933), figure du roman noir américain.

Mardi 26, Amadou et Mariam, les deux chanteurs aveugles maliens, qui triomphent cet été avec *Un dimanche à Bamako*, ont reçu un disque de platine des mains du ministre de la Culture Renaud Donnedieu de Vabres, à Nice.

Pernod Ricard est le n° 2 mondial

Londres, mardi 26

Après que la Haute Cour britannique a validé l'opération hier, Pernod Ricard annonce la finalisation de son OPA sur Allied Domecq, jusqu'alors n° 2 mondial des spiritueux. Avec l'acquisition du groupe britannique, le Français monte sur la deuxième marche du podium, la première restant occupée par un autre britannique, Diageo. Cette OPA est en réalité le résultat d'un partenariat entre Pernod Ricard et Fortune Brands, son homologue américain (et dorénavant n° 3 mondial). Ils ont en effet créé une société transitoire pour payer sans délai les actionnaires d'Allied Domecq (dont le capital a été ramené à zéro et qui n'est plus coté en Bourse) et de se donner du temps pour s'en répartir les actifs. Cette opération, qui a bénéficié de la neutralité bienveillante de Diageo, est chiffrée à 10,7 milliards d'euros.

La navette spatiale américaine revole

Cap Canaveral (Floride), mardi 26

Tout le monde, à la Nasa, avait à l'esprit la terrible catastrophe qui, le 1er février 2003, avait coûté la vie aux astronautes de *Columbia*. Depuis, le programme de lancement des navettes américaines avait été gelé, compromettant de ce fait celui de la station spatiale internationale (ISS). Ce fut donc un soulagement quand, à 10 h 39 (heure locale), *Discovery* a pris son envol et, moins de neuf minutes après, s'est mise en orbite. Les missions de la nouvelle navette, dont le retour est prévu le 7 août, consistent à ravitailler l'équipage de l'ISS et à y faire des réparations et de la maintenance. Le système d'isolation du gros réservoir externe orange, cause de l'accident de 2003, a été entièrement modifié, et un long bras robotique, portant plusieurs caméras à son extrémité, permet aux 7 astronautes d'inspecter eux-mêmes le bouclier thermique dont est revêtue la coque de *Discovery*. (→ 27)

Les trois moteurs de la navette et les deux fusées d'appoint allumés au décollage.

L'affaire Danone a fait réagir Villepin

Paris, mercredi 27

Démentie il y a trois jours par PepsiCo, la rumeur, née à la suite d'un article paru le 7 dans le magazine *Challenges*, selon laquelle le géant américain envisagerait une OPA hostile sur Danone reste très présente dans tous les esprits. Si bien que Dominique de Villepin, à l'occasion de sa deuxième conférence mensuelle depuis son arrivée à Matignon, a prôné le « patriotisme économique » et fait part de son intention de renforcer le contrôle des investisseurs étrangers dans les secteurs jugés sensibles et de transposer, dès la rentrée, la directive européenne sur les OPA afin de rendre le droit français plus protecteur. Une déclaration en phase avec la manière de voir de Jacques Chirac qui ce matin, en Conseil des ministres, déplorait « l'absence de stabilité du capital de grandes entreprises de notre pays ».

L'IRA offre la paix à l'Irlande du Nord

Le porte-parole de l'IRA, Seanna Walsh, a passé 21 ans dans les geôles britanniques.

Belfast, jeudi 28

C'est la première fois de son histoire que l'Armée républicaine irlandaise (IRA) parle à visage découvert : sur un DVD, son porte-parole a annoncé que tous les « volontaires » avaient reçu l'ordre de déposer les armes, que ce désarmement aurait lieu sous le contrôle de la commission internationale dirigée par le général canadien John de Chastelain, et que son combat pour la réunification de l'Irlande se poursuivrait désormais par des moyens pacifiques. Cette décision historique, qui pourrait permettre de relancer le processus de paix dit du « Vendredi saint », bloqué depuis 2002, doit probablement beaucoup à Gerry Adams, président du Sinn Féin (généralement considéré comme l'« aile politique » de l'IRA), lequel était sorti très renforcé des élections législatives britanniques du 5 mai dernier : il y avait fait son meilleur score, avec 5 sièges.

Lu	Ma	Me	Je	Ve	Sa	Di
				1	2	3
4	5	6	7	8	9	10
11	12	13	14	15	16	17
18	19	20	21	22	23	24
25	26	27	28	29	30	31

Paris, lundi 25
L'État décentralise la gestion et l'entretien de 18 000 km de routes nationales, confiés aux départements à partir du 1er janvier 2006.

Angers, mardi 26
Les parents d'Alexis Goulette, un adolescent de 15 ans atteint d'un cancer, récupèrent leur autorité parentale sur décision de justice après en avoir été privés suite à un désaccord avec un médecin sur le traitement à suivre pour leur enfant.

Amsterdam, mardi 26
Prison à vie pour Mohammed Bouyeri, meurtrier du cinéaste Theo Van Gogh.

Houston, mercredi 27
La Nasa décide de suspendre les prochains vols de navettes. Des images prises lors du décollage de *Discovery* ont montré que des morceaux d'isolant se sont détachés du réservoir. (→ 9.8)

Bagdad, mercredi 27
Le groupe Zarqaoui exécute les diplomates algériens Ali Belaroussi et Azzedine Belkadi, enlevés jeudi 21.

Kaboul (Afghanistan), mercredi 27
Arrivée du premier « charter européen », parti de Paris, avec à son bord 40 clandestins afghans arrêtés

Scotland Yard a frappé vite et fort

Londres, vendredi 29
Succès pour la brigade antiterroriste de Scotland Yard : les auteurs présumés des attentats manqués du 21 juillet sont en prison. Mokhtar Saïd Mohhamed, qui avait tenté de faire sauter un autobus, et Ramzi Mohammed, qui avait opéré à la station Oval, ont été appréhendés aujourd'hui à Londres, au terme d'une intervention musclée. Quant à Yacine Hassan Omar, qui avait été identifié à la station Warren Street, il avait été mis sous les verrous à Birmingham avant-hier. Enfin, c'est à Rome que l'homme de la station Shepherd's Bush, Osman Hussain, a été arrêté par la police italienne. Il y avait un cinquième suspect, Wahbi Mohammed, identifié plus tard. Il ne serait pas passé à l'acte et aurait abandonné sa bombe dans un parc, le Little Wormwood Scrubs. Il s'est rendu aux policiers londoniens.

Les petits enfants ont faim au Niger

Niamey, samedi 30
Philippe Douste-Blazy, le ministre des Affaires étrangères, était à l'aéroport de Niamey pour accueillir un Boeing 747 cargo chargé de denrées alimentaires destinées aux enfants du Niger. L'opération, montée par le Quai d'Orsay, est la bienvenue dans un pays où la sécheresse, les ravages causés par les crickets pèlerins et une hausse catastrophique des prix due aux règles imposées par le Fonds monétaire international (FMI) ont réduit à la famine des centaines de milliers de personnes. Mais si cette intervention est louable, elle n'en reste pas moins tardive… Dès novembre 2004, en effet, le PAM (Programme alimentaire mondial de l'ONU) avait alerté la communauté internationale, mais sans grand succès. Sur place, Médecins sans frontières (MSF) a dû assurer pratiquement seule l'aide d'urgence.

La natation française est à la fête

1

2

3

4

5

Les Championnats du monde de natation qui se sont déroulés à Montréal, au Canada, du 16 au 31 juillet, resteront dans les annales du sport français : en montant cinq fois sur le podium, les Bleus ont en effet doublé en une seule compétition le total de médailles françaises remportées lors de Mondiaux. (1) Championne olympique et d'Europe en titre, Laure Manaudou, âgée de seulement 18 ans, a confirmé son immense talent en remportant, le 24, la finale du 400 m nage libre, pour laquelle, pourtant, elle s'était qualifiée d'extrême justesse. (2) Le 19, Hugues Duboscq a réitéré son exploit d'Athènes en s'emparant de la médaille de bronze du 100 m brasse. (3) Solenne Figuès devient championne du monde du 200 m nage libre, le 27, après avoir géré sa course de main de maître. (4) Déjà vice-championne olympique à Athènes, Malia Metella enlève le 29 la médaille d'argent de l'épreuve reine, le 100 m nage libre, à égalité avec l'Américaine Coughlin. (5) Avant de faire ses adieux à la compétition, à 26 ans, Virginie Dedieu, en remportant le 21 la médaille d'or en natation synchronisée en solo, est devenue la première nageuse de la discipline championne du monde deux fois consécutivement.

sans papiers en France et en Angleterre.

Bonneville, mercredi 27
Gérard Roncoli, responsable de la sécurité du tunnel du Mont-Blanc, est condamné à 6 mois de prison ferme au procès de l'incendie qui a fait 39 morts le 24 mars 1999. Peines avec sursis pour les autres prévenus.

Angers, mercredi 27
Verdict au procès du réseau pédophile. La cour d'assises prononce un total de 525 ans de prison à l'encontre de 63 prévenus, et trois acquittements.

Francfort, jeudi 28
L'action DaimlerChrysler grimpe de 10 % après la démission surprise de Jürgen Schrempp, patron contesté du groupe.

Dublin, vendredi 29
Une Irlandaise gagne la cagnotte record de l'Euromillion : 115 436 129 euros.

Islamabad, vendredi 29
Le Pakistan renforce sa lutte antiterroriste en interdisant aux étrangers l'accès aux écoles coraniques du pays.

Washington, vendredi 29
Selon la CIA, le président iranien Ahmadinejad n'est pas un des preneurs d'otages de l'ambassade américaine à Téhéran (1979). Des ex-otages affirmaient l'avoir reconnu.

Hungaroring, dimanche 31
Kimi Raikkonen (McLaren-Mercedes) remporte le GP de F1 de Hongrie. (→ 21.8)

DÉCÈS

Paris, mardi 26
Thierry Jean-Pierre (*27.7.1955), juge d'instruction et député européen.

Faucon (Vaucluse), dimanche 31
Wim Duisenberg (*9.7.1935), ancien président de la BCE.

Comment prévenir la menace

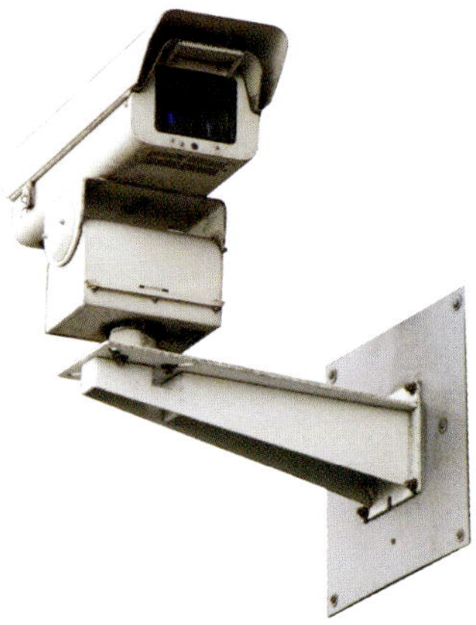

Face à la menace terroriste, les sociétés occidentales renforcent leurs moyens de prévention. En ce domaine, les États-Unis apparaissent comme des précurseurs, qui ont adopté des lois étendant le champ d'investigation des services de renseignement. Lesquelles tendent à constituer une « nouvelle normalité », entièrement basée sur le développement de la surveillance électronique.

L'information a été diffusée le 17 novembre 2005 par l'agence de presse britannique Reuters : la société israélienne Nemesysco a mis au point « un détecteur de mensonges spécialement adapté aux aéroports, afin de trahir d'éventuels pirates de l'air ou trafiquants ». Baptisé GK-1, l'appareil a été testé à l'aéroport Domodyedevo de Moscou auprès de cinq cents passagers-cobayes. Le résultat aurait été à la hauteur des promesses de l'engin. « La seule personne qui envisageait de faire quelque chose d'illégal est la seule personne qui a échoué à notre test », s'est réjoui le pdg de la société conceptrice. Le GK-1 sera bientôt commercialisé pour la somme très raisonnable,

« Protéger la patrie » de la menace terroriste : ainsi se justifient les lois d'exception adoptées aux États-Unis depuis le 11 septembre 2001 et promulguées par le président George W. Bush.

eu égard à la sécurité totale qu'il entend procurer, de 10 000 à 30 000 dollars. Plusieurs aéroports internationaux se sont déjà déclarés très intéressés, encouragés par des compagnies aériennes et des sociétés d'assurances. Sera-t-il un jour généralisé ? Ce n'est pas exclu…

SAVOIR PROTÉGER ET SE PROTÉGER

De tout temps, le pouvoir a voulu savoir. Pour protéger les habitants dont il a la charge – c'est même l'une de ses missions premières – mais aussi pour se protéger. Durant des siècles, le principal moyen d'alerte a été l'informateur, « l'indic », avertissant des menées subversives qui se tramaient contre le pouvoir en place ou désignant celui qui était suspecté de vouloir commettre – ou d'avoir commis – une infraction, crime ou délit. Mais les moyens matériels se sont développés et ont été jugés plus fiables et plus performants que les sources humaines. De même que le progrès technique a démultiplié les effets meurtriers des guerres et des répressions étatiques, il a entraîné un accroissement considérable des moyens de surveillance.

Le contexte, lui aussi, a changé. Les dangers paraissent à la fois plus nombreux, plus divers et moins tolérables. Dans la plupart des pays dit développés, les atteintes aux personnes et aux biens, des crimes de sang aux incivilités, ont augmenté de façon importante depuis les années 1970. Le développement, durant la même période, des moyens de communication les a portées à la connaissance de tous, chacun ressentant comme une menace personnelle, fût-elle géographiquement éloignée, les événements dont il se trouve médiatiquement le témoin. La contestation sociale de la mondialisation économique et financière s'est développée, parfois sous des formes violentes. Puis est survenue la menace terroriste.

Depuis le 11 septembre 2001, nul ne se sent plus en sécurité. Les quatre attaques aériennes, qui ont fait trois mille morts, ont été opérées à la fois en un lieu réputé être un sanctuaire inviolable par une force extérieure et sur un mode inédit. Et cela, nul outil de renseignement ne fut à même de le prévenir. D'autres attentats, comme ceux de Madrid et de Londres, d'Égypte, d'Indonésie ou de Jordanie, ou d'autres projets, déjoués avant d'avoir été mis à exécution, comme à Paris ou à Rome, valident régulièrement l'analyse selon laquelle la menace terroriste est devenue tout à la fois planétaire et permanente.

L'INSTALLATION D'UNE « NOUVELLE NORMALITÉ »

Face à celle-ci, l'ensemble des États occidentaux s'est lancé, avec les États-Unis, dans une « guerre contre le terrorisme », selon le mot d'ordre du président américain George W. Bush, guerre mondiale impliquant à la fois des actions offensives – dont les plus visibles sont les opérations militaires qui sont menées depuis octobre 2001 en Afghanistan et dont la France est partie prenante – et des actions défensives, qui consistent essentiellement en un renforcement des moyens de prévention, donc de surveillance des agissements de chacun. Au point que certains faits anodins de vie quotidienne sont devenus objets de curiosité, sans que cela ne suscite plus de violentes polémiques – comme il s'en produisit par exemple en France dans les années 1970 autour de la loi « Sécurité et Libertés », nombreux étant ceux qui sont désormais prêts à sacrifier un peu des secondes pour préserver la première.

Le 26 octobre 2001, George W. Bush promulguait ainsi une loi votée quelques jours plus tôt par le Congrès des États-Unis, le USA Patriot Act, qui signifie « Uniting and Strengthening America by Providing Appropriate Tools Required to Intercept and Obstruct Terrorism Act », soit « Loi pour unir et renforcer l'Amérique en

terroriste ?

fournissant les outils appropriés pour déceler le terrorisme et y faire obstacle ». Il venait renforcer l'Anti-Terrorism Act, adopté après le premier attentat islamiste contre le World Trade Center en février 1993 (une voiture piégée avait fait six morts et un millier de blessés) et sera complété, en novembre 2002, par le Homeland Security Act (« Loi de sécurité intérieure »).

L'ensemble de ces textes poursuit deux buts principaux : harmoniser le travail des différents services de renseignement, désormais placés sous l'autorité d'un ministre de la Sécurité intérieure, et étendre leur champ de compétences, les libertés individuelles dussent-elles en souffrir.

Parmi les dispositions les plus controversées du USA Patriot Act figurent l'article 215, qui autorise les agences de renseignement à prendre connaissance – et possession – des fichiers de la plupart des institutions privées du pays, parmi lesquels ceux des bibliothèques, des lieux de culte, des hôpitaux et des agences de voyages, et l'article 213, qui permet aux agents fédéraux de perquisitionner les biens personnels d'un « suspect », immobiliers ou virtuels (comme les courriers électroniques) hors de la présence de celui-ci et sans qu'il soit besoin d'un témoin. En vertu du Foreign Intelligence Surveillance Act, si le suspect ne dispose pas de la nationalité américaine, il pourra même ne jamais être informé des enquêtes menées. La possibilité de procéder à des écoutes téléphoniques (et électroniques) sans autorisation de justice est aussi singulièrement élargie.

Adopté pour une durée de cinq ans, le USA Patriot Act arrivait à échéance en décembre 2005. Le 21 juillet 2005, le jour même où Londres était la proie d'une deuxième attaque terroriste après celle qui avait fait de nombreux morts deux semaines plus tôt, la Chambre des représentants a approuvé, par 257 voix contre 171, sa prolongation pour une durée illimitée concernant quatorze de ses seize dispositions et pour une durée de dix ans pour les deux autres, celles portant sur les écoutes téléphoniques et l'accès aux fichiers personnels. Elle a été suivie par le Sénat qui, le 29 juillet, selon la procédure dite de « consentement unanime », a adopté un texte très proche sans débats ni amendements. Les deux moutures devaient encore être harmonisées afin que, comme l'avait annoncé le vice-président Dick Cheney en 2001, « beaucoup de mesures que nous avons été obligés de prendre [deviennent] permanentes dans la vie américaine ». Il ajoutait : « Elles feront partie d'une nouvelle normalité. »

FICHER LES SIX MILLIARDS DE TERRIENS

En novembre 2001 a également été adopté l'Aviation and Transportation Security Act (« Loi pour la sécurité aérienne et des moyens de transport »), qui exige de toutes les compagnies aériennes du monde qu'elles fournissent aux douanes américaines les données personnelles de tous les passagers à destination des États-Unis, ou appelés à y faire escale, et cela un quart d'heure au moins avant le décollage de l'appareil, ce qui constitue un fait inédit de loi américaine à portée extraterritoriale. Les pays tiers peuvent bien sûr s'y refuser, à condition d'accepter que leurs habitants ne puissent plus se rendre aux États-Unis.

En juin 2002, le système a été simplifié : les douanes américaines ont obtenu un accès informatique direct aux « dossiers passagers » des compagnies, lesquels doivent comprendre près de quarante critères, dont les antécédents de voyages des passagers, le numéro de leur carte de crédit, le nom de leur employeur ou leurs habitudes alimentaires, ce qui permet de présumer de leur religion. Depuis février 2003, les informations recueillies peuvent être communiquées à la CIA et au FBI et, plus généralement, à tout service de police susceptible d'être concerné, et les dispositions ont été étendues, dans les faits, à des voyageurs ayant simplement eu à survoler le pays, sans même devoir y faire escale.

Malgré l'opposition du Parlement européen à cet ensemble de mesures, contraires à la directive du 17 janvier 1995 sur la « transmission de données personnelles », qui stipule que celles-ci « ne peuvent être transmises à un pays tiers », la Commission européenne les a entérinées le 5 mars 2003. De même l'Union européenne a-t-elle accepté la généralisation des passeports biométriques et fait obligation à tous les pays membres de doter ses habitants de ce document, conformément à l'exigence présentée par les États-Unis. À partir du 26 octobre 2006, nul ne pourra entrer aux États-Unis, sauf à solliciter un visa long et coûteux, s'il n'en est pas muni. Les données y figurant seront copiées et conservées, et mises à disposition des services de renseignement.

D'autres projets vont encore plus loin. Ainsi du programme TIA – signifiant à l'origine Total Information Awareness (« Connaissance totale de l'information »), le sigle a été maintenu pour sa nouvelle appellation : Terrorism Information Awareness –, programme par lequel le Pentagone (le ministère américain de la Défense) espère pouvoir collecter et croiser les bases de données du monde entier, publiques comme privées, pour détecter les comportements individuels suspects et engager, le cas échéant, des actions préventives.

Un projet qui consiste ni plus ni moins qu'à réaliser le fichage le plus précis possible des plus de six milliards de Terriens, afin d'en neutraliser les individus tenus pour dangereux…

Si la vidéosurveillance, particulièrement développée à Londres, n'a pas suffi à empêcher les attentats commis dans le métro les 7 et 21 juillet 2005, elle a permis d'en identifier rapidement les auteurs (ci-dessous à Westbourne Park).

Bruno Larebière

Un Canadair s'écrase au cours d'une intervention en Corse

Les obsèques des pilotes se sont déroulées le 5 sur la base de Marignane, près de Marseille.

Haute-Corse, lundi 1er
Après le crash d'un Tracker dans le Var, en juillet, dont le pilote était sorti sain et sauf, un autre avion de la Sécurité civile s'est écrasé aujourd'hui en Corse. Alors qu'il intervenait dans un incendie sur la colline de Pietra Maggiore, près de Calvi, le Canadair Pélican 36 s'est abîmé au sol, tuant à la fois le pilote et le copilote. Problème d'usure ? Défaillance technique ? Erreur de pilotage ? Tandis qu'une enquête a été ouverte pour faire la lumière sur les causes du crash, les dix autres Canadair CL-415 de la Sécurité civile restent au sol afin de détecter d'éventuels défauts structurels sur ce type d'appareils. Une immobilisation nécessaire mais dommageable en cette période où les Canadair sont indispensables pour faire face aux feux de forêt qui sévissent dans le sud de la France. Les hélicoptères Air-Crane, les avions Tracker et les nouveaux Dash 8 prennent pour le moment le relais.

L'ennemi de l'ONU nommé à l'ONU…

Le 2, John Bolton présente ses lettres de créance à Kofi Annan, au siège de l'ONU.

Washington, lundi 1er
George W. Bush a attendu le premier jour des vacances du Sénat, où il s'était heurté à une opposition résolue, pour nommer John Bolton ambassadeur des États-Unis à l'ONU. Par décret, comme l'y autorise dans ce cas la Constitution. Les sénateurs démocrates, et aussi certains républicains, sont consternés. Cet avocat né le 20 novembre 1948 est en effet un adversaire déclaré de l'ONU et un partisan du retrait des États-Unis de l'organisation. En 1994, il avait même dit que l'on pourrait sans inconvénient raser une dizaine d'étages de son bâtiment, à New York… Ultraconservateur, lié au vice-président Dick Cheney qui lui attribua un sous-secrétariat d'État sous le premier mandat de Bush, c'est un défenseur convaincu de l'unilatéralisme. En 2003, il a violemment critiqué le Tribunal pénal international (TPI), qualifié par lui d'« idée produite par le romantisme d'esprits confus, non seulement naïve, mais dangereuse ». On le dit proche de la secte Moon.

La mort de John Garang déclenche des émeutes au Soudan

Khartoum, lundi 1er
Le couvre-feu a été instauré ce soir dans la capitale du Soudan, après une journée d'émeutes qui ont aussi embrasé la plupart des grandes villes du Sud. Une centaine de morts sont à déplorer dans tout le pays. À l'annonce de la mort de leur leader John Garang, dans un accident d'hélicoptère survenu dans la nuit de samedi à dimanche, ses partisans ont crié à l'« assassinat » et sont descendus dans la rue pour « venger » celui qui, au terme d'un processus de réconciliation entre le gouvernement et la rébellion sudiste, ouvert le 9 janvier dernier, était devenu vice-président du Soudan. Le président Omar al-Bachir a affirmé à la télévision que « la paix poursuivrait son chemin », tandis que le sultan Deng Macham, dignitaire sudiste proche du disparu, confirmait la version de l'accident et appelait les émeutiers au calme. L'ex-rébellion a désigné Salva Kiir Mayardit pour succéder à John Garang.

Né le 23 juin 1945, John Garang avait fondé en 1983 l'Armée populaire de libération du Soudan (SPLA) pour lutter contre l'islamisation du Sud, chrétien et animiste.

Lu	Ma	Me	Je	Ve	Sa	Di
1	2	3	4	5	6	7
8	9	10	11	12	13	14
15	16	17	18	19	20	21
22	23	24	25	26	27	28
29	30	31				

France, lundi 1er
Chute du taux de rémunération du livret A, qui passe de 2,5 % à 2 %.

France, lundi 1er
Entrée en vigueur de la loi Chatel.

Dakota du Sud, lundi 1er
Fin du premier grand nettoyage pour les présidents américains du mont Rushmore, taillés dans la roche entre 1927 et 1941 par Gutzon Borglum.

Toronto (Canada), mardi 2
Un Airbus A340 d'Air France sort de piste et prend feu à l'atterrissage. Les 297 passagers et 12 membres d'équipage ont pu être évacués avant que l'avion ne s'embrase. (→ 6)

Paris, mardi 2
Scandale à l'hôpital Saint-Vincent-de-Paul. 351 fœtus et corps d'enfants mort-nés ont été découverts stockés dans la chambre mortuaire, certains d'entre eux depuis 20 ans, en dehors de tout cadre juridique.

Londres, mercredi 3
Inauguration de la statue de cire du prince William au musée Tussaud.

Iran, mercredi 3
Investiture de Mahmoud Ahmadinejad à la tête de l'État, sur fond de tensions internationales vis-à-vis de Téhéran

L'arme de Villepin pour l'embauche

Paris, mardi 2
Pour Jacques Chirac, « les outils sont en place pour déclencher une dynamique nouvelle sur le marché du travail ». Le Conseil des ministres a approuvé les six ordonnances par lesquelles Dominique de Villepin entend mettre en œuvre son plan d'urgence pour l'emploi. Mesure clé du plan : le contrat nouvelle embauche (CNE), réservé aux entreprises de 20 salariés maximum et qui permet aux employeurs, pendant deux années, de le rompre sans motif ; si le CNE n'est pas rompu au bout de ces deux années, il devient automatiquement un CDI. Le Premier ministre compte ainsi lever les freins à l'embauche, et le ministre de l'Emploi, Jean-Louis Borloo, en attend des « effets massifs ». Pour les syndicats, le CNE viole le Code du travail, tandis que le Medef regrette qu'il n'ait pas été étendu à toutes les entreprises.

Zoom sur

LA LOI CHATEL

Adoptée le 20 janvier 2005 par l'Assemblée nationale, cette loi, du nom du député de la Haute-Marne qui l'a proposée, rendra plus aisée la résiliation des contrats tacitement renouvelables : les prestataires devront désormais informer le consommateur, dans un délai de trois à un mois avant « le terme de la période autorisant le rejet de la reconduction, de la possibilité de ne pas reconduire le contrat ». La loi vise aussi à mieux encadrer le crédit renouvelable et à lutter contre le surendettement en améliorant l'information du consommateur. Enfin, elle tend à relancer le crédit à la consommation en élargissant les espaces de publicité autorisés pour le crédit gratuit.

L'Arabie saoudite a un nouveau roi

Riyad, mardi 2
Comme le veut la tradition wahhabite, c'est dans la plus grande simplicité que le roi Fahd d'Arabie a été inhumé dans le carré royal du cimetière de Riyad. De nombreux chefs d'État et de gouvernement étaient venus aux obsèques, dont Jacques Chirac. Décédé hier des suites d'une infection pulmonaire, Fahd était l'un des 43 fils d'Abd al-Aziz Ibn Séoud, le fondateur de l'Arabie saoudite. Né en 1921 ou 1923 (selon les sources), Fahd Ibn Abd al-Aziz al-Séoud avait succédé à son frère Khaled en 1982 et amorcé une timide ouverture politique tout en renforçant l'alliance américaine lors de l'invasion du Koweït par l'Irak, en 1990. Mais une embolie cérébrale le contraignit, en 1995, à déléguer l'exercice réel du pouvoir à l'un de ses frères, le prince Abdallah (Abdallah Ibn Abd al-Aziz Ibn Séoud). Qui a pris hier le titre de roi.

Lundi 8, la police découvre le trou creusé par des malfaiteurs pour accéder, ce week-end, au coffre de la Banque centrale de Fortaleza, au Brésil. Leur butin : 150 millions de réis (52 millions d'euros) !

Adidas annonce le rachat de Reebok

Francfort, mercredi 3
Adidas, n° 2 mondial de l'équipement sportif, défie son rival américain Nike, leader de ce secteur, en annonçant le rachat du n° 3, le Bostonien Reebok, pour la somme de 3,1 milliards d'euros. Avec un chiffre d'affaires combiné de 9 milliards d'euros en 2004, le nouveau groupe va se rapprocher du géant américain (11 milliards d'euros cette même année). Ce rachat permettra également à la marque allemande, n° 1 européen, de s'implanter sur le marché porteur d'Amérique du Nord et d'enrichir sa liste de sportifs sous contrat, avec des stars du basket américain, mais aussi la tenniswoman Amélie Mauresmo et le club de football FC Liverpool. Grâce à ce mariage, Reebok peut, avec Adidas, retrouver la première place mondiale qu'il avait occupée dans les années 1980 avant d'être dépassé par Nike.

Tony Blair se donne les moyens de combattre le terrorisme

Le 6, soit le lendemain de l'annonce de Tony Blair, le prédicateur islamiste Omar Bakri Mohammed quittait précipitamment Londres pour prendre des vacances au Liban…

Londres, vendredi 5
« Les règles du jeu ont changé. » C'est en ces termes que le Premier ministre britannique a présenté son dispositif de lutte antiterroriste. Le droit d'asile sera désormais refusé à quiconque aura été mis en cause dans une affaire de terrorisme, les expulsions seront facilitées, les organisations islamiques prêchant la « guerre sainte » seront interdites. Ces mesures musclées, qui impliquent une remise en question de certaines traditions juridiques britanniques, ont été prises par Tony Blair à un moment où l'enquête sur les attentats du 7 juillet est pratiquement au point mort. Toutefois, une hypothèse se dessine, émise par la police new-yorkaise et non démentie par Scotland Yard : les quatre kamikazes auraient été des « kamikazes involontaires », leurs charges ayant été mises à feu à distance, par téléphone mobile. La question est évidemment de savoir qui, dans ce cas, les a manipulés.

qui a annoncé hier la reprise de ses activités nucléaires sensibles. (→ 10)

Kaboul (Afghanistan), jeudi 4
L'Italie prend la tête de l'Isaf.

Ottawa, jeudi 4
La journaliste québécoise d'origine haïtienne Michaëlle Jean devient la première Noire gouverneure générale du Canada, représentante de la reine Élisabeth II dans ce pays.

Paris, vendredi 5
Parution au *JO* du décret sur le contrôle des chômeurs. Il institue une gradation des sanctions et donne aux Assedic le pouvoir de suspendre les allocations.

Drôme, vendredi 5
Le chanteur Renaud épouse Romane Serda à Châteauneuf-de-Bordette.

Italie, samedi 6
Crash d'un ATR-72 de la Cie charter tunisienne Tuninter au large de la Sicile. Treize morts et trois disparus parmi les 39 occupants. (→ 14)

Londres, dimanche 7
Arrestation de Haaron Aswat, extradé de Zambie. Ce Britannique d'origine indienne est soupçonné d'avoir joué un rôle dans les attentats du 7 juillet.

Baie de Kamtchatka, dimanche 7
Un robot sous-marin anglais sauve sept marins russes, prisonniers depuis jeudi de leur bathyscaphe, bloqué par des câbles par 190 m de fond.

DÉCÈS

La Havane (Cuba), samedi 6
Ibrahim Ferrer (*20.2.1927), chanteur cubain du Buena Vista Social Club.

Inverness (Écosse), samedi 6
Robin Cook (*28.2.1946), ex-ministre britannique des Affaires étrangères.

L'Iran réactive son site de conversion de minerai d'uranium

Ispahan, mercredi 10
Comme les Iraniens l'avaient annoncé, les scellés posés par l'Agence internationale de l'énergie atomique (AIEA) sur le site de conversion d'uranium de l'usine d'Ispahan ont été brisés. L'Iran, soutenu au conseil des gouverneurs de l'AIEA par les pays non alignés, entend maîtriser la chaîne nucléaire pour préserver son indépendance énergétique, raison pour laquelle Téhéran a rejeté les propositions de l'Union européenne visant à fournir une aide substantielle à l'Iran en échange d'une renonciation à la conversion. Il faut savoir que celle-ci est indispensable à la production de combustible, mais qu'elle permet aussi l'enrichissement, première étape de la fabrication de l'arme nucléaire. Tout le problème est là. Signataire du Traité de non-prolifération (TNP), l'Iran clame sa bonne foi. Ni les États-Unis ni l'UE ne voulant envenimer les choses, il n'est pas encore question de porter l'affaire devant le Conseil de sécurité. (→ 24.9)

À Ispahan, les techniciens apportent un bidon de minerai d'uranium (aussi appelé «yellowcake») pour le convertir en tétrafluorure et en hexafluorure d'uranium.

Les Chinois n'iront pas en Amérique

New York, mercredi 10
Les actionnaires d'Unocal, la neuvième société pétrolière américaine, ont voté son rachat par Chevron Texaco pour le montant de 17,1 milliards de dollars. Ce vote met un point final au feuilleton qui avait mis en émoi l'Amérique. Le 23 juin, la société chinoise Cnooc, dont Pékin est actionnaire à 70 %, avait fait une offre de 18,5 milliards de dollars. Encore fallait-il l'accord du Congrès. Or, le 26 juillet, une commission *ad hoc* réunissant des membres du Sénat et de la Chambre des représentants s'accordait un délai de 121 jours pour prendre position… Les actionnaires d'Unocal devant se réunir ce 10 août, Cnooc n'a pas attendu bien longtemps pour comprendre qu'il était indésirable. Le mardi 2 août, la société chinoise retirait son offre, invoquant « une opposition politique sans précédent, au détriment des actionnaires d'Unocal ».

Au moins 200 000 opposants au retrait de la bande de Gaza se sont rassemblés le 11 à Tel-Aviv, place Rabin, pour protester contre l'évacuation des 21 colonies juives qui commencera le 15. Face à la menace d'une mobilisation extrémiste qui paralyserait le désengagement, l'armée israélienne a fermé deux jours plus tôt que prévu l'entrée des colonies aux non-résidents.

Doucouré est le nouveau roi des haies

Helsinki, dimanche 14
Bilan très satisfaisant pour les Français aux Championnats du monde d'athlétisme qui s'achèvent aujourd'hui : avec sept médailles, l'équipe de France, qui se classe sixième, réalise sa meilleure performance au cours d'une compétition mondiale disputée à l'étranger. En remportant, le vendredi 12, le 110 m haies devant le champion olympique chinois Liu Xiang, Ladji Doucouré, âgé de 22 ans, fait figure de nouvelle star de l'athlétisme français, et ce d'autant plus qu'il a aussi empoché le 4 x 100 m, avec Ronald Pognon, Lueyi Dovy et Eddy De Lépine. Côté filles, Eunice Barber a remporté l'argent à l'heptathlon et le bronze au saut en longueur, tandis que Christine Arron, médaillée de bronze aux 100 et 200 m, a vu son talent enfin récompensé au niveau mondial. Troisième au 1 500 m, Bouchra Ghezielle a complété ce magnifique palmarès.

Doucouré a effacé le mauvais souvenir de sa chute en finale lors des JO d'Athènes.

Lu	Ma	Me	Je	Ve	Sa	Di
1	2	3	4	5	6	7
8	9	10	11	12	13	14
15	16	17	18	19	20	21
22	23	24	25	26	27	28
29	30	31				

France, lundi 8
Hausse de 7 % du nombre de morts sur les routes en juillet.

New York, lundi 8
Le Russe Alexander Yakovlev plaide coupable de corruption dans l'affaire Pétrole contre nourriture. (→ 12.10)

Edwards (Californie), mardi 9
Retour sur terre sans encombre pour *Discovery* et ses sept astronautes.

Arcachon, mercredi 10
Feu vert au redécollage des Canadair, cloués au sol depuis dix jours.

Khartoum, jeudi 11
Salva Kiir Mayardit est investi à la vice-présidence soudanaise, en remplacement de feu John Garang.

Varnava (Grèce), dimanche 14
121 morts dans le crash d'un B737 de la Cie chypriote grecque Helios. (→ 14)

Paris, dimanche 14
Yannick Noah ravit à Zidane le titre de personnalité préférée des Français.

DÉCÈS

Northeast Harbor (Maine), lundi 8
Barbara Bel Geddes (*31.10.1922), mère de JR dans la série TV *Dallas*.

La Rochelle, mardi 9
Colette Besson (*7.4.1946), ancienne championne olympique du 400 m.

Un crash au Venezuela plonge la Martinique dans le deuil

Les restes des victimes seront transférés à Maracaibo, où ils seront indentifiés.

François Baroin, ministre de l'Outre-mer, a immédiatement gagné la Martinique.

Venezuela, mardi 16
Nouvelle catastrophe aérienne, la quatrième en deux semaines : un MD-82 de la compagnie West Caribbean s'est écrasé, à l'ouest du Venezuela, dans la région montagneuse de la sierra de Perijá, à 3 h 30 heure locale (soit 9 h 30 heure française), dans la nuit de lundi à mardi. Les 152 passagers, des Martiniquais rentrant de vacances, ainsi que les 8 membres de l'équipage colombien, ont péri. L'appareil, parti de Tocumen au Panamá et à destination de Fort-de-France, survolait la Colombie lorsque le pilote a demandé l'autorisation de se poser d'urgence à l'aéroport le plus proche, celui de Maracaibo, au Venezuela. Mais il ne l'a jamais atteint. Cette catastrophe relance le problème de la sécurité aérienne et en particulier celle des vols low-cost. Le crash, survenu malgré de récents contrôles sur l'appareil, est pour la West Caribbean le deuxième accident grave de l'année. En Martinique, l'émotion est immense. (→ 24)

Le président Lula dans la tourmente

Brasília, dimanche 21
Antonio Palocci a convoqué la presse pour démentir les accusations de corruption qui pèsent sur lui. Le ministre de l'Économie brésilien est la dernière personnalité impliquée dans l'affaire de pots-de-vin qui empoisonne la vie politique du Brésil depuis trois mois et qui menace de plus en plus directement le président Lula. Le 18 mai, l'hebdomadaire *Veja* publiait une vidéo montrant un cadre des postes négociant une somme d'argent pour un député d'un petit parti de la coalition au pouvoir, Roberto Jefferson. Le 6 juin, ce dernier « mangea le morceau » et étala tout un système de corruption organisé pour le Parti des travailleurs de Lula par le chef de cabinet du président, José Dirceu, et allant jusqu'à la « mensualisation » de certains députés. Lula fait front, mais, le 12 août, un sondage le donnait perdant à la présidentielle de 2006. (→ 14.9)

Frère Roger est tué pendant la prière

Taizé, mardi 16
Fondateur de la communauté œcuménique de Taizé (Saône-et-Loire), frère Roger (*12.05.1915) a été, en présence de 2 500 fidèles réunis pour la prière du soir, mortellement frappé de trois coups de couteau par une Roumaine âgée de 36 ans. Placée en garde à vue, la jeune femme a affirmé qu'elle ne voulait pas l'assassiner, mais seulement attirer son attention. Reste à établir si, du point de vue psychiatrique, elle est responsable de ses actes. Suisse et protestant, Roger Schutz-Marsauche était arrivé à Taizé en août 1940 avec l'intention de fonder une communauté monastique vouée à la réconciliation entre chrétiens. Celle-ci compte à présent une centaine de frères de plusieurs confessions chrétiennes et originaires d'une trentaine de pays. Frère Aloïs, un catholique allemand de 51 ans, succède à frère Roger, dont les obsèques auront lieu le 23 août.

Frère Roger, 90 ans, avait reçu en 1988 le prix Unesco de l'éducation pour la paix.

Le pape parle de Dieu à la jeunesse

Cologne, dimanche 21
C'était un peu la minute de vérité pour Benoît XVI, confronté pour la première fois à la foule des fidèles à l'occasion des Journées mondiales de la jeunesse qui se sont achevées à Cologne, dans son Allemagne natale. Ouvertes mardi, les JMJ ont permis au successeur de Jean-Paul II d'affirmer sa différence. Samedi, aux centaines de milliers de filles et de garçons venus l'écouter, il a recentré le discours de l'Église sur un axe spirituel, reléguant au second plan les préoccupations morales et « sociétales » chères à son prédécesseur. Hier encore, le pape avait reçu des représentants de la communauté musulmane d'Allemagne. Et, vendredi, il s'était rendu à la synagogue de Cologne où, accueilli par le rabbin Netanel Teitelbaum, il avait appelé à « l'amitié avec le peuple juif ».

Lula

Appelé Lula (le « calmar ») Luiz Inácio da Silva (*27.10 1945) est un ancien ouvrier métallurgiste qui, en 1980, fonda le Parti des travailleurs (PT), de tendance trotskiste. Candidat malheureux à la présidence du Brésil en 1989, 1994 et 1998, il fut finalement élu en 2002. Les inquiétudes qu'avait pu susciter son discours gauchiste ont été rapidement dissipées, Lula ne remettant pas en cause l'économie de marché et se pliant aux règles de rigueur du FMI. Il a permis au Brésil de maîtriser l'inflation et de recueillir des excédents commerciaux sans précédent. Mais il a dû réviser à la baisse ses promesses sociales, d'où des déceptions dans son électorat le plus populaire.

Lu	Ma	Me	Je	Ve	Sa	Di
1	2	3	4	5	6	7
8	9	10	11	12	13	14
15	16	17	18	19	20	21
22	23	24	25	26	27	28
29	30	31				

Bande de Gaza, lundi 15
Début du retrait israélien. Les colons juifs ont 48 heures pour partir. Passé ce délai, l'armée et la police israéliennes pourront employer la force. (→ 23)

Sofia (Bulgarie), mardi 16
Sergueï Stanichev prend la tête d'un gouvernement de coalition tripartite.

À bord de l'ISS, mardi 16
Le cosmonaute russe Sergueï Krikalev devient l'homme qui a passé le plus de temps dans l'espace : 748 jours.

Dacca, mercredi 17
459 bombes artisanales de faible puissance explosent quasi simultanément dans plusieurs villes du Bangladesh, semant la panique et faisant deux morts.

Montpellier, mercredi 17
Retour de Zinédine Zidane chez les Bleus à l'occasion de France-Côte d'Ivoire (3-0).

Russie, jeudi 18
La grippe aviaire atteint la Kalmoukie, aux portes de l'Europe. (→ 14.9)

Londres, samedi 20
Fin du mystère autour du pianiste amnésique. Andreas Grassl se souvient qu'il est allemand et homosexuel.

Istanbul, dimanche 21
Kimi Raikkonen (McLaren) gagne le premier GP de Turquie (F1). (→ 4.9)

Un lundi très noir pour la chaussure

Romans-sur-Isère (Drôme), lundi 22
La capitale française de la chaussure a connu aujourd'hui son jour le plus noir. Stéphane Kélian Production, la filiale de fabrication du chausseur Stéphane Kélian (groupe Francesco Smalto), s'est vu mis en liquidation judiciaire par le tribunal de commerce de Romans, à la colère des 143 salariés et du maire, qui soupçonnent des manœuvres frauduleuses. Cette société avait déposé son bilan le 11 août. Mais ce n'est pas tout. Car, de son côté, le chausseur Charles Jourdan a annoncé ce même lundi qu'il se déclarerait dès mardi en cessation de paiement et qu'il déposerait le bilan de ses trois principales filiales : ce sont 432 emplois au total qui sont menacés. Mercredi, le tribunal de commerce leur accordera un répit en plaçant Charles Jourdan en redressement judiciaire pour six mois au cours desquels des repreneurs devront être trouvés. (→ 28.10)

Le 26, l'ultime épisode de l'émission de télé-réalité de TF1 *Mon incroyable fiancé* a réuni le chiffre record de près de 9 millions de téléspectateurs. Adeline, la candidate, a empoché 200 000 euros.

Armstrong était-il dopé en 1999 ?

Paris, mardi 23
« Le mensonge d'Armstrong. » Un mois après la fin du septième Tour de France remporté par le Texan, qui a mis fin à sa carrière, ce gros titre de *L'Équipe* fait l'effet d'un coup de tonnerre. Le quotidien affirme en effet qu'Armstrong a eu recours à l'EPO lors de son premier Tour victorieux, en 1999. Les analyses ont été effectuées par le laboratoire de Châtenay-Malabry qui a mis au point le procédé de détection de l'EPO, sur des échantillons d'urine d'Armstrong et de six autres coureurs, prélevés et congelés entre 1998 et 1999. *L'Équipe* précise cependant qu'aucune sanction ne devrait découler de ces contrôles réalisés dans des conditions particulières. Toutefois, l'Agence mondiale antidopage envisage de prendre des mesures. Lance Armstrong, souvent soupçonné mais jamais contrôlé positif en course, a toujours nié et nie encore. (→ 15.9)

Joan Baez

Incarnant à elle seule toute une génération de chanteurs engagés, Joan Baez est née d'un père mexicain en 1942 à Staten Island (New York, États-Unis). Après des études en Californie, elle se lance dans la musique folk. En cette Amérique des années 50 et 60 marquée par les inégalités sociales et les problèmes raciaux, ses textes se font bientôt plus politiques. Lors de la célèbre manifestation pour les droits civiques à Washington, en 1963, c'est elle qui entonne *We shall overcome*. Elle milite également contre la guerre du Vietnam et fait trois mois de prison pour avoir bloqué l'accès à un terrain militaire. Dans les années 70, elle s'insurge contre les dictatures sud-américaines et, en 1993, en pleine guerre de Bosnie, chante dans Sarajevo assiégée.

Les colons juifs évacués en sept jours

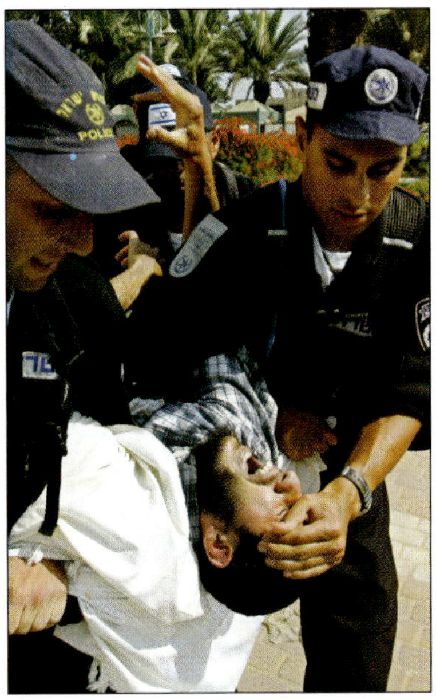

Évacuation manu militari *de la colonie de Kfar Darom, à Gaza, jeudi dernier.*

Cisjordanie, mardi 23
Ariel Sharon a gagné son pari, et même très largement puisque l'évacuation des colonies juives de la bande de Gaza et de quatre implantations en Cisjordanie a été parachevée avec 15 jours d'avance sur le calendrier. Aujourd'hui, ce sont les colons de Sa-Nour et Homesh, dans le nord de la Cisjordanie, que l'armée israélienne a rapatriés. Et hier, les derniers irréductibles étaient évacués de la bande de Gaza. Il aura donc fallu seulement une semaine aux militaires et aux policiers pour réussir avec assez peu d'incidents une opération qui aurait dû plonger Israël dans la guerre civile, du moins à entendre l'extrême droite. Or, si la mobilisation contre l'évacuation a été forte dans les rues de Tel-Aviv, elle a été pratiquement inexistante dans les colonies. Beaucoup de colons n'avaient du reste pas attendu d'y être contraints et forcés pour revenir au pays. (→ 12.9)

Le Portugal dévasté par des incendies

Dimanche, le président Jorge Sampaio a appelé à l'unité et à la solidarité nationales.

Portugal, mardi 23
La découverte, hier soir, près d'Ourém, du corps carbonisé d'une femme âgée porte à 15 le nombre des victimes des incendies qui ravagent le Portugal. La terrible sécheresse qui affecte le pays et l'état d'abandon dans lequel, depuis des décennies, sont laissées les forêts, ont eu pour autre conséquence la destruction de quelque 135 000 hectares en 4 jours. Et aujourd'hui encore, 11 feux restaient hors contrôle. Les 38 avions et hélicoptères dont disposent les Portugais pour lutter contre les incendies ont été renforcés par neuf appareils fournis par la France, l'Espagne, l'Allemagne, l'Italie et les Pays-Bas. Ana-Paula Laissy, porte-parole de la Commission européenne pour les affaires extérieures, a déclaré que le Portugal pourrait faire appel au fonds de solidarité de l'UE. Qui n'est débloqué que lorsque les dégâts sont supérieurs à 0,6 % du PIB.

Lu	Ma	Me	Je	Ve	Sa	Di
1	2	3	4	5	6	7
8	9	10	11	12	13	14
15	16	17	18	19	20	21
22	23	24	25	26	27	28
29	30	31				

Paris, lundi 22
18 investisseurs français et étrangers ont déposé une offre pour la reprise des trois sociétés d'autoroutes mises en vente par l'État.

Gaza, lundi 22
Libération du preneur de son de France 3 Mohamed Ouathi, enlevé dimanche 14 alors qu'il venait couvrir l'évacuation des colons juifs.

Paris, lundi 22
Premier conseil d'administration et naissance officielle de l'opérateur téléphonique Neuf Cegetel, issu de la fusion entre Neuf Telecom et Cegetel.

New York, lundi 22
Maria Sharapova devient la première Russe n° 1 mondial du tennis féminin.

Bruxelles, mardi 23
La Socpresse de Serge Dassault se désengage du groupe Rossel, éditeur du quotidien *Le Soir*, qui redevient belge à 100 %.

Fréjus, mardi 23
Le tunnel du Fréjus, fermé le 4 juin suite à un incendie, est rouvert à la circulation dans les deux sens.

Puccalpa (Pérou), mardi 23
41 morts et 57 blessés dans le crash d'un Boeing 737 de la Cie d'État Tans.

Reprise du travail à l'usine Nestlé

Marseille, mercredi 24
Ce n'est qu'une victoire d'étape pour les 427 salariés de l'usine Nestlé de Saint-Menet (Bouches-du-Rhône) et pour la CGT qui les représente. En référé, le tribunal de grande instance de Marseille a ordonné au groupe alimentaire suisse de reprendre la production. Une affaire qui avait débuté avec l'annonce par la direction, au mois de mai dernier, de la fermeture de Saint-Menet. Sur le fond, la direction maintient son intention, la cour d'appel d'Aix-en-Provence devant se prononcer à la rentrée prochaine sur le plan social prévu par Nestlé. Mais la procédure de consultation n'ayant pas été respectée et les salariés ayant occupé l'usine, le TGI avait ordonné le 7 juillet l'évacuation du site et sa remise en état de marche, ce que Nestlé a interprété comme une mise en sommeil. D'où le jugement d'aujourd'hui : la production doit redémarrer le 5 septembre.

Une mère devient un symbole de paix

Cindy Sheehan devant le ranch de Bush. Depuis mars 2003, 1 877 soldats américains ont trouvé la mort en Irak.

Crawford (Texas), samedi 27
Deux mille militants réunis aujourd'hui à Crawford, devant la résidence estivale du président américain, ont entonné avec la chanteuse Joan Baez la mélodie de *Amazing Grace*. Tous étaient venus prêter main-forte à Cindy Sheehan, la mère d'un soldat tué en Irak le 4 avril 2004, qui, depuis le 6 août, campe près du ranch présidentiel. D'ailleurs, celui-ci a été rebaptisé « Camp Casey », en mémoire du fils de Cindy, qui a juré de rester sur place tant qu'elle n'obtiendrait pas d'entretien avec le président. Mais ce dernier refuse de la recevoir. Cindy Sheehan, 48 ans, qui a pris part à plusieurs manifestations hostiles à George W. Bush et a fondé, avec les familles d'autres soldats tués, le « Gold Star Families for Peace », est devenue le symbole du mouvement antiguerre. La popularité du président n'a jamais été aussi basse : selon un sondage Gallup, 56 % des Américains désapprouvent en effet son action en Irak.

Constitution déjà contestée en Irak

Bagdad, dimanche 28
Avec treize jours de retard, le projet de Constitution de l'Irak a été lu devant le Parlement. Il ne fait pas l'unanimité, les représentants des sunnites ayant d'ores et déjà annoncé qu'ils appelleraient à un vote négatif lorsqu'il sera soumis aux suffrages des Irakiens, le 15 octobre. Les sunnites reprochent essentiellement à ce projet un excès de fédéralisme qui, à terme, pourrait selon eux conduire au démantèlement de l'État. Or, il suffirait que trois provinces sur dix-huit votent non à la majorité des deux tiers pour qu'il soit rejeté. Ce qui, théoriquement, n'est pas impossible. Le texte fait aussi bondir les progressistes par l'article 14, qui ramène les droits de la femme loin en arrière en la soumettant à la charia : les Irakiennes deviendront des « semi-humaines », estime Yanar Mohammed, la présidente de l'Organisation pour la liberté des femmes en Irak. (→ 15.10)

Pékin et Moscou montrent leurs forces

Le général russe Iouri Balouïevski et son homologue chinois Liang Guanglie (à d.).

Chine, jeudi 25
Le Kremlin a assuré que les manœuvres militaires sino-russes qui s'achèvent au large de la province du Shandong, dans la mer Jaune, ne simulent pas un blocus de la Corée du Nord ou de Taïwan. Les experts en géopolitique veulent bien le croire dans le premier cas, mais ils sont plus dubitatifs quant au second… Ces manœuvres, fort bizarrement baptisées « Mission de paix 2005 », étaient théoriquement organisées dans le cadre de la lutte antiterroriste. On ne s'explique pas, alors, pourquoi les Chinois et les Russes ont déployé autant de navires de guerre (140), dont des sous-marins, et des bombardiers à long rayon d'action ! Commencée le 18 août à Vladivostok, l'opération embarrasse quelque peu les Russes, qui auraient préféré un théâtre moins sensible pour montrer aux États-Unis que leur alliance militaire avec la Chine devait être prise au sérieux.

Le 24, à Fort-de-France, dans un stade Dillon comble, un hommage national a été rendu aux 160 victimes du crash du 16 au Venezuela. Aux côtés de Jacques Chirac, Alfred Marie-Jeanne, président du conseil régional de la Martinique, François Baroin, ministre de l'Outre-mer, Hugo Chávez, président du Venezuela, Serge Letchimy et Aimée Césaire, actuel et ancien maires de Fort-de-France (de g. à dr. sur la photo) assistaient à la cérémonie. (→ 30.10)

Union européenne, mardi 23
Alors que les incendies font rage en Espagne et au Portugal, des pluies torrentielles s'abattent sur la Bulgarie et la Roumanie, faisant plus de 50 morts.

Saint-Denis, mercredi 24
Le Secours populaire fête ses 60 ans en offrant un grand spectacle au Stade de France à 60 000 enfants qui ne partent pas en vacances.

Guiglo, mercredi 24
Nouvel échec du désarmement des milices ivoiriennes, censé débuter le 27 juin et reporté depuis. (→ 27.9)

Paris, jeudi 25
Paris-Match « officialise » la rupture du couple Sarkozy en publiant des photos de Cécilia et de son ami présumé.

Port-Bourgenay (Vendée), jeudi 25
Le Breton Jérémie Beyou (*Delta Dore*) remporte la 36e édition de la Solitaire Afflelou-*Le Figaro* à la voile.

Bujumbura, vendredi 26
Prestation de serment du nouveau président burundais Pierre Nkurunziza. L'ancien chef rebelle hutu a été élu au suffrage indirect le 19 août, après que son parti a gagné les législatives du 4 juillet.

Gdansk (Pologne), vendredi 26
Grand concert gratuit de Jean-Michel Jarre dans le cadre du 25e anniversaire de la création de *Solidarnosc*, premier syndicat libre du monde soviétique, né des grèves d'août 1980.

Grozny, vendredi 26
Le chef de guerre tchétchène Chamil Bassaev est nommé vice-Premier ministre du « gouvernement » indépendantiste, avec pour mission les opérations armées contre les troupes russes en Tchétchénie.

Baisser de rideau pour Jacques Dufilho

Jacques Dufilho a reçu plusieurs Césars et Molières au cours de sa longue carrière.

Pomsampère (Gers), dimanche 28
Jacques Dufilho (*19.2.1914) s'est éteint là où il vivait depuis plusieurs années, réussissant à mener une double vie de paysan gascon et de comédien. Né à Bègles, il est agriculteur avant d'aller s'installer à Paris. Après avoir écumé les cabarets, il jouera au théâtre les pièces des plus grands auteurs, comme Anouilh *(Colombe)*, Audiberti *(Le mal court)* ou Aymé *(Les Maxibules)*, mais aussi Molière, interprétant en 1962 un inoubliable *Avare*. En 1939, il débute au cinéma dans *Le Corsaire* de Marc Allégret. Suivront plus d'une centaine de films, souvent dans des seconds rôles, pour le cinéma (*Premier de cordée* de Louis Daquin, *Le Crabe-Tambour* de Pierre Schoendoerffer, *Pétain* de Jean Marbœuf) et la télévision (*Lagardère* de Jean-Pierre Decourt ou *Milady* de François Leterrier). Autant d'occasions d'apprécier le talent de ce comédien à la voix reconnaissable entre toutes.

Zoom sur

LES YAKUZAS

Le terme *yakuza* désigne en japonais un coup de dés perdant et, partant, des personnes rejetées de la société. Descendant de bandes organisées agissant au XVIIe siècle, les yakuzas, dès la fin du XIXe siècle, imposent leur emprise sur les activités clandestines liées au jeu et au sexe. Basée sur une hiérarchie et sur un code de l'honneur des plus stricts, cette très puissante mafia japonaise, dont les membres se distinguent entre autres par les nombreux tatouages leur recouvrant le corps, a pâti d'une loi antigang votée en 1992. Ainsi, il y aurait aujourd'hui 90 000 yakuzas environ, répartis en 2 500 gangs, alors qu'on en comptait au moins le double au cours des années 1960.

Le feu fait encore des morts à Paris

Paris, lundi 29
Quatre mois après le drame de l'hôtel Paris-Opéra, Paris vient de connaître à trois jours d'intervalle deux nouveaux incendies meurtriers. Le vendredi 26, le feu avait ravagé, près du boulevard Vincent-Auriol, dans le 13e arrondissement, un immeuble dans lequel habitaient des familles d'origine africaine, faisant 17 morts, dont 14 enfants, et une trentaine de blessés. Un nouvel incendie s'est déclaré aujourd'hui, vers 22 h, rue du Roi-Doré, dans le Marais. Parti du premier étage de cet ancien squat en voie de réhabilitation, le feu s'est propagé jusqu'au quatrième. Sept morts, dont 4 enfants, et 11 blessés sont à déplorer. Les victimes étaient surtout des sans-papiers d'origine ivoirienne. Ces nouveaux drames relancent le débat sur les logements insalubres, dont le nombre à Paris est estimé à plus d'un millier.

Le 31, lors d'une procession religieuse vers la mosquée Kazimia, à Bagdad, un mouvement de panique né d'une rumeur annonçant la présence de kamikazes, a entraîné un drame sur le pont Al-Aimah, qui enjambe le Tigre. Au moins 965 chiites irakiens, surtout des femmes et des enfants, sont morts noyés, piétinés ou étouffés. 815 autres pèlerins ont été blessés. Cette journée est la plus sanglante en Irak depuis la chute du régime de Saddam Hussein.

Nouveau best-seller pour Houellebecq?

France, mercredi 31
Et c'est parti! Après une campagne de publicité à laquelle personne n'aura pu échapper, les 200 000 exemplaires de *La Possibilité d'une île* sont en vente dans toutes les librairies. Le nouveau roman de Michel Houellebecq, qui évoque le déclin de l'espèce humaine et sa métamorphose en une hypothétique race de «néo-humains», relève tout à la fois de la description sociale, de la psychologie des profondeurs et de la science-fiction. Avec, pour piment, la présence pour le moins ambiguë de la secte des raëliens, rebaptisés «élohimites»... Un scandale en perspective? Cela ne saurait véritablement déplaire à son nouvel éditeur, Fayard, que n'a guère gêné la parution, vendredi, du *Houellebecq non autorisé* de Denis Demonpion. À propos duquel l'intéressé s'est borné charitablement à dire qu'il y avait, dans sa vie, des points mystérieux sur lesquels il aurait «aimé avoir des éclaircissements». (→ 8.11)

Son livre est déjà paru il y a une semaine en Allemagne, traduit par Uli Wittmann sous le titre Die Möglichkeit einer Insel.

Neuilly-sur-Seine, samedi 27
La comédienne Mimie Mathy épouse le chef et restaurateur Benoist Gérard.

Tokyo, samedi 27
Kenichi Shinoda est nommé à la tête du Yamaguchi Gumi, la principale fédération yakuza (mafia nippone).

Paris, dimanche 28
La banque Crédit Lyonnais, née en 1863, se rebaptise LCL.

Beersheva (Israël), dimanche 28
Un attentat-suicide, le premier depuis l'évacuation de la bande de Gaza, fait 50 blessés à une station de bus.

Amsterdam, dimanche 28
Nouvelle saison de l'émission *Big Brother* qui comprend une femme enceinte de sept mois, Tanja. (→ 18.10)

Buenos Aires, lundi 29
Identification des restes de sœur Léonie Duquet, une religieuse française enlevée le 10 décembre 1977 sous la dictature militaire argentine.

Castelgandolfo (Italie), lundi 29
Benoît XVI renoue le dialogue avec les catholiques traditionalistes de la Fraternité saint Pie X, excommuniée en 1988, en recevant Mgr Bernard Fellay.

Paris, lundi 29
La Direction générale de l'aviation civile publie sa liste noire des compagnies aériennes interdites de vol en France: Air Koryo (Corée du Nord), International Air Services (Liberia), Air Saint-Thomas (USA), Phuket Airlines (Thaïlande) et Linhas Aéreas (Mozambique).

New York, lundi 29
L'américain Intelsat rachète PanAmSat, donnant naissance au n° 1 mondial des opérateurs satellites commerciaux.

La Nouvelle-Orléans ravagée par Katrina

Lundi, dans le delta du Mississippi, les volontaires d'une agence locale tentent de secourir une famille qui n'a pu trouver d'autre refuge que le toit de sa voiture.

Mardi, La Nouvelle-Orléans sous les eaux du Mississippi et du lac Pontchartrain.

Mercredi, une rare bonne nouvelle dans un décor de catastrophe: « On est OK ».

La Nouvelle-Orléans, mercredi 31
Les chiffres les plus extravagants sont avancés par les autorités locales: des milliers, voire des dizaines de milliers de personnes auraient été victimes de l'ouragan qui s'est abattu lundi sur les côtes du Mississippi, de la Louisiane et de l'Alabama. Un bilan officiel plus sérieux, quoique provisoire, fera état le 19 septembre de 973 morts. Ce qui fait néanmoins de Katrina l'ouragan le plus dévastateur qu'aient connu les États-Unis depuis un siècle: le record était jusqu'alors détenu par celui qui, en 1935, avait fait 600 morts en Floride. Mais ces chiffres traduisent bien la panique qui s'est emparée des autorités, impuissantes à prévoir le pire et à organiser les secours. Or, personne n'aurait dû être pris par surprise. Cet ouragan avait atteint le 25 août le sud de la Floride. Son intensité était alors relativement faible, soit de niveau 1 sur l'échelle Saffir-Simpson. Mais dès le lendemain, Katrina passait au niveau supérieur. Le gouverneur démocrate de la Louisiane, Kathleen Blanco, faisait part de son inquiétude: « Cela se présente mal », tandis que le maire de La Nouvelle-Orléans, Ray Nagin (noir et également démocrate), demandait à ses concitoyens de se préparer à fuir en remplissant leur voiture de vivres et de médicaments. En effet, c'est bien cette ville qui se trouvait le plus menacée. Mais comment partir quand on ne possède pas de voiture et qu'on n'a pas un seul dollar en poche? Beaucoup d'habitants, des Noirs pour la plupart, font en effet partie de ces 37 millions d'Américains vivant sous le seuil de la pauvreté, dans des conditions qui évoquent irrésistiblement le tiers-monde: c'est un spectacle véritablement ahurissant que va offrir au monde le pays le plus riche de la planète. Dimanche 28, Katrina ayant atteint le niveau 5, les vents soufflant à plus de 280 km/h et l'eau ne cessant de monter, Ray Nagin ordonne l'évacuation massive de La Nouvelle-Orléans, mais sans pouvoir en donner les moyens. Et le lendemain, l'ouragan frappe la ville. Il faut comprendre que la disparition des marais, qui faisaient naguère fonction d'éponge, et la vétusté des digues qui la protégeaient en ont fait une proie pour les ouragans. Dès lundi, le sauve-qui-peut fait de la ville un chaos, de 15 à 20 000 habitants trouvant un abri des plus précaires dans le Superdome, un stade qui, faute de présence médicale et sécuritaire, va se muer en cour des miracles. Mais hier, ce que la Croix-Rouge américaine avait craint depuis des années se produit: la digue isolant la ville du lac Pontchartrain se rompt; La Nouvelle-Orléans est inondée à 80 %. C'est alors seulement que le président George W. Bush décide de rentrer de vacances et décrète un état d'urgence fédéral. Il n'était que temps, sa cote de popularité étant tombée à 40 %... Devant l'ampleur du désastre (près de 275 000 personnes réfugiées dans les États voisins au 5 septembre, 235 000 km² ravagés), le président a même dû, malgré qu'il en eût, accepter des secours financiers de l'étranger, le président vénézuélien Hugo Chávez s'offrant même le luxe de proposer son aide au peuple américain. Mais ce que les habitants qui n'ont pu (ou voulu) partir vont surtout voir, c'est la force armée, requise pour arrêter les pillages et, si nécessaire, « tirer pour tuer ». Ce sont les ordres qu'ont reçus 300 soldats de retour d'Irak et d'Afghanistan qui, demain, épauleront une garde nationale déboussolée. Et, vendredi, celle-ci entamera la « reconquête » de la ville. Une démarche qui donnera à bien des Noirs le sentiment d'être traités en population occupée! George W. Bush attendra ce vendredi pour faire enfin une visite éclair sur les lieux. (→ 11.9)

Le pays le plus riche de la planète offre un spectacle qui évoque le tiers-monde.

New York, lundi 29
Le baril de pétrole atteint les 70 dollars après le passage de Katrina sur la région du Golfe du Mexique qui produit 30 % de l'or noir américain. (→ 8.9)

Paris, mardi 30
Match TV (groupe Lagardère) cesse sa diffusion, faute d'audience.

Beyrouth, mardi 30
Arrestation de quatre généraux libanais prosyriens, soupçonnés d'implication dans l'organisation de l'attentat qui a coûté la vie à Rafic Hariri. (→ 31.10)

Argenton-sur-Creuse, mercredi 31
Décès d'André Debry (*15.6.1898), un des neuf derniers poilus. Le 12, il avait fêté, avec sa femme Marguerite (*10.10.1904), leurs 81 ans de mariage.

Lille, mercredi 31
Fermeture de l'usine Altadis (ex-Seita). La Gauloise et la Gitane seront désormais fabriquées en Espagne.

France, mercredi 31
Le taux de chômage passe sous la barre des 10 % (9,9 %). (→ 29.11)

Paris, mercredi 31
Patrick Poivre d'Arvor révèle dans *Confessions* (Fayard) l'existence de son fils François, 10 ans, né de sa liaison avec la journaliste Claire Chazal.

Londres, mercredi 31
L'intellectuel Tariq Ramadan devient conseiller du gouvernement Blair dans sa lutte contre l'extrémisme musulman.

DÉCÈS

Paris, lundi 22
Henri Génès (*2.7.1919), comédien.

Londres, mercredi 31
Joseph Rotblat (*4.11.1908), physicien anglais. Prix Nobel de la paix 1995.

Mais jusqu'où ira la téléréalité ?

L'apparition de la téléréalité a bouleversé le paysage audiovisuel mondial en cinq ans. La France a tenté de résister à l'invasion avant d'être emportée à son tour. Petites histoires et explications sur un genre qui, loin de s'essouffler, s'immisce peu à peu dans tous les programmes de la télévision.

Du jamais vu ! En soixante-quatre heures d'antenne sur une petite chaîne de télévision des Pays-Bas, *Big Brother*, un nouveau concept d'émission conçu par la société de production Endemol, connaît un succès foudroyant : le prime time final de deux heures et demie atteint 57 % de parts d'audience, 71 % sur les 20-34 ans et 80,5 % sur les 13-19 ans. Nous sommes en septembre 1999, le producteur néerlandais John de Mol vient de découvrir un nouvel Eldorado : la téléréalité. Le principe ? Du voyeurisme poussé à son paroxysme. Une dizaine d'hommes et de femmes qui ne se connaissent pas se retrouvent enfermés dans un appartement, isolés du reste du monde et placés sous l'œil des caméras 24 heures sur 24. Tous les quinze jours, les téléspectateurs éliminent un candidat. C'est la naissance d'un genre télévisuel qui va conquérir le monde. Six ans plus tard, et rien qu'aux États-Unis, le site Internet realityworld.com recense plus de 250 émissions de téléréalité.

LA FRANCE RÉSITE JUSQU'AU JOUR OÙ…

Devant ces chiffres d'audimat exceptionnels, les grandes chaînes de télévision européennes ont ouvert leur antenne. En Allemagne d'abord, puis, rapidement, en Espagne, en Suède, au Portugal, en Belgique et en Italie. Une première : de grands networks américains se sont arraché des émissions européennes qui ont tenu en haleine les spectateurs pendant des mois entiers ! C'est le monde à l'envers. Dans son édition du 29 mai 2000, l'hebdomadaire *Newsweek* s'étrangle : « De tous les phénomènes culturels que nous aurions pu emprunter à l'Europe, voilà ce que nous récoltons ! » Aux États-Unis, c'est CBS qui a remporté les enchères organisées par Endemol et diffusé *Big Brother*, *Survivor* et *Who wants to marry a multimillionnaire* (*Greg le millionnaire* en France).

Miroir aux alouettes ou véritable chance offerte aux candidats au vedettariat? En 2001, la première Star Academy *voyait le triomphe de Jenifer, ici avec Mario et Carine, accompagnés au piano par un certain Elton John…*

Devant le raz-de-marée planétaire, la France a résisté… dix-huit mois. Le 19 juillet 2000, Hervé Bourges, alors président du CSA (Conseil supérieur de l'audiovisuel) s'exclamait dans les colonnes de *Télérama* : « Il est tout à l'honneur de la France que ces émissions n'aient pas atteint nos frontières. » Quant à Pascal Josèphe, ex-directeur d'antenne de la Cinq et patron d'une société de conseil en audiovisuel, il avançait un peu imprudemment : « À mes yeux, ces émissions sont beaucoup plus proches de la culture anglo-saxonne que de la nôtre. » Du côté de TF1 et de M6, les deux chaînes affichaient une union sacrée contre la téléréaréalite ! Étienne Mougeotte, vice-président de TF1 assurait même sans détour que *Big Brother* était le type même d'émission qu'il ne voulait pas voir sur sa chaîne. Pendant des mois, la presse spécialisée a même fantasmé sur l'existence d'un pacte entre Patrick Le Lay, le pdg de TF1, et Nicolas de Tavernost, celui de M6. Et, le 23 septembre 2000, John de Mol de s'offrir le luxe d'ironiser dans *France-Soir* : « La télévision française est l'exception européenne, mondiale. » Et de donner un conseil : « Les réactions les plus négatives ont assuré le succès de *Big Brother* en suscitant la curiosité des téléspectateurs. C'est tout ce qui compte ! »

Mais, dès le 29 juillet 2000, la papesse de la télé-vérité, Pascale Breugnot prenait position dans *Télé 7 jours* : « Notre télévision française est démodée. » La productrice de *Psy-show* expliquait que « l'ensemble de la population, surtout les plus jeunes qui ont grandi avec la télévision, réclame des émissions plus crues, des façons d'agir et de s'exprimer plus directes, comme on le voit faire ailleurs ». Pendant cette campagne de presse bien huilée et dans le plus grand secret, les équipes d'Endemol France, elles, travaillaient à une formule plus adaptée à la mentalité française. Moins vulgaire, promettait même Stéphane Courbit, le jeune patron d'Endemol France, à ceux de M6 effarouchés qu'il accompagnait lors des nombreux voyages d'études à travers toute l'Europe. Associé au présentateur Arthur et producteur formé à l'école de Christophe Dechavanne, Courbit jouait gros, car il venait d'essuyer un refus catégorique de la part de TF1. Exit *Big Brother*, va pour *Loft Story* ! C'est cette version édulcorée que le jeune patron de la filiale du groupe néerlandais a dans les mains le 10 janvier 2001, quand il entre dans le bureau de Nicolas de Tavernost, à M6. La tentation de l'audimat l'emporte.

… LE SUCCÈS DE LOFT STORY CHANGE TOUT !

Plus de 38 000 candidats se pressent dans les séances de casting. Diffusé pour la première fois le 26 avril 2001, *Loft Story* écrase tout sur son passage, et surtout le *Bigdil* diffusé à la même heure sur TF1 et produit par… Endemol ! Furieux d'avoir laissé échappé une telle pépite, Patrick Le Lay publie le 11 mai suivant une tribune rageuse dans *Le Monde* pour annoncer qu'il ferait « obstacle à l'intrusion de la télé-poubelle en France ». Une résolution qui faiblira bien sûr en proportion des chiffres de l'audimat. De fait, Patrick Le Lay rendra les armes deux mois plus tard avec la signature d'un contrat d'exclusivité avec Endemol d'un montant de 450 millions d'euros. Depuis, à *Loft Story* ont succédé *Koh-Lanta* (2001, TF1), *Popstars* (2001, M6), *Star Academy* (2001, TF1), *L'Île de la Tentation* (2002, TF1), *Opération séduction aux Caraïbes* (2002, TF1), *Greg le Millionnaire* (2003, TF1), *Bachelor* (2003, M6), *Nice People* (2003, TF1), *Le Pensionnat de Chavagnes* (2004, M6), *La Ferme Célébrités* (2004, TF1), *Les Colocataires* (2004, M6), *Queer : 5 experts dans le vent* (2004, TF1), *La Première Compagnie* (2005, TF1), *Mon incroyable fiancé* (2005, TF1), *Le Camp des fortes têtes* (2005, M6)... Quant à John de Mol, il a vendu son groupe au géant espagnol Telefonica. Pour 4,8 milliards d'euros.

Où en est-on en 2005 ? La téléréalité se porte bien, merci. Même si la sauce médiatique ne prend pas toujours comme en témoignent les médiocres performances de *Nice People* sur TF1, *60 jours, 60 nuits* sur Canal+, ou même carrément l'arrêt prématuré d'*À bout de forces* sur

L'Île de la tentation *: quel homme n'y succomberait pas?*

M6. « On a cru à l'essoufflement de la téléréalité, en fait elle s'étend à de nouveaux domaines », note le 2 janvier 2005 Sheily Lemon, une spécialiste des médias, dans *Le Monde*. À TF1, le directeur de programme de flux (magazines et divertissements), Franck Firmin-Guion, n'a pas vraiment d'inquiétude : « Ce genre fonctionne encore bien. » Après avoir misé dans un premier temps sur l'enfermement, la trahison, l'aventure, la séduction ou la présence de célébrités, la téléréalité trouve encore les moyens de se renouveler en s'intéressant au quotidien des téléspectateurs ou en leur offrant de réaliser leurs fantasmes. En Grande-Bretagne, *Honey We're Killing the Kids* réapprend aux parents à s'alimenter sainement, programme auquel correspondent en France *J'ai décidé de maigrir* ou *Fat Nation, The Big Challenge* aux États-Unis. Entre autres. Aux États-Unis encore, l'un des derniers scandales cathodiques concerne l'émission *I Want a Famous Face*, qui propose sur MTV un relookage complet des candidats, avec passage en chirurgie esthétique pour ressembler à leur idole ! Toujours outre-Atlantique, *The Apprentice*, avec Donald Trump, propose aux candidats le but suivant : faire fortune par tous les moyens pour gagner un stage d'un an dans l'équipe du magnat de l'immobilier, lequel lance chaque semaine goguenard « Vous êtes viré » ! TF1 en a acheté les droits.

Selon l'étude « L'année de télévision dans le monde, édition 2004 », menée par Médiamétrie et Eurodata TV dans 72 pays et sur 600 chaînes, le phénomène s'installerait durablement. Franck Si-Hassen, responsable de l'étude, est formel : « Contrairement à la rumeur, il n'y a pas d'effondrement de la téléréalité au niveau mondial. » Aux États-Unis, trois programmes de ce type figurent dans le top dix des émissions les plus regardées. Idem au Mexique où trois versions différentes de *Big Brother* trustent les trois premières places du classement. Les pays arabes ont eux aussi leurs émissions. Il n'y a guère qu'au Japon où les différentes tentatives d'implantation du genre se sont soldées par des échecs, comme celui, particulièrement retentissant, de la version nipponne de *Survivor*, en 2002.

Pascal Meynadier

Le meilleur du pire

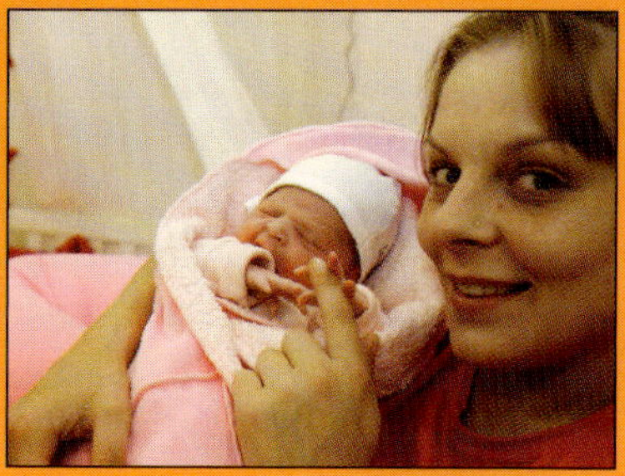

LSD, cocaïne, héroïne et sexe... C'est le programme de *Spuiten und Slikken* (*Injecte et avale*), une émission de téléréalité de la BNN, la télévision publique des Pays-Bas. Depuis le 11 octobre, tous les lundis soir à partir de 23 heures, Filemon Wesselink expérimente toutes les drogues possibles dans le salon de sa mère ! De son côté, Ties Van Westing se livre à des expériences sexuelles avec des partenaires des deux sexes. Thème de la première émission : une fellation est-elle plus agréable si elle est faite par une femme ou un homme ? Toujours aux Pays-Bas, Tanja, 27 ans, a accouché en direct dans l'émission *Big Brother* diffusée le mardi 18 octobre sur la chaîne privée Talpa, propriété de John de Mol. Les caméras ont donc pu filmer la jeune femme quand elle a perdu les eaux à 5 h 46, fumé une cigarette à 5 h 57 et enfin posé son bébé sur son sein à 11 h 16. Sur décision du ministère du Travail, la petite fille, Joscelyn Savanna, ne pourra être filmée que deux heures par jour...

Aux États-Unis, c'est le très médiatique milliardaire Donald Trump lui-même qui, dans The Apprentice, *lance un défi à tous ceux qui ont envie d'entrer dans son groupe immobilier...*

Le chimpanzé est bien notre cousin

Londres, jeudi 1er
Le magazine scientifique britannique *Nature* publie dans sa livraison de cette semaine les résultats du séquençage du génome du chimpanzé, enfin achevé aux États-Unis, à Atlanta. Le génome du chimpanzé Clint (décédé en 2004) est à près de 99 % semblable au nôtre, ce qui confirme bien l'étroite parenté, que Charles Darwin avait déjà observée au XIXe siècle, entre l'*Homo sapiens* et les grands singes : nous aurions tous eu un ancêtre commun, il y a 6 à 8 millions d'années. Cependant, ce séquençage a ses limites et ne constitue qu'une étape. La parenté des séquences d'ADN ne dit pas quels sont les « éléments génétiques qui sous-tendent la bipédie, un gros cerveau, des capacités linguistiques, des pensées abstraites élaborées, ou tout ce qui rend l'homme unique », rappelle de son côté la revue américaine *Science*.

Mercredi 7, à Dublin, les Bleus ont écouté *La Marseillaise* précédant le match Irlande-France la main sur le cœur, à la demande… de l'imitateur Gérald Dahan, qui avait appelé Zidane et l'entraîneur Raymond Domenech en se faisant passer pour Jacques Chirac ! La France a remporté ce soir-là une victoire importante (0-1) pour la qualification à la Coupe du monde 2006.

Chasse aux sodas dans les collèges

France, vendredi 2
Deux grandes innovations pour cette rentrée scolaire. Conformément à la loi du 9 août 2004 sur la santé publique, les lycées et les collèges de France ont dû retirer les distributeurs de boissons et de nourriture. Le but étant de lutter contre l'obésité, qui touche aujourd'hui 16 % des 6-15 ans contre 5 % en 1980, et dont la consommation de boissons et d'aliments sucrés est très largement responsable. Tous les établissements ne semblent pas, cependant, s'être mis en règle, à la satisfaction des producteurs de sodas, pour qui les lieux d'enseignement représentaient jusqu'alors 7 % de leur marché. Une autre mesure, inscrite dans la loi Fillon, a une portée cette fois hautement symbolique : comme « dans le temps », l'enseignement des paroles de *La Marseillaise* est désormais rendu obligatoire dans le primaire.

Le 11, à Lyon, dans le cadre de la huitième Biennale d'art contemporain, 1 493 hommes et femmes ont posé nus en extérieur pour le photographe américain Spencer Tunick, spécialiste en la matière.

Le plan Villepin pour la croissance

Paris, jeudi 1er
« Pour une croissance sociale, avancer ensemble ! » Accompagné d'une griffe tricolore, le slogan s'inscrivait derrière la tribune où Dominique de Villepin présentait à la presse toute une série de mesures pour relancer la croissance et favoriser l'emploi. Mesures phares de ce plan : la prime pour l'emploi (PPE), qui sera mensualisée à partir du 1er janvier 2006, connaîtra une augmentation de 50 % pour les revenus les plus faibles, tandis que la prime de 1 000 euros dont bénéficient actuellement les chômeurs de longue durée sera étendue à tous les minima sociaux. Le Premier ministre a par ailleurs annoncé des mesures en faveur du logement social, ainsi qu'une simplification et une baisse de l'impôt sur le revenu. Enfin, la lutte contre les fraudes ou les abus en matière de RMI et de chômage sera renforcée. (→ 14)

La série des incendies mortels continue

L'Haÿ-les-Roses, dimanche 4
Au cours de la nuit de samedi à dimanche, un incendie s'est déclaré au rez-de-chaussée d'une tour HLM de 18 étages, située dans un quartier de cette ville de la banlieue parisienne (Val-de-Marne), faisant 15 morts et 7 blessés graves. Le feu aurait pris naissance dans des poubelles à papier avant de s'étendre aux boîtes à lettres, puis aux ascenseurs et aux portes menant aux escaliers de la tour. La fumée s'est ensuite propagée dans les étages. Trois jeunes filles âgées de 16 à 18 ans, demeurant dans la tour et à proximité, sont suspectées d'avoir déclenché le feu. Elles ont été mises en garde à vue, à l'heure même où, dans l'affaire du drame du boulevard Auriol le 26 août dernier, le parquet de Paris, privilégiant la piste criminelle, s'apprête également à ouvrir une information judiciaire pour « dégradation volontaire par incendie ayant entraîné la mort de personnes ». (→ 6)

14 des 15 victimes ont été retrouvées dans les escaliers, asphyxiées par la fumée.

Lu	Ma	Me	Je	Ve	Sa	Di
			1	2	3	4
5	6	7	8	9	10	11
12	13	14	15	16	17	18
19	20	21	22	23	24	25
26	27	28	29	30		

France, jeudi 1er
Parution du *Catéchisme de l'Église catholique abrégé* (Bayard/Cerf/Fleurus-Mame) qui comprend quatre sections principales et 300 pages.

Paris, vendredi 2
Évacuation de deux squats suite aux incendies d'immeubles insalubres qui ont coûté la vie à 24 personnes en moins d'une semaine.

Paris, samedi 3
Jean-Michel Quillardet est élu Grand Maître du Grand Orient de France.

Monza, dimanche 4
Juan Pablo Montoya (McLaren) gagne le Grand Prix d'Italie de F1. (→ 11)

France, lundi 5
Sortie de *A Bigger Band*, 24e album studio des Rolling Stones, en tournée mondiale depuis le 21 août.

Paris, lundi 5
Élise Lucet prend les commandes du journal de 13 heures sur France 2.

Paris, mardi 6
Le Figaro révèle que plus de 1 000 ha de maïs transgénique sont cultivés cette année. Seuls 492 ha ont été déclarés au ministère de l'Agriculture.

Paris, mardi 6
Mise en examen de quatre adolescentes

Le 11, *La Marche de l'empereur*, le documentaire de Luc Jacquet, sorti le 24 juin dans quatre salles américaines seulement, devient le film français le plus rentable aux États-Unis, devant *Le Cinquième Élément* de Luc Besson.

Yulia Timochenko rentre à la maison

Kiev, jeudi 8
Les lendemains de la révolution orange ne sont pas roses en Ukraine. Cerné par les soupçons de corruption qui pèsent sur son entourage politique, lui-même touché par l'enrichissement trop rapide et voyant de son propre fils, le président Viktor Iouchtchenko a limogé le gouvernement, à commencer par son Premier ministre, la charismatique mais aussi très affairiste Yulia Timochenko. Sans doute le président a-t-il voulu mettre aussi un terme à la rivalité qui oppose le Premier ministre aux blondes tresses à Petro Porochenko, le chef du Conseil national de sécurité sur qui sont focalisées les accusations de corruption… Ce coup de balai va-t-il lui permettre de stopper l'érosion de sa popularité? C'est un économiste considéré comme « sûr », Iouri Ekhanourov, qui formera le nouveau gouvernement. (→ 22)

Jacques Chirac quitte le Val-de-Grâce

Le président, qui souffre encore de troubles de la vue, subira d'autres examens.

Paris, vendredi 9
Hospitalisé le 2 pour un accident vasculaire cérébral, Jacques Chirac a quitté le Val-de-Grâce aujourd'hui à 12 h 30, « heureux de rentrer chez lui ». Accompagné de l'équipe médicale ainsi que de son épouse, le président a été accueilli à la sortie de l'hôpital par une foule de journalistes et de personnes venues le saluer. Selon les consignes des médecins, qui recommandent d'« être raisonnable », l'agenda du président sera allégé pendant une quinzaine de jours. Jacques Chirac ne se rendra donc pas mardi prochain au sommet de l'ONU à New York (il sera remplacé par Dominique de Villepin). L'imprécision des communiqués médicaux diffusés pendant une semaine et les rumeurs qui se sont ensuivies soulèvent de nouveau le problème, évoqué à propos des présidents Pompidou et Mitterrand, de la transparence de l'information sur la santé du chef de l'État.

Total annonce des bénéfices record

Paris, jeudi 8
2005 se présente comme l'année des profits record pour Total. Le groupe pétrolier français, qui avait déjà gagné 9 milliards d'euros en 2004, a annoncé hier de 12 à 13 milliards de bénéfices. Au premier semestre de cette année, en effet, Total a déjà réalisé un gain de quelque 6,3 milliards, soit 44 % de plus par rapport à la même période de 2004. La hausse du prix du baril a sans aucun doute largement profité au groupe et aux quatre autres grandes compagnies pétrolières (Chevron, BP, Shell, Exxon Mobil), qui affichent un profit global de plus de 100 milliards d'euros en 2005. Un chiffre « exceptionnel » selon le ministre de l'Économie Thierry Breton, qui fait savoir aujourd'hui aux cinq majors qu'elles auront à payer une taxe tout aussi « exceptionnelle » si elles ne baissent pas les prix à la pompe. (→ 16)

Katrina coûtera 125 milliards de dollars

George W. Bush lors de sa première visite dans les zones dévastées, le 2 septembre.

La Nouvelle-Orléans, dimanche 11
« L'Amérique surmontera cette épreuve et nous en deviendrons plus forts. » Le président Bush, par ces paroles, a établi un parallèle entre l'ouragan Katrina et l'attaque du 11 septembre 2001 dont il commémorait l'anniversaire. Après la cérémonie, il s'est pour la troisième fois rendu à La Nouvelle-Orléans où l'ordre n'a toujours pas été rétabli, où l'eau et l'électricité sont toujours coupées et où les experts en assurances commencent à évaluer le coût du désastre : au moins 125 milliards de dollars. La défaillance de l'administration avait conduit, le 9, le président à écarter Michael Brown, directeur notoirement incompétent de l'Agence fédérale pour les opérations de secours (FEMA), et à confier le commandement sur place à un vice-amiral, Thad Allen. Hier, les moyens de ce dernier ont été renforcés par l'arrivée de 17 plongeurs-démineurs français de la Force d'action navale. (→ 12)

Junichiro Koizumi maître du Japon

Tokyo, dimanche 11
Lorsque, le 8 août, le Premier ministre japonais Junichiro Koizumi avait dissous la Chambre basse (l'équivalent de la Chambre des députés), après le rejet par la Chambre haute (l'équivalent du Sénat) de son projet de privatisation de la poste, il prenait un pari généralement considéré comme très risqué. Or, des législatives anticipées d'aujourd'hui, le conservateur Koizumi est sorti plus fort que jamais. Avec 296 sièges sur 480, son parti, le Parti libéral-démocrate, s'est en effet offert la majorité absolue, avec un taux de participation de 67,5 % qui ne laisse aucun doute sur la popularité du Premier ministre. Le Parti démocrate, son principal adversaire, n'obtient que 113 sièges (alors qu'il en avait 177 dans l'assemblée sortante). Le secret de cette victoire : une démagogie intelligente, qui a séduit l'électorat jeune…

dans l'incendie de L'Haÿ-les-Roses. Elles ont voulu se venger d'une ex-amie en mettant le feu à sa boîte aux lettres.

Singapour, mardi 6
La ville-État choisit l'avion de combat F-15 Eagle de Boeing au détriment du Rafale de Dassault pour équiper son armée de l'air.

Égypte, mercredi 7
Le président sortant Hosni Moubarak remporte le premier scrutin pluraliste du pays avec 88,57 % des voix.

Paris, jeudi 8
Sophie Thalmann, Miss France 98, donne naissance à son premier enfant, une petite fille prénommée Charlie.

Berlin, jeudi 8
Accord sur la construction, sous la mer Baltique, d'un gazoduc de 1 200 km reliant la Russie à l'Allemagne. (→ 9.12)

Saint-Cloud, vendredi 9
Jacques Bompard, maire d'Orange, est exclu du bureau politique du FN.

Tokyo, vendredi 9
Succès de la campagne japonaise « Cool Bizz », qui a permis d'économiser 70 millions de kWh d'électricité et de réduire la pollution de 27 000 tonnes.

Flushing Meadows, dimanche 11
Roger Federer (SWI) bat Andre Agassi (USA) en finale de l'US Open de tennis. Hier, Kim Clijsters (BEL) s'est imposée face à Mary Pierce (FRA).

Deauville, dimanche 11
Grand Prix du festival du film américain à *Collision* de Paul Haggis.

Spa-Francorchamps, dimanche 11
Kimi Raikkonen (McLaren) gagne le GP de Belgique de Formule 1. (→ 25)

Hewlett-Packard veut supprimer 1240 emplois en France

Vendredi 16, plus de la moitié des salariés français du groupe manifesteront contre la vague de licenciements (ici devant le siège français du groupe, à Issy-les-Moulineaux).

Issy-les-Moulineaux, lundi 12
Au siège de Hewlett-Packard, dans les Hauts-de-Seine, la nouvelle redoutée est tombée : le géant de l'informatique américain (n° 2 mondial) supprimera 1 240 postes en France (sur 4 800). Une coupe claire qui touche les deux sociétés françaises du groupe, HP France et HP Centre de compétences France. En fait, dès le mois de juillet dernier, Mark Hurd, pdg du groupe, avait annoncé un plan de restructuration impliquant la disparition de 14 500 emplois dans le monde. Et, vendredi dernier, la direction faisait savoir par courriel à tous ses salariés européens que 5 900 d'entre eux seraient licenciés. Pour la France, on ne sait pas encore à quel degré chacun des quatre sites de Hewlett-Packard sera affecté. Cette restructuration survient à un moment où le groupe affiche des résultats resplendissants : en 2004, HP a dégagé un profit net de 3,5 milliards de dollars. Et les activités en France ne sont pas déficitaires. (→ 2.12)

Abou Moussab Al-Zarquaoui

L'homme le plus recherché par les Américains, après Oussama Ben Laden, serait né le 20 octobre 1966 en Jordanie, sous son vrai nom de Fadel Nazzar Al-Khalayleh. Après avoir combattu en Afghanistan contre les Russes, puis purgé sept années de prison en Jordanie, il s'enfuit au Pakistan, puis revient en Afghanistan en 2000 où il crée un réseau terroriste en vue de renverser le roi de Jordanie. Il quitte en 2001 l'Afghanistan pour l'Iran, puis l'Irak où il se serait associé au groupe islamiste kurde Ansar Al-Islam. C'est à cette époque qu'il aurait tissé des liens avec Al-Qaida, dont il est aujourd'hui considéré comme le représentant en Irak. Ce sunnite fanatique aurait été grièvement blessé lors d'un bombardement au nord de l'Irak, en 2003.

Mobilisation contre la grippe aviaire

Malte, mercredi 14
Alors que le virus H5N1 à l'origine de la grippe aviaire a déjà fait 63 morts en Asie et vient d'être détecté en Russie, l'Europe prend ses dispositions pour affronter une pandémie. À l'occasion de la deuxième Conférence européenne sur la grippe, qui se tenait de samedi à aujourd'hui, l'Organisation mondiale de la santé a invité les différents États à mettre en place des plans nationaux pour faire face à toute éventualité et à constituer aussi des stocks de vaccins. Dès demain, la société française Sanofi-Pasteur signera un contrat de 100 millions de dollars avec le gouvernement américain pour la production d'un vaccin. Un appel à la mobilisation mondiale contre la grippe aviaire sera aussi lancé le 16 par les pays industrialisés, lors du sommet de l'ONU. (→ 26.9)

Skype vient d'être racheté par eBay

New York, lundi 12
Leader mondial du commerce électronique, eBay fait part de son rachat de Skype, le pionnier de la téléphonie sur Internet, pour un montant de 4,1 milliards de dollars, dont 2,6 milliards en cash et en actions. L'absorption de cette jeune entreprise, créée il y a deux ans à peine au Luxembourg et qui compte déjà 54 millions d'utilisateurs répartis dans 225 pays, représente pour eBay la plus importante acquisition depuis sa création, il y a dix ans, par le Franco-Américain Pierre Omydiar. L'introduction de la voix facilitera l'interaction entre vendeurs et acheteurs et permettra ainsi à eBay de diversifier les échanges commerciaux sur le Net, aussi bien dans les secteurs traditionnels que, prochainement, dans d'autres domaines, comme le tourisme ou l'immobilier.

Samedi 17, ouverture provisoire (jusqu'au 1er octobre), à Paris, du Grand Palais dont la restauration sera finie en 2007. Et exposition des globes terrestre et céleste de Vincenzo Coronelli (XVIIe siècle).

Textiles chinois : l'Europe débloque

Bruxelles, mercredi 14
En vertu des accords signés à Shanghai le 10 juin dernier, limitant les exportations de produits textiles chinois dans l'Union européenne, d'énormes stocks étaient bloqués en douane. Ceci n'avait pas manqué de désorganiser passablement les circuits de distribution, mais aussi de diversifier les sources d'approvisionnement, dont purent profiter des pays comme le Maroc, menacés directement par la déferlante chinoise. Mais ce matin, à 0 heure, conformément à un nouvel accord entre Bruxelles et Pékin, obtenu le 5 septembre, ce sont quelque 88 millions de pièces de textile chinois qui ont été débloquées et qui vont donc pouvoir quitter les ports européens et être mises sur le marché. Elles seront pour moitié déductibles des quantités fixées pour l'année prochaine.

Lu	Ma	Me	Je	Ve	Sa	Di
			1	2	3	4
5	6	7	8	9	10	11
12	13	14	15	16	17	18
19	20	21	22	23	24	25
26	27	28	29	30		

Bande de Gaza, lundi 12
L'armée israélienne quitte à son tour les implantations juives au terme de 38 ans d'occupation. (→ 28)

Norvège, lundi 12
L'opposition de centre gauche gagne les législatives avec 32,7 % des voix. Les populistes créent la surprise en devenant la 2e force politique du pays (22,1 % des suffrages).

Washington, lundi 12
David Paulison remplace Michael Brown, démissionnaire, à la tête de l'Agence fédérale pour les opérations de secours (FEMA).

Roissy, mardi 13
Garde à vue pour 22 employés du centre de tri des bagages de l'aérogare 2, soupçonnés de vol en bande organisée dans les sacs et valises des voyageurs.

Brasilia, mercredi 14
Destitution du député brésilien Roberto Jefferson, à l'origine des accusations d'achat de voix et de financement illicite contre le Parti des travailleurs du président Lula.

Santa Monica, mercredi 14
La chanteuse américaine Britney Spears, 23 ans, donne naissance à un garçon, prénommé Sean Preston.

Réformer l'impôt sur le revenu

Paris, mercredi 14
La simplification du barème (de sept à cinq tranches imposables) et la suppression de l'abattement de 20 % sur les revenus salariaux sont deux des principales mesures de la réforme de l'impôt sur le revenu annoncée par Thierry Breton, le ministre de l'Économie, et Jean-François Copé, le ministre délégué au Budget, dans une interview accordée au *Figaro*. La réforme prévoit aussi le plafonnement des réductions liées aux niches fiscales (8 000 euros par foyer, plus 750 euros par personne à charge) et du montant total des impôts directs (60 % des revenus). Selon les ministres, ce barème, adopté le 28 septembre dernier et qui entrera en vigueur à partir de 2007, « bouscule profondément le paysage fiscal français [...] Les principaux bénéficiaires sont les salariés des classes moyennes: ceux qui gagnent entre 1 000 et 3 500 euros par mois ».

Sommet mitigé à l'occasion des 60 ans des Nations unies

Plus de 150 chefs d'État et de gouvernement ont écouté le secrétaire général de l'ONU Kofi Annan, dont Dominique de Villepin, qui remplaçait Jacques Chirac, convalescent.

New York, vendredi 16
Après trois jours de travaux, le sommet du 60ᵉ anniversaire des Nations unies s'achève aujourd'hui, sans que les représentants des pays membres aient réussi à s'accorder sur la réforme de ses institutions, qui constituait l'un des axes du débat. Consolation: cinq années après la déclaration du Millénaire prévoyant notamment la réduction de moitié de la famine d'ici 2015, un nouveau texte a été signé, qui prône le respect des droits de l'homme et la réduction de la pauvreté, et condamne le terrorisme. Ce texte prévoit également la création d'une Commission de consolidation de la paix dans les pays sortant d'une guerre, ainsi que le remplacement de la Commission des droits de l'homme par un Conseil. Le projet défendu par la France d'une taxe de solidarité sur les billets d'avion a été rejeté par les États-Unis, mais approuvé par le Royaume-Uni et le Chili, qui se sont engagés à le mettre en pratique à partir de 2006.

Angela Merkel

Née le 17 juillet 1954, fille de pasteur, Angela Dorothea Kasner fit toutes ses études en Allemagne de l'Est. Elle-même physicienne, elle épousa en 1977 le physicien Ulrich Merkel dont elle divorça en 1982. Remariée en 1998, elle conserva le nom de Merkel sous lequel elle avait percé en politique. Après la réunification allemande, Angela Merkel rejoignit la CDU sous les couleurs de laquelle elle fut élue au Bundestag en 1990. Plusieurs fois ministre d'Helmut Kohl, elle accéda à la direction de la CDU en 2000. Libérale convaincue, elle prône une déréglementation du marché du travail et, en politique étrangère, une alliance militaire renforcée avec les États-Unis.

Comment on vote en Afghanistan

Kaboul, dimanche 18
Les premières élections parlementaires libres depuis 1969 devaient constituer une étape capitale dans le processus de démocratisation de l'Afghanistan. Mais l'exercice n'aura pas été facile pour les électeurs et les électrices. Pour élire les 249 députés de la Wolesi Jirga, ainsi que les représentants aux conseils provinciaux, chaque votant devait choisir un seul candidat sur deux listes correspondant à ces deux scrutins. Les candidats (et candidates, 25 % des sièges leur sont réservés) se présentant à titre individuel, certaines listes en comportaient pléthore, par exemple 390 pour la seule province de Kaboul, sur un total national de près de 6 000! Le taux de participation serait de l'ordre de 50 %. En principe, les résultats seront rendus publics le 22 octobre. (→ 12.11)

Surprise aux législatives en Allemagne

Berlin, dimanche 18
Ce soir, l'Allemagne s'est retrouvée sans majorité de gouvernement. Alors que les sondages annonçaient une victoire écrasante de la droite (CDU-CSU) aux législatives anticipées et la déconfiture des sociaux-démocrates (SPD) conduits par le chancelier Gerhard Schröder, la CDU-CSU ne l'emporte que d'une très courte tête (35,2 % des suffrages contre 34,2 % pour le SPD). Même alliée aux libéraux du FDP (9,8 %), la droite ne peut prétendre à la majorité absolue au Bundestag. Comment Angela Merkel, leader de la CSU et candidate déclarée à la chancellerie, parviendra-t-elle à ses fins? Dans l'attente des résultats d'une élection partielle à Dresde, reportée au 2 octobre en raison du décès de l'un des candidats, deux scénarios sont étudiés à la CDU-CSU: coalition avec le FDP et les Verts (8,1 %), peu probable, ou union nationale avec le SPD. (→ 2.10)

Angela Merkel n'a pas gagné son pari.

Irak, mercredi 14
Le sunnite jordanien Al-Zarqaoui proclame une « guerre totale » contre les chiites tandis que son groupe revendique une série de 11 attentats ayant fait 150 morts dans le pays.

New York, mercredi 14
Confrontées à la hausse des cours du pétrole, les Cies aériennes américaines Delta Air Lines et Northwest Airlines se placent sous la protection du Chapitre 11 sur les faillites.

New York, jeudi 15
Le cycliste Lance Armstrong renonce au retour à la compétiton qu'il avait envisagé sous le coup de la colère pour « emmerder » les Français.

Paris, vendredi 16
Face aux efforts des Cies pétrolières qui ont commencé à répercuter la baisse des cours du pétrole sur les prix à la pompe, Bercy renonce à sa menace de taxe sur les profits.

Franconville, vendredi 16
Un chômeur français, père de sept enfants, gagne 75 888 514 euros à l'Euromillion, soit 62 siècles de Smic.

Madrid, dimanche 18
Roberto Heras (ESP) remporte le 4ᵉ Tour d'Espagne cycliste de sa carrière.

Roland-Garros, dimanche 18
La Russie bat la France 3-2 en finale de la Fed Cup de tennis.

DÉCÈS

Bogota, mardi 13
Julio César Turbay Ayala (*18.6.1916), ex-président colombien (1978-1982).

Los Angeles, mercredi 14
Robert Wise (*10.9.1914), cinéaste américain (*West Side Story*).

Objectif Lune pour les Américains

Houston, lundi 19
George W. Bush voulait faire rêver ses compatriotes. D'où sa décision, suite aux déboires de la navette (dont les vols s'arrêteront en 2010), de retourner sur la Lune. Michael Griffin, le président de la Nasa, en a détaillé le programme. Le premier voyage, avec quatre hommes d'équipage, devrait avoir lieu en 2018 pour un séjour d'une semaine. Afin de rentabiliser les investissements gigantesques consentis pour la navette, leur véhicule d'exploration (CEV) sera propulsé au décollage par les mêmes éléments : ses deux fusées d'appoint et son énorme réservoir extérieur. Le coût du nouveau programme lunaire est estimé à 104 milliards de dollars. L'un des buts est de préparer de futures expéditions vers Mars, mais l'échéance d'une telle aventure n'a pas été fixée : la prudence est aujourd'hui de mise à Houston.

Barroso fait son deuil de la Constitution

Barroso est président de la Commission européenne depuis le 29 juin 2004.

Bruxelles, mercredi 21
José Manuel Durão Barroso, président de la Commission européenne, a tiré les conclusions du rejet par la France et les Pays-Bas du projet de Constitution européenne : arrêtons « les discussions transcendantales sur l'avenir de l'Europe », arrêtons d'« entretenir l'illusion d'une Constitution dans les années à venir », a-t-il déclaré aujourd'hui. Pour Barroso, il s'agit maintenant de se mettre au travail « sur la base des traités existants ». Il a profité de cette mise au point pour tracer les contours d'une nouvelle « feuille de route » et adopter une position qui démontrerait que ce Portugais a du sang normand dans les veines : il a ainsi renvoyé les Français et les Britanniques (dont il est pourtant très proche) dos à dos, reprochant aux premiers de vouloir « l'Europe politique sans l'intégration économique », et aux seconds d'aspirer à l'« intégration économique sans les outils politiques ».

Le 22, la première du spectacle musical *Le Roi Soleil*, de Kamel Ouali, a lieu au Palais des Sports de Paris. 52 comédiens, chanteurs et danseurs entourent sur scène Emmanuel Moire (Louis XIV).

Troisième, le 25, du GP du Brésil au volant de sa Renault, l'Espagnol Fernando Alonso devient à 24 ans le plus jeune champion du monde de Formule 1 de l'histoire.

Le dernier soupir de Simon Wiesenthal

Vienne, mardi 20
L'opiniâtre « chasseur » de criminels de guerre nazis s'est éteint dans son sommeil à l'âge de 96 ans (*31.12.1908). La vie de Simon Wiesenthal aura à jamais été marquée par la Shoah, à laquelle il a survécu par miracle. Fils d'un commerçant juif de Galicie, il a échappé en effet à plusieurs reprises à la mort. À la chute du IIIe Reich, il décida de consacrer toute son énergie au témoignage et à la justice. Il fonda alors le Centre d'information et de documentation sur les criminels nazis, à Vienne, et lança des enquêtes qui lui permirent de faire juger plus de 1 100 criminels de guerre. En 1960, il contribua ainsi à l'enlèvement d'Adolf Eichmann en Argentine, où était réfugié l'artisan de la « solution finale ». En 1978, le grand acteur anglais Laurence Olivier a joué son rôle (transposé sous le nom d'Ezra Lieberman) dans *Ces garçons qui venaient du Brésil*, de Franklin J. Schaffner.

Simon Wiesenthal sera inhumé vendredi en Israël, à Herzliya, au nord de Tel-Aviv.

Le curé pédophile a été condamné

Évreux, mercredi 21
La cour d'assises de l'Eure a condamné à 12 ans de réclusion criminelle le prêtre canadien Denis Vadeboncœur, âgé de 65 ans. Curé de la paroisse de Lieurey (Eure) entre 1989 et 1992, il a été reconnu coupable d'agression sexuelle sur mineur. Ce matin, l'avocat général, Jean Berkani, qui avait requis de 12 à 15 ans de réclusion criminelle, avait souligné le côté séducteur de l'abbé et rappelé combien l'enquête avait été difficile, en raison notamment du silence des habitants de Lieurey et de la disparition de dossiers au siège de l'évêché d'Évreux. Jean Berkani avait aussi mis en cause Mgr Jacques Gaillot, l'évêque d'Évreux de l'époque, qui avait nommé Vadeboncœur à Lieurey en sachant que le prêtre avait déjà été condamné en 1985 au Québec à vingt mois de prison pour des faits similaires.

Lu	Ma	Me	Je	Ve	Sa	Di
			1	2	3	4
5	6	7	8	9	10	11
12	13	14	15	16	17	18
19	20	21	22	23	24	25
26	27	28	29	30		

Bruxelles, lundi 19
La Belgique lance un mandat d'arrêt international contre l'ex-président tchadien Hissène Habré, réfugié au Sénégal, pour des « violations graves » des Droits de l'homme. (→ 15.11)

France, lundi 19
Le groupe bordelais Noir Désir sort l'album *En public* et le DVD *En image*. Les royalties du chanteur Bertrand Cantat seront versées sur un compte bloqué afin d'indemniser les proches de Nadine Trintignant.

Monte-Carlo, lundi 19
Didier Deschamps quitte son poste d'entraîneur de l'AS Monaco. (→ 4.10)

Londres, lundi 19
Ayman Al-Zawahiri, n°2 d'Al-Qaida, revendique, dans une vidéo, les attentats commis en juillet à Londres.

Paris, mercredi 21
Suite à l'affaire Danone, le Conseil des ministres adopte le projet de loi Breton destiné à prémunir les entreprises françaises contre des OPA étrangères.

Kiev, jeudi 22
Le Parlement ukrainien approuve la nomination de Iouri Ekhanourov au poste de Premier ministre, en remplacement de Yulia Timochenko.

Deux adolescentes se suicident à Ivry

Ivry-sur-Seine, vendredi 23
Deux adolescentes âgées de 14 ans se sont jetées cet après-midi du 17e étage d'une tour de la cité Montmousseau (Val-de-Marne). « La vie ne vaut pas la peine d'être vécue », expliquait un billet retrouvé dans la poche de l'une de ces deux amies inséparables, au look qualifié de « gothique ». Mercredi, Valentine qui, selon certains camarades de collège, parlait souvent de suicide, avait fugué avec Juliette. Si bien que la brigade des mineurs de Vitry les avait interrogées hier, sans déceler toutefois de comportement suicidaire. Les jeunes filles, qui demeuraient à Vitry-sur-Seine, se rendaient souvent dans cet immeuble, chez un ami habitant au dernier étage. Une enquête est ouverte pour déterminer les causes de cette tragédie, très similaire à celle qui s'était produite en janvier dernier, lorsque deux adolescentes s'étaient jetées ensemble d'une falaise près du cap Blanc-Nez (Pas-de-Calais).

Collégiens et habitants du quartier sont venus se recueillir sur les lieux du drame.

Ces violeurs sont multirécidivistes

Paris, samedi 24
Au moment où l'Assemblée nationale s'apprête à examiner, les 12 et 13 octobre, une proposition de loi sur la récidive, deux affaires viennent relancer le débat sur le sujet. Patrick Trémeau a avoué aujourd'hui être le « violeur des parkings », recherché pour l'agression de trois jeunes femmes à Paris entre juin et septembre. Âgé de 42 ans, il avait déjà été condamné pour viol à sept ans de réclusion en 1987 et à dix ans en 1998, avant d'être libéré en mai 2005, après dix ans de prison, grâce aux remises de peine prévues par la loi. Mercredi 21, c'est un autre violeur multirécidiviste, Jean-Luc Cayez, 48 ans, qui avait avoué avoir violé et tué une étudiante à Soisy-sur-Seine (Essonne), dans l'immeuble dont il était le gardien. Condamné à sept ans en 1984 et vingt ans en 1991, il avait été libéré en 2002. (→ 24.11)

L'AIEA accorde un répit à Téhéran

Vienne, samedi 24
L'Iran s'en sort plutôt bien. La saisine du Conseil de sécurité, qui pesait sur lui, n'est plus d'actualité. Sur proposition de la France, de la Grande-Bretagne et de l'Allemagne, le conseil des gouverneurs de l'AIEA s'est borné à voter une résolution soulignant les manquements de Téhéran quant à ses engagements en tant que pays signataire du TNP (traité de non-prolifération nucléaire). Mais la résolution n'exclut toutefois pas la possibilité d'un nouveau vote, susceptible d'entraîner un recours au Conseil de sécurité. Sauf provocation de l'Iran, l'hypothèse est aujourd'hui assez peu probable, la Russie et la Chine, notamment, ayant exprimé leurs réserves en s'abstenant. Quant aux États-Unis, qui ont voté la résolution, ils ne semblent pas aussi pressés qu'ils le furent dans le passé de jouer l'escalade.

Déjà vainqueur en 2005 du Tour des Flandres et de Paris-Roubaix, ainsi que de 2 étapes sur le Tour de France, le Belge Tom Boonen (24 ans) parachève dimanche 25 sa saison à Madrid en devenant champion du monde de cyclisme.

Les frères jumeaux ont remporté les élections en Pologne

Varsovie, dimanche 25
Dire que la Pologne vire à droite est un euphémisme. Aux élections législatives, l'Alliance des gauches démocratiques (SLD), usée par le pouvoir, ne recueille que 11,31 % des voix. Les vainqueurs du scrutin sont Droit et justice (PiS) et la Plate-forme civique (PO), qui font premier et deuxième avec 26,99 % et 24,14 % des suffrages. Bien que tous les deux « de droite », les deux partis auront bien du mal à gouverner ensemble : le PiS des deux frères jumeaux Jaroslaw et Lech Kaczynski est traditionaliste et très attaché à la protection sociale, alors que le PO veut libéraliser intégralement l'économie et faire sauter les barrières sociales. Seul véritable point d'accord : un même espoir de changer la Constitution dans un sens plus présidentiel et moins parlementaire. Un nouvel acte se jouera le 9 octobre, au premier tour de l'élection présidentielle. Où le candidat PO, Donald Tusk, est favori. (→ 23.10)

Maire de Varsovie, Lech Kaczynski (à gauche) est candidat à la présidentielle. Son frère Jaroslaw (à droite) renoncera mardi au poste de Premier ministre pour ne pas le gêner.

Brest, jeudi 22
Le porte-conteneurs *Maersk Barcelona*, surpris au large de la Bretagne avec dans son sillage une nappe d'hydrocarbure record de 61 km de long, verse une caution de 500000 euros pour repartir.

Paris, jeudi 22
L'actrice Charlotte Valandrey, 36 ans, brise un tabou en révélant qu'elle est séropositive depuis 1985.

Rome, jeudi 22
L'Italie extrade vers la Grande-Bretagne Hamdi Issac, un des suspects des attentats londoniens ratés du 21 juillet.

Madrid, vendredi 23
L'Irlandais Pat McQuaid succède au Hollandais Hein Verbruggen à la tête de l'Union cycliste internationale (UCI).

Espace, vendredi 23
La sonde américaine Voyager 1, lancée en septembre 1977, est devenue la première création humaine à franchir la frontière séparant le système solaire du reste du cosmos.

Beverly Hills, samedi 24
L'actrice Demi Moore, 42 ans, épouse Ashton Kutcher, 27 ans, son compagnon depuis deux ans.

Belgrade, dimanche 25
La Grèce bat l'Allemagne 78-62 en finale de l'Euro de basket. La France, emmenée par Tony Parker, termine 3e.

Genève, dimanche 25
55,95 % des électeurs suisses approuvent l'ouverture du marché du travail helvétique aux ressortissants des dix nouveaux pays de l'UE.

Sepang (Malaisie), dimanche 25
L'Italien Valentino Rossi décroche son 5e titre mondial consécutif en MotoGP.

Mardi 27, à Fort Hood, au Texas, Lynndie England est condamnée à trois ans de prison et exclue de l'US Army pour les sévices infligés à des Irakiens à Abou Ghraib.

Une nouvelle Cinémathèque pour tous les cinglés de cinéma

Paris, lundi 26
En présence de nombreux cinéastes du monde entier, dont Martin Scorsese, le ministre de la Culture, Renaud Donnedieu de Vabres, a inauguré les nouveaux locaux de la Cinémathèque française, rue de Bercy, dans l'ancien bâtiment du Centre culturel américain. Un nouveau chapitre de son histoire a donc commencé. Fondée par Henri Langlois en 1936, cette association financée aux trois quarts par l'État avait ouvert une première salle de projection en 1948, rue de Messine, puis avait successivement élu domicile rue d'Ulm, en 1955, et au Palais de Chaillot, en 1963. Une seconde salle avait vu le jour en 1997, boulevard de Bonne-Nouvelle. Le nouveau temple de la cinéphilie comporte trois salles de projection. Il accueille aussi le Musée du cinéma, ainsi que la Bibliothèque de l'image et du film (Bifi).

Construit en 1994 par l'architecte américain Frank Gehry pour le Centre culturel américain (qui fermera peu après), le bâtiment a été remanié par Dominique Brard.

Coup de filet dans le milieu salafiste

France, lundi 26
Safé Bourada était surveillé depuis sa sortie de prison, le 9 février 2003. Cet ancien étudiant en philosophie, qui fut un temps membre du Parti socialiste, avait été condamné en 1998 en raison de ses liens avec un groupe impliqué dans les attentats qui ont frappé Paris en 1995. L'enquête menée par la DST et les Renseignements généraux, avec la collaboration de la police algérienne, a permis d'établir que Bourada avait créé en région parisienne un réseau baptisé Ansar Al-Fath, lié au Groupe salafiste pour la prédication et le combat, et qu'il projetait de perpétrer des attentats dans le métro, à Orly et au siège de la DST. Ce matin Bourada a été arrêté, ainsi que 8 membres présumés de ce réseau, lors d'un coup de filet réalisé à Évreux et à Trappes. Coïncidence? France 3 diffusait ce soir une émission enregistrée le 21, où Nicolas Sarkozy développait son projet de loi antiterroriste.

Le *Pascal Paoli* est repris par le GIGN

Les marins arrêtés risquaient jusqu'à 20 ans de réclusion pour détournement de navire. Ils quitteront librement le ferry, à l'exception de quatre d'entre eux, mis en examen.

Bastia, mercredi 28
Commencée le 20, la grève de la SNCM contre le projet de privatisation présenté par le gouvernement, qui a provoqué le blocage du port de Marseille et de fortes perturbations du trafic maritime, a pris une tournure pour le moins inédite en France. Hier, 50 marins du Syndicat des travailleurs corses s'étaient emparés à Marseille d'un ferry sans passagers, le *Pascal Paoli*, pour rendre, aux dires de leur leader Alain Mosconi, « un outil de travail de la Corse à la Corse ». Le navire était dans la soirée au large du port de Bastia, où il s'apprêtait à accoster ce matin lorsque cinq hélicoptères Puma se sont approchés. Par des filins en sont descendus cinquante hommes du GIGN, trois marins des commandos Hubert et sept gendarmes maritimes, qui se sont vite rendus maîtres du ferry, les marins ne présentant pas de résistance. Alors que des heurts avec les CRS éclataient à Bastia, le *Paoli* a été conduit à Toulon. (→ 13.10)

Lu	Ma	Me	Je	Ve	Sa	Di
			1	2	3	4
5	6	7	8	9	10	11
12	13	14	15	16	17	18
19	20	21	22	23	24	25
26	27	28	29	30		

Lille, lundi 26
Le conseil régional du Nord Pas-de-Calais choisit le projet du cabinet japonais Sanaa pour la réalisation de l'antenne du musée du Louvre à Lens.

Madrid, lundi 26
Le Syrien Abou Dahdah, chef d'Al-Qaida en Espagne, est condamné à 27 ans de prison pour appartenance à la nébuleuse terroriste et conspiration ayant mené aux attentats du 11 septembre 2001 aux États-Unis.

Belfast, lundi 26
Fin officielle du désarmement de l'IRA, ce qui met un terme à 35 ans de conflit armé en Irlande du Nord.

Pontoise, lundi 26
Mise en examen d'Henri Perrier, ancien cadre d'Aérospatiale, dans l'enquête sur le crash du Concorde en 2000.

Jakarta, lundi 26
L'Indonésie enregistre son 6e décès dû à la grippe aviaire depuis juillet et devient le 3e pays le plus touché après le Vietnam (43 morts) et la Thaïlande (12). (→ 8.10)

Tel-Aviv, lundi 26
Ariel Sharon bat son rival au sein du Likoud, Benyamin Nétanyahou, en obtenant le soutien du Comité central sur le maintien des primaires en 2006.

La bande de Gaza flambe à nouveau

Gaza, mercredi 28
Le retrait n'est pas la paix. La preuve en est, hélas ! administrée depuis dimanche soir. L'accalmie qui avait suivi le départ des soldats israéliens de Gaza, précédé du démantèlement des colonies juives, a été brisée vendredi par une explosion meurtrière dans un camp de réfugiés. Explosion attribuée aux Israéliens par le Hamas, mais accidentelle aux dires mêmes de l'Autorité palestinienne. En « représailles », samedi, les Hamas avait tiré des roquettes sur le territoire israélien, blessant cinq personnes. Sur ordre d'Ariel Sharon, la riposte fut brutale et foudroyante, Israël engageant hélicoptères, chars et canons pour pilonner les installations du Hamas et du Fatah. Les opérations se sont poursuivies jusqu'à aujourd'hui dans le territoire.

Prêts à mourir pour passer en Espagne

Une double clôture de barbelés entoure les enclaves de Ceuta et, ici, de Melilla.

Espagne et Maroc, jeudi 29
Ce matin, vers 3 heures, un groupe de quelque 500 personnes originaires pour la plupart d'Afrique subsaharienne a tenté de franchir en force la clôture qui sépare l'enclave espagnole de Ceuta du territoire marocain. Malgré l'intervention des forces de sécurité marocaines et espagnoles, 163 candidats à l'immigration ont réussi à passer, avec l'espoir d'être transférés en Espagne. Mais on déplore cinq morts, tués par balle, plus une centaine de blessés. L'Espagne et le Maroc se renvoient la responsabilité du drame, et l'origine des tirs mortels est controversée. Les enclaves de Ceuta et de Melilla forment un point de passage « classique » pour les migrations clandestines, mais aussi terriblement dangereux : depuis dix ans, 6 300 Africains seraient morts dans cette zone, selon Médecins sans frontières. (→ 7.10)

Zoom sur

LA COUR SUPRÊME

Organe le plus élevé du pouvoir judiciaire aux États-Unis, la Cour suprême, instituée par l'article III de la Constitution de 1789, siégea pour la première fois à New York le 1er février 1790. L'essentiel de son rôle consiste à contrôler la constitutionnalité des lois et à définir les droits fondamentaux des citoyens. Ses jugements sont sans appel. Les juges, sept à l'origine, neuf depuis 1869, dont un président (le *Chief Justice*), sont nommés à vie par le président des États-Unis, un choix soumis à l'approbation du Sénat. Seule la procédure d'*impeachment* peut conduire à leur destitution, mais elle n'a jamais été engagée.

Jeudi 29, le Sénat ayant donné son aval, John Roberts devient ainsi le 17e président de la Cour suprême des États-Unis et, à 50 ans, le plus jeune de l'histoire. Ce juge conservateur prête serment le jour même à la Maison Banche. Roberts avait été nommé le 5 par George W. Bush, après le décès du président William Rehnquist.

Référendum pour la paix en Algérie

Alger, jeudi 29
L'Union européenne lui avait prodigué son soutien, Philippe Douste-Blazy lui adresse ses félicitations. Il faut dire que le président algérien Abdelaziz Bouteflika ne prenait guère de risques avec ce référendum pour ou contre le projet de charte « pour la paix et la réconciliation nationale ». Même si l'opposition avait dénoncé l'injustice consistant à passer par profits et pertes les crimes commis par les islamistes, d'un côté, et par les militaires, de l'autre, le résultat semblait acquis d'avance dans un pays exténué par une guerre civile qui n'a jamais osé dire son nom : 97,33 % des votants ont donc dit oui à l'amnistie. Mais combien de votants ? Le taux de participation de près de 80 % proclamé par le pouvoir laisse sceptiques bien des observateurs. Saïd Sadi, leader du parti kabyle RCD, dit que le chiffre réel a été « multiplié par quatre », Aït Ahmed (FFS), quant à lui, criant à la « farce de bout en bout ».

135 millions d'euros pour Bernard Tapie

Bernard Tapie, alors président de l'OM, avait fait l'acquisition d'Adidas en 1990.

Paris, vendredi 30
Bernard Tapie sort vainqueur du procès qui l'opposait au Crédit Lyonnais et, par le biais du Consortium de réalisations (CDR), à l'État français, dans l'affaire de la cession du groupe Adidas en 1993. Il s'est vu accorder par la cour d'appel de Paris la somme (importante mais très inférieure aux 990 millions d'euros qu'il réclamait pour préjudice subi) de 135 millions d'euros d'indemnités et d'intérêts. Celle-ci lui sera versée par le CDR, l'organisme public qui était chargé, à l'époque, d'assumer la gestion du Crédit Lyonnais. L'ancien homme d'affaires et ministre, aujourd'hui comédien, accusait depuis 1996 la banque de l'avoir escroqué en empochant à sa place, par à un accord secret passé avec le repreneur Robert-Louis Dreyfus, une plus-value réalisée avec la vente du groupe d'équipement sportif. N'ayant pas informé Bernard Tapie des intentions d'achat émises par Dreyfus, la banque aurait négligé les règles de loyauté envers son client.

Abidjan, mardi 27
Le président ivoirien Laurent Gbagbo annule la présidentielle du 30 octobre,en raison de l'absence de désarmement de la rébellion. (→ 30.10)

New York, mardi 27
Sortie de faillite pour la Cie aérienne américaine US Airways.

Paris, mercredi 28
Xavier Bertrand (Santé) annonce le déremboursement de 156 médicaments et l'instauration d'une franchise de 18 euros pour les actes médicaux lourds afin de ramener le déficit 2006 de la « Sécu » à 8,9 milliards d'euros.

New York, mercredi 28
La société Google signe un accord de partenariat technologique avec la Nasa, dans les domaines de la gestion de données et des nanotechnologies.

Moscou, mercredi 28
Le géant gazier Gazprom, contrôlé à 51 % par l'État russe, rachète le groupe pétrolier Sibneft pour 13 milliards de $.

Paris, jeudi 29
L'actrice Carole Bouquet officialise sa séparation d'avec Gérard Depardieu.

Alexandria (Virginie), jeudi 29
Libération de la journaliste Judith Miller après qu'elle a accepté de témoigner dans l'affaire Plame. Sa source est Lewis Libby, directeur de cabinet de Dick Cheney. (→ 3.11)

Paris, vendredi 30
Georges Pernoud fête les 30 ans de son émission *Thalassa* (France 3).

Fort Myer (Virginie), vendredi 30
Le général Peter Pace devient le premier marine chef d'état-major interarmes. Il succède au général Richard B. Myers.

La planète sera-t-elle encore

L'émission de gaz à effet de serre et la déforestation ont pour conséquence des changements climatiques qui, à terme, pourraient être catastrophiques. Les projections les plus sérieuses font froid dans le dos : sécheresse, montée des eaux, glaciation… Le pire ne peut être exclu.

Les chiffres sont en effet effrayants. Pendant 150 000 ans, la concentration de gaz carbonique (CO_2) dans l'atmosphère était restée à peu près constante, soit de l'ordre de 270 parties par million (ppm). Mais après avoir commencé à augmenter vers 1860, en pleine révolution industrielle, elle a connu une nette accélération à partir du milieu du XXe siècle, période durant laquelle son taux a pratiquement doublé tous les vingt ans. Ce taux s'établit aujourd'hui à environ 375 ppm, près de 70 % des émissions totales de CO_2 provenant des pays de l'hémisphère Nord. L'humanité émet près de 7 milliards de tonnes d'équivalent carbone par an (cf. encadré), soit pratiquement le double de la capacité d'absorption de la planète, celle-ci dépendant de façon vitale de la surface des forêts et des océans.

Le glacier de Blomstrandbreen, en Norvège, photographié en 1918 (en haut). En 2002 (ci-dessus), il n'en restait plus rien…

Or, il existe une corrélation rigoureuse entre le taux de CO2 dans l'atmosphère et la température à la surface de la Terre. La concentration dans l'atmosphère des gaz à effet de serre emprisonne en effet la chaleur issue du soleil autour de la Terre et engendre un réchauffement général de la planète. En seulement trente ans, la température moyenne de la Terre est passée de 13,9 degrés à 14,4 degrés. Avec un doublement prévu du taux de CO_2 dans l'atmosphère, elle devrait augmenter encore de 1,4 à 5,8 degrés au cours du XXIe siècle

Le réchauffement de la planète étant maximal vers les pôles, l'une des conséquences est la fonte des glaciers et des banquises, qui dilate la masse des océans, entraînant une élévation générale du niveau de la mer. Le niveau moyen des océans a déjà monté de 2,4 cm au cours des dix dernières années. Ainsi, le Groenland perd déjà 51 milliards de m^3 d'eau par an. La fonte complète de l'inlandsis du Groenland pourrait à elle seule faire monter de 7 m les surfaces côtières du globe. Si l'on y ajoute la fonte des glaciers de l'Arctique et de l'Antarctique, elle pourrait entraîner la submersion d'un grand nombre de terres aujourd'hui émergées, comme la Camargue, les Pays-Bas ou les deltas du Nil en Égypte ou du Gange au Bangladesh.

SI LA CALOTTE GLACIAIRE FOND…

La fonte des glaciers arctiques a également pour résultat que la partie nord de l'Atlantique connaît un afflux brutal d'eau douce. Il faut savoir que l'équilibre entre l'eau douce et l'eau salée constitue dans cette partie du monde l'un des moteurs des grands courants marins dits thermohalins, qui régulent l'ensemble des températures mondiales et permettent à l'Europe occidentale de bénéficier d'un climat tempéré du fait de la remontée vers le Nord d'un courant chaud provenant du Sud, le Gulf Stream. Cet afflux d'eau douce issue de la fonte des glaciers pourrait à terme provoquer un refroidissement général de l'hémisphère Nord, qui se retrouverait au bout d'un certain temps plongé dans un climat sibérien. Rappelons que lorsque la température planétaire moyenne était de seulement 5 à 6 % plus basse qu'aujourd'hui, une partie de l'Europe et de l'Amérique du Nord était couverte d'un glacier de 3 km d'épaisseur. Or, selon certaines études, la calotte glaciaire arctique pourrait disparaître entièrement d'ici à 2070 !

Depuis 1969, la planète a connu des modifications climatiques qui se déroulaient autrefois sur plusieurs siècles. Les années 1998 et 2002 ont été ainsi les deux années les plus chaudes jamais connues. Ce réchauffement provoque l'augmentation de la fréquence et de l'intensité des tempêtes, des cyclones tropicaux, des raz-de-marée, des canicules, des feux de forêts, etc. Aux États-Unis, on a enregistré 562 tornades durant le seul mois de mai 2003, chiffre jamais atteint jusque-là.

Le réchauffement de la planète a aussi des effets dévastateurs sur l'agriculture, car il intensifie l'érosion des sols et aggrave l'effet des sécheresses, ce qui réduit d'autant la capacité de production agro-alimentaire dans le monde, en même temps qu'il étend l'aire de certaines maladies infectieuses et tropicales, comme le paludisme et la malaria. Des études menées aux Philippines ont montré que chaque degré de température supplémentaire se traduit par une baisse de 10 % des rendements agricoles.

SI LA FORÊT DISPARAÎT…

Parallèlement, la déforestation mondiale prend chaque jour des proportions plus inquiétantes. Au cours du XXe siècle, la surface boisée de la terre est passée de 5 milliards à 2,9 milliards d'hectares. On estime aujourd'hui à 140 000 km (la superficie de la Grèce) la surface de forêts détruite chaque année, soit 28 hectares détruits par minute. En milieu tropical, la déforestation a doublé entre 1979 et 1989. Après avoir déjà perdu sa forêt tropicale atlantique, le Brésil a commencé à détruire sa forêt amazonienne, qui était encore intacte en 1970 : la progression de cette déforestation est actuellement de 6 % par an. Or, les forêts jouent un rôle essentiel dans la régulation du climat de la planète, la conservation des sols, la prévention des inondations, le stockage des substances nutritives, la protection des voies d'eau contre l'envasement. Elles constituent 46 % des réserves de carbone terrestre et absorbent le dioxyde de carbone qui nourrit l'effet de serre.

L'aspect le plus préoccupant tient au phénomène des effets cumulés. Plus la glace et la neige fondent, et moins il y a d'énergie solaire renvoyée dans l'espace, ce qui aug

vivable à la fin du XXIe siècle ?

mente l'effet de serre. Mais celui-ci provoque une nouvelle élévation de la température, ce qui fait fondre encore plus de neige et de glace. Il en va de même des feux de forêts : plus il fait chaud, plus il y a d'incendies de forêts et plus celles-ci deviennent vulnérables. Mais moins il y a de forêts et moins la Terre a la capacité d'absorber l'oxyde de carbone présent dans l'atmosphère, ce qui entraîne une nouvelle augmentation de la température, qui favorise à son tour les incendies de forêts…

En octobre 2003, un rapport commandé par le Pentagone (« An Abrupt Climate Change and Its Implications for United States Security ») considérait comme plausible le scénario d'une catastrophe climatique intervenant à l'échelle planétaire dans le cours des vingt prochaines années.

SI ON NE VA PAS PLUS LOIN QUE KYOTO…

Face à cette situation, les tenants du développement durable (cf. page 32) ont proposé et fait adopter différentes mesures d'interdiction ou de réglementation, des taxations et des incitations à adopter des comportements plus « écologiques ». Ont-elles été efficaces ? Les théoriciens de la décroissance (cf. page 61), qui estiment que le développement durable prolonge au mieux le problème sans le résoudre, font observer que les interdictions sont rarement contraignantes, et encore plus rarement respectées, que le montant des taxations ou des amendes est souvent dérisoire par rapport aux dégâts, et que les comportements « écologiques » ne suffisent pas à renverser la tendance.

Le principe pollueur-payeur implique que l'on taxe les pollutions d'un montant suffisant pour réparer le dommage qu'elles ont causé (ou vont causer), ou encore que l'on autorise les pollueurs à s'entendre librement avec les futurs pollués pour négocier entre eux le montant d'une compensation acceptable. Mais les premières applications qui en ont été faites, notamment aux États-Unis, ont révélé des effets pervers. Le principe revient en fait à instaurer un véritable marché du droit de polluer, dont les sociétés capables d'acquitter le prix de leurs pollutions seront les premières à bénéficier, alors que ce sont aussi elles qui polluent le plus. Il n'y aura donc pas moins de pollutions, celles-ci représentant seulement un coût que les sociétés devront intégrer dans leur budget et leurs prix de revient. Quant à la « libre négociation » censée permettre aux pollueurs et aux pollués de s'entendre sur le montant d'un juste dédommagement pour les nuisances causées par les uns et subies par les autres, il est évident qu'elle est faussée par l'emprise monétaire dont les premiers peuvent user vis-à-vis des seconds, en sorte qu'il se trouvera toujours des victimes potentielles rendues consentantes par le montant des indemnités promises.

Les contraintes imposées aux États signataires du protocole de Kyoto (cf. page 19) sont-elles suffisantes pour empêcher l'irréparable d'advenir ? Professeur à l'Université d'Aarhus, au Danemark, le statisticien Bjorn Lomborg ne le pense pas. Il a ainsi développé deux hypothèses. Si le protocole de Kyoto n'est pas respecté, la quantité d'équivalent carbone produite passera de près de 7 milliards de tonnes aujourd'hui à 20,6 milliards de tonnes à la fin du XXIe siècle. Si le protocole est respecté entre 2008 et 2012, période sur laquelle les États signataires se sont engagés, et si les émissions de gaz carbonique reprennent ensuite au rythme actuel, la quantité d'équivalent carbone sera de 19,5 milliards de tonnes en 2100. Ces projections n'ont pas été contestées par la communauté scientifique internationale.

Le 11 janvier 2005, le président Jacques Chirac a invité les pays développés à s'engager plus avant « en divisant par quatre, d'ici à 2050, les émissions de gaz à effet de serre afin d'enrayer le réchauffement de la planète. Kyoto n'est qu'un premier pas. Nous devrons aller plus loin ».

Laurent Visentini

La destruction de la forêt amazonienne (6 % de sa surface par an) a des conséquences dramatiques sur la régulation des climats. Ci-dessus : manifestation de Greenpeace à Paris.

L'équivalent carbone

L'équivalent carbone, également appelé équivalent CO_2, est une unité servant à mesurer l'effet de serre résultant des émissions des différents gaz. La référence de cette unité est la quantité de carbone contenue dans 1 kg de CO_2, soit 0,2727 kg. Autrement dit, 1 kg de CO_2 produit 0,2727 kg d'équivalent carbone. Pour la même masse, la quantité d'équivalent carbone produite par les autres gaz à effet de serre est calculée par la multiplication de son PRG (potentiel de réchauffement global) par 0,2727, le PRG du CO_2 étant égal à 1. Ainsi, le PRG du méthane étant de 23,1 kg de méthane engendrera 6,2721 kg d'équivalent carbone (soit 23 x 0,2727).

Sortie de prison pour Lucien Léger

Bapaume (Pas-de-Calais), lundi 3
Après 41 ans passés en prison, Lucien Léger (68 ans), le plus ancien détenu de France, a été libéré. Condamné en 1966 à la réclusion criminelle à perpétuité pour l'enlèvement, puis le meurtre, en 1964, du petit Luc Taron, âgé de 11 ans, l'infirmier qui se surnommait « l'étrangleur » dans des messages qu'il adressait à la police et aux médias avant son arrestation, était libérable depuis 1979. Cependant, ses 13 premières demandes d'élargissement et ses trois demandes de grâce présidentielle avaient été rejetées. Mais le 1er juillet 2005, le tribunal d'application des peines d'Arras avait accédé à sa nouvelle requête, une décision qui avait fait l'objet d'un appel suspensif du parquet. C'est la juridiction régionale de libération conditionnelle de Douai qui, le 31 août, lui avait finalement accordé son élargissement.

Lundi 3, les cendres du général Anton Dénikine, chef de l'armée blanche du Sud pendant la guerre civile (1919-1920), sont ramenées à Moscou avec les honneurs militaires, puis déposées au monastère Donskoï lors d'une grandiose cérémonie organisée par le cinéaste Nikita Mikhalkov. Après la victoire des bolcheviques, Dénikine s'était réfugié aux États-Unis, où il est mort en 1947. Sa dépouille était accompagnée de celles du philosophe traditionaliste et monarchiste Ivan Ilyine (mort en Suisse) et de leurs épouses.

Le gouvernement face aux salariés

France, mardi 4
Ils étaient un million de manifestants selon les syndicats, mais 470 000 selon la police. La traditionnelle polémique sur les chiffres n'enlève rien au fait que l'appel des syndicats, qui offraient un front uni, a été entendu par les salariés du public et du privé. Même si dans les services publics le pourcentage des grévistes a plafonné à 27,8 %. Le contenu du message était simple : pour l'emploi, pour les salaires. Le Premier ministre, à l'Assemblée nationale, a affirmé qu'il l'avait entendu : « Ils veulent des résultats et nous nous battons pour cela. » Pas question de changer de cap, a-t-il répondu en substance aux socialistes, mais également aux « sarkozystes » qui, à l'UMP, prônent la « rupture ». Dans la rue, la présence du privé a beaucoup frappé : les salariés de Hewlett-Packard ouvraient le défilé à Paris.

Le 3, *Le Figaro*, qui ambitionne de devenir le « quotidien national de référence », lance sa nouvelle formule. Présentée fin septembre à la presse (ci-dessus), la maquette de Jean Bayle offre trois cahiers (actualité, économie, culture).

La Croatie passe avec la Turquie

Luxembourg, mardi 4
Ce matin, les 25 se retrouvent avec un candidat de plus que prévu à l'adhésion à l'Union européenne. Le processus de négociation pour cette adhésion a été ouvert non seulement pour la Turquie, mais aussi pour la Croatie. Or, jusqu'à hier soir, la Croatie restait *persona non grata* en raison de sa mauvaise volonté présumée à coopérer avec le Tribunal pénal international pour l'ex-Yougoslavie (TPIY). Mais hier, procédant à un retournement à 180 °, la procureure du TPIY, Carla Del Ponte, a donné un satisfecit à Zagreb… Que s'est-il passé en quelques heures ? Il s'est passé ceci : le meilleur allié de la candidature croate, l'Autriche, a subordonné son accord sur la Turquie (à laquelle elle était hostile) à celui de ses partenaires sur la Croatie. Du coup, Carla Del Ponte a été amicalement priée de revoir sa position.

Yves Chauvin est prix Nobel de chimie

Stockholm, mercredi 5
En linguistique, la métathèse consiste en un déplacement des consonnes, des voyelles ou des syllabes à l'intérieur du même mot. Les chimistes ont repris ce terme pour désigner la création de deux molécules nouvelles par permutation de groupes d'atomes de deux composés. Cette réaction chimique, observée en 1956, était restée une énigme jusqu'à ce que le Français Yves Chauvin, en 1971, ne mette en évidence le rôle catalyseur d'un troisième partenaire : le métallo-carbène. Découverte capitale, qui fut exploitée et développée ensuite par deux chimistes américains, Robert H. Grubbs et Richard B. Schrock, les applications de la métathèse étant très importantes dans nombre de secteurs, dont l'industrie pharmaceutique. Ils ont été associés au chercheur français par l'Académie royale des sciences de Suède : tous les trois se partagent le prix Nobel de chimie. (→ p. 103)

Yves Chauvin, 74 ans, a fait sa carrière à l'Institut français du pétrole (IFP).

Lu	Ma	Me	Je	Ve	Sa	Di
					1	2
3	4	5	6	7	8	9
10	11	12	13	14	15	16
17	18	19	20	21	22	23
24	25	26	27	28	29	30
31						

France, samedi 1er
Parution de *Harry Potter et le prince de sang mêlé*, 6e et avant-dernier tome des aventures du jeune sorcier. Il s'en vendra 800 000 exemplaires en seulement cinq jours. (→ 30.11)

Île de Bali (Indonésie), samedi 1er
Trois attentats-suicides font 26 morts et 122 blessés, trois ans après les attaques islamistes d'octobre 2002 (202 morts).

New York, samedi 1er
Robert Iger succède à Michael Eisner au poste de pdg de Walt Disney.

Longchamp, dimanche 2
Le pur-sang français Hurricane Run gagne le Prix de l'Arc de Triomphe.

Allemagne, dimanche 2
La CDU-CSU remporte un siège de plus lors du scrutin partiel de Dresde, totalisant 226 sièges contre 222 pour le SPD de Gerhard Schröder. (→ 10)

Paris, lundi 3
Lancement du « permis à un euro par jour », pour les jeunes de 16 à 25 ans.

Washington, lundi 3
George W. Bush nomme Harriet Miers juge à la Cour suprême. (→ 31)

Monte-Carlo, mardi 4
L'Italien Francesco Guidolin devient le nouvel entraîneur de l'AS Monaco.

Zoom sur

DADA

Fondé en 1916 par Tristan Tzara, à Zurich, le mouvement Dada se voulait une réponse nihiliste à une culture occidentale réduite à l'état de cadavre dans les tranchées. Une conviction qui poussa les dadaïstes à user de la parodie, de la dérision et de la provocation dans les arts et la littérature. Le mouvement, qui se développa en France et en Allemagne immédiatement après la Première Guerre mondiale, réunit autour de Tzara des personnalités comme Marcel Duchamp, André Breton, Philippe Soupault, Francis Picabia ou Kurt Schwitters. Mais Dada, malgré le brio de ses manifestations, fut bientôt jugé stérile par Breton qui s'en sépara en 1922 pour fonder le surréalisme.

L'UE mobilisée par le drame de Ceuta

Espagne et Maroc, vendredi 7
Alors que le bilan du drame de Ceuta, le 29 septembre dernier, est maintenant de six morts, une commission envoyée par l'Union européenne est arrivée sur place, dans les enclaves espagnoles de Ceuta et Melilla, au Maroc, pour tenter de trouver une solution au problème posé par l'afflux des immigrants clandestins. Le Maroc demande à l'UE une aide financière accrue, mais Rabat est aussi très critiqué pour sa gestion. Des organisations non gouvernementales, dont Médecins sans frontières, ont par ailleurs découvert aujourd'hui que les autorités marocaines avaient reconduit des centaines de migrants à la frontière algérienne, d'où ils venaient au terme de leur périple, les lâchant en plein désert. À Ceuta, 73 des clandestins qui avaient franchi la clôture, le 29 septembre, ont été expulsés par les Espagnols.

Le Cachemire frappé par un séisme

Cachemire, samedi 8
À 8 h 50 ce matin (heure locale), la terre a tremblé au Pakistan et en Inde. Pendant une minute seulement, mais une minute suffisante pour causer une catastrophe humanitaire. L'épicentre du violent séisme, de magnitude 7,6 sur l'échelle de Richter, a été localisé sur la Ligne de contrôle (LOC) qui divise depuis un demi-siècle le Cachemire en deux parties, l'une pakistanaise, l'autre indienne. La secousse a été ressentie jusqu'à Kaboul en Afghanistan et Dacca au Bangladesh. L'Inde et, surtout, le Pakistan, comptent des dizaines de milliers de victimes. Plus de 20 000, selon les premiers bilans, dont 19 400 au Pakistan, qui déplorerait en outre quelque 42 000 blessés. Le Cachemire indien annonce pour sa part près de 700 morts. Ce terrible bilan pourrait s'alourdir dans les prochains jours. Et pour les survivants, à qui incombe l'horrible tâche de retirer les cadavres des décombres et de les enterrer au plus vite pour éviter les épidémies, le cauchemar ne fait que commencer. En ce mois de ramadan, nombreux sont ceux qui voient dans ce drame une intervention divine, un peu comme si le jour du Jugement dernier était venu. Frappés en outre par des répliques plus légères et par des pluies torrentielles, nombre de villages pakistanais ont été entièrement détruits et se retrouvent privés d'eau, d'électricité et de téléphone, à la merci des pillards et coupés du monde, toutes les routes étant bloquées. Dans certaines zones retirées, les premiers secours n'arriveront que quarante-huit heures après le séisme, voire bien plus tard encore, les hélicoptères de l'armée étant seuls en mesure d'atteindre les sinistrés, en particulier ceux des régions montagneuses du nord du pays, difficiles d'accès, de leur apporter des vivres et des médicaments et d'emporter les blessés vers les hôpitaux les plus proches. Cette situation est d'autant plus grave que certains de ces hôpitaux ont été détruits ou sont dans l'impossibilité de fournir les soins nécessaires. À l'appel du président pakistanais Pervez Musharraf, de nombreux pays et organismes s'apprêtent à acheminer sans délai de l'argent, des médicaments, du matériel (hélicoptères, vêtements, couvertures, etc.) et des vivres, ainsi que des personnels spécialisés. La Commission européenne annonce une aide de trois millions d'euros, la Banque mondiale proposant de verser 20 millions de dollars. En outre, une équipe de coordination de l'ONU se met en route pour évaluer les besoins humanitaires. L'Inde elle-même propose d'aider son voisin, notamment en envoyant des hélicoptères. Une aide que, en dépit de la gravité de la situation dans laquelle il se trouve, le Pakistan refusera dimanche. (→ 20)

Une des deux prestigieuses Margala Towers, à Islamabad, s'est effondrée.

De très nombreux villageois survivants, restés sans abri, quittent les montagnes et tentent de rejoindre à pied les villes, comme Balakot, au nord-ouest du pays.

Anderlecht, mardi 4
Naissance du prince Emmanuel, fils de Mathilde et Philippe de Belgique.

Paris, mercredi 5
Exposition Dada au Centre Pompidou, la première depuis 1966.

France, jeudi 6
Les divorces des 60 ans et plus ont augmenté de 28 % chez les femmes et de 39 % chez les hommes en dix ans.

Paris, jeudi 6
Lancement industriel de l'Airbus A350, qui doit concurrencer le Boeing 787.

New Delhi, jeudi 6
L'Inde achète six sous-marins français Scorpene pour 2,1 milliards de dollars.

Paris, vendredi 7
M6 signe un contrat de 27 millions d'euros pour diffuser 31 des 64 matches du Mondial 2006 de football. (→ 26)

Océan Arctique-Nord, samedi 8
Perte du satellite européen d'étude du climat et de l'environnement CryoSat.

Union européenne, samedi 8
Premiers cas animaux de grippe avaire en Roumanie et en Turquie. (→ 15)

Brasília, dimanche 9
L'ancien ministre du Travail Ricardo Berzoini est élu à la tête du Parti des travailleurs (PT), au pouvoir au Brésil.

Suzuka, dimanche 9
Kimi Raikkonen (McLaren) remporte le GP de Formule 1 du Japon. (→ 16)

DÉCÈS

Paris, mardi 4
Jean Cazeneuve (*17.5.1915), sociologue français.

Les Vans (Ardèche), vendredi 7
Alexis Tendil (*15.8.1896), un des huit derniers poilus de la Grande Guerre.

L'Allemagne aura la grande coalition

Berlin, lundi 10
Cette fois, c'est fait. Angela Merkel sera bien chancelier. Mais il aura fallu trois semaines d'âpres négociations entre le SPD et la CDU-CSU pour conclure un accord sur la constitution d'un cabinet dit de « grande coalition ». Car, dans un premier temps, Gerhard Schröder avait émis la prétention de le diriger, fort de l'échec – relatif – de la CDU-CSU aux législatives. Mais, même si l'écart était faible avec le SPD, c'est tout de même la droite qui était en tête, toute alliance entre les sociaux-démocrates et le Parti de gauche conduit par l'ex-SPD Oskar Lafontaine et l'ex-communiste Gregor Gysi (8,7 % à ces législatives) ayant été par ailleurs exclue par Schröder. Lequel ne participera pas à un gouvernement qui, selon l'accord finalisé aujourd'hui, comportera autant de ministres du SPD que de la CDU-CSU. (→ 23.11)

Le 14, est révélé à Londres le nom du successeur de Pierce Brosnan dans *Casino Royale*, le 21e film de la série des James Bond. Il s'agit de l'Anglais Denis Craig, 37 ans. Sixième acteur à incarner Bond, il est aussi le premier à être blond.

SNCM : la reprise du travail décidée

Marseille, jeudi 13
Après 24 jours de conflit, 592 salariés grévistes (à forte majorité CGT) de la SNCM ont, en assemblée générale, voté à 87 % « oui pour la reprise de l'activité pour éviter un dépôt de bilan ». À Paris, le Premier ministre a rappelé les engagements de l'État, à savoir : « Pas de licenciement sec, maintien de l'unité de l'entreprise et maintien intégral de la flotte. » Concocté par les ministères des Transports et de l'Économie, le plan de sauvetage prévoit que l'État conservera 25 % du capital et injectera 113 millions d'euros pour apurer les comptes de la SNCM, qui a accusé une perte nette de 29,7 millions en 2004. Les repreneurs, Butler Capital Partner et Connex, vont apporter 35 millions d'euros. Ils auront 38 % et 28 % du capital, les salariés, de leur côté, se voyant offrir la possibilité d'en acquérir 9 %. (→ 24)

Zoom sur

LE VIRUS H5N1

La grippe aviaire, dite aussi grippe du poulet, est une maladie infectieuse des oiseaux due à des virus grippaux de type A (H5, H7, H9). Le virus aviaire H5N1, à l'origine de l'épidémie actuelle, est un sous-type viral. D'autres animaux, tel le porc, peuvent être contaminés. Le virus ne peut infecter l'homme que dans des cas de proximité avec un animal malade. En entrant en contact avec un virus de la grippe humaine, le H5N1 pourrait muter en un virus capable de se transmettre d'homme à homme et de provoquer une pandémie. Détecté sur des volailles aux États-Unis et en Europe au début des années 1990, il a fait sa première victime humaine en 1997 à Hong Kong.

Un prix Nobel de littérature anti-guerre

Harold Pinter photographié aujourd'hui sur le seuil de sa résidence londonienne.

Stockholm, jeudi 13
Trois jours après avoir fêté ses 75 ans, Harold Pinter a reçu le cadeau d'anniversaire le plus beau auquel un écrivain puisse rêver : le prix Nobel de littérature. Une juste récompense pour ce dramaturge britannique, considéré universellement comme l'égal d'un Ionesco ou d'un Beckett. Ses pièces dépeignent la violence toujours prête à surgir dans les rapports entre les êtres (ainsi dans *La Chambre*, 1957, *Le Gardien*, 1960, ou *Le Retour*, 1964), mais aussi, et de plus en plus, la violence politique, par exemple avec *Un pour la route* (1984) ou *Ashes to Ashes* (1996). Homme de gauche aux convictions pacifistes, Pinter s'est ainsi bruyamment engagé contre les guerres en Afghanistan et en Irak, allant jusqu'à écrire qu'en « se mettant au service du régime criminel américain, Tony Blair salissait et déshonorait son pays ». On lui doit aussi le scénario de *The Servant*, de Joseph Losey (1963). (→ p. 103)

Le 12, les taïkonautes chinois Nie Haisheng et Zhai Zhigang se sont embarqués à bord de la capsule spatiale Shenzhou VI pour un vol orbital de 5 jours. Ainsi la Chine réussit son deuxième vol habité après celui, inaugural, de 2003.

Attaque sanglante dans le Caucase

Naltchik, vendredi 14
La petite république caucasienne russe de Kabardino-Balkarie a été le théâtre hier d'une violente attaque de groupes islamistes armés : ce sont la plupart des bâtiments de la police et de l'armée de la capitale, Naltchik, qui ont été visés. Ce soir, les autorités russes ont repris le contrôle de la ville, mais les combats ont duré deux jours et ont été terriblement meurtriers : 137 morts officiellement, dont 92 islamistes, 33 membres des forces de l'ordre et 12 civils. Voisine de la Tchétchénie, cette république est l'objet de tentatives de déstabilisation de la part de Chamil Bassaev, le chef de guerre indépendantiste tchétchène, qui revendiquera d'ailleurs cette attaque le lundi 17. Bassaev bénéficie de soutiens dans la population musulmane, au sein de laquelle les assaillants, très jeunes, semblent bien avoir été recrutés.

Lu	Ma	Me	Je	Ve	Sa	Di
					1	2
3	4	5	6	7	8	9
10	11	12	13	14	15	16
17	18	19	20	21	22	23
24	25	26	27	28	29	30
31						

Tallinn, lundi 10
L'Estonie devient le premier pays à pratiquer le vote par Internet à une échelle nationale (municipales).

Belgrade, lundi 10
Ouverture de négociations en vue d'intégrer la Serbie-Monténégro à l'UE.

Saint-Cloud, lundi 10
Louis Aliot remplace Carl Lang au poste de secrétaire général du FN.

France, lundi 10
Madonna inaugure la promotion numérique. *Hung Up*, premier extrait de son nouvel album (dans les bacs le 14 novembre) est disponible en exclusivité sur les mobiles des clients Orange de France Télécom.

Paris, mardi 11
Les députés adoptent un amendement au projet de loi d'orientation agricole interdisant la commercialisation des sacs et emballages plastique non biodégradables à partir de 2010.

Baïkonour (Kazakhstan), mardi 11
Retour sur terre du 3e touriste de l'espace, l'Américain Greg Olsen, après une mission de 10 jours à bord de l'ISS.

Paris, mercredi 12
Mise en examen de Jean-Bernard Mérimée, ex-ambassadeur français à

La Constitution est votée en Irak

Irak, samedi 15
Les représentants de l'ONU respirent : la résistance sunnite n'a pu empêcher la tenue du référendum sur la Constitution irakienne. Un seul incident très grave a eu lieu dans l'un des sanctuaires de la rébellion, la province d'Al-Anbar, où une attaque a causé la mort de cinq soldats américains. Pour que la Constitution soit rejetée, il fallait que le non triomphât dans 3 provinces sur 18, à la majorité des deux tiers. Ce ne sera pas le cas. Les résultats définitifs, publiés le mardi 25 prochain, confirmeront que le oui a gagné dans 16 provinces, le non l'emportant seulement dans celles d'Al-Anbar et de Salaheddine (sunnites). Ces mêmes résultats feront apparaître que les chiites et les Kurdes ont voté massivement pour la Constitution, qui aura au total recueilli 78,59 % des suffrages. Taux d'abstention : 37 %. (→ 19)

Les prix Nobel

Stockholm, lundi 3
Médecine. Les Australiens Barry J. Marshall et J. Robin Warren.
Stockholm, mardi 4
Physique. Les Américains Roy J. Glauber et John L. Hall, et l'Allemand Theodor W. Hänsch.
Stockholm, mercredi 5
Chimie. Le Français Yves Chauvin et les Américains Robert H. Grubbs et Richard R. Schrock.
Oslo, vendredi 7
Paix. L'Agence internationale de l'énergie atomique et son directeur, Mohamed El-Baradei.
Stockholm, lundi 10
Économie. L'Américain Thomas C. Schelling et l'Israélien Robert J. Aumann.
Stockholm, jeudi 13
Littérature. Le Britannique Harold Pinter.

L'escrime française est au sommet

1

3

4

2

Avec dix médailles (quatre d'or, une d'argent et cinq de bronze) remportées lors des championnats du monde qui se sont tenus du 8 au 15, l'équipe de France d'escrime finit première de la compétition et quitte Leipzig (Allemagne) avec le plus beau palmarès de son histoire. (1) Vainqueur en finale de la Russe Sophia Velikaia, Anne-Lise Touya, déjà couronnée en 2001, est redevenue le 11 championne du monde de sabre. (2) Champions olympiques en titre, les épéistes (de g. à d. Jérôme et Fabrice Jannet, Ulrich Robeiri et Éric Boisse) ont décroché l'or le 13 en battant l'Allemagne en finale. (3) L'équipe de France masculine de fleuret (de g. à d. Brice Guyart, Erwan Le Pechoux, Victor Sintès et Nicolas Beaudan) retrouvait le 15, après sa victoire contre l'Italie, la plus haute marche sur le podium déjà conquise en 1997, 1999 et 2001. (4) La veille, les Françaises (de g. à d. Maureen Nisima, Hajnalka Kiraly-Picot, Laura Flessel-Colovic et Sarah Daninthe) dominaient les Hongroises en finale de l'épée par équipe.

l'ONU, dans le cadre de malversations présumées liées au programme « Pétrole contre nourriture ». (→ 27)

Paris, mercredi 12
L'obésité gagne du terrain en France touchant désormais 11 % des adultes et 4 % des enfants contre respectivement 8 % et 2 % il y a cinq ans.

Damas, mercredi 12
Mystère autour du suicide de Ghazi Kanaan, ministre syrien de l'Intérieur et « proconsul » au Liban de 1982 à 2002.

Saint-Denis, mercredi 12
La France bat Chypre 4 à 0 et se qualifie pour le Mondial 2006 de football.

Paris, jeudi 13
Projet d'accord sur l'emploi des chômeurs de plus de 57 ans. Il prévoit la mise en place d'un CDD de 18 mois maximum, renouvelable une fois.

Kourou (Guyane), jeudi 13
La fusée Ariane 5 lance avec succès le satellite militaire français Syracuse 3A.

France, vendredi 14
Parution du *Ciel lui tombe sur la tête*, 33e album des aventures d'Astérix par Albert Uderzo.

Union européenne, samedi 15
Le virus de la grippe aviaire détecté en Roumanie et en Turquie est bien le H5N1 qui a tué une soixantaine de personnes en Asie.

Lhassa (Tibet), samedi 15
Fin de la construction de la voie ferrée Qinghai-Tibet (1 956 km), la plus élevée du monde (5 072 m d'altitude).

Shanghai (Chine), dimanche 16
Le champion du monde Fernando Alonso offre à l'écurie de F1 Renault son premier titre mondial des constructeurs.

La mort d'un bandit éclabousse l'armée

Le général Poncet commandait depuis la région Terre Sud-Ouest, à Bordeaux.

Paris, lundi 17
Michèle Alliot-Marie, la ministre de la Défense, n'a pas fait traîner les choses : elle suspend le général de corps d'armée Henri Poncet, ancien commandant de l'opération Licorne en Côte d'Ivoire, le colonel Éric Burgaud, alors placé sous ses ordres, et l'adjudant-chef Guy Raugel. Selon une enquête de commandement, ces militaires sont soupçonnés de « manquements graves à la loi », ainsi qu'aux « règlements militaires ». Cette affaire remonte au 13 mai dernier. Ce jour-là, l'adjudant-chef Raugel aurait arrêté dans la zone de confiance un chef de « coupeurs de routes » réputé pour sa férocité et convaincu de meurtres et de viols, l'Ivoirien Firmin Mahé. Blessé, le bandit serait mort dans des circonstances suspectes pendant son transfert de l'infirmerie de Bangolo à la ville de Man. Une bavure? La presse ivoirienne, d'habitude fort prompte à dénoncer la France, reste très discrète. (→ 2.11)

Le Pakistan craint maintenant l'hiver

Pakistan, jeudi 20
Pour les survivants du terrible séisme du 8 qui se retrouvent isolés dans des régions reculées où les secours ont du mal à arriver, l'hiver s'annonce comme le pire des ennemis. À Genève, Jan Egeland, coordinateur de l'aide d'urgence des Nations unies, a fait aujourd'hui savoir que les secours sont insuffisants et invité les pays à envoyer leurs dons afin de faire face au « pire cauchemar logistique » vécu par l'ONU, la situation se révélant selon lui encore plus grave qu'après le tsunami de décembre 2004. Seuls 86 millions de dollars ont déjà été envoyés, sur les 272 qui ont été promis. Sans une aide d'urgence, « une seconde hécatombe » serait inévitable. Un dernier bilan fait état de 48 000 morts au Pakistan et en Inde. On compte aussi quelque 67 000 blessés, dont beaucoup meurent chaque jour. (→ 2.11)

Le 19, *Les Noces funèbres* de Tim Burton et Michael Johnson sort en France. Ce film d'animation raconte le voyage dans l'au-delà d'un jeune homme (Johnny Depp dans la version originale) qui a épousé une jeune fille décédée.

Saddam Hussein conteste la légitimité du Tribunal spécial

Bagdad, mercredi 19
Saddam Hussein et ses principaux coinculpés ont tout simplement refusé de décliner leur identité, à l'ouverture de leur procès devant un Tribunal spécial irakien dont ils ne reconnaissent pas la légalité. L'ancien président a répondu au juge Rizkar Mohammed Amine que ce tribunal avait été constitué de « façon illégale après une agression illégale ». Ce qui est, en effet, le point faible de cette juridiction : elle n'a pas été instituée par le gouvernement irakien, mais par Paul Bremer, l'ancien administrateur américain, le 10 décembre 2003. Le procès, qui porte sur le massacre de 143 chiites en 1982, sur ordre de Saddam Hussein lui-même selon le procureur Jaafar al-Moussaoui, a toutefois été ajourné. Le tribunal l'a renvoyé au 28 novembre, de façon à permettre à la défense d'étudier mieux qu'elle n'a eu la possibilité de le faire le dossier de l'accusation, et à celle-ci d'interroger des témoins. (→ 28.11)

L'ancien chef d'État irakien n'avait rien perdu de sa combativité à l'audience, qui s'est tenue dans une salle installée au siège du parti Baas, dans la « zone verte ».

La Pologne choisit Lech Kaczynski

Varsovie, dimanche 23
Le maire de Varsovie, Lech Kaczynski, a remercié son frère Jaroslaw, président du PiS, pour la campagne acharnée qui lui a permis de triompher, à la surprise générale, à l'élection présidentielle. Au premier tour, le 9 octobre, c'est Donald Tusk, son principal rival soutenu par la PO, qui était en tête (avec 36,33 % des voix contre 33,10 %). Mais le candidat du PiS a su s'assurer du report sur son nom des voix qui s'étaient portées sur Andrzej Lepper, du parti Samoobrona, qui avait réalisé un score de 15,11 %. Ce sont ces électeurs « populistes » qui ont incontestablement fait la différence. Et elle est énorme : 54,04 % en effet pour Kaczynski, 45,96 % pour Tusk. Pour les conservateurs du PiS, la victoire est donc totale, après celle des législatives. Une ombre au tableau : près de la moitié des électeurs se sont abstenus.

Lu	Ma	Me	Je	Ve	Sa	Di
					1	2
3	4	5	6	7	8	9
10	11	12	13	14	15	16
17	18	19	20	21	22	23
24	25	26	27	28	29	30
31						

Vancouver (Canada), lundi 17
Selon le Humanity Security Center, le nombre de conflits armés dans le monde a baissé de 40 % depuis 1992. Une guerre fait également moins de victimes : 38 000 morts en moyenne en 1950 contre 600 en 2002.

Belgrade, lundi 17
Radovan Karadzic, l'homme le plus recherché par le TPI depuis 10 ans, publie son 5e recueil de poèmes.

New York, lundi 17
Accord historique entre General Motors et le syndicat UAW sur la réduction des prestations santé des 75 000 salariés et retraités américains du géant automobile. (→ 21.11)

Créteil, mardi 18
Didier Schuller est condamné à deux ans de prison ferme au procès des HLM des Hauts-de-Seine.

Amsterdam, mardi 18
Tanja donne naissance à son bébé devant les caméras de *Big Brother*.

Paris, mercredi 19
Le Quai d'Orsay confirme la mort du journaliste français Frédéric Nérac, disparu en Irak le 22 mars 2003.

Beauvais, jeudi 20
Les époux Cartier sont condamnés à 15 et 10 ans de prison pour infanticide.

Des cars font le bus dans Marseille

Marseille, lundi 24
Au 21e jour consécutif de grève dans les transports en commun marseillais, le service de cars de substitution mis en place par la mairie est entré en vigueur aujourd'hui. Une cinquantaine de cars privés, pouvant transporter 55 personnes, ont donc commencé à desservir gratuitement six itinéraires, différents de ceux habituellement empruntés par les autobus de la Régie des transports de Marseille (RTM) pour ne pas faire entrave au droit de grève. Réclamant depuis le 4 le retrait de la délégation de service public, qui prévoit d'associer le groupe Connex à la Régie pour l'exploitation du futur tramway de Marseille en 2007, ce qu'ils assimilent à un début de privatisation, les traminots continuent à suivre massivement la grève, avec à ce jour seulement 3 % des bus et 35 % des métros en service. (→ 28)

Le sergent Alexander est le 2000e tué

Il laisse une femme (Fina), un garçon de 8 ans (Jsai) et une fille de 5 (Alexandria).

Washington, mardi 25
Le Pentagone a annoncé aujourd'hui la mort du sergent George T. Alexander, blessé le 17 octobre à Samarra, en Irak, par l'explosion d'une bombe au passage du VBCI (véhicule blindé de combat d'infanterie) où il était embarqué. Il est décédé samedi dernier au Brooke Army Medical Center de San Antonio (Texas) où ce sous-officier âgé de 34 ans avait été rapatrié. Cette annonce a créé une grande émotion aux États-Unis : le sergent Alexander est le 2 000e soldat américain tombé en Irak depuis le début de la guerre, soit une moyenne de 66,6 tués par mois (auxquels s'ajoutent les pertes des autres contingents de la coalition et celles des forces irakiennes engagées à leurs côtés). Entré dans l'US Army en 1991, George T. Alexander appartenait au 1er bataillon du 15e régiment d'infanterie basé à Fort Benning, en Géorgie. Il avait participé à l'invasion de l'Irak en 2003. C'était son second séjour.

Zoom sur

L'US ARMY

L'armée américaine est composée de cinq armes distinctes : l'United States Army, l'United States Navy, l'United States Air Force, l'United States Marine Corps et l'United States Coast Guard, représentant au total 1,4 million de professionnels et 800 000 réservistes. En ce qui concerne l'US Army (l'armée de terre), dont la tête est formée par le Headquarters Department of the Army (HQDA) et les bras par six Army Major Commands, la réserve comprend deux branches : la garde nationale (l'Army National Guard), une milice de volontaires fondée sur le principe « un week-end par mois, deux semaines par an », et l'United States Army Reserve proprement dite.

Le capital d'EDF s'ouvre au marché

Paris, lundi 24
Le Premier ministre Dominique de Villepin l'a annoncé aujourd'hui : à partir du 21 novembre au plus tard, 15 % du capital d'EDF sera coté en Bourse. L'État en gardera 85 %. L'augmentation de capital de près de 7 milliards d'euros sera lancée vendredi prochain et la moitié des actions sera réservée aux épargnants et aux salariés de l'entreprise, laquelle, anticipant ce changement de statut, s'était parée en juillet d'un nouveau logo (ci-dessous), qui évoque à la fois une turbine et une fleur. (→ 21.11)

eDF

À quelques encablures du vieux moulin de Pargeat, la société Boralex a inauguré le 27 le plus grand parc éolien de France sur le site d'Ally-Mercœur (Haute-Loire). D'une capacité totale installée de 39 MW, ses 26 éoliennes devraient permettre d'atteindre une production annuelle de 78 GWh. Fin 2005, la capacité totale de production d'énergie éolienne installée en France sera de quelque 700 MW. Les objectifs du gouvernement prévoient pour 2010 un potentiel de 7 000 à 10 000 MW éoliens terrestres et maritimes.

Ahmadinejad veut détruire Israël

Téhéran, mercredi 26
Le nouveau président de la République islamique n'y a pas été par quatre chemins, rompant ainsi avec la très relative modération de mise à Téhéran depuis quelques années. Devant un parterre d'étudiants, Mahmoud Ahmadinejad a en effet déclaré : « Israël doit être rayé de la carte. » Lors de cette intervention, dans le cadre d'une conférence intitulée « Le monde sans sionisme », il a promis aussi les pires représailles de l'*oumma* (la communauté islamique) contre les pays musulmans qui ont pactisé ou qui pactiseraient avec Tel-Aviv. Ces propos ont-ils reçu l'aval du *rahbar* (ou guide suprême) de la République, l'ayatollah Ali Khamenei ? Les chancelleries occidentales espèrent que non : ils sonnent de façon très inquiétante à un moment où l'on s'interroge sur la nature du programme nucléaire iranien. (→ 8.12)

Lu	Ma	Me	Je	Ve	Sa	Di
					1	2
3	4	5	6	7	8	9
10	11	12	13	14	15	16
17	18	19	20	21	22	23
24	25	26	27	28	29	30
31						

France, lundi 24
La filière avicole lance le label « volaille française » pour enrayer la chute de la consommation de poulet, liée à la psychose autour de la grippe aviaire.

Linköping (Suède), lundi 24
Mise en circulation du premier train fonctionnant au biogaz, une énergie renouvelable produite à partir de déchets organiques.

Rome, lundi 24
L'Italien UniCredito rachète l'Allemand HypoVereinsbank, donnant naissance au 4e groupe bancaire de la zone euro.

Paris, lundi 24
Au Théâtre du Rond-Point, soirée de soutien à Ingrid Betancourt, otage des Farc en Colombie depuis 44 mois.

Bagdad, lundi 24
Trois attentats contre des hôtels fréquentés par des journalistes et des employés étrangers font 17 morts.

Katmandou, lundi 24
Les secouristes confirment la mort de sept alpinistes français et de leurs onze guides népalais, portés disparus depuis jeudi 20 dans l'Himalaya.

Miami, lundi 24
L'ouragan Wilma frappe la Floride, faisant au moins 21 morts.

L'abbé Pierre confesse ses faiblesses

Paris, jeudi 27
La sortie aujourd'hui, en librairie, du nouvel ouvrage de l'abbé Pierre *Mon Dieu… Pourquoi?* fait l'effet d'un souffle de modernité et d'ouverture dans un monde catholique parfois jugé « trop étroit ». Dans ce livre de méditations et de confessions coécrit avec le directeur du *Monde des religions,* Frédéric Lenoir, l'ancien capucin avoue avoir déjà cédé au désir sexuel, mais « de manière passagère ». Une confession qui lui sert à appuyer sa prise de position en faveur du mariage des prêtres. L'abbé, qui ne voit aucun obstacle non plus à l'ordination des femmes, comprend les couples homosexuels désirant s'unir devant la société, pour lesquels une « alliance homosexuelle » est selon lui préférable au mariage. Ne s'opposant pas à l'idée d'adoption d'enfants par des parents de même sexe, il suggère toutefois que soit pris « le temps d'écouter les psychologues et de voir dans la durée ».

Le 17 octobre, à Paris, l'abbé avait appelé à « haïr ce mal absolu qu'est la misère ».

New Dehli ciblée par le terrorisme

New Dehli, dimanche 30
D'un commun accord, le Pakistan et l'Inde vont ouvrir cinq points de passage sur la Ligne de contrôle (LOC) qui sépare les deux pays depuis 1948 et qui coupe le Cachemire en deux. Un geste d'apaisement que n'aura pas remis en cause la terrible vague d'attentats qui a ensanglanté hier la capitale indienne. À quelques minutes d'intervalle, deux bombes ont explosé sur deux marchés de New Dehli, à une heure d'affluence, faisant 61 morts et 186 blessés. Le bilan aurait pu être plus lourd: une troisième bombe avait été posée dans un autobus, mais le chauffeur et un employé ont pu le faire évacuer avant son explosion; ils ont été blessés tous les deux, victimes de leur dévouement. Ces attentats ont été revendiqués par un groupe militant contre la présence de l'Inde au Cachemire, l'Islamic Inquilab Mahaz.

L'abbé Pierre

Régulièrement plébiscité dans les sondages par les Français en raison de son action contre la pauvreté, l'abbé Pierre, Henri Grouès de son vrai nom, est né à Lyon le 5 août 1912 dans une famille aisée. À l'âge de 18 ans, il entre au couvent des capucins et est ordonné prêtre en 1938. Nommé vicaire à Grenoble en 1939, il s'engage bientôt dans la Résistance où, sous le nom de Pierre, il aide des juifs à se cacher. Député de Meurthe-et-Moselle de 1945 à 1951, il fonde la communauté d'Emmaüs en 1949, avant de lancer à la radio, en février 1954, son célèbre appel à l'aide en faveur des plus défavorisés souffrant du froid. En 2001, l'abbé Pierre s'est vu remettre les insignes de Grand Officier de la Légion d'honneur.

En remportant, le 30, le Rallye de Catalogne au volant de sa Xsara, Sébastien Loeb, sacré champion du monde le 2, signe son 10e succès de la saison et offre à Citroën sa troisième couronne mondiale consécutive des constructeurs.

Corruption autour du pétrole irakien

New York, jeudi 27
La publication du cinquième et dernier rapport Volcker sur les malversations autour du programme irakien « Pétrole contre nourriture » fait grand bruit. Il révèle que plus de 2200 entreprises, dont beaucoup sont françaises, italiennes, russes et chinoises, ont versé des pots-de-vin à Saddam Hussein pour pouvoir exporter en Irak. 139 sociétés auraient par ailleurs payé des commissions pour acheter du pétrole au régime irakien, qui au total aurait ainsi perçu 1,8 milliards de dollars. Le rapport établit aussi l'existence d'« allocations de pétrole » accordées à des personnalités pro-irakiennes. Sont notamment cités l'ancien ministre de l'Intérieur Charles Pasqua et Jean-Bernard Mérimée, ex-ambassadeur de France aux Nations unies, qui auraient bénéficié de six et de onze millions de barils.

Laurent Gbagbo joue les prolongations

Le 1er novembre, ses partisans lui manifesteront leur soutien au stade d'Abidjan.

Abidjan, dimanche 30
C'est aujourd'hui qu'aurait dû prendre fin le mandat du président ivoirien. Le dimanche 30 octobre était aussi la date limite pour la tenue d'élections. Mais la crise que traverse le pays a bouleversé le calendrier. Entérinant des décisions prises le 6 octobre par le Conseil de paix et de sécurité de l'Union africaine (UA), le Conseil de sécurité, par sa résolution 1633 du 21 octobre, a maintenu pour une durée n'excédant pas douze mois Laurent Gbagbo à son poste, « au côté d'un Premier ministre doté de tous les pouvoirs ». La question est bien sûr de savoir qui sera ce Premier ministre. Le secrétaire général des Forces nouvelles, Guillaume Soro, a dès aujourd'hui été désigné par son parti comme le chef du « futur gouvernement de réconciliation nationale ». Plus radicaux, ses partisans se sont massés à Bouaké pour exiger le départ immédiat de Gbagbo. Lequel s'abrite derrière l'ONU. (→ 4.12)

Washington, lundi 24
Nomination de Ben Bernanke à la tête de la Réserve fédérale. Il succédera le 31 janvier 2006 à Alan Greenspan, président de la Fed depuis 18 ans.

Union européenne, mardi 25
Embargo sur les importations d'oiseaux sauvages vivants après la découverte, au Royaume-Uni, d'un perroquet atteint du virus H5N1.

Luxembourg, mardi 25
La justice européenne met fin à la « bataille de la feta » en autorisant la seule Grèce à utiliser cette dénomination pour son fromage de brebis frais.

Paris, mercredi 26
L'ex-président du conseil régional d'Île-de-France, Michel Giraud, et Michel Roussin, ex-bras droit de Jacques Chirac, sont condamnés chacun à quatre ans de prison avec sursis dans le procès des marchés publics d'Île-de-France.

Paris, mercredi 26
Un rapport du Sénat accuse l'État d'être responsable d'une « gestion défaillante » de l'amiante, qui va entraîner une « épidémie » de cancers dans les 20 ans à venir.

Paris, mercredi 26
Le journaliste Thierry Roland confirme avoir signé un contrat avec M6, au détriment de TF1, pour commenter des matches du Mondial 2006.

Aix-en-Provence, mercredi 26
Renvoi aux assises de Jean-Maurice Agnelet pour l'assassinat de sa maîtresse Agnès Le Roux, héritière du casino du Palais de la Méditerranée à Nice, disparue à la Toussaint 1977. Son corps n'a jamais été retrouvé.

L'ONU met Damas au pied du mur

New York, lundi 31
Au prix d'un compromis entre les États les plus hostiles à la Syrie (la France et les États-Unis) et ceux qui pensent qu'il serait improductif de mettre une trop forte pression sur Damas (la Russie et la Chine), le Conseil de sécurité a voté la résolution 1636 qui met en demeure le régime de Bachar Al-Assad de mieux coopérer avec la commission Mehlis. Et envisage d'« autres mesures » si ce n'est pas le cas, sans toutefois en préciser la nature. Cette résolution donne au juge allemand Detlev Mehlis des pouvoirs plus étendus pour poursuivre ses investigations sur l'attentat qui a coûté la vie à Rafic Hariri, le 21 février. Un premier rapport, remis le 20 octobre au Conseil de sécurité par la commission Mehlis, constituait un faisceau de présomptions contre les services de sécurité syriens et libanais, et certains officiels. (→ 12.12)

Le 30, plus de 100 000 personnes, dont le chancelier Gerhard Schröder, ont assisté à la consécration de Notre-Dame de Dresde (Allemagne). Joyau baroque détruit en 1945 par les bombardements, la « Frauenkirche » a nécessité douze ans de travaux de reconstruction.

La banlieue parisienne s'est embrasée

Les émeutes ont commencé jeudi soir à Clichy-sous-Bois (Seine-Saint-Denis).

Région parisienne, lundi 31
Deux drames, jeudi dernier, auront été le prologue tragique des émeutes qui sont en train d'embraser les banlieues. Ils sont aussi symptomatiques du climat de tension qui y règne en permanence. À Épinay-sur-Seine, un homme âgé de 56 ans, Jean-Claude Irvoas, photographie un lampadaire pour son travail. Il est aussitôt agressé par trois jeunes qui le rouent de coups et le tuent sous les yeux de sa compagne et de sa fille. C'est à Clichy-sous-Bois que s'est produit le second drame. Trois adolescents âgés de 15 à 17 ans, se croyant poursuivis par des policiers, veulent se cacher dans un transformateur EDF. Ils sont électrocutés, et deux en meurent. Un accident qui aura beaucoup plus d'échos que le meurtre de Jean-Claude Irvoas. Parce qu'à Clichy-sous-Bois, la mort des deux jeunes déclenche une explosion de violence dès l'arrivée des pompiers venus leur porter secours. Dans la nuit de vendredi à samedi, toujours à Clichy-sous-Bois, 400 jeunes affrontent 300 policiers et gendarmes : 23 voitures sont brûlées et un coup de feu est tiré contre les CRS, sans faire de blessé. Une marche silencieuse organisée samedi à la mémoire des deux adolescents ne ramène pas le calme : les affrontements reprennent le dimanche, envenimés par une rumeur selon laquelle les CRS auraient lancé une grenade lacrymogène à l'intérieur d'une mosquée ; 70 voitures sont brûlées durant le week-end. Ce dimanche, Nicolas Sarkozy demande à sept escadrons de gendarmerie mobile et à dix-sept compagnies de CRS de se rendre à Clichy-sous-Bois. Mais aujourd'hui, les troubles se sont poursuivis. Le plus inquiétant est qu'ils se sont étendus à d'autres communes : Sevran, Neuilly-sur-Marne, Bondy. Le bilan du jour est de 68 voitures incendiées. (→ 13.11)

Nicolas Sarkozy critiqué au sein même du gouvernement...

Paris, lundi 31
Les émeutes ont des effets collatéraux jusqu'au sein du gouvernement. Pour Nicolas Sarkozy, l'heure est à la « tolérance zéro » envers les « racailles », ainsi qu'il a désigné lui-même, mardi dernier, ceux qui entretiennent l'insécurité dans les cités. Mais le terme employé par le ministre de l'Intérieur fait des vagues. Hier, Azouz Begag, ministre délégué à la Promotion de l'égalité des chances, s'était insurgé au micro de France 2 : « Il ne faut pas dire aux jeunes qu'ils sont des racailles. » Aujourd'hui, les dissensions se durcissent. Azouz Begag s'en prend à nouveau à Nicolas Sarkozy en dénonçant sa « sémantique guerrière » et en disant que « quand on dit vouloir donner le droit de vote aux étrangers et qu'on envoie les CRS contre les jeunes des banlieues, il y a un décalage ». Quant au Premier ministre, il reste muet sur cette polémique, susceptible d'affaiblir son rival Sarkozy... (→ 13.11)

Le 31, le ministre de l'Intérieur reçoit des jeunes de Clichy-sous-Bois à la préfecture de Bobigny. Mais les familles des deux adolescents électrocutés refusent de le rencontrer.

Paris, jeudi 27
Le gouvernement décide de confiner les élevages de plein air de volailles dans 26 départements pour lutter contre les risques de grippe aviaire.

Romans-sur-Isère (Drôme), vendr. 28
Le groupe Finaluxe reprend le chausseur de luxe Charles Jourdan.

Marseille, vendredi 28
Le gouvernement nomme un médiateur, Bernard Brunhes, pour résoudre le conflit à la RTM.

Fort-de-France, dimanche 30
La Martinique enterre les victimes du crash de la West Carribean, dont les corps ont été rapatriés du Venezuela.

Bordeaux, dimanche 30
Intoxication aux steaks hachés surgelés dans le Sud-Ouest. Les magasins Leclerc rappellent trois lots suspects.

Madrid, lundi 31
Naissance de l'infante Leonor, premier enfant de Letizia et Felipe d'Espagne.

Paris, lundi 31
Inauguration d'une place Mehdi-Ben-Barka dans le 6e arr., quarante ans après l'enlèvement de l'opposant marocain devant la Brasserie Lipp.

Bobigny, lundi 31
Le tribunal de commerce place le quotidien *France Soir* en redressement judiciaire pour une durée de six mois.

Washington, lundi 31
George W. Bush nomme Samuel Alito à la Cour suprême après le retrait, le 27, de la candidature de Harriet Miers.

DÉCÈS

Detroit, lundi 24
Rosa Parks (*4.2.1913), pionnière du mouvement pour les droits civiques.

Il y a cinquante ans, la DS 19

L'ingénieur André Lefebvre et le styliste Flaminio Bertoni avaient déjà à leur actif la Traction Avant et la 2 CV. Mais lorsque Citroën leur a demandé de créer la DS 19, ils se sont surpassés. Sortie en 1955, la DS était totalement en avance sur son temps. Un demi-siècle après, elle fait toujours rêver…

Paris, 9 octobre 2005, 8 heures. Plus de 1 500 DS 19, ID 19 et autres DS 21 se sont rassemblées avenue Foch par vagues de cinquante pour le défilé commémoratif qui, par la place de l'Étoile-Charles-de-Gaulle et l'avenue Marceau, doit les conduire jusqu'au pied de la Tour Eiffel, où se déroulera un concours d'élégance. Quelque 60 % de ces véhicules de collection viennent de l'étranger, dont les États-Unis, le Canada et l'Australie ! La foule des grands jours sera au rendez-vous pour célébrer le cinquantième anniversaire de l'une des trois grandes voitures mythiques de Citroën, après la Traction Avant et la 2 CV, dont l'histoire est d'ailleurs intimement liée. Les festivités, organisées par l'association DS Jubilé 2005, avaient commencé le 6 octobre, une date qui n'avait évidemment pas été choisie par hasard… C'est en effet le 6 octobre 1955 que la DS 19 fut présentée pour la première fois au public, au 42e Salon de l'automobile qui se tenait à l'époque au Grand-Palais. Ce fut alors un événement qu'il n'est pas exagéré de qualifier d'historique. Vingt ans après, en 1975, lorsque la production de la DS sera arrêtée, 1 456 115 unités auront été construites, tous modèles confondus.

La DS 21 accentuera le prestige de la DS 19 par sa puissance accrue et son aérodynamisme.

LA VOITURE DE FANTÔMAS…

Le projet remonte à 1938, époque à laquelle Citroën avait déjà révolutionné l'automobile avec la Traction Avant, lancée en 1934, et préparait la 2 CV. Deux automobiles conçues par deux hommes de génie, l'ingénieur André Lefebvre et le styliste Flaminio Bertoni. Ce sont eux que Pierre Boulanger, le pdg de la firme du quai de Javel, mobilisera dès 1945 pour relancer le projet. En fait, Lefebvre et Bertoni repartiront pratiquement de zéro pour élaborer la nouvelle voiture, provisoirement dénommée VGD (voiture à grande diffusion). Il ne faudra pas moins de dix ans pour que la DS 19 voie le jour, mais Pierre Boulanger n'aura pas la joie d'assister à sa naissance : il s'est tué en 1950 dans un accident de la route.

Les lignes aérodynamiques et futuristes de la DS 19, avec son étrange volant à une branche, furent un objet de curiosité immédiat, au point d'inspirer les auteurs de science-fiction. Dix ans après son lancement, la voiture faisait toujours rêver, comme en témoigne la dernière séquence de *Fantômas se déchaîne* d'André Hunebelle (1965), où la DS de Jean Marais, pour échapper à ses poursuivants, se transforme en avion et disparaît dans les cieux, non sans y avoir auparavant laissé sa signature en traçant un magnifique F… Mais ce sont ses innovations techniques qui justifieront l'engouement qu'elle a immédiatement suscité – 12 000 exemplaires commandés le premier jour ! Suspension hydropneumatique commandée par une centrale haute pression, assistance de direction et de freinage, freins à disques, embrayage automatique, tout ou presque était à découvrir et à apprendre pour les automobilistes les plus expérimentés : « Chacune des roues est reliée à un bras formant levier qui est solidaire d'un piston, explique Daniel Puiboube dans *La DS Citroën* (Éditions Atlas, 1984). Celui-ci repousse de l'huile comprimant, plus ou moins fort selon l'importance du choc, une masse de gaz inerte contenue dans une sphère de suspension. Le gaz réagit avec une souplesse qu'il est difficile d'obtenir avec des ressorts. »

Si la DS 19 séduisait par sa tenue de route exceptionnelle, son confort sans équivalent dans le monde et son freinage impeccable, elle trahissait aussi des défauts de jeunesse auxquels la marque aux chevrons s'employa progressivement à remédier. Comme le fait observer Patrice Vergès dans *Le Quotidien de l'auto en ligne*, « sa mécanique issue de la Traction manque de puissance avec ses 75 ch SAE et n'est pas à la hauteur du reste », ajoutant qu'« elle eut aussi ses farouches détracteurs qui critiquaient son esthétique de batracien grassouillet, son manque de fiabilité, la mollesse de sa mécanique qui mugissait comme un veau qu'on emmène à l'abattoir et le coût élevé de ses réparations » (29 mars 2005). Quant

Fils d'un tailleur et d'une femme de ménages, Flaminio Bertoni est né le 10 janvier 1903 à Varèse, dans le nord de l'Italie. Entré en apprentissage chez Macchi, il s'y distingue par son talent artistique et ses facultés créatrices. Venu en France, il est engagé le 27 juin 1932 par Citroën, où il s'impose dès l'année suivante en proposant une maquette en volume de la carrosserie de la future Traction Avant (photo ci-contre). Son projet est accepté par André Citroën qui lui demande d'étudier les autres versions de la nouvelle voiture. Tout en poursuivant une carrière personnelle de sculpteur, Flaminio Bertoni sera également à l'origine de la 2 CV et de la DS 19. Il est fait chevalier des Arts et Lettres par André Malraux en 1961, l'année où Citroën sort l'AMI 6 dont il avait également dessiné la carrosserie, si caractéristique avec sa lunette arrière inversée. Ce maître du design industriel a succombé à un infarctus le 7 février 1964.

révolutionnait l'automobile

Au Salon de l'automobile de 1955, Citroën frappe un grand coup en présentant la DS 19 au public. Cette voiture a même inspiré une méditation enthousiaste au philosophe Roland Barthes, qui la qualifiait de « superlative ».

au confort, il avait une contrepartie négative : l'extrême souplesse de sa suspension avait une fâcheuse tendance à retourner les estomacs des passagers… Les ventes, indéniablement, se ressentiront bientôt de ces inconvénients, et Citroën eut alors le bon esprit de gonfler son moteur à 83 ch SAE, lui permettant d'atteindre 160 km/h. Mais c'est en réalité le lancement de l'ID 19, en 1957 (l'année même de l'arrêt de la production de la Traction Avant), qui sauvera la situation. L'ID 19, c'était une DS simplifiée, moins « finie », moins chère et moins déroutante à la conduite, car pourvue d'une direction non assistée et d'un embrayage traditionnel. La version break remportera un vif succès auprès des usagers grâce à son habitacle profond et spacieux.

… ET DU GÉNÉRAL DE GAULLE !

La « solution ID 19 » n'a toutefois pas empêché la DS de progresser à grands pas, Citroën mettant successivement sur le marché plusieurs modèles de plus en plus perfectionnés et performants, les reprises plutôt lymphatiques des premières DS étant notamment appelées à ne plus être qu'un mauvais souvenir. C'est ainsi que devaient être lancées en 1964 la DS Pallas, en 1965 la DS 21, dont les premiers exemplaires atteignaient aisément 175 km/h grâce à son moteur de 115 ch SAE (la vitesse maximum de la DS 21 fut ensuite réduite), puis, en 1972, la prestigieuse DS 23 à injection électronique, une première en France sur une voiture de série. On citera aussi, pour mémoire, le superbe cabriolet DS 19 carrossé par Chapron et commercialisé en 1961 : à 22 000 francs, il n'était évidemment pas à la portée de toutes les bourses, si l'on se souvient, comme le rappelle Daniel Puiboube, qu'à la même époque une Dauphine coûtait 6 000 francs…

La DS 19 est longtemps demeurée, en France, la voiture par excellence des notables et des officiels. L'un des premiers films où elle est apparue dans ce rôle, et dans toute sa splendeur, fut *Les Yeux sans visage* de Georges Franju (1959), où elle était conduite de main de maître par un Pierre Brasseur impressionnant en chirurgien autoritaire et mégalomane. Le général de Gaulle y était, quant à lui, fort attaché, et l'Histoire n'a pas oublié qu'il roulait dans sa DS noire présidentielle lorsqu'il fut pris sous le feu des conjurés du Petit-Clamart, le 22 août 1962…

Laurent Visentini

Les plus belles DS du monde étaient venues au rendez-vous du cinquantenaire le 9 octobre 2005, à Paris.

La ministre blâme le général Poncet

Paris, mercredi 2
On avait compris que Michelle Alliot-Marie avait décidé d'aller jusqu'au bout et de rompre avec l'une des traditions les plus contestées de l'armée française, celle qui consiste à « laver son linge sale en famille ». Après sa suspension pour la mort suspecte de Firmin Mahé (voir page 104), le général Henri Poncet est frappé d'un « blâme du ministre », non préjudiciable de suites judiciaires. Cette sanction très lourde, prévue par le statut général des militaires, concerne aussi le général Renaud de Malaussène, adjoint de Poncet en Côte d'Ivoire. Le motif : « avoir délibérément occulté des faits graves ». L'adjudant-chef Raugel, deux hommes de rang et le colonel Burgaud seront déférés à un Conseil d'enquête militaire. Firmin Mahé aurait été tué par étouffement dans le véhicule blindé léger (VBL) de Raugel. (→ 13.12)

Le prix Goncourt à François Weyergans

Il est né le 9 décembre 1941 à Bruxelles.

Paris, jeudi 3
On attendait Michel Houellebecq, ce fut François Weyergans. Les Goncourt ont déjoué tous les pronostics en attribuant leur prix à cet écrivain belge pour *Trois Jours chez ma mère* (Grasset). Bien sûr moins médiatique et moins connu que son concurrent, François Weyergans n'est toutefois pas le premier venu. Les cinéphiles se souviennent que, dans les années 1950, il fut l'un des critiques les plus fins des *Cahiers du cinéma*, après avoir tenté une carrière de cinéaste. Ne se définit-il pas lui-même comme « un cinéaste qui ne filme pas » ? Couronné par le prix Roger-Nimier en 1973 pour *Le Pitre* et par le prix Renaudot pour *La Démence du boxeur* (1992), Weyergans « écrit des romans en poupées russes et s'ingénie à creuser de nombreux tunnels d'une œuvre à l'autre », comme l'a écrit Florence Girardeau dans *L'Internaute*. Il a obtenu six voix contre quatre à Michel Houellebecq. (→ 8)

Michelin publie le 4 son premier guide rouge américain, qui attribue 3 étoiles à quatre restaurants.

Zoom sur

LA CATALOGNE

Indépendante depuis le Xe siècle, la Catalogne fut réunie à l'Aragon en 1137, puis à l'Espagne après le mariage de Ferdinand d'Aragon et d'Isabelle de Castille, en 1469. Elle perdit rapidement son autonomie, tout en sachant conserver sa langue et sa culture. En 1932, la jeune République espagnole lui accorda de larges libertés politiques (gouvernement autonome et parlement régional), qu'elle perdit à la victoire de Franco, en 1939. En vertu de l'article 2 de la Constitution de 1978, qui établit l'unité et la diversité de l'Espagne, la Catalogne devint en 1979 la Generalitat de Catalunya, dotée de pouvoirs politiques et économiques qui assurèrent son rayonnement.

Enfants maltraités, enfants en risque

France, mercredi 2
En 2004, le nombre des enfants considérés comme « en risque » physique ou psychologique était de 76 000, soit une progression de 7 % par rapport à 2003. Le nombre d'enfants « maltraités », lui, était de 19 000 (+ 5 %), cette augmentation étant principalement due à des violences sexuelles. Tels sont les chiffres alarmants publiés par l'Observatoire décentralisé de l'action sociale (Odas), une association fondée en 1990 et subventionnée par les collectivités locales et l'État, et dont les 300 correspondants recueillent leurs informations auprès des conseils généraux. Sur France Info, Jean-Louis Sanchez, délégué général de l'Odas, a précisé que cette aggravation de la maltraitance enfantine est moins due à la précarité économique qu'à un « individualisme galopant » et au « repli des familles sur elles-mêmes ».

Bush atteint par l'affaire Plame-Wilson

La journaliste Judith Miller a été incarcérée 85 jours avant de révéler sa source.

Washington, jeudi 3
Inculpé le 28 octobre dernier pour parjure, entrave à la justice et faux témoignage, Lewis Libby, l'ancien directeur de cabinet du vice-président américain Dick Cheney, a aujourd'hui plaidé non coupable pour son rôle dans l'affaire Plame-Wilson. Au terme de deux ans d'enquête, le procureur spécial Patrick Fitzgerald lui reproche d'avoir révélé à Judith Miller, une journaliste du *New York Times*, l'identité de l'agente secrète Valery Plame. Une révélation survenue après que le mari de celle-ci, l'ancien ambassadeur Joseph Wilson, eut, lors de l'été 2003, accusé George W. Bush d'avoir faussé les informations sur le nucléaire irakien pour justifier la guerre contre Saddam Hussein. Libby encourt trente ans de prison. Et tandis que Dick Cheney pourrait lui aussi être inquiété, la justice continue d'enquêter sur le rôle dans cette affaire du conseiller du président Bush, Karl Rove. (→ 9)

Lu	Ma	Me	Je	Ve	Sa	Di
	1	2	3	4	5	6
7	8	9	10	11	12	13
14	15	16	17	18	19	20
21	22	23	24	25	26	27
28	29	30				

France, mardi 1er
Jour de la Toussaint. Les Français sont de plus en plus nombreux à choisir la crémation, qui a concerné 23,5 % des décès en 2004 contre 10,5 % en 1994.

Paris, mardi 1er
Manifestation des stagiaires contre les abus des entreprises et pour un statut.

France, mardi 1er
Hausse de 12 % du prix du gaz, réduite à 3,8 % pour les particuliers pendant cinq mois grâce à une remise de GDF sur l'abonnement.

Madrid, mercredi 2
Le Parlement espagnol ouvre le débat sur l'autonomie élargie de la Catalogne.

Paris, mercredi 2
Sophie Boissard est nommée commissaire au Plan avec pour mission de transformer l'actuel Commissariat, créé en 1946 par le général de Gaulle, en un Conseil d'analyse stratégique.

Pakistan, mercredi 2
Selon un nouveau bilan, le séisme du 8 octobre a fait 73 276 morts, 69 260 blessés et 3,3 millions de sans-abri.

Londres, mercredi 2
Démission du ministre du Travail David Blunkett, proche allié de Tony Blair, accusé de conflits d'intérêts.

Des sites noirs de la CIA en Europe ?

Europe, jeudi 3
La Roumanie et la Pologne nient formellement héberger sur leur territoire des prisons secrètes de la CIA. C'est pourtant ce que prétend l'organisation des droits de l'homme Human Rights Watch, qui évoque l'atterrissage dans ces pays d'avions américains transportant des prisonniers. Ces accusations font suite à un article paru hier dans le *Washington Post*. Selon le quotidien, la CIA aurait, après septembre 2001, installé des « sites noirs », où des personnes soupçonnées de terrorisme seraient détenues et interrogées en dehors de toute règle de droit, dans huit pays au minimum, dont la Thaïlande, l'Afghanistan et au moins un pays d'Europe de l'Est. Pour l'heure, la CIA n'a pas réagi à ces révélations. La Commission européenne a, de son côté, fait part de son intention d'enquêter. (→ 30)

Diego Maradona mène la contestation contre les États-Unis

Hugo Chávez et Diego Maradona (levant le poing) au Polideportivo de Mar del Plata. La veille, le célèbre footballeur avait traité George W. Bush d'« ordure » (« basura »).

Mar del Plata, samedi 5
« Il n'est pas facile de me recevoir », a dit non sans humour George W. Bush au président argentin Nestór Kirchner, en arrivant vendredi à Mar del Plata pour le IVe Sommet des Amériques. De fait, toute la journée d'hier fut marquée par une manifestation contre la présence du président américain et par un grand meeting anticapitaliste au stade Polideportivo de la station balnéaire argentine, en présence de 40 000 personnes. Les deux « stars » en étaient le président vénézuélien Hugo Chávez et l'ancien footballeur argentin Diego Maradona. Quant au Sommet proprement dit, il s'est achevé aujourd'hui sur un échec, Bush n'ayant pas convaincu les pays du Mercosur (le marché commun réunissant l'Argentine, la Bolivie, le Brésil et le Paraguay) et le Venezuela d'adhérer à l'Accord de libre commerce des Amériques (ALCA), jugé trop favorable aux agriculteurs des États-Unis.

La bibliothèque de Google est *on line*

New York, jeudi 3
Le projet de bibliothèque virtuelle du moteur de recherche Google est devenu réalité. Aujourd'hui toutefois, seule une partie du catalogue est accessible sur Google Print, soit 10 000 livres libres de droits, mis à disposition par cinq grandes bibliothèques anglo-saxonnes. Pour la mise en ligne des ouvrages protégés par des droits, il faudra encore « un peu de temps », avait fait savoir lundi Adam Smith, le responsable du projet. Tandis que fait rage la polémique sur la propriété intellectuelle des ouvrages *on line* et que Google fait face à de multiples plaintes d'auteurs et d'éditeurs, le géant américain Microsoft a signé un partenariat avec la British Library pour la numérisation de 25 millions de pages, un projet qui va débuter par le traitement de 10 000 ouvrages. Le service sera lancé sur le portail MSN en 2006.

Le 6, le Tchèque Tomas Berdych, 20 ans, bat le Croate Ivan Ljubicic en finale du tournoi de tennis de Paris-Bercy, marqué cette année par le forfait de très nombreuses stars mondiales de la discipline.

Élections staliniennes en Azerbaïdjan

Bakou, dimanche 6
Journalistes trop curieux et opposants trop remuants sous les verrous, mais aussi promesses répétées au Conseil de l'Europe que les élections législatives ne seraient pas truquées : le président azéri Ilham Aliev avait tout fait pour que le scrutin de ce dimanche ne déclenche pas une révolution à la géorgienne ou à l'ukrainienne… Car, en Azerbaïdjan, le pouvoir en est resté aux méthodes de l'ère stalinienne, quoique toilettées à la mode occidentale avec un maquillage multipartite. Le dépouillement n'était pas fini, loin de là, que le parti du président était ce soir proclamé gagnant, l'opposition criant à la fraude. Ce n'est que le 23 novembre que seront connus les résultats définitifs officiels : sur les 125 sièges à pourvoir, 58 reviendront au parti d'Aliev, Yeni Azerbaïdjan, 10 seulement au bloc de l'opposition. Tous les autres seront occupés par des candidats soi-disant « indépendants »…

Les troupes du président Aliev tenaient les rues de Bakou, vendredi dernier.

France, mercredi 2
Libéralisation des renseignements téléphoniques. Des numéros à six chiffres commençant par 118 viennent concurrencer le 12, inventé en 1938 et appelé à disparaître le 3 avril 2006.

Miami (Floride), mercredi 2
Plainte du gouvernement provisoire haïtien contre l'ex-président Aristide pour détournement de fonds publics.

Natzweiler (Bas-Rhin), jeudi 3
Jacques Chirac inaugure le Centre européen du résistant déporté sur le site du camp de concentration du Struthof.

Paris, vendredi 4
L'italien Ferragamo cède la maison de couture française Ungaro au fonds d'Asim Abdullah, un entrepreneur américain d'origine pakistanaise.

New York, vendredi 4
Le prix Marconi honore pour la première fois un Français, le physicien Claude Berrou, pour la découverte des turbocodes (norme pour la 3G).

Marseille, samedi 5
Les traminots de la RTM reprennent le travail après 32 jours de grève : hier, la justice a décrété leur préavis, déposé fin septembre, illégal. (→ 11)

Rangoon, dimanche 6
Craignant une invasion maritime américaine, la junte birmane, au pouvoir, transfère la capitale à Pyinmana, dans le centre du pays.

DÉCÈS

Dorset, samedi 5
John Fowles (*31.3.1926), romancier britannique, auteur de *Sarah et le lieutenant français*.

Des civils irakiens tués au phosphore

Italie, mardi 8
L'armée américaine en Irak aurait eu recours au phosphore blanc contre des populations civiles lors de l'offensive contre Fallouja, en novembre 2004. Voici ce que révèle *Fallouja : le massacre caché*, un documentaire de la chaîne RAI News 24, qui s'appuie notamment sur le témoignage d'un soldat américain se rappelant avoir « vu des corps brûlés de femmes et d'enfants ». Émettant une lumière vive au contact de l'air, le phosphore blanc, utilisé pour cacher des mouvements de troupe ou marquer des cibles, est une arme incendiaire, et son usage contre des civils est proscrit par la Convention de Genève de 1980. Une convention que n'ont pas signée les États-Unis. Pour l'heure, le porte-parole de leur armée en Irak affirme « ne pas se souvenir » de l'utilisation de phosphore blanc à Fallouja…

Zoom sur

LES TRAVAILLISTES ISRAÉLIENS

Les premiers travaillistes juifs ont formé en 1919 l'Unité ouvrière, parti sioniste qui, en 1930, sera à l'origine de la création du Mapaï (Parti des ouvriers d'Eretz Israël), lui-même étroitement lié à la centrale syndicale Histadrout (dont la fondation remonte à 1920). L'histoire du Mapaï s'identifie pratiquement à celle de l'État d'Israël, ses dirigeants gouvernant le pays sans interruption de 1948 à 1977, année qui vit la victoire du Likoud aux législatives. En 1968 fut créé le Parti travailliste par la fusion de plusieurs formations de gauche dont le Mapaï était la principale. Avant d'en être le président, Amir Peretz était celui de l'Histadrout.

Ils avaient écouté pour Mitterrand

Paris, mercredi 9
Sept collaborateurs du président François Mitterrand ont été condamnés par le tribunal correctionnel dans l'affaire des écoutes téléphoniques pratiquées par la cellule antiterroriste de l'Élysée, entre 1983 et 1986. Les cinq autres prévenus sont relaxés. Christian Prouteau, alors patron de la cellule, et le capitaine Paul Barril écopent d'une amende de 5 000 euros, plus six mois de prison avec sursis, soit deux de plus que Gilles Ménage, ancien directeur adjoint du cabinet du président. Considérées par beaucoup comme symboliques, les peines seront amnistiées sitôt les amendes payées. La cellule, créée en 1982, avait « écouté » quelque 150 personnalités. Dans l'intérêt de l'État, selon les prévenus ; pour empêcher des révélations, notamment sur l'existence de la fille du président, Mazarine, selon l'accusation.

Le 7, le quotidien *Le Monde* lance sa nouvelle formule (ici l'édition du lendemain). La maquette a été conçue par Ally Palmer et Terry Watson. Elle comprend un cahier unique, divisé en trois rubriques : actualité, décryptages et rendez-vous (culture et vie quotidienne).

Al-Zarqaoui sème la mort en Jordanie

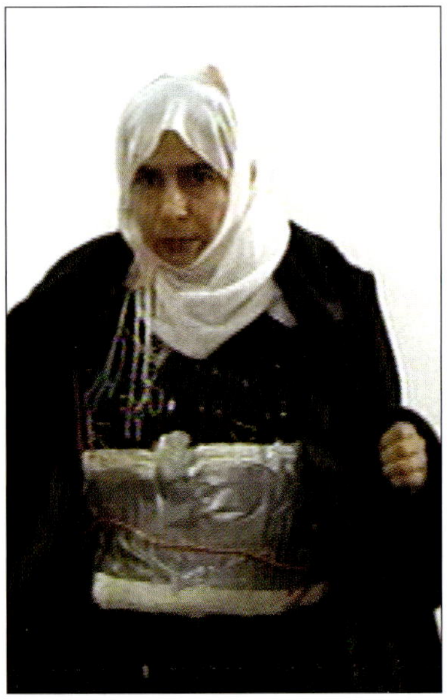

Sajida, 35 ans, montre à la télévision jordanienne ses explosifs. Elle devait opérer à l'hôtel Radisson SAS avec son mari.

Amman, mercredi 9
Abou Moussab Al-Zarqaoui a toujours fait de la Jordanie, son pays natal, une cible privilégiée : il veut « punir » le petit royaume hachémite pour avoir signé la paix avec Israël en 1994 et noué avec les États-Unis des liens privilégiés. Après plusieurs tentatives déjouées par les services de sécurité jordaniens, il a ce soir réussi à frapper au cœur de la capitale. Trois hôtels, le Radisson SAS, le Grand Hyatt et le Days Inn ont été la cible de kamikazes venus d'Irak : un carnage. Le bilan provisoire est de 57 morts et de plus de 300 blessés, des Jordaniens pour la plupart. L'attaque la plus meurtrière a eu lieu au Radisson SAS, où le kamikaze s'est fait sauter dans une noce. Un quatrième terroriste, sa propre épouse, sera arrêté dimanche : Sajida Mabrouk Atrous Richawi avait réussi à s'enfuir, le détonateur de sa ceinture d'explosifs n'ayant pas fonctionné. Elle passera aux aveux devant une caméra de télévision.

Les travaillistes israéliens se rebellent

Amir Peretz réclame la dissolution de la Knesset et la tenue de nouvelles élections.

Tel-Aviv, jeudi 10
Les travaillistes israéliens ont vécu l'un des épisodes les plus surprenants de leur histoire. À l'aube, en effet, les délégués des militants du Parti travailliste israélien ont élu Amir Peretz à sa présidence : 42,3 % des suffrages contre 40 % pour Shimon Peres, pourtant généralement donné favori. C'est aussi, sans doute, un tournant pour Israël. Né le 9 mars 1952 au Maroc, Amir Peretz est résolument hostile à la politique du gouvernement d'Ariel Sharon, auquel participent Peres et d'autres travaillistes, et entend faire revenir son parti dans l'opposition. Ce leader syndicaliste, qui s'appuie sur les couches les plus pauvres du pays et sur la communauté séfarade, s'était insurgé contre les « dérives » libérales de Peres et réclamait la prompte reconnaissance d'un État palestinien. La question que tout le monde se pose maintenant est de savoir si Shimon Peres, 82 ans, ne va pas claquer la porte du parti. (→ 21)

Lu	Ma	Me	Je	Ve	Sa	Di
	1	2	3	4	5	6
7	8	9	10	11	12	13
14	15	16	17	18	19	20
21	22	23	24	25	26	27
28	29	30				

Santiago du Chili, lundi 7
Arrestation de l'ex-président péruvien Alberto Fujimori, recherché dans son pays pour corruption et complicité avec les escadrons de la mort.

France, lundi 7
Johnny Hallyday sort *Ma Vérité*, son dernier album pour Universal Music.

Titrinote (Pakistan), lundi 7
L'Inde et le Pakistan ouvrent un premier point de passage sur la ligne de contrôle qui divise le Cachemire afin de faciliter l'acheminement des secours pour les sinistrés du séisme.

Paris, mardi 8
Prix Interallié à Michel Houellebecq pour *La Possibilité d'une île* (Fayard).

France, mardi 8
Les agences CCF et leurs filiales s'appellent désormais HSBC, du nom de la banque britannique qui les a rachetées en avril 2000.

Paris, mardi 8
Selon un rapport de l'Assemblée des chambres françaises de commerce et d'industrie, trois emplois ont été créés en France pour un détruit du fait des opérations de délocalisation.

Bagdad, mardi 8
Assassinat d'Adil Al-Zoubeïdi, avocat

La star du foot ne sera pas président

Monrovia, jeudi 10
George Weah refuse d'admettre qu'il a été battu à l'élection présidentielle, au Liberia. Déjà, à l'issue du premier tour où il était arrivé en tête, le 11 octobre, avec 28,3 % des voix contre 19,8 % à Ellen Johnson Sirleaf, l'ancienne star du football affirmait qu'il aurait dû être proclamé président, se prévalant d'un score « réel » de 62 %. Sans être toutefois en mesure de le démontrer… Les résultats provisoires du second tour, qui s'est tenu mardi, ont été rendus publics aujourd'hui : soit 59,1 % à la banquière Ellen Johnson Sirleaf, contre 40,9 % à celui qui, vierge de tout passé politique, promettait justice, prospérité et transparence à ses compatriotes, mais sans vrai programme. Les Nations unies se déclarent satisfaites du déroulement du scrutin et Washington d'un résultat qui sera confirmé le 23 novembre (59,4 % contre 40,6 %). Mme Johnson Sirleaf, 67 ans, a été formée à Harvard.

Le footballeur (à droite) y croyait. Mais sa rivale était sans doute plus crédible.

Amélie Mauresmo remporte le Masters

Los Angeles, dimanche 13
Avant même la finale, une chose était acquise : pour la première fois de l'histoire, une Française allait gagner le Masters de tennis féminin. Restait à savoir qui, d'Amélie Mauresmo ou de Mary Pierce, inscrirait son nom au palmarès du dernier grand tournoi de l'année. Qualifiée pour la finale grâce à sa victoire contre la Russe Sharapova, Amélie Mauresmo jouait à Los Angeles sur la lancée de son succès à Philadelphie, il y a quelques jours. Mary Pierce, forte d'une saison exceptionnelle, avait battu la n° 1 mondiale Lindsay Davenport en demi-finale, après avoir pris le meilleur en poule, il y a deux jours, sur… Amélie Mauresmo. Mais c'est finalement celle-ci qui l'a emporté, à l'issue d'un match de plus de trois heures (5/7, 7/6, 6/4). 19e titre pour la n° 1 française, cette victoire est aussi la plus importante de sa carrière, en attendant un succès dans un tournoi du Grand Chelem.

Elle reçoit son second trophée en 8 jours.

Des talibans élus en Afghanistan !

Kaboul, samedi 12
Le dépouillement aura été beaucoup plus long que prévu. C'est aujourd'hui, en effet, qu'ont été communiqués tous les résultats des élections législatives du 18 septembre. Les 249 députés appelés à siéger à la Wolesi Jirga (l'Assemblée nationale afghane) sont finalement le reflet assez fidèle de la société du pays et de son morcellement politique, ethnique et tribal. Plus de la moitié sont d'anciens chefs de guerre qui livrèrent bataille à l'occupant soviétique et dont le désarmement reste problématique. Il y a aussi d'anciens chefs talibans, dont celui qui détruisit les bouddhas géants de Bamiyan en 2001, et même quelques anciens leaders communistes ! Quant aux candidates, elles sont 68 à avoir été élues. Soit plus que les 25 % des sièges qui leur étaient réservés. C'est peut-être la bonne surprise de ces élections.

Zoom sur

LA BÉATIFICATION

Définie depuis la fin du XVIe siècle comme l'étape obligatoire précédant la canonisation, la béatification est, pour l'Église, l'acte par lequel le pape attribue le titre de « bienheureux » à un « serviteur de Dieu », à l'issue d'une longue enquête, initiée par un évêque, sur la vie de la personne. Elle consacre un culte public limité à un lieu ou à un ordre (la canonisation consacrant un culte universel) à travers l'exposition d'images ou de reliques, et l'attribution au bienheureux d'un jour de fête annuel. Depuis 1983, un délai de cinq ans suivant la mort du candidat doit être respecté avant toute ouverture d'une cause de béatification. Mais le pape peut y déroger.

Le 7, France 2 remporte un succès d'audience avec le premier des 5 épisodes des *Rois maudits*. Trente-trois ans après la première adaptation, signée par Claude Barma, du roman de Maurice Druon, cette nouvelle version de Josée Dayan propose une distribution des plus alléchantes. Interprété en 1972 par Hélène Duc (à g.), le rôle de Mahaut d'Artois est joué par Jeanne Moreau (à d.), Philippe Torreton succédant à Jean Piat dans celui de Robert d'Artois.

d'un des coaccusés au procès de Saddam Hussein. (→ 28)

Sacramento, mardi 8
Les électeurs de Californie rejettent quatre référendums, infligeant un revers au gouverneur Schwarzenegger dont la popularité est passée de 69 % l'an dernier à 33 % actuellement.

Kansas, mardi 8
Le Conseil de l'éducation de l'État autorise l'enseignement de la thèse de l'origine divine du monde (théorie du « dessein intelligent ») parallèlement à la théorie de l'évolution de Darwin.

Londres, mercredi 9
Les députés britanniques refusent de porter de 14 à 90 jours la garde à vue pour les suspects de terrorisme.

Baïkonour (Kazakhstan), mercredi 9
Lancement de la sonde européenne *Venus Express* vers l'étoile du Berger dont elle devra étudier l'atmosphère.

New York, mercredi 9
La journaliste Judith Miller, 57 ans, quitte la rédaction du *New York Times* pour prendre sa retraite.

Sutherland (Afrique du Sud), jeudi 10
Inauguration du SALT, le plus grand télescope de l'hémisphère Sud, dans la région semi-désertique du Karoo.

Londres, jeudi 10
Le Boeing 777-200 LR Worldliner bat le record du monde du plus long vol commercial sans escale en reliant Hong Kong à Londres (20 100 km) en moins de 23 heures.

Marseille, vendredi 11
Les traminots de la RTM reconduisent leur grève contre le mode de gestion du futur tramway municipal. (→ 24)

Le calme revient dans les quartiers sensibles

Dominique de Villepin et Azouz Begag, ministre délégué à la Promotion de l'égalité des chances, au conseil des ministres du 8 où a été décrété l'état d'urgence.

France, dimanche 13

Ce matin, après une nuit plus calme que les précédentes, sauf à Lyon où, en plein centre-ville, des affrontements ont opposé les forces de l'ordre à des dizaines de jeunes, la France s'éveille dans un paysage dévasté. Un premier bilan des émeutes qui ont secoué les banlieues depuis le 27 octobre dernier sera publié le 1er décembre par le quotidien *Le Monde*: quelque 10 000 voitures brûlées, 233 bâtiments publics et 74 bâtiments privés endommagés ou incendiés, des dégâts évalués à environ 200 millions d'euros, 300 communes touchées. Il y a eu aussi trois morts: les deux adolescents électrocutés le 27, dont l'accident a été le détonateur des émeutes, et Jean-Jacques Le Chenadec, un retraité agressé à Stains (Seine-Saint-Denis) le 4 novembre et décédé lundi dernier des suites de ses blessures. Et on a relevé nombre de blessés dans les affrontements, en particulier dans les rangs des forces de l'ordre qui, dans la nuit du 1er au 2 novembre, ont même essuyé des tirs à balles réelles. Mais ce sont les habitants des banlieues eux-mêmes qui ont le plus souffert de cette vague de violence. Ainsi le 2 novembre encore, à Sevran (Seine-Saint-Denis), une femme handicapée de 56 ans a été grièvement brûlée, se trouvant dans l'incapacité de sortir de l'autobus que des jeunes venaient d'incendier. Mais l'accalmie qui se dessine aujourd'hui signifie-t-elle la fin des violences? Il y aura d'autres drames. Par exemple le 21 novembre prochain, quand Alain Lambert, gardien dans un lycée de Trappes, dans les Yvelines, trouvera la mort par asphyxie en aidant les pompiers à éteindre un incendie. Et puis, surtout, les Français découvrent que le retour à la «normale» signifie une centaine de voitures brûlées par jour en moyenne dans l'Hexagone… C'est en tout cas ce que leur a appris le ministère de l'Intérieur. Les émeutes de ces deux dernières semaines ne sont-elles, alors, que l'aggravation soudaine d'une situation permanente des plus inquiétantes? Les chiffres des Renseignements généraux sont éloquents à cet égard : du 1er janvier à la veille des émeutes, il y a eu 70 000 actes de violence urbaine, 442 affrontements entre bandes rivales, 3 832 faits de violence collective contre les services de sécurité ou de secours, et environ 28 000 véhicules incendiés.

■ L'état d'urgence

Les violences, largement étendues à la province depuis le début du mois, ont atteint leur acmé le 7 novembre, avec 1 173 véhicules brûlés dans la nuit. Le gouvernement, ce même jour, semblait avoir compris qu'il n'était que temps de mettre une sourdine aux querelles internes, tant face à l'aggravation de la situation, avec des forces de l'ordre à bout de nerfs et recrues de fatigue, que face à une opposition remontée contre Nicolas Sarkozy à cause de ses récents propos sur les «racailles», qui auraient jeté de l'huile sur le feu mais qu'il a assumés sans état d'âme jeudi dernier sur le plateau de France 2. Ainsi André Vallini, secrétaire national chargé de la justice et de la sécurité au Parti socialiste, disait le 4: «S'il a le moindre sens de la dignité, il doit démissionner.» La reprise en main s'est faite en deux jours et deux mesures. Le 7, Dominique de Villepin intervenait sur TF1 et annonçait que les préfets pourraient recourir au couvre-feu. Le 8, le gouvernement franchissait un seuil en décrétant l'état d'urgence, en vertu de la loi du 3 avril 1955, applicable «soit en cas de péril imminent résultant d'atteintes graves à l'ordre public, soit en cas d'événements présentant, par leur nature et leur gravité, le caractère de calamité publique». La réactivation de cette loi votée pendant la guerre d'Algérie n'a évidemment pas manqué de susciter des polémiques, du fait de sa connotation «coloniale». Mais au PS, il est un homme qui s'est distingué par le caractère très mesuré de ses critiques, c'est son porte-parole Julien Dray. En 1992, le député de l'Essonne avait signé un rapport sur «la violence des jeunes dans les banlieues» où il écrivait que «la situation actuelle est urgente et, par bien des aspects, notre société, du fait des banlieues, de la violence qui s'y exerce, du sentiment d'insécurité encore plus fort qui y règne, est au bord de l'explosion». Mais la question reste entière aujourd'hui de savoir pourquoi ces jeunes, issus ou non de l'immigration, s'en sont pris à ces symboles de la République que sont notamment les écoles. Le patron de la DST, Pierre de Bousquet, refuse d'y voir la main des islamistes: «Nous n'avons, à aucun moment, remarqué l'implication des intégristes religieux dans ces désordres» (*Valeurs actuelles* du 18 novembre 2005).

Les Français découvrent que 100 voitures sont brûlées par jour en moyenne dans l'Hexagone.

Cette école maternelle d'Achères (Yvelines) a été incendiée le samedi 5 novembre.

Berlin, vendredi 11
Les conservateurs allemands de la CDU-CSU et les sociaux-démocrates du SPD parviennent à un accord sur un programme de gouvernement de coalition droite-gauche. (→ 23)

New York, vendredi 11
Une résolution du Conseil de sécurité de l'ONU autorise les Casques bleus à arrêter l'ex-président du Liberia en exil Charles Taylor et à le livrer au tribunal spécial chargé de juger les crimes de guerre en Sierra Leone.

Saint-Denis, samedi 12
L'équipe de France de football termine l'année sur un match nul 0-0 face à l'Allemagne, pays organisateur du Mondial 2006.

Vatican, dimanche 13
Béatification du père français Charles de Foucauld (1858-1916), fondateur de l'ordre des Petits Frères de Jésus, assassiné par des pillards à Tamanrasset (Algérie). (→ p. 113)

Perth (Australie), dimanche 13
Le Belge François Duval (Citroën) gagne le dernier rallye automobile de la saison, marqué par les adieux définitifs de Peugeot et provisoires de Citroën au championnat du monde.

DÉCÈS

Delhi, mercredi 9
Kocheril Raman Narayanan (*27.10.1920), premier intouchable président de l'Inde (1997-2002).

Paris, dimanche 13
José-André Lacour (*27.10.1919), romancier et dramaturge belge francophone, auteur de la pièce de théâtre *L'Année du bac*.

Hissène Habré est sous les verrous

Dakar, mardi 15
L'ancien dictateur tchadien a été arrêté dans la capitale sénégalaise, où il vivait depuis 1990 et son éviction du pouvoir par des forces rebelles. Il a été conduit devant une cour de justice pour interrogatoire, puis placé sous mandat de dépôt. Hissène Habré, qui avait pris le pouvoir par un coup d'État militaire en 1982, avait gouverné le Tchad d'une main de fer, une commission d'enquête mise en place en 1992 imputant à son régime 40 000 assassinats politiques et 200 000 cas de torture. Les tribunaux sénégalais s'étant déclarés incompétents, des familles de victimes s'étaient tournées en 2001 vers la justice belge, qui applique partiellement le principe de compétence universelle. L'instruction avait abouti à un mandat d'arrêt international lancé en septembre contre le « Pinochet africain ».

Le 16, forte de sa victoire 2-0 au match aller des barrages l'opposant à la Turquie, la Suisse, malgré sa défaite 4-2, s'est qualifiée à Istanbul pour la Coupe du Monde 2006. À la fin du match, les Helvètes ont reçu des projectiles jetés des tribunes. Puis une bagarre impliquant des joueurs et des responsables des deux équipes a éclaté dans les vestiaires. La Turquie risque de lourdes sanctions de la part de la Fédération internationale de football.

Procès d'Outreau : la vérité éclate

Paris, vendredi 18
Coup de théâtre, en ce onzième jour du procès en appel, à la cour d'assises de Paris, de six sur les dix personnes condamnées à Saint-Omer, en juillet 2004, dans l'affaire du réseau pédophilie d'Outreau (Pas-de-Calais). Ce matin Thierry Delay, qui fut condamné à une peine de 20 ans de prison, a avoué que les seuls coupables étaient son ex-épouse Myriam Badaoui (15 ans de prison) et lui-même, ainsi que leurs voisins David Delplanque et Aurélie Grenon (6 et 4 ans de prison). Ce que cette dernière a confirmé. Cet après-midi, Myriam Badaoui semble avoir porté le coup de grâce à l'accusation, en innocentant à son tour les six personnes jugées, que ses « révélations » lors de l'instruction avaient conduites en prison et qui n'avaient jamais cessé de clamer leur innocence. (→ 1.12)

Le 15, à Tokyo, la princesse Sayako épouse Yoshiri Kuroda, fonctionnaire municipal. Une mésalliance qui, selon les règles dynastiques du Japon, coûte son titre à la fille de l'empereur Akihito. Des règles de plus en plus controversées…

L'information en cause en Tunisie

Tunis, vendredi 18
Ouvert mercredi par le président tunisien Ben Ali, le Sommet mondial sur la société d'information, sous l'égide de l'ONU, a été préfacé par des atteintes répétées à la liberté d'information, il est vrai communes en Tunisie… Le 11, le journaliste Christophe Boltanski, de *Libération*, était agressé par des nervis proches du pouvoir. Le 14, c'est une équipe de la télévision belge RTBF qui était molestée. Le 15, la chaîne TV5 se voyait contrainte de quitter le pays. Et le 17, le secrétaire général de Reporters sans frontières (RSF), Robert Moulin, était refoulé. Le Sommet lui-même s'est achevé sans avoir pu réformer le système de gestion des noms de domaines d'Internet, qui reste la chasse jalousement gardée des États-Unis, par le biais de l'Internet Corporation for Assigned Names and Numbers (Icann).

Zine El-Abidine Ben Ali

Officier formé à Saint-Cyr puis aux États-Unis, spécialiste du renseignement, Zine El-Abidine Ben Ali est né le 3 septembre 1936 à Sousse. Premier ministre en 1987, il destitue la même année le président Habib Bourguiba pour cause de « sénilité » et assure sa succession. Confirmé à la présidence par trois élections à caractère plébiscitaire (99,27 % des voix en 1989, 99,9 % en 1994 et « seulement » 94,48 % en 2004), Ben Ali a mené de front une politique de libéralisation de l'économie et de répression intérieure, notamment à l'endroit des courants islamistes. Il a doté son pays d'une façade démocratique en réservant un quota de 20 % des sièges à l'opposition autorisée, au Parlement tunisien.

Les socialistes font front commun

Le Mans, dimanche 20
Les dissensions internes mises en évidence par la campagne pour le référendum, en mai dernier, laissaient craindre le pire pour ce congrès du Parti socialiste qui, commencé le 18, s'achève ce soir. Pourtant, la « synthèse » a bien été réalisée entre ses trois grands courants, les partisans de Laurent Fabius et le Nouveau Parti Socialiste (dont l'un des piliers, Arnaud Montebourg, a toutefois refusé de prendre part au vote) ayant accepté de faire front commun avec la direction sortante. Votée à l'unanimité des 102 membres de la Commission des résolutions vers 3 h 30, ce dimanche matin, la synthèse a été ratifiée dans la journée par une large majorité des quelque 614 délégués présents, à la grande satisfaction du premier secrétaire François Hollande, qui sera réélu le 24 pour un quatrième mandat. (→ 10.12)

Lu	Ma	Me	Je	Ve	Sa	Di
	1	2	3	4	5	6
7	8	9	10	11	12	13
14	15	16	17	18	19	20
21	22	23	24	25	26	27
28	29	30				

Paris, lundi 14
La Clio III de Renault est élue voiture de l'année 2006.

Paris, lundi 14
Le groupe russe Gazprom obtient l'autorisation de vendre du gaz naturel en France, dans le cadre de la libéralisation en cours du marché.

Moscou, lundi 14
La Russie et l'Ouzbékistan signent un accord d'alliance par lequel Moscou s'engage à assister militairement Tachkent en cas d'agression.

Pékin, mercredi 16
La Chine annonce ses trois premiers cas humains de grippe aviaire, dont un mortel.

Paris, mercredi 16
Adoption de la loi prolongeant de trois mois l'état d'urgence en France.

Dublin, jeudi 17
La Nouvelle-Zélande est désignée pour organiser le Mondial 2011 de rugby.

Khaneqin (Irak), vendredi 18
Des attentats antichiites font 78 morts près de la frontière iranienne.

Shanghai, dimanche 20
L'Argentin David Nalbandian bat le Suisse Roger Federer, n° 1 mondial, en finale du Masters masculin de tennis.

Sharon démissionne et quitte le Likoud

Jérusalem, lundi 21
Si ce n'est pas tout à fait une surprise, le choc n'en est pas moins brutal. Tirant les conclusions de la décision prise hier, par les travaillistes d'Amir Peretz, de se retirer de la coalition gouvernementale, Ariel Sharon a demandé au président israélien, Moshe Katsav, de dissoudre la Knesset. La dissolution, approuvée peu après par l'Assemblée elle-même, a été suivie de la fixation au 28 mars 2006 de nouvelles législatives. Élections où Ariel Sharon jouera son va-tout. En effet, et ce n'est pas non plus véritablement une surprise, le Premier ministre israélien a fait part de son intention de quitter le Likoud, où sa politique de retrait de Gaza lui a valu beaucoup d'inimitiés, et de créer un nouveau parti politique qui occuperait une position médiane entre un Likoud reporté sur sa droite et un Parti travailliste repositionné sur sa gauche. On murmure que Shimon Peres pourrait l'y rejoindre. (→ 30)

Ariel Sharon avait été l'un des créateurs du parti de droite Likoud, en 1973.

Premiers pas d'Angela Merkel à Paris

Paris, mercredi 23
Investie hier par le Bundestag au poste de chancelier, à la tête d'un gouvernement de coalition formé d'un nombre égal de ministres issus de la CDU-CSU et du SPD, Angela Merkel a inauguré sa carrière internationale en déjeunant à Paris avec Jacques Chirac. Une façon de montrer qu'il n'était pas question, à ses yeux, de briser les relations privilégiées entre Paris et Berlin, comme on avait pu le craindre pendant sa campagne électorale. Après cette visite éclair, Angela Merkel s'est toutefois aussitôt rendue à Bruxelles où la chancelière a été reçue non seulement au siège de l'Union européenne, mais encore, plus significativement, à celui de l'Otan. Car si, compte tenu de son alliance inévitable avec le SPD, elle a dû sensiblement réviser son programme à la baisse, elle tient à réaffirmer l'ancrage de son pays dans l'Alliance atlantique. Demain, elle rencontrera Tony Blair à Londres.

La chancelière et le président à l'Élysée.

Récompensé le 21, à New York, pour son interprétation de Francis Heaulme dans le téléfilm *Dans la peau d'un tueur*, Thierry Frémont est le premier acteur français à recevoir un Emmy Award.

Bush voulait-il frapper Al-Jazira ?

Londres, mercredi 23
Le *Daily Mirror*, mais aussi le *Guardian* et le *Times*, révèlent que le procureur général Lord Peter Goldsmith les avait menacés de poursuites s'ils publiaient de nouvelles informations concernant le mémorandum secret dont la teneur est parue hier dans le *Daily Mirror*. De quoi s'agit-il ? De la transcription d'une conversation téléphonique tenue l'an dernier entre George W. Bush et Tony Blair. Selon le *Daily Mirror*, le président des États-Unis aurait alors suggéré au Premier ministre britannique de bombarder les locaux de la chaîne de télévision qatarie Al-Jazira, à Doha. Mais Tony Blair aurait objecté qu'une telle opération entraînerait plus d'inconvénients que d'avantages. À Washington, la Maison-Blanche s'est bornée à dire que l'information délivrée par le quotidien londonien était « farfelue ».

Zoom sur

LA CIA

Fondée en 1947, la Central Intelligence Agency (« agence centrale de renseignement ») est le service fédéral d'espionnage et de contre-espionnage des États-Unis. Sous l'autorité de la Maison-Blanche, elle a pour mission de collecter et d'analyser à l'étranger des informations relatives à la sécurité de l'État et de préparer des actions contre les gouvernements estimés hostiles aux États-Unis. Dans ce but, la CIA recrute des agents dans le monde entier. Son rôle a souvent été primordial, mais son intégrité et son efficacité ont parfois été remises en question, comme à la suite du scandale du Watergate, en 1974, ou lors des attentats terroristes du 11 septembre 2001.

Aurélia n'était pas la seule victime

Angers, vendredi 25
L'enlèvement dimanche après-midi de la petite Aurélia, 6 ans, qui jouait sur un parking avec sa sœur près de chez elle à Jallais (Maine-et-Loire), avait horrifié la France entière. Qui s'était réjouie en apprenant que la fillette avait été retrouvée le lendemain soir à Cholet. Arrêté mardi soir, après une immense chasse à l'homme, son ravisseur, Dominique Guillouche, a confessé avoir, depuis le début de l'année, déjà violé ou agressé sexuellement une dizaine de mineures avec sa femme Alfréda. Le couple a été mis en examen dans la nuit de jeudi à vendredi et placé en détention provisoire. Selon le procureur Brigitte Angibaud, qui exclut l'existence d'un réseau, les Guillouche auraient agi seuls à leur domicile, en choisissant leurs victimes qu'il s'agit à présent d'identifier, dans le cercle de leurs relations.

Lu	Ma	Me	Je	Ve	Sa	Di
	1	2	3	4	5	6
7	8	9	10	11	12	13
14	15	16	17	18	19	20
21	22	23	24	25	26	27
28	29	30				

Paris, lundi 21
L'action EDF clôture à 32 euros son cours d'introduction, au premier jour de sa cotation. Près de 5 millions de particuliers ont souscrit à l'ouverture du capital de l'entreprise (→ 7.12).

New York, lundi 21
General Motors va supprimer 30 000 emplois et fermer 12 sites en Amérique du Nord d'ici à 2008.

Rome, mardi 22
Le Vatican interdit l'ordination des prêtres homosexuels.

France, mercredi 23
Selon un recensement national, une femme meurt tous les quatre jours des suites de violences conjugales.

Paris, jeudi 24
Adoption de la loi sur la récidive qui prévoit notamment le port d'un bracelet électronique mobile pour les délinquants sexuels et violents.

Grande-Bretagne, jeudi 24
Les pubs sont désormais autorisés à ouvrir 24h/24h, mettant fin à 90 ans de restriction sur leurs horaires.

Marseille, jeudi 24
Les grévistes de la RTM cessent leur mouvement après 46 jours de conflit. Ils n'ont rien obtenu.

Le Frères musulmans sont montés en puissance en Égypte

Égypte, samedi 26
Une chose est sûre ce soir : au terme de la deuxième phase des législatives (les Égyptiens votent en quatre phases correspondant à autant de grandes zones géographiques), les Frères musulmans se sont imposés comme la grande force d'opposition au régime d'Hosni Moubarak. Interdite officiellement depuis 1954, mais tolérée de fait, la confrérie islamiste avait déjà créé la surprise au deuxième tour de la première phase, le 15 novembre, en gagnant 34 sièges. Elle en compte aujourd'hui 76 avec ceux qu'elle a conquis lors des deux tours de la deuxième, dans le delta du Nil. Et cela malgré les rafles effectuées depuis le 15 dans ses rangs par la police (environ 1 300 arrestations), le verrouillage des bureaux de vote les plus « sensibles » et les agressions physiques perpétrées par les miliciens du Parti national démocrate (PND), le parti au pouvoir pourtant assuré de la victoire. (→ 7.12)

Arrestation d'un sympathisant des Frères musulmans à Tanta, pendant le scrutin.

Plan Villepin pour l'immigration

Paris, mardi 29
L'immigration choisie contre l'immigration subie : c'est l'axe de la nouvelle politique que Dominique de Villepin entend mettre en œuvre. Les mesures envisagées par le Premier ministre ont été dévoilées au sortir d'une réunion du Comité interministériel de contrôle de l'immigration. Elles concernent la lutte contre les mariages « blancs », qui facilitent l'obtention de la nationalité française, l'allongement du délai au terme duquel un étranger en situation régulière peut bénéficier du regroupement familial (deux ans au lieu d'un actuellement), le respect de l'interdiction de la polygamie, le durcissement du droit d'asile. Dominique de Villepin s'est par ailleurs déclaré favorable à une démarche plus sélective pour l'accueil d'étudiants étrangers : il faut faire venir « les meilleurs, les plus motivés ».

Le 24, Mireille Mathieu, qui fête ses 40 ans de carrière depuis le 18 à l'Olympia, s'est vu remettre un disque de rubis, une récompense créée spécialement pour elle et ses 122 millions d'albums vendus.

La première greffe mondiale du visage

Amiens, dimanche 27
Le CCNE (Comité consultatif national d'éthique) avait donné un avis défavorable quant à une greffe totale de la face. Trop de risques immunologiques. C'est donc une « allotransplantation composite » d'un triangle formé par le nez, les lèvres et le menton que les professeurs Bernard Devauchelle et Jean-Michel dit « Max » Dubernard ont réalisée au CHU d'Amiens sur une femme de 38 ans qui a gardé l'anonymat. Elle avait été défigurée il y a six mois par des morsures de chien. Le greffon avait été prélevé sur une donneuse multiorgane en état de mort cérébrale, en accord bien sûr avec sa famille. Cette greffe du visage est une première mondiale. Selon un communiqué que publiera le CHU d'Amiens mercredi, « la patiente est en excellent état général et l'aspect du greffon est normal ». Pour la jeune femme, le plus délicat sera maintenant d'apprendre à vivre avec le visage d'une autre.

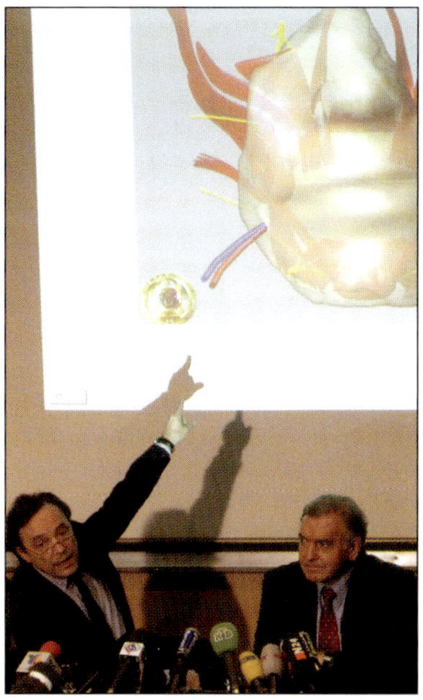

Les professeurs Devauchelle et Dubernard commenteront l'opération le 2 décembre.

La CIA a posé ses avions en Europe

Londres, mercredi 30
L'hypothèse de l'existence de prisons secrètes de la CIA en Europe semble se confirmer. Le journal britannique *The Guardian* révèle que depuis le 11 septembre 2001, plus de 300 vols secrets, qui auraient servi à transférer des prisonniers islamistes, ont été enregistrés en Europe. Sont ainsi dénombrés, entre autres, 96 atterrissages en Allemagne, 80 en Grande-Bretagne, 15 en République tchèque et 2 en France. Ces assertions reposent sur des données fournies par les autorités américaines de l'aviation civile, en partie confirmées par des photos publiées sur Internet par des *plane spotters*, ces passionnés d'aviation qui observent le ciel en permanence. Bruxelles a officiellement demandé des explications aux Américains, qui entendent répondre « d'une façon opportune et directe ». (→ 8.12)

Sens, vendredi 25
Marie-Christine Van Kempen est mise en examen et écrouée pour complicité d'assassinats de sa nièce, Géraldine Giraud, et de son amie Katia Lherbier.

Rafah, vendredi 25
Réouverture du point de passage entre la bande de Gaza et l'Égypte.

Paris, samedi 26
Une cinquantaine d'associations se fédèrent en un Conseil représentatif des associations noires (Cran).

Gabon, dimanche 27
Omar Bongo, doyen des chefs d'État africains, est réélu pour sept ans.

Bagdad, lundi 28
Nouvel avocat pour Saddam Hussein : l'ex-ministre américain Ramsay Clark.

Paris, lundi 28
Le 50e Ballon d'or récompense le footballeur brésilien Ronaldinho.

Ottawa (Canada), lundi 28
Renversement du gouvernement du Premier ministre libéral Paul Martin.

France, mardi 29
Le pays compte 9,7 % de chômeurs.

Bruxelles, mercredi 30
Perquisitions chez des proches de la première kamikaze européenne, une Belge convertie à l'islam. Muriel Degauque, née en 1967 à Charleroi, s'est fait exploser près de Bagdad le 9 novembre.

France, mercredi 30
Sortie en salles de *Harry Potter et la Coupe de feu*, réalisé par Mike Newell.

Tel-Aviv, mercredi 30
Shimon Peres quitte le Parti travailliste pour soutenir Kadima, le nouveau parti centriste d'Ariel Sharon.

Éditer des best-sellers

Il y a les livres qui se vendent et ceux qui se vendent peu ou pas du tout. Les premiers sont les fameux « best-sellers ». Certains éditeurs font profession d'en fabriquer. Mais le genre a ses limites. Les « meilleures ventes » ne sont pas forcément celles qu'on croit. Et le marketing bute encore sur un obstacle : le bouche à oreille.

Le précurseur : l'éditeur Robert Laffont.

Bernard Fixot (XO) aligne les best-sellers.

Michel Houellebecq, transféré à prix d'or.

Sorti sur les écrans français le 23 novembre 2005, *Et si c'était vrai*, de Mark Waters, a fait longtemps figure de film fantôme. Depuis 1999 exactement, depuis que l'éditeur du livre éponyme dont il est adapté avait annoncé, à grand renfort de publicité, que les droits cinématographiques du premier roman de Marc Lévy avaient été acquis, avant la parution de l'ouvrage, par les studios Spielberg, pour un montant de deux millions de dollars. « Il s'est raconté dans le petit milieu parisien que c'était un coup marketing inventé pour faire vendre le livre, s'amuse Marc Lévy (1). J'ai laissé dire. Tous les six mois, je recevais une version du scénario. En plus, Spielberg m'avait donné sa parole que le film se ferait. » Parole tenue, et promesses commerciales aussi : *Et si c'était vrai*, le roman, signé d'un parfait inconnu, s'est vendu à deux millions d'exemplaires en France et à 500 000 aux États-Unis. Marc Lévy, qui exerçait la profession d'architecte, est devenu écrivain à plein temps. Ses cinq romans se sont déjà écoulés à plus de six millions d'exemplaires à travers le monde… Grâce à son talent ? Bien sûr. Mais pas seulement.

ROBERT LAFFONT SUIT L'EXEMPLE AMÉRICAIN

L'homme qui déniche Marc Lévy s'appelle Bernard Fixot. À l'époque, il est pdg des éditions Robert Laffont. Une maison où l'on s'y connaît en best-sellers. Robert Laffont, qui a publié ses souvenirs cette année chez l'une de ses filles, l'éditrice Anne Carrière (*Une si longue quête*), en a même été le précurseur. Quand Laffont, aujourd'hui âgé de 89 ans, a commencé à publier, au lendemain de la Deuxième Guerre mondiale, « le mot best-seller n'existait pas » : « J'allais souvent à New York, se souvient-il (2). J'en suis revenu avec une collection de best-sellers, justement. […] Avant moi, le monde de l'édition, c'était la littérature, mais pas de littérature populaire. Quand je suis arrivé, j'ai choqué mes confrères en faisant des best-sellers […] J'étais à part, plus proche de certains éditeurs étrangers. » Ses titres les plus connus ? *Le Jour le plus long*, de Cornelius Ryan (1963), qui se vendra à 1,2 million d'exemplaires ; *Paris brûle-t-il ?*, de Dominique Lapierre et Larry Collins (3) ; et bien sûr *Papillon*, d'Henri Charrière, dont il était certain de vendre 100 000 exemplaires et qui atteignit 1,2 million (le double avec les ventes à l'étranger).

Y aurait-il donc une recette miracle pour faire des best-sellers ? Pour les fabriquer, non. Et pas seulement parce que tous les éditeurs le disent. S'il y avait une recette, tout le monde en publierait. Mais pour les « sentir », pour deviner ce qui va marcher, peut-être… C'est alors surtout une question d'intuition, de sensibilité à l'air du temps, d'empathie avec les attentes des lecteurs. Viennent s'y ajouter les méthodes de marketing et les gros, très gros budgets de promotion, afin d'imposer le livre auprès des points de vente les plus importants (du type Fnac et Virgin, ainsi que les librairies dites de « premier niveau », ces trois cents boutiques qui assurent jusqu'à 80 % du chiffre d'affaires des éditeurs), de faire en sorte qu'il soit bien placé, que les lecteurs en aient connaissance et aient envie de l'acheter grâce à une couverture alléchante et un « plan médias » savamment conçu. Car si faire parler d'un livre ne suffit pas à ce qu'il se vende, une parution sans écho médiatique est, à de rares exceptions près, le plus sûr moyen pour qu'il ne se vende pas. Et cela, Bernard Fixot est l'un de ceux qui l'ont le mieux compris.

DES TRANSFERTS COMME DANS LE FOOTBALL

Après l'opération Marc Lévy, Bernard Fixot quitte Robert Laffont pour fonder sa propre maison d'édition, XO, dont il installe les bureaux non pas au Quartier latin mais dans la tour Montparnasse. Son ambition : rivaliser avec Laffont et Albin Michel, les deux principales fabriques françaises de best-sellers. En mars 2000, il lance une série en quatre volumes, *La Pierre de lumière*, de Christian Jacq, un auteur… Laffont, chez qui il vient de publier une vie de Ramsès en cinq volumes. Du *Fils de la lumière* à *Sous l'acacia d'Occident*, sa saga s'est vendue à onze millions d'exemplaires. Fixot veut faire aussi bien. Voire mieux. Le

n'est pas une science exacte

lancement de cette nouvelle série va coûter 400 000 euros. Un avion est affrété pour emmener célébrités et journalistes en Égypte. Trois jours de luxe, tous frais payés, avec souper dans le temple de Louxor… Difficile ensuite d'émettre des réserves sur les qualités littéraires du texte. Dans le même temps, dès avant la parution, les droits sont négociés à l'étranger sur la base de ses ventes antérieures. Résultat : l'année même de sa sortie, l'ouvrage est traduit en vingt-trois langues et tiré à cinq millions d'exemplaires. Christian Jacq est désormais, selon son éditeur, « l'écrivain le plus lu de la planète ».
Comme dans le football, l'édition est aujourd'hui agitée par des transferts qui reposent sur un principe simple : qui a vendu vendra. Et qui a vendu beaucoup peut vendre énormément. L'effervescence médiatique qui a présidé à la sortie, le 31 août 2005, de *La Possibilité d'une île*, de Michel Houellebecq, doit certainement beaucoup au talent de l'auteur, aux débats que ses prises de position suscitent et à sa notoriété. Mais elle doit encore plus à la nécessaire campagne de promotion que se devait d'obtenir son nouvel éditeur, Fayard, pour rentabiliser son investissement, à savoir l'achat de Houellebecq à Flammarion pour la somme estimée de 1,3 million d'euros, après qu'il avait vendu, pour les seules éditions françaises, 350 000 exemplaires de *Plateforme* et 500 000 exemplaires des *Particules élémentaires*. Il est trop tôt pour dire si le pari économique de Fayard a réussi. En France, le succès paraît moindre que prévu ; mais les droits étrangers devraient rembourser la mise. Avec plus de 50 000 exemplaires vendus au premier jour de sa parution, *La Possibilité d'une île* fera toutefois office de cas d'école, exemplaire du succès suscité par une campagne de promotion aussi habilement menée que massive.

DES « MEILLEURES VENTES » TROMPEUSES

Les auteurs qui vendent beaucoup sont peu nombreux. Il se publie chaque année en France plus de 50 000 titres. La plupart se vendent à quelques centaines d'exemplaires. Pour un roman, à 2 000 exemplaires, l'éditeur est content. A 5 000, il jubile. Au-delà, l'ouvrage entre dans les listes trompeuses des best-sellers. Trompeuses, parce qu'elles font croire que plusieurs dizaines de milliers d'exemplaires se sont déjà vendus alors que ces livres se sont généralement tout simplement moins mal vendus que les autres. Trompeuses aussi, parce que, divisées en sous-catégories, elles mettent sur un même pied les livres dont on parle et qui se vendent un peu, et ceux dont on ne parle pas et qui se vendent beaucoup. Être premier dans la liste des romans est très différent de caracoler en tête des ouvrages pratiques. Qui commente par exemple le succès continu du « Truffaut », *L'Encyclopédie pratique du jardin*, qui s'est vendue depuis 1978 à plus d'un million d'exemplaires, ou celui du *Guiness World Records Book*, qui a dépassé en cinquante ans d'existence les cent millions d'exemplaires dans 120 pays ? Trompeuses enfin, parce qu'elles ne prennent pas en compte les ventes des clubs, comme France Loisirs, qui tantôt amplifient les succès, tantôt assurent le triomphe de leurs propres titres.
Qui mesurera, aussi, les ouvrages qui se vendent parce qu'on les offre, comme ceux qui ont été couronnés par des prix, en tête desquels le prix Goncourt, et ceux qui se vendent parce qu'on les lit, par plaisir ou par nécessité ? La liste des plus importantes ventes cumulées de romans depuis l'année de leur parution révèle une évidence, dont il est pourtant rarement question : les meilleures ventes sont celles qui sont prescrites… à l'école. Aucun ouvrage de Houellebecq, ni, au temps de sa splendeur dans les années 1980, de Paul-Loup Sulitzer, n'atteint les ventes de *La Métamorphose* de Kafka ou de *L'Étranger* de Camus.
Qui sont, au-delà des effets d'annonce, les auteurs les plus vendus dans le monde ? Le premier ne touche pas de droits d'auteur, ni ses descendants. L'ouvrage le plus vendu au monde, traduit en plus de 2 000 langues, n'est autre que la Bible, avec 2,5 milliards d'exemplaires vendus en deux siècles, soit 12,5 millions par an. Suivent Agatha Christie, Barbara Cartland et Georges Simenon (600 millions en 47 langues, dont 100 millions en France). De quoi relativiser les succès, même phénoménaux, de *Da Vinci Code* (16 millions dont 1,5 million en France) et d'*Harry Potter*, dont les cinq premiers volumes – le sixième, *Harry Potter et le Prince de sang mêlé*, n'est paru qu'en novembre 2005 – et les droits dérivés, notamment d'adaptation cinématographique, ont fait de son auteur, J.K. Rawlins, la première fortune de son pays, devant la reine d'Angleterre.
La débauche de moyens promotionnels trouve aussi sa limite dans son incapacité à influer sur le plus vieux média du monde : le bouche à oreille. Là, ne comptent plus que le plaisir que l'on a éprouvé et le désir de le faire partager. Ce qui permet soudain à Yann-Arthus Bertrand de se retrouver en tête des ventes avec *La Terre vue du ciel*, à Philippe Delerm de déjouer tous les pronostics avec *La Dernière Gorgée de bière*, ou à Fred Vargas de devenir l'auteur de romans policiers le plus en vogue.

Bruno Larebière

Rien de tel qu'une adaption cinématographique pour démultiplier les ventes d'un livre (à gauche, Marc Lévy) et percevoir de substantiels droits dérivés.

L'égyptologue français Christian Jacq est devenu l'écrivain le plus lu au monde.

(1) Entretien accordé au *Point* du 16 novembre 2005.
(2) Entretien accordé au *Monde* du 18 novembre 2005
(3) L'auteur américain est décédé le 20 juin 2005 à Fréjus (*14.9.1929).

Plus d'égalité à l'école en 2006

Paris, jeudi 1er
Égalité des chances et accompagnement personnalisé des élèves: voici les deux principes moteurs du plan Villepin qui, en réponse à la récente crise des banlieues, propose des « mesures concrètes et immédiatement opérationnelles ». Le Premier ministre a ainsi annoncé la mise en place, dès la rentrée 2006, de l'apprentissage à partir de 14 ans, l'instauration d'un Contrat de responsabilité parentale obligatoire et, pour lutter contre toute discrimination, la création d'une nouvelle Agence de la cohésion sociale et de l'égalité des chances. Le plan prévoit également l'« évaluation rigoureuse » de la lecture, de l'écriture et du calcul dès le CE1 (et non plus à partir du CE2) et le renforcement des moyens des Zones d'éducation prioritaire (ZEP), que Nicolas Sarkozy avait hier proposé de supprimer.

Faut-il avoir honte de la victoire de Napoléon à Austerlitz ?

Samedi 3, à Slavkov (République tchèque), sur le site de la bataille, reconstitution spectaculaire avec plus de 3 500 figurants en costumes d'époque et l'acteur américain Mark Schneider dans le rôle de Napoléon, devant environ 30 000 spectateurs.

Paris, vendredi 2
Bien que fervent « napoléonien », ainsi qu'en témoigne son livre *Les Cent-Jours ou l'esprit de sacrifice* (2001), le Premier ministre n'a pas jugé séant d'assister à la cérémonie commémorative qui, ce soir, célébrait le 200e anniversaire de la victoire d'Austerlitz, place Vendôme. Le président de la République, lui, était en Afrique. Cette discrétion, qui contraste avec l'éclat avec lequel les Anglais ont fêté le 200e anniversaire de Trafalgar, est en réalité la conséquence directe d'une campagne menée par des associations antiracistes ne voulant voir en Napoléon que l'homme qui a rétabli l'esclavage dans les colonies. Un historien nommé Claude Ribbe a même publié un livre, *Le Crime de Napoléon*, où l'empereur est purement et simplement représenté en précurseur d'Adolf Hitler ! La ministre de la Défense, Michèle Alliot-Marie, a quand même fait acte de présence place Vendôme. Pour sauver l'honneur ?

Les accusés d'Outreau sont acquittés

Lydia, la sœur de François Mourmand.

Paris, jeudi 1er
L'affaire de pédophilie d'Outreau passe déjà pour le plus grand fiasco de l'histoire judiciaire française. Les six accusés ont été acquittés après, pour certains, plus de trois ans de prison. Un verdict attendu après que les jeunes victimes et les véritables coupables les avaient disculpés et que les méthodes du juge d'instruction Fabrice Burgaud avaient été remises en cause. Le procureur général s'était rendu hier à l'audience exprimer ses regrets et la défense, au lieu de plaider, avait observé une minute de silence en hommage à François Mourmand, mort en prison en 2002 et innocenté. Le ministre de la Justice Pascal Clément a annoncé l'ouverture d'une enquête sur les dysfonctionnements de l'instruction. Quant aux acquittés, qui recevront bientôt une lettre d'excuse de la main de Jacques Chirac avant d'être reçus, le 6, par le Premier ministre, ils seront indemnisés par l'État. (→ 14)

Le 3, à Cannes, Alexandra Rosenfeld (Miss Languedoc) a été élue Miss France. Elle est ici entourée de Cindy Fabre (à g.), à qui elle succède, et de Laetitia Hallyday.

Pour sortir la Côte d'Ivoire de la crise

Abidjan, dimanche 4
La presse ivoirienne est quasi unanime. Charles Konan Banny, 63 ans, pourrait être l'homme de la situation. Pourtant, le nouveau Premier ministre ivoirien a bel et bien été imposé au président Laurent Gbagbo et à ses opposants par les deux médiateurs de l'Union africaine, le président sud-africain Thabo Mbeki et son homologue nigérian Olusegun Obasanjo. Lesquels avaient élaboré ce scénario de sortie de crise avec Jacques Chirac, ce week-end, lors du sommet Afrique-France de Bamako, au Mali. Diplômé de l'Essec (École supérieure de sciences économiques et commerciales), Charles Konan Banny était jusqu'alors gouverneur de la Banque centrale des États d'Afrique de l'Ouest. En vertu de la résolution 1633 du Conseil de sécurité de l'ONU, il devrait disposer de la réalité du pouvoir à Abidjan.

Lu	Ma	Me	Je	Ve	Sa	Di
			1	2	3	4
5	6	7	8	9	10	11
12	13	14	15	16	17	18
19	20	21	22	23	24	25
26	27	28	29	30	31	

Paris, jeudi 1er
Londres extrade l'islamiste algérien Rachid Ramda, financier présumé des attentats parisiens de 1995.

Los Angeles, jeudi 1er
L'actrice Jennifer Garner, épouse de Ben Affleck, donne naissance à une petite fille prénommée Violet.

Paris, jeudi 1er
Le Conseil de la concurrence inflige une amende record de 534 millions d'euros aux opérateurs mobiles SFR, Orange et Bouygues Télécom pour entente illicite entre 1997 et 2003.

Issy-les-Moulineaux, vendredi 2
Quatre syndicats de Hewlett-Packard France acceptent de négocier la révision de l'accord sur les 35 heures en échange de la réduction du nombre de postes supprimés.

Union européenne, vendredi 2
Sortie de la console de jeu Xbox 360 de Microsoft.

Raleigh (Caroline du Nord), vendr. 2
Kenneth Lee Boyd devient le 1 000e condamné américain exécuté depuis le rétablissement de la peine de mort en 1976. (→ 13)

Sao Paulo, samedi 3
Mariage d'Athina Roussel Onassis,

La Chine achète 150 Airbus A320!

Paris, lundi 5
En visite en France, le Premier ministre chinois Wen Jiabao a, dès le lendemain de son arrivée, scellé l'accord espéré par Airbus : la filiale d'EADS fournira à la Chine 150 avions A320, pour un prix évalué à 8,3 milliards d'euros. Toutefois, en échange de cette commande historique, Airbus s'est engagé à étudier la possibilité d'implanter en Chine même une usine d'assemblage d'appareils. Ce qui, à terme, pourrait aggraver le déficit commercial de la France face à Pékin. Mais ce qui est pris n'est plus à prendre, et cette journée restera marquée d'une pierre blanche, d'autant qu'Airbus n'en est pas le seul bénéficiaire. Eurocopter développera un hélicoptère civil avec l'industrie chinoise, Alcatel fournira un satellite de télécommunications, Total créera un réseau de stations-service et une ligne de TGV sera construite.

Dernier envol de l'ange de la montagne

Charly Gaul dans le Tour de France 1957.

Luxembourg, mardi 6
Charly Gaul aurait fêté ses 73 ans après-demain s'il n'avait été emporté par une embolie pulmonaire à l'hôpital de son Luxembourg natal (*8.12.1932). Celui que la légende avait surnommé l'« ange de la montagne » aura été le plus grand grimpeur de l'histoire du cyclisme. En effet, c'est dans les cols qu'il construisit ses trois plus grandes victoires, le Tour d'Italie en 1956 et en 1959, et le Tour de France en 1958. Peu loquace, mais doué d'un tempérament combatif hors du commun, capable de faire face à des conditions atmosphériques extrêmes (froid, pluie, neige), il savait déposer ses adversaires là où il l'avait décidé et leur prendre des avances phénoménales. Le Tour de France qu'il a remporté laissera à cet égard des souvenirs humiliants à Louison Bobet et Raphaël Geminiani. Ancien garçon boucher, le champion luxembourgeois avait été cycliste professionnel de 1953 à 1965.

Zoom sur

AUSTERLITZ

C'est d'abord une opération stratégique foudroyante : alors qu'il se prépare, à Boulogne, à débarquer en Grande-Bretagne, Napoléon modifie ses plans et pénètre à marches forcées en Autriche pour y briser la coalition austro-russe. Le 2 décembre 1805, un an jour pour jour après son couronnement, il pousse les coalisés à la faute sur le plateau de Pratzen, en avant du village d'Austerlitz. C'est alors un chef-d'œuvre tactique : l'empereur coupe en deux le dispositif austro-russe et écrase l'adversaire, malgré son infériorité numérique, soit 60 000 hommes contre 80 000. Les pertes ont été estimées à moins de 1 500 morts côté français, et à au moins le triple côté austro-russe.

Un ingénieur français enlevé à Bagdad

L'ingénieur Bernard Planche (ici sa carte professionnelle) est né le 12 mars 1953.

Bagdad, lundi 5
Encore un Français enlevé en Irak. La nouvelle a été communiquée ce matin par la police irakienne, puis confirmée par le ministère des Affaires étrangères. Bernard Planche (52 ans) est ingénieur mécanique, spécialisé dans l'épuration des eaux. Il travaillait à Bagdad depuis plusieurs mois pour l'ONG américaine Aaccess. Il se trouvait chez lui, à Mansour, un quartier résidentiel de l'ouest de la capitale irakienne, lorsque trois hommes et une femme armés se sont introduits dans son domicile (qui ne bénéficiait pas de protection), et l'ont frappé à la tête avant de le forcer à les suivre. Il n'y a pour le moment aucune revendication. Dominique de Villepin a assuré que Paris était mobilisé pour « une libération aussi rapide que possible ». Pour sa part, Jacques Chirac a invité les Français à « s'abstenir » de se rendre en Irak tant que « leur sécurité ne pourra être assurée ». (→ 29)

Sept ans après *Kirikou et la sorcière*, l'un des plus grands succès (vingt-trois fois primé) de l'animation française, le petit héros africain revient le 7 sur les grands écrans français, italiens, belges, espagnols, suisses et québécois. *Kirikou et les bêtes sauvages*, réalisé par Michel Ocelot et Bénédicte Galup, se compose de trois fables racontées par le grand-père de Kirikou, rythmées par des chansons de Manu Dibango, Rokia Traoré et Youssou N'Dour.

petite-fille et dernière descendante de l'armateur grec Aristote Onassis, avec le Brésilien Alvaro Neto de Miranda.

Bratislava (Slovaquie), dimanche 4
La Croatie gagne sa première Coupe Davis de tennis en battant la Slovaquie 3 à 2 en finale.

Paris, dimanche 4
Le Téléthon recueille 99 044 125 euros de promesses de dons.

Alger, lundi 5
Premier bulletin de santé d'Abdelaziz Bouteflika, hospitalisé depuis le 26 novembre à Paris : le président algérien a été opéré avec succès d'un ulcère hémorragique à l'estomac.

France, lundi 5
Toulouse obtient le siège de Galileo, le futur système de navigation européen par satellite, concurrent du GPS.

Royaume-Uni, lundi 5
Entrée en vigueur du partenariat civil, qui reconnaît les couples homosexuels.

Israël, lundi 5
Feu vert à la reprise des éliminations ciblées en Cisjordanie après un attentat suicide qui a fait cinq morts à Netanya.

Paris, mardi 6
Alain Juppé retrouve ses droits civiques après un an d'inéligibilité.

Londres, mardi 6
David Cameron, 39 ans, est élu à la tête du Parti conservateur.

Paris, mardi 6
Condamnation du site classaction.fr (actions en nom collectif) pour démarchage juridique illicite.

Paris, mercredi 7
EDF annonce la suppression de 6 000 emplois d'ici à fin 2007.

La vague islamiste secoue l'Égypte

Le Caire, mercredi 7
Le président égyptien Hosni Moubarak a du souci à se faire. Au terme du long processus électoral qui a commencé il y a près d'un mois (le 9 novembre), son parti, le PND, et les candidats « indépendants » qui y sont inféodés, voient leur hégémonie contestée par la percée des Frères musulmans, dont 88 candidats sont élus au Parlement. Soit 20 % des sièges à pourvoir (444). Ce résultat inattendu, les « Frères » l'ont obtenu par à un remarquable travail sur le terrain, des slogans simplistes – « L'islam est la solution » –, et un rejet croissant, dans les couches les plus pauvres de la population, d'une classe dirigeante jugée corrompue. Tout avait été pourtant fait pour endiguer la vague : aujourd'hui encore, la répression policière a fait neuf morts, ce qui porte à onze le nombre des victimes de ce scrutin tendu. (→ 27)

Condoleeza Rice face aux Européens

La secrétaire d'État américaine et le président roumain signent un accord le 6.

Bruxelles, jeudi 8
Dernier jour de la tournée en Europe de Condoleeza Rice. Arrivée lundi en Allemagne en pleine affaire des prisons secrètes de la CIA, la secrétaire d'État, qui n'a ni confirmé ni infirmé les faits, avait rappelé l'engagement des Américains contre la torture. Puis, Condoleeza Rice s'était rendue en Roumanie dont le président, Traian Basescu, n'a cessé de démentir l'existence de prison de la CIA sur son territoire, tout en admettant mardi que des avions secrets y avaient bien atterri. Les deux pays ont signé un accord permettant aux États-Unis d'installer quatre bases militaires en Roumanie. Après un passage par l'Ukraine, Condoleeza Rice a participé aujourd'hui à Bruxelles à une réunion de l'Otan, qui a vu entériner l'envoi de nouveaux contingents dans le cadre de l'extension dans le sud de l'Afghanistan de la Force internationale d'assistance à la sécurité (ISAF), en 2006. (→ 15)

Zoom sur

LES FRÈRES MUSULMANS

Fondée en 1928 en Égypte par un instituteur, Hassan el-Banna, la confrérie des Frères musulmans a, dès son origine, voulu promouvoir une alternative politique aux systèmes démocratiques ou autoritaires laïques inspirés de l'Occident. Très active lors du premier conflit israélo-arabe (1948), elle se dressa contre le socialisme arabe personnifié en Égypte par Nasser, qui l'interdit en 1954. Malgré les persécutions, la confrérie n'a pas cessé de propager sa doctrine, qui propose la création d'une « nation musulmane » strictement gouvernée par le Coran. Très influente au Proche-Orient et en Europe, elle est en principe hostile à la prise du pouvoir par la violence.

Le 8, à Genève, adoption du cristal rouge, emblème de l'organisation de secours israélienne MDA, aux côtés de la croix rouge et du croissant rouge. Le MDA intègre ainsi la Croix-Rouge internationale.

Le débat continue sur la colonisation

Paris, vendredi 9
Jacques Chirac a annoncé ce matin la création d'une mission chargée d'évaluer « l'action du Parlement dans les domaines de la mémoire et de l'Histoire ». Cette déclaration tend à désamorcer le vif débat sur la colonisation française qui a éclaté le 29 novembre, lorsque la majorité a rejeté, au Palais-Bourbon, une proposition de loi du PS visant à abroger l'article 4 de la loi du 23 février 2005, qui impose aux programmes scolaires d'admettre « le rôle positif de la présence française outre-mer ». Ce rejet avait provoqué de fortes réactions aux Antilles, incitant Nicolas Sarkozy, à qui est toujours reproché son récent emploi des termes de « kärcher » et de « racailles », à reporter le voyage qu'il devait y faire cette semaine, et où des manifestations contre la « loi de la honte » avaient eu lieu le 7. (→ 12)

Les Croates manifestent pour Gotovina

Un manifestant à Split, sur l'Adriatique.

Croatie, dimanche 11
Dans tout le pays, mais surtout à Split, des dizaines de milliers de personnes ont manifesté leur soutien au général Ante Gotovina. Après quatre ans de cavale, cet ancien soldat de la Légion étrangère avait été arrêté mercredi dans les îles Canaries, avant d'être transféré hier à La Haye, aux Pays-Bas, pour y être jugé par le Tribunal pénal international pour l'ex-Yougoslavie (TPIY). Héros national, Gotovina avait dirigé, à la fin du conflit serbo-croate de 1991-1995, la décisive opération *Tempête*, qui avait permis aux Croates de reprendre le contrôle des territoires occupés par les sécessionnistes serbes. C'est toutefois aussi au cours de cette même opération que des exactions avaient été perpétrées, parmi lesquelles le massacre d'au moins 150 civils serbes, qui avaient valu en 2001 au général son inculpation par le TPIY pour crimes contre l'humanité et crimes de guerre.

Bruxelles, mercredi 7
L'Union européenne lance son propre nom de domaine en .eu.

Paris, jeudi 8
Gilles de Robien interdit la méthode globale d'apprentissage de la lecture.

Montevideo (Uruguay), vendredi 9
Le Venezuela adhère au Mercosur, le marché commun sud-américain (Brésil, Paraguay, Uruguay, Argentine).

Babaïevo (Russie), vendredi 9
L'ancien chancelier allemand Gerhard Schröder est nommé président du conseil de surveillance de la société chargée de construire le gazoduc sous la mer Baltique.

Paris, samedi 10
Des milliers de francs-maçons défilent pour défendre la laïcité, à l'occasion du centenaire de la loi sur la séparation des Églises et de l'État.

Paris, samedi 10
Arnaud Montebourg crée un nouveau courant au sein du PS, baptisé « Rénover maintenant ».

Rennes, dimanche 11
Nuit d'affrontements entre policiers et jeunes qui protestaient contre l'interdiction d'une rave-party.

Londres, dimanche 11
Une violente explosion détruit le dépôt de carburant de Buncefield, faisant 43 blessés dont un grave.

Los Angeles, dimanche 11
Les studios Paramount Pictures rachètent leur concurrent Dreamworks pour 1,6 milliard de $.

Trieste, dimanche 11
Trois médailles d'or et deux records du monde pour Laure Manaudou à l'Euro de natation en petit bassin.

Un ennemi de la Syrie tué à Beyrouth

Beyrouth, lundi 12
Patron du quotidien *An-Nahar*, Jebrane Tueini a été assassiné dans un attentat à la voiture piégée. Chrétien orthodoxe, Tueini avait fait de son journal, fondé par son grand-père en 1930, le vecteur de la fronde antisyrienne. Et c'est donc, une fois encore, vers Damas que se sont immédiatement tournés les yeux accusateurs de la communauté internationale. D'autant que, ce même lundi, la commission d'enquête de l'ONU sur la mort de Rafic Hariri, dirigée par Detlev Mehlis, remettait un nouveau rapport au Conseil de sécurité. Rapport certes gênant pour la Syrie, accusée de n'avoir pas fourni toute la coopération requise aux enquêteurs, mais non décisif. C'est d'ailleurs la raison pour laquelle Detlev Mehlis propose de prolonger le mandat de la commission de six mois. Il semble, notamment, que la piste islamiste ait été un peu trop rapidement écartée dans l'assassinat de Rafic Hariri.

Des Libanais ont manifesté leur colère devant le siège du quotidien An-Nahar.

Ils ont tué Stanley « Tookie » Williams

San Quentin (Californie), mardi 13
Près d'un quart de siècle après avoir été condamné à mort pour quatre assassinats qu'il a toujours niés, l'ancien chef de gang Stanley « Tookie » Williams a été exécuté à 0 h 35 (heure locale) dans sa prison de San Quentin, par injection létale. Le gouverneur de la Californie, l'acteur de cinéma Arnold Schwarzenegger, autrefois grand spécialiste des rôles d'« exterminateur », lui avait hier refusé sa grâce, tandis qu'à Washington la Cour suprême des États-Unis rejetait son dernier recours. Cette exécution a d'autant plus indigné les adversaires de la peine de mort que le condamné, en prison, avait fait retour sur son passé et avait publié dix livres pour détourner les enfants de la délinquance. Et cette année étaient parus ses Mémoires sous le titre *Blue Rage, Black Redemption*. Inaugurée par les nazis à Auschwitz, la mort par injection n'est pas douce : il a fallu 10 minutes pour tuer « Tookie ».

Williams (ici récemment photographié en prison) avait été condamné en 1981 par un jury composé uniquement de Blancs.

Le 15, au Japon, Honda a présenté son nouvel Asimo, un humanoïde dont l'intelligence est égale à celle d'un enfant de 3 ans et l'habileté physique à celle d'en enfant de 10. Le robot excelle en réceptionniste.

Les historiens veulent être libres

Paris, lundi 12
La violente polémique née de la loi du 23 février 2005 reconnaissant le « rôle positif » de la colonisation a amené des historiens aussi renommés que Jacques Julliard, René Rémond, Michel Winock, Élisabeth Badinter, Pierre Vidal-Naquet, Paul Veyne, Jean-Pierre Azéma, Mona Ozouf ou Alain Decaux, à demander l'abrogation des lois qui, parce qu'elles « ont restreint la liberté de l'historien » et lui ont dicté « ce qu'il doit chercher et ce qu'il doit trouver », sont « indignes d'un régime démocratique ». Leur déclaration vise non seulement la loi du 23 février, mais aussi, entre autres, celles du 13 juillet 1990 (la loi Gayssot réprimant la négation des crimes contre l'humanité et visant, en fait, les auteurs « révisionnistes ») et du 21 mai 2001 reconnaissant l'esclavage comme crime contre l'humanité.

L'Australie en proie à la violence raciale

Arrestation musclée d'un militant identitaire passablement éméché, dimanche.

Canberra, mardi 13
John Howard, le Premier ministre australien, déclare que « ceux qui violent la loi, quels qu'ils soient, seront arrêtés et punis ». De fait, l'Australie a connu deux jours d'émeutes. Les troubles ont commencé dimanche dernier quand, à Cronulla, une plage située à 30 km de Sydney, 5 000 personnes noyautées par des groupes identitaires se sont rassemblées pour protester contre l'agression dont ont été les victimes, le 3 décembre, deux sauveteurs, de la part de jeunes de la banlieue de Sydney désignés comme d'origine arabe. Mais la manifestation a dégénéré en « chasse aux bronzés » et en affrontements avec la police. Dans la soirée d'hier, pour se venger, des bandes de jeunes issus de l'immigration méditerranéenne se sont ruées sur Cronulla avec des battes de base-ball, cassant des vitrines et endommageant des voitures. On compte au total six blessés graves et une vingtaine d'arrestations.

Lu	Ma	Me	Je	Ve	Sa	Di
			1	2	3	4
5	6	7	8	9	10	11
12	13	14	15	16	17	18
19	20	21	22	23	24	25
26	27	28	29	30	31	

Séoul, mardi 13
La Corée du Sud choisit Eurocopter, filiale d'EADS, comme partenaire étranger pour la production de 245 hélicoptères militaires.

Paris, mardi 13
Le général Henri Poncet est mis en examen pour complicité d'homicide volontaire dans l'enquête sur le meurtre de l'Ivoirien Firmin Mahé.

Paris, mercredi 14
La privatisation des autoroutes ASF, Sanef et APPR rapporte à l'État 14,8 milliards d'euros.

France, mercredi 14
Sortie en salles de *King Kong*, du Néo-Zélandais Peter Jackson.

Téhéran, mercredi 14
Le président iranien Ahmadinejad nie la Shoah, la qualifiant de « mythe ».

Salvo (Caroline du Nord), mercr. 14
L'Américain Tim Montgomery, ex-recordman du monde du 100 m, se retire de la compétition après avoir été suspendu deux ans pour dopage.

Paris, mercredi 14
La Commission d'enquête parlementaire sur l'affaire d'Outreau décide de tenir ses auditions à huis clos et de lever ce dernier au cas par cas.

Un stock d'armes dans une banlieue

Clichy-sous-Bois, jeudi 15
L'enquête sur le « gangsterrorisme » de la Direction de la surveillance du territoire (DST) a conduit dans la nuit de mercredi à jeudi à la découverte, dans un parking fermé de cette ville de Seine-Saint-Denis, d'une importante cache d'armes comprenant notamment des armes de guerre et des explosifs. Cette prise fait suite au grand coup de filet effectué lundi dernier en région parisienne et dans l'Oise. Depuis lundi, ce sont ainsi 27 jeunes Français, Algériens et Tunisiens qui ont été mis en garde à vue. Ils sont soupçonnés d'opérer des braquages pour financer le terrorisme islamiste international. Le chef du gang, Ouassini Cherifi, un Franco-Algérien de 31 ans, a été également arrêté. Il avait été condamné en 2000 dans une affaire de faux passeports destinés à des djihadistes et libéré en mars 2004.

Jacques Fouroux est décédé le 17 d'une crise cardiaque dans sa ville natale d'Auch (*24.02.1947). Le « petit caporal » avait porté 28 fois le maillot de l'équipe de France de rugby (1972-1977), qu'il avait par la suite entraînée de 1981 à 1990.

L'UE s'accorde sur son nouveau budget

Bruxelles, samedi 17
Après l'échec du sommet de juin, les dirigeants européens, à l'issue du nouveau sommet qui a débuté jeudi et s'est prolongé jusqu'à ce matin, se sont enfin accordés sur le budget de 2007 à 2013 : 862,4 milliards d'euros, soit 1,045 % du PIB de l'Union. Un montant qui se veut un compromis entre les propositions britanniques (1,03 %) et celles avancées en juin par le Luxembourg (1,06 %). Et dont les pays de l'Est, les premiers bénéficiaires de ces aides, qui redoutaient des coupes plus importantes, se sont félicités. Souvent taxé d'immobilisme, le Premier ministre britannique a également accepté de réduire de 10,5 milliards d'euros le rabais sur les contributions à l'UE dont le Royaume-Uni bénéficie depuis 1984. Une décision qui a entraîné le déchaînement de la presse britannique contre Tony Blair, le *Daily Telegraph*, par exemple, n'hésitant pas à parler de « capitulation ».

Jacques Chirac a tenu à saluer le « courage » dont a su faire preuve Tony Blair.

La dette française égale 66 % du PIB

Paris, mercredi 14
À la tête d'une commission pluraliste mise en place en juillet, le pdg de BNP-Paribas, Michel Pébereau, a remis au ministre de l'Économie, Thierry Breton, un inquiétant rapport sur la dette française : dépassant les 1 100 milliards d'euros, le taux d'endettement représente, en 2005, 66 % du PIB, soit cinq fois plus qu'en 1980 ! Ce à quoi il faut ajouter les retraites des fonctionnaires, (de 450 à 900 milliards d'euros). Pour « rompre avec la facilité de la dette », le rapport préconise des mesures d'austérité, telles que la remise en cause de la baisse des impôts. Estimant que la France « dépense trop et trop mal », le Premier ministre Dominique de Villepin a exprimé sur France 2 sa volonté de ramener en 5 ans cette dette « inacceptable » à 60 % du PIB, soit le niveau maximum autorisé par Maastricht.

La fronde paysanne des pays pauvres contre les pays riches

Samedi, les altermondialistes et des paysans sud-coréens se sont heurtés à la police chinoise : une centaine de blessés et 900 arrestations, dont celles de deux Français, le porte-parole de la Confédération paysanne, Gérard Durand, et le cinéaste José Reynes.

Hong Kong, dimanche 18
Si tout le monde est soulagé que le pire ait été évité, personne n'est content. La conférence interministérielle de l'OMC, qui réunissait depuis mardi 149 pays à Hong Kong, s'est achevée par un accord minimal sur les questions agricoles. Les pays pauvres ou émergents, conduits par Celso Amorim, ministre brésilien du Commerce extérieur, avaient exigé, vendredi, « le démantèlement des distorsions qui limitent la croissance de [leurs] exportations ». Exigence visant surtout l'Union européenne et la PAC. Aussi, l'UE a-t-elle fait un pas en avant (mais peu compromettant, la réforme de la PAC étant d'ores et déjà à l'ordre du jour) : les subventions aux exportations seront supprimées en 2013, avec une première étape en 2010. L'accord ne gênera guère les États-Unis, l'Australie, le Canada et la Nouvelle-Zélande, dont les aides à l'agriculture concernent moins l'exportation que la production.

Irak, jeudi 15
Forte participation (70 %) aux législatives en raison du ralliement massif de l'électorat sunnite qui avait boycotté le scrutin précédent. (→ 19)

Washington, jeudi 15
George W. Bush accepte de soutenir l'amendement McCain visant à interdire la torture sur des prisonniers étrangers détenus par les États-Unis.

Cisjordanie, jeudi 15
Le mouvement islamiste Hamas bat le Fatah du président palestinien Mahmoud Abbas aux municipales.

Bordeaux, vendredi 16
« Le Chat », alias Roland Cazaux, est condamné à 14 ans de prison pour 36 viols et tentatives de viol.

Paris, vendredi 16
Magalie gagne la finale de la Star Ac' 5.

Thionville (Moselle), vendredi 16
Un chauffard ivre vole une ambulance de pompiers et fauche quatre fillettes, tuant l'une d'entre elles.

Paris, vendredi 16
Vivendi Universal, TF1 et M6 signent un accord de fusion des bouquets satellites CanalSat et TPS.

Londres, samedi 17
Selon la revue médicale *The Lancet*, on recense un nouveau cas d'Alzheimer toutes les 7 secondes dans le monde.

Paris, samedi 17
Abdelaziz Bouteflika quitte l'hôpital du Val-de-Grâce et rassure le peuple algérien sur son état de santé.

Paris, dimanche 18
Mgr André Vingt-Trois consacre Notre-Dame de Chine (13e arr.), la première église chinoise de France.

Tempête à la tête de la Banque d'Italie

Italie, lundi 19
Au cœur d'un vaste scandale financier depuis l'été dernier, critiqué par la Banque centrale européenne pour la non-transparence de sa gestion et inquiété pour « délit d'initié », le gouverneur de la Banque d'Italie a fini par céder aux pressions et démissionner. Après 40 ans de service dans la principale banque italienne et 12 à sa tête, Antonio Fazio a été mis en cause pour sa partialité dans la gestion de deux OPA. C'est ainsi notamment que l'ancien président de la Banca Popolare Italiana, Giampiero Fiorani, en prison depuis le 13, aurait eu son soutien pour lancer une contre-OPA face au néerlandais ABN Amro sur Banca Antonveneta. La démission de Fazio a été saluée par une grande partie de la classe politique. Demain, le gouvernement se réunira pour adopter un projet de loi augmentant le poids de l'exécutif dans la nomination du gouverneur de la Banque d'Italie. (→ 29)

Fazio, âgé de 69 ans, a déclaré démissionner dans l'« intérêt supérieur du pays ».

La Bolivie se donne à un fils du peuple

La Paz, mercredi 21
Son nom, c'est Juan Evo Morales Alma, mais on l'appelle Evo Morales. Il est le nouveau président de la Bolivie, qui a été élu dimanche dernier avec une très confortable avance : les chiffres publiés officiellement aujourd'hui lui donnent, en effet, 53,72 % des voix sur 99,56 % des suffrages dépouillés. C'est donc un spectaculaire virage à gauche que vit ce pays majoritairement peuplé d'Indiens (65 %), communauté dont, significativement, Morales est lui-même issu. Né le 26 octobre 1959, cet homme formé à « l'école de la vie », comme il aime bien le souligner, était le candidat du MAS (Movimiento al socialismo), parti dont le programme repose sur deux piliers : la révision, sur des bases plus équitables, des contrats qui unissent la Bolivie aux compagnies pétrolières étrangères, et la défense des agriculteurs producteurs de coca, menacés par les campagnes d'éradication exigées par les États-Unis.

Les paysans ovationnent Evo Morales.

Zoom sur

LE DESSEIN INTELLIGENT

L'enseignement du créationnisme (la théorie biblique de la création du monde par un Dieu omnipotent) a été interdit dans les écoles publiques américaines, en 1987, comme contraire au 1er amendement de la Constitution, qui pose une séparation de la religion et de l'État. Les créationnistes ont alors tenté de renover leur théorie en en gommant la connotation biblique et religieuse et en lui donnant une apparence scientifique, de façon à ce qu'elle puisse être enseignée au même titre que l'évolutionnisme. La création du monde fut ainsi expliquée par un « dessein intelligent », un concept vulgarisé par Percival Davis et Dean H. Kenyon dans *Of Pandas and People* (1989).

Le scrutin irakien vivement contesté

Bagdad, mercredi 21
Y a-t-il eu des fraudes massives, lors des élections législatives de jeudi dernier ? Lundi, la Commission électorale irakienne publiait des résultats partiels et donnait, pour Bagdad et le sud du pays, la victoire aux chiites de l'Alliance irakienne unifiée, laquelle laissait très loin derrière elle les sunnites du Front de la concorde irakienne et plus loin encore les chiites laïques conduits par l'ancien Premier ministre Iyad Allaoui. Or, sans attendre les résultats définitifs, les deux formations perdantes ont immédiatement, et d'une même voix, dénoncé ces résultats « falsifiés ». Aujourd'hui, avec divers mouvements sunnites et le Parti communiste, elles ont créé une structure pour enquêter sur les « fraudes » et communiquer ses résultats à l'ONU. Et l'entourage d'Iyad Allaoui exige qu'un nouveau scrutin soit organisé.

Le 19 à Zurich (Suisse), le Brésilien Ronaldinho (25 ans), déjà détenteur du Ballon d'Or, a été désigné Joueur de l'année par la Fédération internationale de football. Il avait déjà été primé l'an dernier.

Copier des fichiers sans entraves…

Paris, mercredi 21
Petite révolution à l'Assemblée nationale, lors de l'examen du projet de loi du ministre de la Culture Renaud Donnedieu de Vabres sur le droit d'auteur. Visant à légaliser les mesures techniques réduisant les échanges de fichiers et à punir les contrevenants, ce projet fait débat au sein même de la majorité. Si bien que deux amendements, présentés par le député UMP Alain Suguenot et les socialistes, ont été votés par 30 voix (dont 22 UMP) contre 28. Ces amendements, autorisant la copie sur Internet à des fins privées contre le paiement d'une licence globale mensuelle (redevable aux sociétés de gestion des droits d'auteur), mettent en question les fins mêmes du projet et ouvrent la voie à la légalisation du P2P. Après une nouvelle journée houleuse, le débat sera demain soir renvoyé au mois de janvier.

Lu	Ma	Me	Je	Ve	Sa	Di
			1	2	3	4
5	6	7	8	9	10	11
12	13	14	15	16	17	18
19	20	21	22	23	24	25
26	27	28	29	30	31	

Paris, lundi 19
Trois jours après l'agression d'un professeur à Étampes, Gilles de Robien propose d'installer des permanences police-justice à l'école.

Asie, lundi 19
La population mondiale franchit le cap des 6,5 milliards d'habitants. 57 % des 365 000 enfants qui naissent chaque jour sont asiatiques.

Paris, lundi 19
L'action GDF perd 3,92 % après le report de la hausse des tarifs du gaz prévue au 1er janvier.

Tel-Aviv, lundi 19
Benyamin Netanyahou succède à Ariel Sharon à la tête du Likoud.

Washington, lundi 19
Démission du juge James Robertson pour protester contre le programme d'écoutes téléphoniques secrètes autorisé par George W. Bush.

Pékin, mardi 20
La croissance 2004 révisée de la Chine place le pays au 6e rang des économies mondiales, devant l'Italie.

Harrisburg (Pennsylvanie), mardi 20
L'enseignement du dessein intelligent, qui conteste la théorie de l'évolution de Darwin, est jugé anticonstitutionnel.

Elton John et 700 couples inaugurent le PACS britannique

En présence de 700 invités, dont de nombreuses célébrités, Elton et David se sont unis au même endroit que le prince Charles et Camilla Parker Bowles en avril dernier.

Windsor, mercredi 21
En se disant *yes,* aujourd'hui, après douze ans de « fiançailles », la pop star Elton John et son compagnon David Furnish ont, en même temps que quelque 700 autres couples homosexuels, inauguré en Angleterre et au pays de Galles la loi du 5 décembre autorisant le partenariat civil entre personnes du même sexe au Royaume-Uni. Cette loi était entrée en vigueur lundi en Irlande du Nord (permettant ainsi à Grainne et Shannon, à Belfast, d'être les premières Britanniques à s'unir civilement) et hier en Écosse. Plus proche du mariage en matière d'impôts, d'héritage et de retraite que ne l'est le PACS français, et strictement réservé aux homosexuels, le Civil Partnership Act pourrait intéresser 22 000 Britanniques d'ici à 2010. Bien accueillie par l'opinion publique, la loi suscite l'hostilité de l'Église anglicane, qui ne reconnaît pas ces unions.

Le jeudi 22, après trois jours d'une grève qui a touché sept millions d'usagers et transformé certaines rues de la ville en autoroutes piétonnes, les métros (ici, la station 71st Avenue) et les autobus de New York recommencent à circuler.

L'Unedic veut faire des économies

Paris, jeudi 22
La nouvelle convention de l'assurance-chômage devrait être signée au début de l'année prochaine par trois syndicats sur cinq, ce qui serait suffisant pour la valider. La CFDT, la CFTC et la CFE-CGC se sont accordées avec le patronat pour économiser 2,4 milliards d'euros en trois ans, grâce à un durcissement des conditions d'accès à l'indemnisation pour les chômeurs de la filière B (de loin les plus nombreux) : il faudra avoir travaillé 16 mois dans les 26 derniers mois pour être indemnisé 23 mois (au lieu de 14 mois dans les 24 derniers mois). FO, qui était d'accord sur le fond, a néanmoins claqué mercredi la porte des négociations, en raison d'un différend avec le Medef sur l'accès des CDD au DIF (le droit individuel à la formation). Revenue aujourd'hui à la table des négociations, elle rejoindra finalement la CGT dans son refus de signer, le 28.

La faute du professeur Hwang Woo-suk

Séoul, vendredi 23
« Je présente mes sincères excuses pour avoir provoqué choc et déception. » Le professeur Hwang Woo-suk a quitté la tête basse l'université de Séoul, d'où il a démissionné. Celui en qui l'on voyait un futur prix Nobel de médecine a été convaincu de fraude. Le 19 mai dernier, la revue américaine *Science* avait publié un article expliquant comment le biologiste sud-coréen avait réussi à obtenir onze lignées de cellules souches par clonage (voir page 52). Mais cette avancée scientifique devait être contestée par la revue elle-même qui, le 9 décembre, annonçait que des « erreurs » figuraient dans l'article. Un comité d'experts fut alors mis en place par l'université de Séoul pour démêler le vrai du faux. Le rapport qu'il a rendu est accablant : il s'agirait d'« une falsification délibérée visant à faire croire à l'existence de onze lignées de cellules souches en utilisant seulement les résultats de deux ». Ces résultats restant d'ailleurs à vérifier.

À 53 ans, sa carrière est sans doute brisée.

Les infirmières bulgares rejugées

Tripoli, dimanche 25
La Cour suprême libyenne a ordonné la tenue d'un nouveau procès pour les cinq infirmières bulgares et le médecin palestinien condamnés à mort en mai 2004 pour avoir inoculé le virus du sida à 426 enfants (dont 51 ont succombé) à l'hôpital de Benghazi, au nord du pays. Cette décision survient après l'accord conclu vendredi entre Sofia et Tripoli pour la création, en partenariat avec les États-Unis, l'Union européenne et la Grande-Bretagne, d'un fonds de solidarité international aux enfants libyens atteints du sida et aux familles de ceux qui en sont morts. Emprisonnés depuis près de sept ans, les accusés ont toujours clamé leur innocence, et d'éminents spécialistes, tels que le professeur Luc Montagné, découvreur du virus, ont, au cours de leur procès, attribué la contamination aux mauvaises conditions d'hygiène de l'hôpital.

Annecy, mardi 20
L'équipementier sportif Salomon annonce la suppression de 378 emplois dans ses usines de Haute-Savoie.

Jérusalem, mardi 20
Ariel Sharon quitte l'hôpital où il avait été admis le 18 pour un léger accident vasculaire cérébral.

New York, mardi 20
L'ONU crée une Commission de consolidation de la paix pour aider les pays sortant d'un conflit à se stabiliser.

Bruxelles, mercredi 21
Feu vert européen à la création par la Poste d'un nouvel établissement bancaire, baptisé la Banque postale.

Paris, mercredi 21
L'Argentin Mariano Puerta, demi-finaliste à Roland-Garros en 2005, est suspendu huit ans pour dopage.

Paris, jeudi 22
Adoption de la loi antiterroriste de Nicolas Sarkozy qui développe la vidéosurveillance et aggrave les sanctions pénales.

Paris, vendredi 23
Ouverture d'une information judiciaire contre X pour complicité de génocide visant l'armée française, suite à une plainte déposée par des Rwandais.

La Haye, vendredi 23
Frans Van Anraat, un négociant néerlandais en produits chimiques, est condamné à 15 ans de prison pour complicité de crimes de guerre et de génocide en Irak.

Bogota (Colombie), dimanche 25
Ingrid Betancourt fête ses 44 ans en captivité. La Franco-Colombienne est l'otage des Farc depuis 1 401 jours.

Il y a aujourd'hui un an, le tsunami faisait 231 000 victimes

Asie, lundi 26
L'heure était au recueillement, un an jour pour jour après le tsunami qui a tué 231 000 personnes selon le dernier bilan et fait des millions de sans-abri. Au Sri Lanka, en Inde et en Thaïlande, de nombreuses cérémonies ont évoqué la mémoire des victimes. L'Indonésie a aussi honoré ses 168 000 morts, en particulier dans la province très touchée d'Aceh, au nord de Sumatra, où le raz-de-marée et le besoin massif de secours qui l'avait suivi avaient incité les rebelles séparatistes du mouvement Aceh Libre (GAM) et le gouvernement à mettre fin à un conflit armé qui, depuis 1976, a fait 15 000 morts. C'est ainsi qu'un accord, basé sur un principe de large autonomie accordé à la région, avait été signé le 15 août à Helsinki. Après un désarmement qui s'est achevé mercredi dernier, le démantèlement de la branche armée du GAM sera effectif demain.

Le président indonésien Susilo Bambang Yudhoyono a déposé des fleurs à Banda Aceh.

Chômeurs sous haute surveillance

France, lundi 26
La veille de Noël n'est pas le jour où les Français se plongent le plus volontiers dans la lecture du *Journal officiel*. C'est sans doute pourquoi le gouvernement a choisi le 24 décembre pour y publier un décret en vertu duquel les agents du ministère de l'Emploi seront habilités à consulter les dossiers fiscaux des chômeurs, ainsi que ceux que détiennent l'assurance-chômage et les administrations sociales. Afin de faciliter la chasse aux fraudeurs. Mais le décret n'est pas resté bien longtemps inaperçu. Dès ce matin, un tollé s'est élevé contre ce que le Syndicat national unifié des impôts a dénoncé comme une « présomption de fraude » : chez les socialistes, chez les communistes, mais aussi à droite par la voix de Christine Boutin (UMP) qui a déploré ce « drôle de cadeau de Noël ».

Le programme Galileo est en marche

Giove-A permettra de tester en conditions réelles le système de navigation européen.

Baïkonour, mercredi 28
Depuis ce matin, Giove-A est en orbite. Satellite expérimental européen, il est le premier élément du futur système de localisation satellitaire Galileo, qui d'ici à 2010 devrait concurrencer le GPS américain. Il aura fallu quatre heures à la fusée russe Soyouz-Fregat, qui a été lancée à 5 h 19 GMT de la base de Baïkonour, au Kazakhstan, pour atteindre l'orbite définitive, à plus de 23 000 km de la Terre. Fabriqué par la société britannique SSTL, Giove-A est un cube de 602 kg bardé d'antennes avec à son bord l'horloge atomique la plus exacte jamais envoyée dans l'espace. Son nom, acronyme de Galileo In-Orbit Validation Element, rend hommage à l'astronome Galilée, découvreur des quatre principales lunes de Jupiter (Giove en italien). Le projet, dont le coût total est évalué à 3,8 milliards d'euros, prévoit la mise en orbite d'un deuxième satellite dès le printemps prochain ; à terme, Galileo fonctionnera avec trente satellites.

Le sort de Bernard Planche inquiète

Paris, jeudi 29
« Rien ne justifie le maintien en captivité de Bernard Planche. J'en appelle [...] aux ravisseurs pour qu'ils libèrent sans délai notre compatriote », déclare aujourd'hui Philippe Douste-Blazy, le ministre des Affaires étrangères. Hier, la chaîne de télévision Al-Arabiya basée à Dubaï avait diffusé une vidéo où l'on voyait le malheureux ingénieur menacé par deux hommes armés, se réclamant d'une mystérieuse Brigade de vigilance pour l'Irak et menaçant d'« exécuter » leur otage si la France ne mettait pas fin à « sa présence illégitime en Irak ». C'est d'ailleurs là ce qui inquiète, la France n'ayant qu'une présence diplomatique en Irak. Alors, que veut réellement ce groupe, qui a enlevé Bernard Planche le 5 décembre à Bagdad ? L'otage a présenté en anglais des « excuses » pour les problèmes qu'il cause à ses proches... Message sibyllin – donc préoccupant.

À l'issue d'un chantier de 18 mois, au château de Versailles, les visiteurs admirent la moitié nord de la galerie des Glaces entièrement restaurée et ouverte depuis le 20. La fin des travaux sur la partie sud est programmée pour mai 2007.

Lu	Ma	Me	Je	Ve	Sa	Di
			1	2	3	4
5	6	7	8	9	10	11
12	13	14	15	16	17	18
19	20	21	22	23	24	25
26	27	28	29	30	31	

Djeddah (Arabie saoudite), lundi 26
Création d'une mission de médiation pour faire baisser les récentes tensions entre le Tchad et le Soudan.

Saint-Petersbourg (Russie), lundi 26
Hospitalisation de 80 personnes, intoxiquées après avoir inhalé un gaz non identifié dans trois magasins.

Marseille, mardi 27
Veolia Transport, repreneur de la SNCM, annonce 400 suppressions de postes sur la base de départs volontaires.

Le Caire, mardi 27
Ahmed Nazif est reconduit au poste de Premier ministre égyptien.

Rome, jeudi 29
Mario Draghi remplace Antonio Fazio à la tête de la Banque d'Italie.

France, jeudi 29
Le pays compte 9,6 % de chômeurs.

France, vendredi 30
Vigilance orange dans 80 départements en raison de la neige et du verglas.

Algérie, samedi 31
Retour du président Bouteflika, après cinq semaines de soins en France.

DÉCÈS

Caumont-L'Éventé (Calvados), jeu. 29
Colonel Pierre Château-Jobert (*3.2.1912), ancien chef de l'OAS.

Les adieux

■ **Will Eisner**
Lauderdale Lakes, 3 janvier
Décédé près de Miami, en Floride, ce maître de la bande dessinée américaine (*6.3.1917) était devenu célèbre en créant en 1940 la série policière de *The Spirit*. Inventeur du « roman graphique », en 1978, avec *Un pacte avec Dieu*, il s'était fait le chroniqueur de la communauté juive de New York, tout en illustrant les classiques (Cervantès Kakfa, Dickens).

■ **Victoria de Los Angeles**
15 janvier, page 6

■ **Jacques Villeret**
28 janvier, page 9

■ **Max Schmeling**

Hambourg, 2 février
Légende du sport allemand, Maximilian « Max » Schmeling (*28.11.1905) fut champion du monde de boxe catégorie poids lourds en 1936 en battant l'Américain Joe Louis, qui lui reprit sa ceinture en 1938. Exploité par la propagande nazie, il combattit pendant la guerre dans les parachutistes. La paix revenue, il soutint financièrement Joe Louis, ruiné par le fisc américain.

■ **Rebeyrolle Paul**
7 février, page 15

■ **Madeleine Rebérioux**
Paris, 7 février
Brillante universitaire et historienne spécialiste de Jean Jaurès et du mouvement socialiste français, Madeleine Rebérioux (*8.9.1920) fut membre du Parti communiste avant d'en être exclue en 1969. Elle milita pendant la guerre d'Algérie contre la torture et sera présidente de la Ligue des droits de l'homme, de 1991 à 1995. Elle a dirigé l'édition des œuvres de Jaurès.

■ **Arthur Miller**
10 février, page 16

■ **Jean Cayrol**

Bordeaux, 10 février
Poète, romancier et essayiste marqué par la Résistance et la déportation, Jean Cayrol (*6.6.1911) fit entendre une voix humaniste très personnelle et développa dans son œuvre un style novateur. Il obtint le prix Renaudot pour *Je vivrai l'amour des autres*, en 1947, et mena aussi une importante carrière au cinéma comme scénariste (*Nuit et brouillard*, 1955).

■ **Pierre Bachelet**
Suresnes, 15 février
Décédé à son domicile des Hauts-de-Seine, Pierre Bachelet (*25.5.1944) fit ses débuts comme opérateur et réalisateur au cinéma et à la télévision. Il se spécialisa ensuite dans l'illustration sonore et la musique de film (*Emmanuelle*, 1974), puis il s'orienta vers la chanson, obtenant de grands succès populaires avec, par exemple, *Elle est d'ailleurs* (1981) ou *Les Corons* (1982).

■ **Simone Simon**

Paris, 22 février
La jolie Simone Simon (*23.4.1911) fut découverte par Marc Allégret, qui révéla ses charmes juvéniles dans *Lac aux dames* (1934). Elle fut engagée à Hollywood, où elle tourna ces deux classiques du film fantastique que sont *La Féline* de Jacques Tourneur (1942) et *La Malédiction des hommes-chats* de Robert Wise (1944). Elle a fait aussi carrière au théâtre.

■ **Kenzo Tange**
Tokyo, 22 mars
Figure majeure de l'architecture au Japon, Kenzo Tange (*4.9.1913) a été influencé par Le Corbusier. Partisan de la simplicité formelle et du béton, il participa dès 1946 à la reconstruction de son pays et édifia le mémorial de la paix d'Hiroshima. Il a construit à Paris le bâtiment du cinéma Grand Écran (1991) et, à Nice, le musée des Arts asiatiques (1997).

■ **Jean-Paul II**
2 avril, page 37

■ **Saul Bellow**

Brooklyn (États-Unis), 5 avril
Saul Bellow (*10.6.1915) restera sans conteste comme l'écrivain qui aura permis à la sensibilité et à la culture juives de trouver leur place pleine et entière dans les lettres américaines. Il bénéficiera d'une célébrité internationale avec de nombreux livres, dont *Les Aventures d'Augie March*, en 1952, et *Herzog*, en 1970. Il recevra le prix Nobel de littérature en 1976.

■ **Rainier III**
6 avril, page 38

■ **Maria Schell**
Carinthie (Autriche), 26 avril
De son vrai nom Margarete Schell-Noe, Maria Schell (*15.1.1926) était la fille d'un écrivain suisse et d'une actrice autrichienne. Récompensée à Cannes pour *Le Dernier Pont* d'Helmut Käutner (1954) et à Venise pour *Gervaise* de René Clément (1956), elle tourna deux westerns à Hollywood et se consacra au théâtre. Elle était la sœur de l'acteur Maximilan Schell.

■ **Eddie Barclay**
13 mai, page 51

■ **Paul Ricœur**

Châtenay-Malabry (92), 20 mai
Chrétien et socialiste, ce philosophe (*12.2.1909) a mené, parallèlement à une grande carrière universitaire, une réflexion sur l'identité personnelle, à la lumière de la phénoménologie et de l'herméneutique, notamment sous l'influence d'Edmund Husserl. Parmi ses ouvrages majeurs, on peut retenir *Temps et récit* (1983) ou bien encore *Soi-même comme un autre* (1990).

■ **Zoran Music**
Venise, 25 mai
Originaire de Dalmatie (*12.2.1909), Zoran Music s'est forgé dans sa peinture un style figuratif marqué par la grande tradition vénitienne et par la Sécession viennoise. C'est toutefois en déportation, où il réussit clandestinement à dessiner, qu'il a développé une vision tragique de la condition humaine, sans renoncer paradoxalement à une élégance « vénitienne ».

■ **Jean Négroni**
L'Île-Rousse (20), 28 mai
Encouragé par Albert Camus, dont il mettra en scène le théâtre, cet acteur (*4.12.1920) fut lié à Jean Vilar et au TNP, dont il fut longtemps l'un des piliers. Jean Négroni fut aussi actif à la télévision : il créa un Robespierre inoubliable dans *La Terreur et la Vertu* d'Alain Decaux et Stellio Lorenzi, en 1964. Il créa et dirigea la Maison de la Culture de Créteil (1968-1976).

■ **Bernard Manciet**
Mont-de-Marsan, 2 juin
Il fut, avec Max Rouquette et Robert Laffont, le grand rénovateur des lettres occitanes. Poète et auteur dramatique, Bernard Manciet (*27.9.1923) écrivait en gascon pour célébrer l'âme de cette façade atlantique du Languedoc qui lui inspira ses œuvres les plus ambitieuses (*L'Enterrement à Sabres*, 1996). La richesse baroque de sa poésie lui a valu une notoriété internationale.

Carlo Maria Giulini
Brescia (Italie), 14 juin
Après une première carrière d'altiste sous la direction de chefs comme Otto Klemperer ou surtout Bruno Walter, Carlo Maria Giulini(*9.5.1914) fit ses débuts à la direction d'orchestre à la fin de la Seconde Guerre mondiale et s'illustra à l'opéra, notamment avec une *Traviata* chantée par la Callas et mise en scène par Luchino Visconti. Il a beaucoup enregistré pour EMI.

Suzanne Flon

Paris, 15 juin
D'abord secrétaire d'Édith Piaf, puis partenaire de Mistinguett, Suzanne Flon (*28.1.1918) fut véritablement révélée au théâtre en 1943 par Raymond Rouleau. Devenue très vite un grand nom de la scène française, elle créa plusieurs pièces majeures de Jean Anouilh et interpréta les classiques au TNP. Au cinéma, elle a joué notamment dans *L'Été meurtrier* (1983).

Max Rouquette
22 juin, page 64

Alberto Lattuada
Rome, 3 juillet
Cinéaste éclectique, Alberto Lattuada a épousé les différentes tendances du cinéma italien, avec des œuvres allant de la fresque historique (*Le Moulin du Pô*, 1949) à la farce burlesque (*Venez donc prendre le café chez nous*, 1970). En non-conformiste, il a dénoncé les hypocrisies de la société italienne et a dépeint avec intelligence l'éveil à la sexualité (*La Fille*, 1978).

Claude Simon
Paris, 6 juillet
Prix Nobel de littérature en 1985, cet écrivain lié au courant du « nouveau roman » s'est imposé comme l'un des grands rénovateurs du récit romanesque avec *La Route des Flandres* (1960). Profondément marqué par la guerre, Claude Simon (*10.10.1913) a donné une somme de sa technique littéraire et de ses sources de sensibilité avec ses imposantes *Géorgiques* (1981).

Alain Bombard
19 juillet, page 74

El Chocolate
Séville, 19 juillet
Il s'appelait Antonio Nuñez Montoya (* 1931), mais c'est sous le sobriquet d'« El Chocolate » qu'il débuta à l'âge de 8 ans à Séville, devenant l'une des « figuras » du flamenco aux côtés de maîtres tels que Manolo Caracol ou la Niña de Los Peines. L'âpreté de son chant lui a permis d'exceller dans les formes les plus spécifiquement gitanes du « cante jondo ».

Thierry Jean-pierre
Paris, 26 juillet
C'est l'affaire du financement occulte du Parti socialiste qui, en1991, a fait de Thierry Jean-Pierre (*27.7.1955) la personnification du juge indépendant, intègre et inflexible. Après avoir quitté la magistrature, il s'engagea en politique avec Philippe de Villiers et fut élu député européen (1994). Il est l'auteur de *Crédit lyonnais : l'enquête* (1997) et *Taïwan Connection* (2003).

Colette Besson
La Rochelle, 9 août
Celle que l'écrivain Antoine Blondin avait surnommée « la petite fiancée de la France » était pratiquement une inconnue quand, en 1968, elle gagna la médaille d'or du 400 m femmes aux Jeux olympiques de Mexico. Une performance qui fut suivie, en 1969, du record du monde de la distance à Athènes. Colette Besson a succombé à un cancer de la bouche (*7.4.1946).

Jacques Dufilho
28 août, page 86

André Pousse

La Garde-Freinet (83), 9 septembre
Menuisier, coureur cycliste, agent de vedettes comme Line Renaud, Michel Polnareff, Henri Salvador ou Johnny Hallyday, André Pousse fut tout cela avant d'apporter au cinéma français son inénarrable figure de dur parlant la langue verte du Paris populaire. Il trouva en Michel Audiard son dialoguiste idéal, les mots de l'un sortant naturellement de la bouche de l'autre.

Vladimir Volkoff
Bourdeilles (24), 14 septembre
Fils d'émigrés russes et arrière-petit-neveu de Tchaïkovsky, le romancier Vladimir Volkoff (*7.11.1932) a écrit des livres pour adolescents avant de publier des romans d'espionnage aux résonances métaphysiques, tels que *Le Retournement* (1979), *Les Humeurs de la mer* (1980) ou *Le Montage* (prix du roman de l'Académie française en 1982). Il s'affirmait monarchiste.

Jacques Lacarrière
Paris, 17 septembre
C'est en Méditerranée, entre les îles d'Hydra et de Spetses, que les cendres de Jacques Lacarrière (*2.12.1925) ont été dispersées. Traducteur d'Hérodote et de Sophocle, mais aussi de poètes grecs contemporains comme Georges Séféris, il avait fait redécouvrir l'héritage hellénique à nombre de lecteurs avec *L'Été grec* (1976) ou son *Dictionnaire amoureux de la Grèce* (2001).

Simon Wiesenthal
Lieu, 20 septembre, page 94

Jean-Michel Folon
Monaco, 20 octobre
Peintre, affichiste, illustrateur, sculpteur, l'artiste belge Jean-Michel Folon (*1.3.1934) avait tous les talents. Son univers tout en grâce et en fantaisie fut reconnu aux États-Unis avant de l'être en France, où il devait s'établir. Outre d'innombrables œuvres purement personnelles, il a illustré Kafka, Apollinaire, H.G. Wells et Ray Bradbury, et créé des décors de théâtre.

Arman
New York, 22 octobre
Armand Pierre Fernandez avait pris le nom d'Arman (*17.11.1928), cela en hommage à Van Gogh qui signait ses tableaux Vincent. En héritier des dadaïstes, il tourna le dos à la représentation mimétique pour exprimer l'esprit de la société de consommation avec des empilements d'objets, telles ses fameuses *Horloges* et *Valises* érigées gare Saint-Lazare, à Paris.

Georges Guingouin
Troyes, 27 octobre
Instituteur et communiste, Georges Guingouin (*2.2.1913) refusa en 1940 de se plier aux consignes attentistes et équivoques du PCF, et organisa la Résistance en Haute-Vienne. À la tête de son maquis, il infligea une défaite cuisante aux Allemands au mois de juillet 1944. Après la guerre, certains de ses adversaires politiques tentèrent en vain de salir son prestige.

John Fowles
Lyme Regis, 5 novembre
Décédé dans la campagne anglaise où il était retiré, John Robert Fowles, né le 31 mars 1926, était surtout célèbre pour son roman *Sarah et le lieutenant français* (1969), dont Karel Reisz fit une adaptation cinématographique à succès sous le titre de *La Maîtresse du lieutenant français* (1981), avec Meryl Streep et Jeremy Irons.

George Best
Londres, 25 novembre
Victime de l'alcoolisme, George Best (*26.5.1946) fut l'un des plus grands footballeurs de l'histoire. Ballon d'or en 1968, l'année où il gagna la Coupe d'Europe des clubs champions avec le Manchester United, cet Irlandais du Nord protestant était aussi bien adulé par la communauté catholique. On l'appelait « le cinquième Beatle ».

Gloria Lasso

Cuernavaca (Mexique), 4 décembre
Née à Barcelone (*25.11.1922), Rosa María Coscolin devint Gloria Lasso quand elle arriva en 1954 en France, où elle conquit le grand public avec des chansons au charme « exotique », telles *Amour, castagnettes et tango* et *Étranger au paradis*. Bientôt supplantée par Dalida, elle partit au Mexique où elle renoua avec le succès.

Charly Gaul
6 décembre, page 121

Jacques Fouroux
17 décembre, page 124.

CÉSARS 2005

26 février

- **César du meilleur film de l'année**
  L'Esquive
  Abdellatif Kechiche
- **César du meilleur réalisateur**
  L'Esquive
  Abdellatif Kechiche
- **César du meilleur acteur**
  Rois et Reine
  Mathieu Amalric
- **César de la meilleure actrice**
  Quand la mer monte
  Yolande Moreau
- **César du meilleur acteur dans un second rôle**
  Mensonges et trahisons et plus si affinités...
  Clovis Cornillac
- **César de la meilleure actrice dans un second rôle**
  Un long dimanche de fiançailles
  Marion Cotillard
- **César du meilleur jeune espoir masculin**
  Un long dimanche de fiançailles
  Gaspard Ulliel
- **César du meilleur jeune espoir féminin**
  L'Esquive
  Sara Forestier
- **César du meilleur premier film**
  Quand la mer monte
  Gilles Porte et Yolande Moreau
- **César du meilleur scénario original ou adaptation**
  L'Esquive
  Abdellatif Kechiche et Ghalya Lacroix
- **César de la meilleure musique écrite pour un film**
  Les Choristes
  Bruno Coulais
- **César de la meilleure photo**
  Un long dimanche de fiançailles
  Bruno Delbonnel (A.F.C.)
- **César du meilleur son**
  Les Choristes
  Daniel Sobrino, Nicolas Cantin et Nicolas Naegelen
- **César des meilleurs costumes**
  Un long dimanche de fiançailles
  Madeline Fontaine
- **César des meilleurs décors**
  Un long dimanche de fiançailles
  Aline Bonetto
- **César du meilleur montage**
  Deux frères
  Noëlle Boisson
- **César du meilleur court-métrage**
  Cousines
  Lyes Salem
- **César du meilleur film de l'Union européenne**
  Just a kiss - Jackie Budin
  La vie est un miracle - Emir Kusturica
- **César du meilleur film étranger**
  Lost in translation
  Sofia Coppola
- **César d'honneur**
  Jacques Dutronc
  Will Smith

OSCARS 2005

27 février

- **Oscar du meilleur film**
  Million Dollar Baby
  Clint Eastwood
- **Oscar du meilleur réalisateur**
  Million Dollar Baby
  Clint Eastwood
- **Oscar du meilleur acteur**
  Ray
  Jamie Foxx
- **Oscar de la meilleure actrice**
  Million Dollar Baby
  Hilary Swank
- **Oscar de la meilleure actrice dans un second rôle**
  Aviator
  Cate Blanchett
- **Oscar du meilleur acteur dans un second rôle**
  Million Dollar Baby
  Morgan Freeman
- **Oscar du meilleur film d'animation**
  Les Indestructibles
  Disney/Pixar
- **Oscar du meilleur film documentaire**
  Born Into Brothels
  Ross Kauffman et Zana Briski
- **Oscar du meilleur film étranger**
  Mar Adentro
  Alejandro Amenabar
- **Oscar de la meilleure musique**
  Neverland
  Jan A.P. Kaczmarek
- **Oscar de la meilleure chanson**
  Al Otro Lado Del Río
  dans *Carnets de voyage*
- **Oscar de la meilleure photographie**
  Aviator
  Robert Richardson
- **Oscar de la meilleure direction artistique et décors**
  Aviator
  Dante Ferretti (Direction artistique)
  Francesca Lo Schiavo (Décors)
- **Oscar des meilleurs costumes**
  Aviator
  Sandy Powell
- **Oscar du meilleur maquillage**
  Les Désastreuses Aventures des orphelins Baudelaire
  Valli O'Reilly et Bill Corso
- **Oscar des meilleurs effets spéciaux**
  Spider-man 2
  John Dykstra, Scott Stokdyk, Anthony LaMolinara et John Frazier
- **Oscar du meilleur scénario original**
  Eternal Sunshine Of The Spotless Mind
  Charlie Kaufman
- **Oscar du meilleur scénario d'adaptation**
  Sideways
  Alexander Payne et Jim Taylor
- **Oscar du meilleur montage**
  Aviator
  Thelma Schoonmaker
- **Oscar du meilleur son**
  Ray
  Scott Millan, Greg Orloff, Bob Beemer et Steve Cantamessa
- **Oscar du meilleur montage son**
  Les Indestructibles
  Michael Silvers et Randy Thom
- **Oscar du meilleur court-métrage**
  Wasp
  Andrea Arnold
- **Oscar du meilleur court-métrage documentaire**
  Mighty times : the children's march
  Robert Hudson et Bobby Houston
- **Oscar du meilleur court-métrage d'animation**
  Ryan
  Chris Landreth
- **Oscar d'honneur**
  Sidney Lumet (remis par Al Pacino)

VICTOIRES DE LA MUSIQUE 2005

5 mars

- **Groupe/Artiste révélation de l'année**
  Jeanne Cherhal
- **Groupe/Artiste révélation scène de l'année**
  La Grande Sophie
- **Album révélation de l'année**
  Crève cœur (Daniel Darc)
  et *Le Rêve ou la vie* (Ridan)
- **Groupe/Artiste interprète masculin de l'année**
  M
- **Groupe/Artiste interprète féminine de l'année**
  Françoise Hardy
- **Album de chansons/variétés de l'année**
  Qui de nous deux (M)
- **Album pop/rock de l'année**
  French Bazaar (Arno)
- **Album rap/hip-hop/R'n'B de l'année**
  16/9 (Nâdiya)
- **Album reggae/ragga/world de l'année**
  Dimanche à Bamako (Amadou et Mariam)
- **Album de musiques électroniques/groove/dance de l'année**
  Talkie walkie (Air)
- **Album de musique originale de cinéma ou de télévision de l'année**
  Les Choristes (Bruno Coulais, Christophe Barratier, Philippe Lopes Curval)
- **Chanson originale de l'année**
  Si seulement je pouvais lui manquer (Calogero)
- **Spectacle musical/tournée/concert de l'année**
  M
- **Vidéo-clip de l'année**
  Les Beaux Yeux de Laure (Alain Chamfort)
- **DVD musical**
  Les Leçons de musique

VICTOIRES DES VICTOIRES

- **Artiste interprète masculin**
  Jean-Jacques Goldman
- **Artiste interprète féminine**
  Mylène Farmer
- **Chanson originale**
  Foule sentimentale (Alain Souchon)
- **Album**
  Fantaisie militaire (Alain Bashung)

MOLIÈRES 2005

9 mai

- **Meilleur spectacle public**
  Le Dernier Caravansérail (Odyssées) (Théatre du Soleil)
- **Meilleur spectacle privé**
  Le roi se meurt
  (Théâtre Hébertot)
- **Meilleur spectacle de création française**
  Dis à ma fille que je pars en voyage
  Denise Chalem
- **Meilleur spectacle inattendu**
  Camille C
  Jonathan Kerr
- **Meilleur spectacle de théâtre en région**
  Daewoo
  (Théâtre de la Manufacture - Centre dramatique national Nancy-Lorraine)
- **Meilleur auteur francophone**
  Littoral
  Wajdi Mouawad
- **Meilleur adaptateur d'une pièce étrangère**
  La Version de Browning
  Séverine Magois et Didier Bezace
- **Meilleur metteur en scène**
  La Version de Browning
  Didier Bezace
- **Meilleure comédienne**
  Dis à ma fille que je pars en voyage
  Christine Murillo
- **Meilleur comédien**
  Le roi se meurt
  Michel Bouquet
- **Meilleur comédien dans un second rôle**
  Brooklyn Boy
  Maurice Chevit
- **Meilleure comédienne dans un second rôle**
  Hedda Gabler
  Norah Krief
- **Révélation théâtrale féminine**
  Les Muses orphelines
  Emmanuelle Bougerol
- **Révélation théâtrale masculine**
  Musée haut, musée bas
  Micha Lescot
- **Meilleur décorateur/scénographie**
  Le Dernier Caravansérail (Odyssées)
  Serge Nicolai, Duccio Bellugi-Vannuccini et Guy-Claude François
- **Meilleur créateur de costumes**
  Le Menteur
  Alain Chambon
- **Meilleur créateur de lumière**
  Le Jugement dernier
  André Diot
- **Meilleur créateur de musique de scène**
  Le dernier Caravansérail (Odyssées)
  Jean-Jacques Lemètre
- **Meilleure compagnie**
  Le Dernier Caravansérail (Odyssées)
  (Théâtre du Soleil)

PRIX LITTÉRAIRES 2005

- **Prix Nobel de littérature** (13 octobre)
  Trahisons - Hot-House - Un pour la route et autres pièces (Gallimard)
  Harold Pinter
- **Prix Décembre** (26 octobre)
  Dictionnaire égoïste de la littérature française (Grasset)
  Charles Dantzig
- **Grand Prix du roman de l'Académie fançaise** (27 octobre)
  Le Destin de Youri Voronine (Fallois)
  Henriette Jelinek
- **Prix Goncourt** (3 novembre)
  Trois jours chez ma mère (Grasset)
  François Weyergans
- **Prix Goncourt des lycéens** (7 novembre)
  Magnus (Albin michel)
  Sylvie Germain
- **Prix Renaudot du roman** (3 novembre)
  Mes mauvaises pensées (Stock)
  Nina Bouraoui
- **Prix Renaudot de l'essai** (3 novembre)
  Le Roman de Constantinople (Rocher)
  Gilles Martin-Chauffier
- **Prix Femina du roman français** (7 novembre)
  Asiles de fous (Gallimard)
  Régis Jauffret
- **Prix Femina du roman étranger** (7 novembre)
  Les Chutes (Philippe Rey)
  Joyce Carol Oates
- **Prix Femina de l'essai** (7 novembre)
  L'Ensauvagement - Le retour de la barbarie au XXIe siècle (Grasset)
  Thérèse Delpech
- **Prix Médicis du roman français** (7 novembre)
  Fuir (Minuit)
  Jean-Philippe Toussaint
- **Prix Médicis du roman étranger** (7 novembre)
  Neige (Gallimard)
  Orhan Pamuk
- **Prix Médicis de l'essai** (7 novembre)
  La Vie sauve (Seuil)
  Marie Desplechin et Lydie Violet
- **Prix Interallié** (8 novembre)
  La Possibilité d'une île (Fayard)
  Michel Houellebecq
- **Prix de Flore** (8 novembre)
  Boys, boys, boys (Gallimard)
  Joy Sorman

A

B

Index général

C

D

Index général

Index général

Index général

Index général

Index général

Index icono

Malgré toute l'attention qui a été apportée à cet index, des erreurs ont pu être commises. Dans ce cas, nous demandons au propriétaire du copyright de bien vouloir nous en excuser et de nous notifier la correction aux fins de rectifications.

La position des images est indiquée par des lettres : h = haut, b = bas, g = gauche, d = droite, m = milieu.

1re de couverture – hg : Nivière/Meigneux/Villard/SIPA – hd : Patrick B. Kraemer/EPA/SIPA – bg : Lochon François/GAMMA – mg : Tim Rooke/Rex/SIPA – mh : Valdrin Xhemas/EPA/SIPA – mb : H. Gousse/AP/SIPA – md : Camara/The Times/SIPA – bmg : Travers Eric/Le Floch Pascal/SIPA – bmd : Michel Euler/AP/SIPA – bd : Dessons Eric/JDD/GAMMA

4e de couverture – bg : Dave Martin/AP/SIPA – bgd : Nivière/Villard/SIPA – bmg : Lionel Cironneau/AP/SIPA – bmm : Galazka/SIPA – bm : ADC-Diffusion/SIPA – bmd : Geert Vanden Wijngaert/AP/SIPA – bdg : Lilo/SIPA – bd : Laura Rauch/AP/SIPA

4 – mg : Marc Chaumeil/AP/SIPA – bg : Susan Walsh/AP/SIPA – bd : Lilo/SIPA

5 – hg : Xinhua, Chen Shugen/AP/SIPA – hd : Gautam Singh/AP/SIPA – bm : Lefteri Pitarakis/AP/SIPA

6 – hg : An Tu/EPA/SIPA – hd : Carlos Perez de las Rozas/EPA/SIPA – bm : ESA/D.Ducros/EPA/SIPA

7 – hg : Rossi Guido/SIPA – hd : Bernat Armangue/AP/SIPA – bg : Apple computers/AP/SIPA – bm : Haley/SIPA

8 – hm : British Court Martial/AP/SIPA – bg : Benaroch/SIPA – bm : Gleb Garanich/AP/SIPA

9 – hg : De Malglaive-Pool/SIPA – bg : Utrecht/ANP Photo/SIPA – hd : Lilo/SIPA – bm : François Mori/AP/SIPA

10 – hd : Odd Andersen/AP/SIPA – bg : François Mori/AP/SIPA – bm : Lydie/SIPA

11 – hm : FIBD/Patrice Diaz – bg : Michel Euler/AP/SIPA – bd : Jacques Brinon/AP/SIPA

12 – hg : Kurita Kaku/GAMMA – bm : Masashi Kishimoto/Shueisha Inc.

13 – hd : Yumemakura Baku/Jiro Taniguchi/Shueisha Inc. – bd : Masami Kurumada/Shueisha Inc.

14 – hm : Christian Hartmann/EPA/SIPA – bg : Nic Bothma/EPA/SIPA – bm : Il Manifesto/AP/SIPA

15 – hm : Chris Ison/EPA/SIPA – bg : Chabrol Catherine/GAMMA – bd : Jim Hollander/EPA/SIPA

16 – hg : Michel Euler/AP/SIPA – hd : Stevens Frederic/SIPA – bg : Jean Catuffe/SIPA – bd : Jacques Brinon/AP/SIPA

17 – hm : Fayolle/SIPA – hd : ESA/CNES/Arianespace/AP/SIPA – bd : Paulo Novais/EPA/SIPA

18 – hg : Nabil Mounzer/EPA/SIPA – hm : ABD Rabbo/SIPA – bm : Scanpix Suede/SIPA

19 – hd : Berlinale/AP/SIPA – bm : Diether Endlicher/AP/SIPA – bd : Jasper Juinen/AP/SIPA

20 – hm : Gregory Bull/AP/SIPA – hd : Olivier Hoslet/AP/SIPA – bm : STR/AP/SIPA

21 – hm : Meigneux/SIPA – bg : Alaa al-Marjani/AP/SIPA – bd : Jacques Brinon/AP/SIPA

22 – hg : 5568/JPL-Nasa/Malin/GAMMA – bg : Castel Frederic/GAMMA

23 – mg : 5568/JPL/Nasa/GAMMA – bd : CNES/D.Ducros

24 – hg : Via APTN/Ap/SIPA – hd : Larry W. Smith/EPA/SIPA – bm : Boissay/Neco/SIPA

25 – hm : Claude Savriacouty/AP/SIPA – bg : Alessandra Tarantino/AP/SIPA – bm : Luca Zennaro/EPA/SIPA – hd : Riclafe/SIPA – bd : Villard/SIPA

26 – hm : Oussama Yaoub/An Nahar/SIPA – bm : Brigitte Neidermair/AP/SIPA

27 – hm : Natalya Medvedeva/AP/SIPA – hd et bm : Stevens Frederic/SIPA

28 – hg : Alberto Martin/EPA/SIPA – hd : Mahmoud Tawil/AP/SIPA – bg : Maisonneuve/SIPA

29 – hm : Baltel/SIPA – hd : Andy Wong/AP/SIPA – bm : Simon Isabelle/SIPA

30 – hg : TPS Star/Simon Isabelle/SIPA – hd : Simon Isabelle/SIPA – bg : Family Handout/EPA/SIPA

31 – hg et hd : Merie W. Wallace/AP/SIPA – bg : Everett Kennedy Brown/EPA/SIPA – bm : Maisonneuve/SIPA

32 – hg : Misha Japaridze/AP/SIPA – hd : Yuri Kochetkov/EPA/SIPA – bg : Marine Nationale/SIPA – bd : Galazka/SIPA

33 – hm : Dingmei/EPA/SIPA – bm : Haraz Ghanbari/AP/SIPA

34 – hg, mg et bg : DR

35 – hd : Le Tourneur d'Ison Cyril/GAMMA – bd : Saura Pascal/SIPA

36 – hm : Jacoline Prinsloo/AP/SIPA – bg : Ali Haider/AP/SIPA – bd : Travers Eric/SIPA

37 – hg : Polizia Moderna/AP/SIPA – bg : Jorge Rey/AP/SIPA – bd : Scott Applewhite/AP/SIPA

38 – hg : Bebert Bruno/SIPA – hd : François Mori/AP/SIPA – bg : Christophe Ena/AP/SIPA

39 – hd : Stefan Rousseau/AP/SIPA – bg : Rafiq Maqbool/AP/SIPA – hg : TF/AP/SIPA

40 – hg : Marine Nationale/AP/SIPA – bm : Patrick Kovarik/AP/SIPA

41 – hm : AP/SIPA – bg : Lionel Cironneau/AP/SIPA – bd : Vincent Yu/AP/SIPA

42 – hm : Domenico Stinellis/AP/SIPA – bg : Karen Minasian/AP/SIPA – bd : Witt/SIPA

43 – hg : Lydie/SIPA – bg : Christian Lehsten/Argum/SIPA – bm : Luyssen Jean-Luc/Gamma

44 – hd : François Mori/AP/SIPA – bm : Bassem Tellawi/AP/SIPA

45 – hg et hd : François Mori/AP/SIPA – bg : Peugeot/AP/SIPA

46 – hg : Adam Bujak – bg : Bernard Derenne/GAMMA

47 – md : W. Laski/KEYSTONE

48 – hm : Humbert Nicolette/SIPA – bg : Dassault Aviation/AP/SIPA – bm : Chris Ison/AP/SIPA

49 – hd et bd : Claude Paris/AP/SIPA – bg : Leroux Philippe/SIPA

50 – hg : Villard/SIPA – hd : SIPA – bm : Dmitry Lovetsky/AP/SIPA

51 – hm : Jacques Brinon/AP/SIPA – bg : Editions Chronique – bd : Vasily Shaposhnikov/AP/SIPA

52 – hm : Maisonneuve/SIPA – bg : Mike Gunnill/AP/SIPA – bd : Bruno Bebert/AP/SIPA

53 – hg : Remy de la Mauviniere/AP/SIPA – hd : Pascal Pavani/AP/SIPA – bm : Fayolle/SIPA – bd : Laurent Emmanuel/AP/SIPA

54 – hg : Vadim Ghirda/AP/SIPA – hd : STR/AP/SIPA – bg : Oktay Mamedov/AP/SIPA

55 – bgg : Witt/SIPA – bgm, bmd, bdm et bdd : Chauveau Nicolas/SIPA – bmg : Durand Florence/SIPA

56 – hg : Sakchai Lalit/AP/SIPA – hm : Jerome Delay/AP/SIPA – bm : Ben Margot/AP/SIPA

57 – hd : KEYSTONE – bd : Chauveau Nicolas/SIPA

58 – hm : Rousseille/ASA-Pictures/SIPA – hd : Simon Isabelle/SIPA – bg : Lydie/SIPA – bd : David Longstreath/AP/SIPA

59 – h : Meigneux/Facelly/Witt/SIPA

60 – hg : Dado Galdieri/AP/SIPA – hd : Bob Edme/AP/SIPA – bm : Eugene Hoshiko/AP/SIPA

61 – hg : Julian Drew/AP/SIPA – hm : Thierry Ozil/Canal+ – hd : Capa Drama/Arnaud Lemorillon – bm : Remy de la Mauviniere/AP/SIPA

62 – hm : Philippe Gisselbrecht/AP/SIPA – bg : John G. Mabanglo/AP/SIPA – bd : Remy de la Mauviniere/AP/SIPA

63 – hg : G.A.F.F./SIPA – bm : Jack Guez/AP/SIPA

64 – hg : François Mori/AP/SIPA – bm : Andersen/SIPA

65 – hm : Rick Guy/EPA/SIPA – hd : Stevens Frederic/SIPA – bg : Lilo/SIPA

66 – hg : Srdjan Ilic/AP/SIPA – hd : Hasan Sarbakhshian/AP/SIPA – bg : Meigneux/SIPA – bd : Marquardt/EPA/SIPA

67 – hg : Juan Carlos Solorzano/AP/SIPA – hd : Claude Paris/AP/SIPA – bg : Gareth Fuller/AP/SIPA

68 – hg : Chesnot/Meigneux/SIPA – bg : GAMMA

69 – hd : Greg Baker/AP/SIPA – mg et bd : STR/AP/SIPA

70 – hg : Markus Schreiber/AP/SIPA – hd : Patrick Gardin/AP/SIPA – bm : AP/SIPA

71 – hm : Michel Euler/AP/SIPA – hd : Meigneux/SIPA – bg : Stevens Frederic/SIPA – bm : Michael Stephens/AP/SIPA

72 – hg et bg : AP/SIPA – bd : Baltel/SIPA

73 – hg : Pascal Guyot/AP/SIPA – hm : Peter Dejong/AP/SIPA – bm : Hadi Mizban/AP/SIPA – bd : Witt/SIPA

74 – hg : Universal Photo/SIPA – hm : Virginia Mayo/AP/SIPA – bm : Metropolitan/SIPA

75 – hg : Victor R. Caivano/AP/SIPA – bg : Franck Prevel/AP/SIPA – bd : DR/SIPA

76 – hg : Lydie/SIPA – hd : AP/SIPA – bm : Tel/AP/SIPA

77 – hm : Ryan Remiorz/AP/SIPA – hd et mm : Frank Gunn/AP/SIPA – md : Mark J. Terril/AP/SIPA – bd : Jacques Boissinot/AP/SIPA

78 – hg : Harvey Philip/Superstock/SIPA – mg : Susan Walsh/AP/SIPA

79 – hd : Herwig Vergult/EPA/SIPA – bd : Metropolitan police/HO/EPA/SIPA

80 – hg : Tschaen/SIPA – hd : Richard Drew/AP/SIPA – bm : AMR Nabil/AP/SIPA

81 – hd : Jarbas Oliveira/AP/SIPA – bm : Hussein Malla/AP/SIPA

82 – hm : Mehdi Ghasemi/AP/SIPA – bg : Kevin Frayer/AP/SIPA – bd : Jasper Juinen/AP/SIPA

83 – hg : Gregorio Marrero/AP/SIPA – hm : Andres Leighton/AP/SIPA – bm : Laurent Rebours/AP/SIPA – bd : Eraldo Peres/AP/SIPA

84 – hm : Leroux-TV/SIPA – hd : LM Otero/AP/SIPA – bg : Baz Ratner/AP/SIPA – bm : Sergio Azebha/AP/SIPA

85 – hm : J. Scott Applewhite/AP/SIPA – bg : Burt Herman/AP/SIPA – bd : Parfait/SIPA

86 – hg : Megret/SIPA – bg : APTN/AP/SIPA – bd : Villard/SIPA

87 – hg : Ben Sklar/AP/SIPA – hm : Bill Haber/AP/SIPA – hd : Carisa Anderson/AP/SIPA

88 – hg : SIPA – bg : Chognard/TF1/SIPA

89 – hd : Maartje Blidenstein/AP/SIPA – mg : Pugnet/TF1 Photo/SIPA – bd : Interfoto USA/SIPA

90 – hm : Paul Ellis/AP/SIPA – bg : Patrick Gardin/AP/SIPA – bd : Suki/SIPA

91 – hg : Lilo/SIPA – hm : Christophe Ena/AP/SIPA – bm : Susan Walsh/AP/SIPA

92 – hg : Facelly/SIPA – hd : AP/SIPA – bm : Hadj/SIPA

93 – hm : UN/Filgueira/SIPA – bg : Michael Sohn/AP/SIPA – bd : Frank Augstein/AP/SIPA

94 – hm : Witt/SIPA – hd : Leroux Philippe/SIPA – bg : Silvia Izquierdo/AP/SIPA – bm : Ronald Zak/AP/SIPA

95 – hm : Hadj/SIPA – bg : Daniel Ochoa de Olza/AP/SIPA – bd : Czarek Sokolowski/AP/SIPA

96 – hg : Tony Gutierrez/AP/SIPA – hd : Jacques Brinon/AP/SIPA – bm : Paoli Jacques/SIPA

97 – hm : Alvaro Barrientos/AP/SIPA – bg : Charles Dharapk/AP/SIPA – bm : Baltel/SIPA

98 – hg : Greenpace International/SIPA

99 – hd : Hadj/SIPA

100 – hm : Misha Japaridze/AP/SIPA – bg : Meigneux/SIPA – bd : Christophe ENA/AP/SIPA

101 – hd : APP/SIPA – bm : David Guttenfelder/AP/SIPA

102 – hg : Eon Productions/AP/SIPA – bg : Max Nash/AP/SIPA – bm : Chine Nouvelle/SIPA

103 – hm et md : Alfred/SIPA – bm : Michael Sohn/AP/SIPA – hd : Eckehard Schulz/AP/SIPA

104 – hg : Le Pichon/AP/SIPA – hd : Lilo/SIPA – bm : Bob Strong/AP/SIPA

105 – hm : AP/SIPA – bg : DR – bm : Jaubert/SIPA

106 – hm : Chauveau Nicolas/SIPA – hd : Meigneux/SIPA – bg : Manu Fernandez/AP/SIPA – bm : Schalk Van Zuydam/AP/SIPA

107 – hm : Fouchet Julien/Taamallah Mehdi/SIPA – bg : Matthias Rietschel/AP/SIPA – bd : Christophe Ena/AP/SIPA

108 – hg : KHARBINE – mm : Heritage Images/Roger Viollet – bg : DR

109 – hg : Eclair Mondial/SIPA – bd : Haley/SIPA

110 – hm : Michel Euler/AP/SIPA – hd : DR/Avec l'aimable autorisation du guide Michelin – bm : Jae C. Hong/AP/SIPA

111 – hm : Dario Lopez-Mills/AP/SIPA – bm : Lionel Cironneau/AP/SIPA – bd : Misha Japaridze/AP/SIPA

112 – hd : Remy de la Mauviniere/AP/SIPA – bg : AP/SIPA – bm : Kevin Frayer/AP/SIPA

113 – hm : Harrys/The Times/SIPA – hd : Mark J. Terril/AP/SIPA – bm : Rue des Archives – bd : DR/Gilles Scarella

114 – hg : Michel Euler/AP/SIPA – bd : Jacques Brinon/AP/SIPA

115 – hm et mm : STR/AP/SIPA – bg : Isseikato/Pool/EPA/SIPA

116 – hm : Jim Hollander/EPA/SIPA – hd : Christophe Ena/AP/SIPA – bg Kohen/ADC-Diffusion/SIPA

117 – hm : Mohamed Al Sehety/AP/SIPA – bg : Zich/SIPA – bm : Patrick Gardin/AP/SIPA

118 – hg : Ginies/SIPA – mg : GAMMA – bg : Villaro/SIPA – bd : Rue des Archives

119 – hm : Baltel/SIPA – hd : GAMMA – bd : El Dakhakhny/SIPA

120 – hm : Petr David Josek/AP/SIPA – bg : Jacques Brinon/AP/SIPA – bm : Niviere/SIPA

121 – hm : Eclair Mondial/SIPA – bg : Asaad Muhsin/AP/SIPA – bd : Interfoto USA/SIPA

122 – hm : Vadim Ghirda/AP/SIPA – bg : Martial Trezzini/AP/SIPA – bm : Darko Bandic/AP/SIPA

123 – hm : Mahmoud Tawil/AP/SIPA – hd : HO/UPI/GAMMA – bg : Koji Sasahara/AP/SIPA – bm : Rob Griffith/AP/SIPA

124 – hm : Fablet/SIPA – hd : Patrick Kovarik/AP/SIPA – bm : Chine Nouvelle/SIPA

125 – hg : AP/SIPA – hd : Jorge Saenz/AP/SIPA – bm : Daniel Maurer/AP/SIPA

126 – hg : Lefteris Pitarakis/AP/SIPA – bm : Lee Jin-Man/AP/SIPA – hd : Shahrzad Elghanayan/AP/SIPA

127 – hm : Dudi Anung/AP/SIPA – bg : AP/SIPA – bd : Remy de la Mauvinière/AP/SIPA

128 – hm et mm : Andersen/SIPA – hd : Souloy/SIPA – mg : Schneider Press/SIPA – bm : Nana Productions/SIPA

129 – hg : Lartige Christophe/SIPA – md et bm : Benaroch/SIPA